Relationship Between the Central Authorities and the Special Administrative Region:
An Analysis of Legal Structures

中央與特別行政區關係

一種法治結構的解析

王振民㊔

目錄

CHAPTER 6 | 中央享有的權力

CHAPTER 7 | 特別行政區享有的權力

CHAPTER 8 | 對相關關係的處理

CHAPTER 9 | 處理中央與特別行政區關係的機構及其實踐

前言

人類歷史的車輪終於飛奔到公元 1997 年 7 月 1 日零時。對於中華民族來說，一個偉大的歷史大事件在那一刻發生了。

在舉世聞名的天安門廣場的東側，在雄偉的中國歷史博物館和中國革命博物館的正前方，在香港回歸前一直懸掛着一個巨大的電子計時器，它以倒計時的方式清晰地向世人顯示着中華人民共和國恢復對香港行使主權還剩下的天數和時刻。這確實具有很強的象徵意義，因為在這塊巨大的計時牌後面，進入中國歷史博物館和中國革命博物館，打開中國的近代史，那裡清楚地記載着香港地區是如何被西方從中國的母體上強行割下來並霸佔的。隨着歲月的流逝，那傷口雖然已經逐漸癒合，但那傷疤卻永遠留下來了。

近代以來，西方列強憑借其先進的軍事裝備頻頻侵略這個曾經是世界上領土面積最大、實力最強的東方古國。割地賠款從此充斥整個中國近代歷史，大片河山被強行割佔，無數白銀作為戰爭賠款被洋人掠走。尤其不可忍受的是，列強不僅佔我河山，掠我財富，而且燒我家園，毀我祖業，圓明園的殘壁斷杜一百多年來一直在向世人控訴着列強犯下的不可饒恕的罪行。這不僅是對中華民族的侮辱，而且也是對人類共同文化遺產的摧殘。人們在此常常假設，「假設這一名園沒有被燒……」，然而歷史無法假設，它是殘酷的事實。太多的失敗，太多的屈辱，往事不堪回首！歷史的車輪終於來到了二十世紀的末葉，那恥辱的一頁終於翻過去了，這一頁太沉重了！那巨大的電子計時器的指針譜寫了中國歷史的新篇章！全世界的中國人都見證了那激動人心時刻的來臨。

公元 1999 年 12 月 20 日，在澳門也發生了一件歷史大事件。澳門的回歸使中國在完成國家統一大業方面又邁進一步。

實現台灣與大陸的統一，最終完成中國統一大業，不僅早已提上了中國最高決策層的議事日程，也是海峽兩岸同胞的共同心聲。

港、澳、台雖小，但實現這些地區與中國大陸的統一卻意義重大，既具有重大的現實意義，又具有強烈的象徵意味。1793 年 8 月 5 日，大清朝乾隆皇帝在承德避暑山莊，鄭重接見英國派往中國的第一個正式外交使團。來自西方的這第一個外交使團以開展貿易為藉口，實則覬覦東方這片聖土。針對英王提出的「欲求相近殊山地方小海島一處」，供英國商人到該處停歇並收儲貨物，這位不可一世、靠文治武功統治東方這個巨大國家的皇帝在給英王的敕諭中，以教訓的口氣嚴正指出：「天朝尺土，俱歸版籍，疆址森然，即島嶼沙洲，亦必畫界分疆，各有專屬。況外夷向化天朝交易貨物者，亦不僅爾英吉利一國，若別國紛紛倣尤，懇請賞給地方，居住買賣之人，豈能各應所求？且天朝無此體制，此事尤不便准行。」[1] 乾隆的回信雖然充滿了民族優越感，但捍衛國家主權和領土完整之凜然決心，擲地有聲，天地可鑒。

實現國家統一是近代以來中國無數志士仁人所孜孜以求的。在新千年來臨前夕，香港、澳門終於實現了和母體的大團圓。但是，港、澳、台地區和社會主義中國大陸統一後，如何對這些實行資本主義的特殊地區實施治理，這樣一個「世紀課題」就擺在了中國人面前。鄧小平以其卓越的政治智慧創造性地提出「一個國家，兩種制度」的偉大構想，為解決國家統一問題提供了切實可行的方案。「一國兩制」是中國解決港、澳、台問題、完成國家統一大業的基本國策，也為世界上解決類似問題提供了典範。

同時，「一國兩制」不僅僅為解決國家統一提供了方案，而且為我們提出了一系列理論問題，尤其對憲法學提出了許多新課題。根據「一國兩制」的國策，港、澳、台與中國大陸和平統一後，分別設立特別行政區，這些特別行政區是中國不可分離的組成部分，直接隸屬於中央人民政府。特別行政區保留原來的資本主義制度和生活方式，不實行社會主義制度。特別行政區由中央授權享有高度自治權，包括行政管理權、立法權、獨立的司法權和終審權、一定的處理對外事務權等。中央政府負責特別行政區的外交與防衛。上述方針和各種政策由《特別行政區基本法》（以下簡稱《基本法》）加以法律化、制度化和具體化。

在中國已經恢復行使對香港和澳門的主權、兩個特別行政區已經成立的情況下，如何處理中央與特別行政區的關係是一個迫切要解決的問題。這既是政治決策問題，同時也是一個理論探索問題；既是一個政治學問題，更是一個法學尤其是憲法學問題。特別行政區的設立並賦予其以高度自治權，這是中國單一制國家結構的一大發展，也使得憲法學有關理論發生了變化。傳統憲法學認為衡量一國的國家結構是單一制或者複合制，主要是看該國全國政府（中央政府或者聯邦政府）與地區政府（即地方政府或者成員邦政府）之間的關係，尤其看二者之間的職權劃分，如果地區政府的權力大，全國政府權力小，那麼該國就是聯邦制國家；反之，如果全國政府權力大，地區政府權力小，則為單一制國家。然而中國現在的實際情況卻是，在單一制架構下，特別行政區享有的權力在許多方面大於聯邦制架構下成員邦的權力。這對傳統的憲法學理論提出了挑戰。

那麼，「一國兩制」之下中國國家結構到底發生了什麼樣的變化？中國憲法學理論又怎樣解釋這些變化？設立特別行政區的法理依據何在？中央與特別行政區的關係應該如何定位？二者的職權應該如何劃分？劃分的標準是什麼？中央應該享有什麼權力？特別行政區應該享有什麼權力？當權力歸屬不明確的事情出現時，或者當產生矛盾時應該如何解決？

所有這些問題都可以歸結為中央與特別行政區的關係問題。這是運用「一國兩制」實現國家統一的核心問題。如果處理得好，那就有利於促進、維護國家的統一，有利於維持特別行政區的繁榮與穩定，也就證明「一國兩制」具有極強的可操作性和強大的生命力，是完全正確的。反之，如果我們不能在理論和實踐上正確處理中央與特別行政區的關係，不僅會給國家統一大業帶來損害，而且也會極大地影響到特別行政區的持續發展和繁榮穩定，給「一國兩制」帶來濃厚的陰影。

中央與特別行政區的關係屬於中央與地方關係之一種，憲法學上屬於國家結構範疇，並與地方制度有密切關聯，其核心是中央與地方分權問題。中央與一般地方的關係已由《中華人民共和國憲法》（以下簡稱《憲法》）和有關組織法加以調整規定，但是我們不能套用這些規定和作法來處理中央與特別行政區的關係，例如《憲法》第 3 條規定的「兩個積極性原則」，就不能簡單地搬來處理中央與特別行政區之間的職能劃分。當然也不能照抄照搬他國處理中央與地方關係的一般理論與作法，而應該在「一國兩制」方針政策指導下，根據中國面對的實際情況，實事求是地處理中央與特別行政區的關係。

兩部特別行政區《基本法》是「一國兩制」的法律化，它們不但以專章規定了中央與特別行政區的各種關係，而且在其他章節也都涉及到這一問題。因此，《基本法》是處理中央與特別行政區關係的大法，是關於中央與特別行政區職權劃分的基本法律文件。然而法律規定本身都是十分簡潔的，大量的實際操作問題不可能靠一部法律就可以解決。《基本法》就是基本法，而且只能是基本法，不能、也不可能代替有關具體立法，更不可能代替活生生的社會現實。

本書旨在從法治的視角，尤其憲法學的角度來探討中國處理中央與特別行政區關係的基本理論和基本思路，探討中央與特別行政區職權劃分遵循的基本原則和基本方法；然後從實證的角度，對處理中央與特別行政區關係的一些技術操作問題，尤其對特別行政區成立後處理兩地關係的實踐和《基本法》的運用，加以深入的探討研究，對涉及到的諸多憲法學理論問題也提出了自己的解釋。

第一章首先概括介紹憲法學關於國家結構的一般理論，主要論述國家結構理論在整個憲法學中的位置，國家結構與地方制度的區別與聯繫，判別單一制與聯邦制的基本標準等。

第二章集中論述中國國家結構的歷史發展，尤其設立特別地方建置的歷史情況，為設立特別行政區尋找其歷史大背景。第一、二章都是為以後各章作理論上、歷史上的鋪墊準備的。

第三章論述「一國兩制」國策的形成及其科學內涵，同時與第二章相結合，揭示改革開放以來逐步形成的「和平統一，一國兩制」基本國策在整個中國歷史上所佔有的特殊歷史地位。還論述「和平統一」與「一國兩制」的內在聯繫。

第四章論述「一國兩制」的法律化、特別行政區建置的法律依據及其實踐，還有特別行政區的法律地位以及設立特別行政區對中國國家結構形式所產生的影響。

第五章論述處理中央與特別行政區關係的基本原則、影響中央與特別行政區關係的基本因素和二者職權劃分的一般情況。

第六章和第七章分別具體展開論述中央和特別行政區各自享有的權力以及相互承擔的責任。第五、六、七章是全書的重心所在。

第八章論述對幾組相關關係的處理，包括中央人民政府各部門、各省、自治區、直轄市與特別行政區的關係、特別行政區與特別行政區之間的關係。對這些關係的處理都會間接或直接地影響到中央與特別行政區的關係。在這裡也對中央與未來台灣特別行政區的關係做了初步探討。

第九章探討處理中央與特別行政區關係的機構設置及其工作原則和制度。

第十章對 1997 年後發生的有關中央與香港特別行政區關係的幾個典型案例進行了個案剖析，包括香港特別行政區訴馬維案、港人內地所生子女居港權訴訟案，以及有關憲制問題、侮辱國旗區旗案、張子強案和李育輝案及有關刑事司法管轄權問題、特別行政區與內地的民商事司法協助問題等。

第十一章題為「違憲審查、法治與國家統一」。這一章可以說是全書最後的昇華。經過對中央與特別行政區的關係的系統研究，最後讀者可以發現，要處理好二者的關係，要維繫國家的統一，關鍵在法治，而法治的關鍵是違憲審查。因此在這一章，探討中國自身的違憲審查制度的建設問題，「一國兩制」下特別行政區的違憲審查制度，以及法治在維護國家統一的作用、兩種不同的維繫國家統一的方法等。可以說，在現代社會，沒有法治，就很難實現和維護國家的統一，任何解決問題的錦囊妙計都必須落實到法治上才是最終的解決方法。因此，中國法治的進程直接和中國的統一進程聯繫在一起了。這是中國人國家觀、法律觀和世界觀的一次巨變。

筆者在大學唸法律時就對法治和國家結構理論深感興趣。從那以後，這一直是學習、研究的重點。然而，就其中一個專門問題展開長篇大論研究，於筆者還是第一次。而且中央與特別行政區的關係是一個全新的法學和政治學課題，涉及的問題非常之多。從法治結構的視野來解析這一關係，在缺乏法律實證研究傳統的中國內地，更是困難重重。在這本書漫長的寫作過程中，筆者時時感覺到一方面這個問題確實很重要，很值得深入探討研究，另一方面自己的能力與知識又都十分有限。因此，這裡的探討只能是初步的，筆者期待有關專家的指教，希望引起更多學者的興趣，以共同對這個問題進行更深層次的研究，從而服務於國家統一大業，並進一步完善中國法治尤其憲法學的有關理論。

需要特別說明的是，本書的觀點僅僅是個人研究所得，是理論探討性的、學術性的，不代表其他任何人士、任何機構的意見，文責自負。文中的觀點，包括所引用的資料如有疏漏之處，歡迎批評指正。

| 註釋 |

1. 轉引自朱雍：《不願打開的中國大門》，南昌：江西人民出版社，1989，頁 243。

CHAPTER 1

憲法學關於國家結構的一般理論

一｜國家結構理論在憲法學中的位置

人們常說憲法是國家的根本法，它規定國家的根本政治、經濟和法律制度，是民主制度化、法律化的表現，體現一國階級力量的對比關係。[1] 用一句簡單明瞭的話來解釋憲法，可以說憲法是關於人類政治關係、政治行為的法律，是「政治大法」，也就是關於民主政治的法律。憲法要解決的是人類民主政治如何進行的問題，即如何把由眾多人參與的民主政治法律化、制度化，使之有條不紊地進行。資本主義國家的憲法要解決的是資本主義民主的制度化、法律化問題，而社會主義憲法則解決如何用法律保障社會主義民主的問題。憲法於各種法律中顯得特別重要，就是因為它具有強烈的政治性、根本性。在現代社會，取何種政治形式，制定什麼樣的憲法往往決定一個國家、一個民族的命運。

憲法通常通過三個方面來規定一國的民主政治。第一，這也是最重要的一個方面，它首先要規定一國人民與國家的關係，即在這個國家中人民與國家和政府的關係如何，這個國家是屬於誰的，歸哪些人所有，人民享有什麼樣的權力和權利，而國家（通過政府）又擁有哪些權力。這就是政治學、憲法學上常說的國體問題。關於國體，迄今主要有兩種。一是君主制，國家的一切權力屬於君王，家國一體，國家是君王一人一姓的私產，君王的權力是無限的，人民只是君王的臣民，沒有任何權力和權利。第二種國體是民主制，在這種國體下，國家的一切權力和權利屬於人民，國家是眾人的，只有人民的權力才是無限的，國家享有的權力是人民授予的，因此政府是有限政府。由於憲法是民主制度化、法律化的產物，因此嚴格來說，君主制下是沒有憲法可言的。[2]

中國《憲法》第一條規定中國是「工人階級領導的以工農聯盟為基礎的人民民主專政的社會主義國家」，第二條規定「中華人民共和國的一切權力屬於人民」，整個第二章具體規定了人民對於國家享有什麼樣的權利及應盡的義務。這就是中國的國體，即中國憲法上的人民與國家之間的關係。

第二，國家從人民那裡取得了一定的權力後，要創設不同的國家機構，並把這些權力分配給不同的國家結構分別行使。憲法的第二個任務或者使命，就是要從橫向來規定不同國家機構所應行使的不同的國家權力，主要是在立法機關、行政機關和司法機關等國家機構之間進行職能劃分和工作分工。這就是所謂的政體問題。一個國家如何設置自己的國家機構、如何在不同的國家機構之間分配國家權力，權力如何最佳配置，要符合自己國家的政治、經濟、歷史、地理和社會狀況，不是隨心所欲的，這裡同樣有一個科學的問題。設計、起草憲法的人一定要同時是科學家，要以科學的態度認真對待政體問題。比方說，如何從政府的體制上最好地防止政府官員腐敗，怎樣設置政府機構才最能提高政府的工作效率和效益，這首先就是一個科學問題，不是一個單純的政治問題。

關於政體的類型，歷來有很多不同的劃分方法。西方資本主義國家有的按照「三權分立」原則來劃分國家權力、設置國家機構，採行總統制；有的按照「議會主權」原則實行議會制政體。中國《憲法》則規定中國的根本政治制度是人民代表大會制，類似於實行「議會主權」國家的議會制。

第三，國家從人民那裡取得了一定的權力後，僅僅把這些權力進行橫向的劃分並由不同的國家機構行使還不夠，還必須把這些權力進行縱向的劃分，自上而下或者自下而上設立不同層次的政府，由不同層次的政府行使不同的國家權力。這就是憲法的第三個重要使命，即從縱向來規定一國整體和其組成部分之間的關係，權力如何在全國政府與區域政府之間進行劃分以及採用何種地方政府制度，用一句經常說的話就是，如何在中央與地方之間進行權限劃分。這就是憲法學上的國家結構和地方政府制度問題。在這一方面，大概分來主要有聯邦制與單一制兩種主要形式，中國實行單一制形式。這就是本書將要討論的問題。

這三方面構成了一部憲法的基本框架和基本實體內容。憲法就是通過規定人民與國家的關係、國家權能的橫向劃分和縱向劃分來實現它對社會政治關係的調整。憲法學關注的焦點也就集中在這些方面，它是研究如何調整人民與國家的關係、政府各部門之間的關係以及中央與地方的關係的學問，請參見下頁附圖。

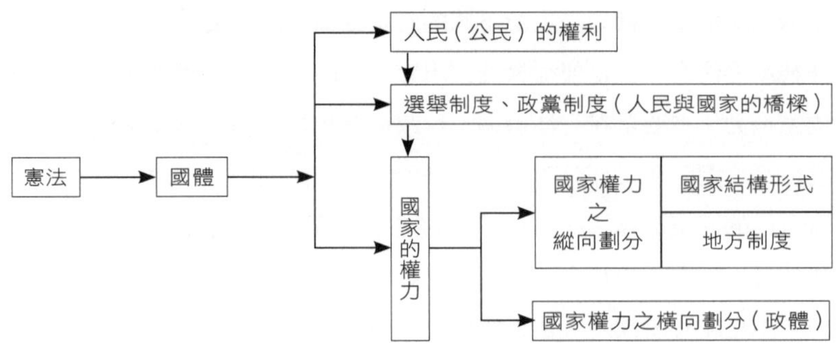

從上面的圖表我們可以看出，國家結構問題在整個憲法和憲法學中佔有十分重要的位置，因為它直接關係到國家的統一與分裂，關係到國家的生死存亡。在中國，現在這也是一個現實問題。需要指出的是，中國憲法學界一直沒有把「國家結構」與「地方制度」兩個概念區分開來。長期以來中國學者對地方制度研究甚多，即主要研究省級政權以下的地方政權制度，如市、縣的設置和鄉鎮政府問題等，但是對省級政權，即省、自治區、直轄市與中央的關係的調整以及改革開放以來在大的方面國家結構形式的變化則很少研究。[3] 傳統上往往把中央與省級政權這個層次的關係放入地方制度而一筆帶過，很少把它獨立出來作為一個大問題進行深入研究。[4]

鑒於此，筆者特別呼籲中國的憲法學者要關注中國的國家結構，即中央與省級政權（包括省、民族自治區、直轄市和特別行政區）的關係，在這個方面進行深入細緻的研究，從而服務於國家統一大業和發展社會主義市場經濟和民主法治的需要。本書就是選擇這個大問題的一個方面，即中央與特別行政區的關係來進行專題研究的。

二｜國家結構形式的基本理論

一、國家的分區治理

人類是群居的動物，天然地要結成一定的社會組織，並以集體的力量去謀生和求發展。單個的、孤立的個人是無法在地球上存在的。古希臘大哲學家亞里士多德就曾經說過：「人類自然是趨向於城邦生活的動物。人類在本性上，也正是一個政治動物。」[5] 但是，在不同的社會發展階段，人類社會組織的形式卻是不同的。在原始社會，人類的社會組織是按照血緣關係自然形成的，不是按照居住地域來劃分的，一切都按照血統來安排，完全沒有「人為」痕跡。後來隨着生產力的發展，產生了剝削，也產生了階級。一種全新的、前所未有的、龐大的人類社會組織產生了，這就是國家。國家與原始氏族相比，除了它是一種階級統治、階級壓迫的工具外，還有一個十分重要的不同，即內部結構形式。國家不再像原始部落那樣按照血緣關係的紐帶來進行自我組織，而是按照人們居住地域的不同去組織。恩格斯在論述國家起源時曾指出：「國家和舊的氏族組織不同的地方，第一點就是它按地區來劃分它的國民。」[6] 而且，正如亞里士多德說過的，「這種按照居住地方組織國民的辦法，是一切國家共同的。」[7]

的確，古今中外任何一個國家，無論面積大小、人口多少，都會把國民分到不同的地域去治理。任何統治者，不管他（她）多麼崇高偉大，有多大的權威，也永遠都不可能直接控制到全國的每一個地方和每一個個人，總是要分而治之的，而自己只保留幾種最重要的權力來行使。首先，國家作為一個整體要有一個有權威的全國（中央）政府來統一對內對外代表國家；其次，再把國家分成不同的大區域，並規定統一的全國（中央）政府與大區域政府之間的權限劃分，由此形成不同的國家結構形式，決定一個國家是單一制或者複合制；然後在大行政區域之下再進行層次更細的區域劃分，一直到最基層的行政區域。在各個層次的行政區域，又根據不同的情況採用不同的方式方法建立相應的地方政府，由此形成了各具特色的地方制度。這是一個金字塔式的結構，可以圖示如下：

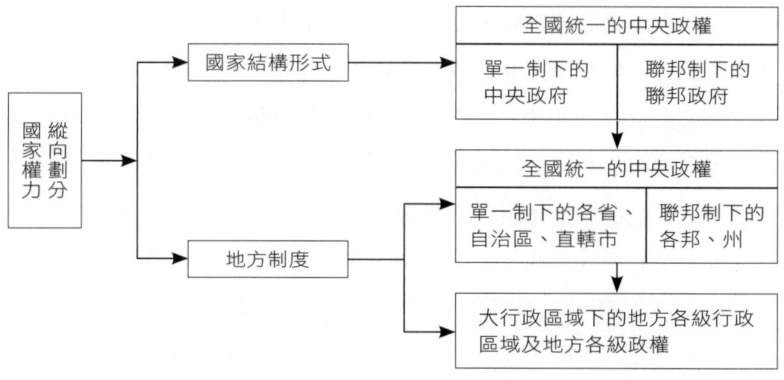

由該圖表我們可以看出一個國家是如何分區而治的，也可以看出國家結構形式與地方制度之區別與聯繫以及它們在整個憲法中的位置。

二、影響國家結構的一般因素

基於上述分析，國家結構就是指一個國家內部縱向的構成形式，即研究一個國家的整體是由哪些大的組成部分構成的，這些組成部分與國家整體的關係如何，也就是說一個國家採用何種形式來調整其整體與組成部分之間的相互關係，如何在全國政權與地區政權之間進行權力劃分，在國家縱向的權限劃分中，全國政府（中央政府或者聯邦政府）的權力和地方政府（指各省、邦、州）的權力何為原始權力，何為派生權力，剩餘權力歸誰所有等。

一國採用何種國家結構形式絕對不是隨心所欲的，而是受政治的、經濟的、文化的、歷史的、民族的、宗教的、語言的、地理的、軍事的等等一系列因素的支配和限制。當然，統治者在考慮該問題時，首先關心的是如何有利於鞏固自己的統治，如何加強自己既得的政治利益，各國概莫例外。同時，決策者還要考慮如何才能最有力地促進國家經濟、文化的發展；還要考慮本國的歷史傳統、人民的政治習慣和意願、人民對統一權威的認同程度；民族和宗教因素歷來也是十分重要的。如果一個國家有許多宗教信仰十分不同的民族，甚至這些民族的語言也差異甚大，那麼它在決定自己的國家結構形式時，就必須充分考慮這些因素。國家防衛和安全當然也是決策者必須關心的，有一點十分明確，除非有特別的原因，任何一個完整意義上的國家都要有全國統一的國防，一般不會把軍事統率權分散到地方。確定國家整體與部分之間的關係必須考慮如何有利於保護國家的安全。地理因素也是一個重要方面，政治地理學家指出，現代國家的力量來源於它所安身立命的領土，[8] 大行政區域的劃分以及地方享有權力的大小與地形地貌也有一定的關係。對於一個封閉的區域，由於「山高皇帝遠」，可以自成一個封閉的系統，「上邊」的權力不易到達，它享有的權力勢必要大一些。反之，在「天子腳下」的地方政府，其一舉一動均在「上邊」的視野中，就是給它很大的權力，它也不敢用足用夠。

國家的最高決策者只有充分綜合考慮了以上各種因素，才能決定本國採用何種國家結構形式。從憲法史來看，各國國家結構形式的形成一般都是一個「自然」的歷史過程，統治者很難對它「發號施令」去隨便變動它，儘管統治者可以調整它，使之更有利於鞏固自己的統治。

三｜三種主要國家結構形式比較

國家結構形式實質上是一國的國家主權和權力由哪個層次的政府行使較好的問題。所謂主權是指一個國家對內對外的最高最終的政治權威，我們說一個政府是一個「主權政府」，就是指這個政府無論從法律上或者政治上都獨立於其他一切政府，可以獨立做出決策。據此，我們可以把國家結構形式主要劃分為三種，即邦聯制（confederal system）、聯邦制（federal system）和單一制（unitary system）。

世界上許多面積廣大的國家採取聯邦制形式，例如美國、俄羅斯、加拿大、澳大利亞、印度、德國，也有一些小國像瑞士也實行聯邦制。其他一些國家像法國、英國、意大利、瑞典、日本以及中國等則實行單一制。一般來說，面積大、民族情況複雜的國家，較為適宜實行聯邦制，小國和民族單一的國家較為適宜實行單一制。

一、三種主要國家結構形式的概念

世界各國採用的國家結構形式可以說五花八門，多種多樣。邦聯制、聯邦制和單一制只是其中主要的三種形式。

❶｜邦聯制

邦聯（confederation）是若干擁有獨立主權的國家為了一定的政治經濟等目的，結成的鬆散的國家聯盟，是國家聯合的一種形式。邦聯的形成雖然也有一定的法律文件基礎，但是它沒有全「國」統一的真正嚴格意義上的憲法，也沒有真正的全「國」政府（general government）、沒有統一的國籍和財政，不具備一個國家的主要要件，更像一個緊密的國際組織，所以與單一制和聯邦制有質的不同，沒有可比性。可以說邦聯具備國家的一些特徵，是「準國家」，通常是向「完全國家」過渡的一種形式或者過程，但是能否成為真正的統一的「完全國家」，則還要取決於各種複雜的因素。

學者經常引用的一個邦聯制的例子就是現在的美國正式成立之前的「北美邦聯」，即從1781年到1789年的「美利堅合眾國」，它是根據1781年生效的《邦聯條例（Articles of Confederation）》而成立的。[9]該《條例》開宗明義規定，「各國（州）保留自己的主權、自由和獨立以及其他各種管轄權和權力」，只是「為了共同防衛、自由保障和共同的福祉，約定組成一個牢固的友誼同盟」。可見各國（州）仍然保留了自己的國家形態，擁有獨立的主權，邦聯政府沒有最高最後的決策權，只是一個協調機構或者提供一個論壇供各國來開會，擁有一些「勸告」各國（州）的權力，因此稱為「友誼同盟（League of Friendship）」或者「友誼俱樂部」。這個「俱樂部」1789年正式被一個實體性的「股份公司」所代替，即《美國憲法》。

❷｜聯邦制

聯邦制是指一些國家或政治經濟實體為了一定的政治經濟等目的組合成一個新的完整意義上的國家，而成員國保留各自的形態和一些權力，只是把涉及主權、防衛等的權力「讓渡」給聯邦行使。聯邦政府與各成員國政府之間的權力劃分由一部成文憲法明文界定，「剩餘權力」歸各成員國或者人民保留。在聯邦制國家，有一部全聯邦統一的憲法，有聯邦的中央政府和立法機關、司法體系，同時各成員國也保留自己的憲法、中央政府、立法機關和法律制度。

美國是典型的聯邦制國家，它除了聯邦政府有自己的憲法、中央政府、國會和聯邦法律外，50個成員國（州）也都有自己的憲法、中央政府、議會和法律。聯邦政府無權干預各成員國政府的日常行政管理。所以在全美國一共有51部憲法、51個中央政府、51套法律。這是典型的聯邦制。儘管聯邦制下國中有國，但是對外則由聯邦政府統一行使國家的主權，在國際舞台上只有一個聲音。聯邦政府實際上是各成員邦政府共同的外交部和國防部。

聯邦制的真諦在於平衡，即在全國整體利益和各州的地方利益之間取得一個平衡，避免任何一方「坐大」。從美國國會兩院組成來看，聯邦參議院組成裡，每州不論大小都有兩個名額，其主要功能是代表各州的地方利益。眾議院議員按照人口多少在各州分配，全國共有 435 個眾議院議員選區，眾議員由各選區分別直接選舉產生，其主要功能是代表全國利益。因此美國國會是協調全國利益和地方利益的地方，是各種勢力公開合法較量、進行「大比拼」的地方，是一個「政治自由市場」。聯邦國會的一個重要職責就是在保證各州利益的同時，保護國家的統一和整體利益，以期達到全國利益和地方利益在憲法層面上的平衡。作為美國解決聯邦和州權限糾紛的最高機構——最高法院 9 名大法官中總是有些大法官傾向更多保護全國的利益，另外一些大法官則傾向保護州和地方的利益，雙方儘管有時意見尖銳對立，但是必須一起工作，達成一定的妥協，妥協的結果就是各方面的利益都得到了一定滿足，但都不是全部滿足，這就是一種動態平衡。雙方無論爭論多麼激烈，也不至於動武，國家也不會陷於分裂。

需要特別指出的是，在美國式聯邦制下，聯邦和各州都有自己平行的獨立政府系統來履行憲法賦予自己的職責。各州和地方政府固然有自己的全套機構來執行州和地方的法律，保護州和地方的利益。但是聯邦政府的行政、司法和立法等職責不是通過州和地方政府的機構來實現的，而是有自己遍佈全國的獨立機構來負責聯邦事務。美國全國政府即聯邦政府當然在首都華盛頓有一套自己的機構，除此之外，聯邦中央的立法、司法、行政部門也都在各州設立自己獨立的分支辦事機構來直接履行自己的憲法職責，直接向人民負責。聯邦國會議員在自己選區設立的辦事處實際上發揮了收集本地民意的功能，這些辦事處可以視為聯邦國會在全國各地設立的「信息情報中心」、「普法中心」。就聯邦法院系統來看，除了在首都華盛頓設立一個聯邦最高法院外，聯邦還在全國設立了 13 個聯邦上訴法院（聯邦巡迴法院或者叫做聯邦中級法院），每一個法院管轄 3 個以上的州。再往下還設立有 94 個聯邦地方法院。這些聯邦法院負責處理涉及聯邦事務的訴訟。至於各州也設立了自己的法院系統，名稱各不相同，州的法院系統負責州內的訴訟。至於聯邦行政系統各部門也在全國各地設立有自己獨立的辦事機構，直接和人民打交道，履行憲法賦予的聯邦政府的行政職責，而不是通過各州政府和地方政府來履行自己的行政職責的。這是我們以前對聯邦制瞭解不夠的地方。

至於為什麼這樣做，主要是因為美國各州政府和地方政府都由本地人民直接選舉產生，無需聯邦政府任命，這樣導致州和地方政府嚴重依附於選民的喜惡，只對「下」負責，不對「上」負責，各州政府無需向華盛頓匯報工作。因此，如果沒有一個有力的控制、平衡機制，這種情況很容易演變為地方坐大甚至割據，嚴重的話可能導致國家的分裂。為了防止在實行聯邦制和高度地方自治的情況下產生地方割據甚至國家的分裂，美國憲法除了規定軍事外交統一，各州不得對外結盟（即不得單方面宣佈獨立）外，還從機構體制上，在全國建立了一整套聯邦政府機構來保護全國的整體利益和國家的統一。只要是憲法規定由聯邦負責管轄的事項，聯邦肯定要建立自己的機構去負責，而不會輕易委託各州或者地方政府去做，在美國立國者看來，讓由地方選舉產生的地方官員去履行聯邦政府的職責，保護全國的利益，「服從大局」，等於與虎謀皮，是不可能的。

另外，美國聯邦政府和各州、各地方政府不一定屬於一個黨派，各自都有討好選民、爭取選民、實現連任的問題。因此，聯邦政府要幹什麼好事，例如共和黨總統布殊 2001 年 1 月上任後，實行減稅政策，他當然要把減稅帶來的好處直接送給每一個選民，聯邦財政部通過設在各地的辦事處直接和選民發信聯繫退稅事宜，這樣可以讓選民真實感受到布殊政府說話算數，4 年後可以再投票給他。這樣的好事聯邦政府當然要自己做，而不會「麻煩」一個民主黨的州長來「幫忙」「分享」政績。當然，如果有什麼不好的事情，例如民主黨執政的加利福尼亞州 2001 年發生電力危機，聯邦和州政府就根據法律劃清各自承擔的責任，這樣避免聯邦和州之間、政黨之間權責不清，互相連帶「沾光」或者連帶負責。因此聯邦政府一定要有自己遍佈全國各州的分支機構即聯邦政府自己的地方政府去直接面向人民，直接處理聯邦管轄的全國性事務。這十分有道理。

❸ | 單一制

單一制又叫中央集權制，是指一個國家是由一些沒有自決權的普通地方區域組成的，國家的權力主要集中在中央政權機關，從憲法學理論上講地方政府只是中央政府的派出機關，代表中央政府在本地方行使國家權力，重大決策權由中央掌握，地方政府往往只有執行權和建議權，而且其權力來源於中央授權，其本身並無「天生」的權力。全國只有一部憲法，只有一個中央政府，而且只有一個全國統一的立法機關，只有一套法律制度。各地方都必須接受中央的統一領導，沒有脫離中央而獨立的權力。中央政府無論對內對外都統一行使國家主權，在國際法上只有一個主體資格。這就是傳統的嚴格意義上的單一制。

需要指出的是，雖然單一制國家強調中央集權，但是一般也存在許多地方自治單位（self-government），允許地方享有一定的自主權。基於民族的、歷史的原因，為了更好地維護國家統一和民族團結或其他特定的目的，中央政府授權一定範圍的人民可以自己選舉產生自己的代議機關和地方政府，自主管理本地方的地方性事務，中央政府一般不予干預。這些自治地方享有的權力是由中央授予的，是派生的而非原始的，因此儘管有時候自治地方的權力非常大，但是仍然是有限的，而且十分重要的是它們沒有自決權（self-determination），不可以自己單方面決定脫離中央政府而宣佈獨立。

二、三種國家結構形式的不同之處

邦聯制、聯邦制和單一制三種國家結構形式有許多不同之處，但是最根本的有以下兩點。

❶ | 創設的權力重心不同

在學理上，邦聯制是指一個「國家」的成員邦或者成員國是擁有獨立主權的政治實體，而全國性的邦聯政府則只行使人民和各成員組織許可的有限的政治權力。整個政治實體權力的重心在「地方」。在單一制之下，國家主權則完全歸全國中央政府行使，各個區域政府完全依賴於中央政府，一切事項的最終決策權都在中央，權力的重心在中央。在國家權力分配方面，聯邦制居於邦聯制和單一制中間，國家主權在全國性的聯邦政府和各成員邦政府之間分享，稍微傾向於成員邦政府，在有些事項上，全國政府是最高的，成員邦政府要尊重全國政府；但是在有些事項上，成員邦政府則是最高的，全國政府要尊重各成員邦政府在這些事項上最終權力的行使。

聯邦制的一個突出特點就是允許全國有不同的獨立的權力中心，國家權力充分分散在全國不同層次的政府，根據事項性質決定該項權力由哪一個層次的政府行使較好。正如一個美國學者所言，「聯邦制一個基本的政治現實就是它創設了若干可以分立的、自我維持的權力中心、威望中心和利益中心（separate self-sustaining centers of power, prestige and profit）。」[10] 在這種體制下，政治人物的權力是分別在自己的地方區域取得的，他們的工作是為了滿足本地方的利益。

例如，2001 年 5 月 24 日，美國聯邦國會參議院來自佛蒙特州（Vermont）的共和黨籍聯邦參議員詹姆斯·傑弗滋（James Jeffords）由於不滿新的共和黨政府的政策，決定離開共和黨，成為獨立議員，並在以後投票時站在民主黨一邊。他的這個決定改變了參議院的「政治生態」，打破了民主與共和兩黨 50 對 50 的均勢，使民主黨以一席優勢成為參議院的多數黨。對傑弗滋參議員來說，做出這樣一個大的決定首先要取得本州選民的同意或者認可，因此他專程從首都華盛頓回到佛蒙特州，在他的老家，也就是他的選民所在地宣佈這個重大決定，向他的選民解釋他為什麼這麼做。因為選民在投票選他做參議員的時候，是衝着他的共和黨背景和主張來的，現在他要改變黨派隸屬關係和政治觀點，當然要向自己的選民交代清楚。他自己十分明白自己的權力來自選民，自己是在參議院裡邊代表本州利益的。

儘管聯邦制下聯邦和成員邦的權力已經由一部成文憲法明確劃分清楚了，但是聯邦全國政府的權力還是會有一些與區域政府的權力重疊、衝突，雙方還是會發生許多矛盾的。例如在美國，管理公路和福利項目主要是州政府的權責，儘管這些項目使用的可能是聯邦政府的錢；至於教育、治安和土地管理則主要是地方政府的職責，即市、縣或者特別區的權限，而不主要是聯邦或者州政府的職責。很多社會福利項目、所有州際公路的管理、改善市政的所有措施、為失業者提供工作機會、改善用水的質量、甚至徵兵工作（國家警衛隊）等等事項，全國政府也都沒有能夠行使它所希望行使的那麼多權力，而只能通過制定法規、撥款（grant）、計劃（plan）、爭辯（argument）甚至哄騙（cajolery）各州政府和地方政府，使得它們能夠自覺根據全國政府設定的目標進行管理。當然，在聯邦制下，成員邦政府和地方政府對屬於聯邦政府管轄的事項，也要充分尊重聯邦政府權力的行使。然而在實行單一制國家例如法國，諸如福利、教育、公路、治安、土地使用等事項全都是全國政府的權限，情況就簡單多了。

三種國家結構形式創設的不同的權力重心，可以圖示如下：

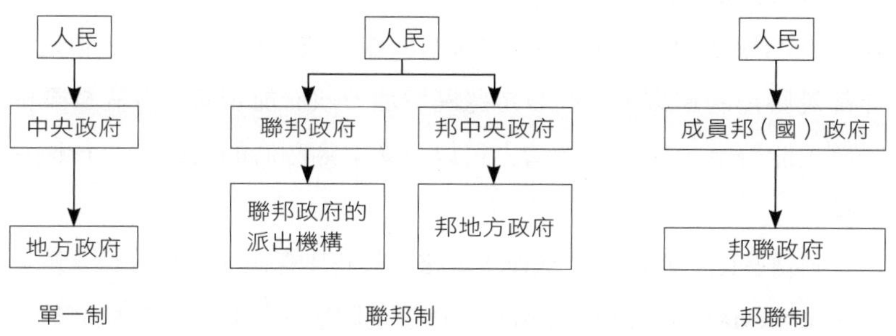

❷｜憲法和國際法上的「人格」不同

無論採取何種國家結構形式，任何國家除了有一個全國政府外，都有一些區域政府單位，例如邦、州、省、地區、區、市、縣、鎮、鄉等。但是，在不同的國家結構形式中，其法律上的資格是不同的。從憲法資格上來講，邦聯制之下，只有最大的次一級區域政府（邦、州、省）才有獨立的法律上的資格，是獨立的憲法「法人」，而邦聯政府則不是獨立的憲法「法人」，其憲法和國際法上的權利能力和行為能力都受到嚴格限制。

當然，單一制之下，也只有一個獨立的憲法「法人」，只是和邦聯制相反，單一制下的全國中央政府是唯一的獨立的憲法和國際法上的「法人」。所有區域政府嚴格來說在國際法上都不是獨立的「法人」，沒有獨立的憲法權利能力和行為能力，它們無非是中央政府的擴大和延伸，是中央政府的地方「代理」，代表中央政府在一個區域進行管理罷了。既然如此，代理的後果就有委託人來承擔，所有憲法上、國際法上的責任都由中央政府承擔，所謂誰行使權力，誰承擔責任。實行單一制的國家，從理論上講，地方區域政府可以被全國政府改變乃至撤銷，因為它們沒有獨立的憲法資格，而且在任何關鍵性的政府事務上，都沒有獨立的決策權。

聯邦制則創設了兩套憲法「人格」，全國政府和次一級的區域政府在憲法上都是獨立的「法人」，它們擁有各自獨立的憲法「人格」，不可以被另一方片面取消。它們各自在憲法為自己設定的權利能力範圍內獨立活動，獨立承擔法律上的責任。全國政府在一些事情（絕對不是所有的事情）上有最終決策權，地方區域政府至少在另一些事情上有最終決策權，而且它們的獨立存在都受到全國憲法的特別保護。[11] 因此，儘管每一個國家都有一些區域性的地方政府，但是並非都是聯邦制國家，這要看這些區域地方政府能否獨立存在於全國政府，能否至少在一些事情上可以不顧全國政府的喜好獨立行使決策權。

對這些區域政府獨立法律「人格」的特別保護，主要來自全國憲法（national constitution），這個全國憲法是各方平等協商的產物，不是一方強加於另外一方的，這樣就能保證各方自覺尊重、遵守這個憲法。全國憲法對全國政府和區域政府各自享有的權力做了清楚而具體的劃分；而且雙方一旦對權限劃分有爭議，就由一個獨立的、具有公信力的、權威的司法機關來裁決，而不是由全國政府自己解決；[12] 要改變目前的權力劃分格局，甚至改變區域政府或者聯邦政府的存在，那就必須修改憲法，而修改憲法必須得到雙方的批准認可才行。所以全國憲法不僅是人民權利的保護者，是全國政府權力的保護者，而且對各個區域政府的獨立存在和權力運用也提供了強有力的、令人放心的保障。

當然，對這些區域政府獨立憲法「人格」的特別保護，還來源於一個國家的文化傳統、政治理念、民族習性、公民構成和政治權力在社會中的實際分配。在美國，二百多年來，各州沒有演變成華盛頓政府的附屬物，除了因為有一部被普遍接受認可的全國憲法外，還有就是美國公民對地方自治的堅定態度，這尤其表現在美國聯邦和各州的兩院議員、大量的行政職位都由人民直接選舉產生上，他們向各自的地方選區分別負責，不受華盛頓的支配。

美國有一些州非常小，例如最小的州羅德島州只有 1,545 平方英里，99 萬人。但是它的獨立存在不容改變，不管聯邦政府或者鄰近的幾個大州、大城市也沒有任何意圖要把它變成某一個州的一個市或者某一個大城市的一個區。因為這是歷史形成的，而且該州還是最早發起成立美國聯邦的創始國（州）之一，儘管它總是十分消極被動。再比如德克薩斯州的達拉斯市是一個舉世聞名的大城市，有 420 多平方英里面積大，105 萬人口，是美國的十大城市之一。然而令人吃驚的是，在這麼一個大都市裡邊，還有一個很小的「迷你」城市，這個小市面積只有 624 英畝（不到 1 平方英里），人口大約 1.5 萬人，周圍完全被達拉斯市包圍。儘管這個城市極小，但是有一個很大的名字叫做 Universal City，中文可以意譯為「共同市」，據說是因為第二次世界大戰時很多國家的飛行員都到這裡的美國空軍飛行基地訓練，由於有很多國家的人在這裡，因此這個地方似乎成為「共同的地方」了，因此就起名「共同市」。問題不在於大小，問題在於達拉斯市和這個「共同市」之間沒有任何隸屬關係，各自有自己獨立的政府機構和管理系統，各自直接對自己的居民和州政府負責。這就是美國，追求多樣性的統一，尊重地方的自主獨立性，不輕易改變地方政府的現狀。

筆者設想，如果在中國，早都把這個什麼「共同市」變成達拉斯市的一個區了，甚至可能連一個區都成不了，而「羅德島」作為一個州也許早就成為歷史名詞了。在香港的九龍半島原來有一個小區，叫做九龍城寨，當年大清政府在租借九龍給英國的時候，留下這麼一塊小地方仍然歸中國管轄，以方便照顧當地的中國居民。所以，很長時間在英國管理下的香港，有一小塊從法律上仍然歸中國政府管轄的土地，清政府起初還派有官員駐守。可是在香港回歸中國前，中英兩國在二十世紀八十年代同意取消這道街，把它變成了一個由香港政府統一管轄的地方，原因是便於管理，減少偷渡和犯罪。其實，如果留下來，把它變成特別行政區中的一個「特區」，也未嘗不可，只要好好管理，也許會成為一個獨特的旅遊點，帶來不薄的經濟回報。可見，中美兩國有完全不同的政府觀念和地方自治理論。

三、判別不同國家結構形式的標準

邦聯制和單一制、聯邦制的區別是十分明顯的，關鍵是單一制和聯邦制之間如何區分。判別一個國家是單一制或者聯邦制，傳統上是看地方區域政府享有權力的大小，一般認為如果地方區域政府享有的權力大，那就是聯邦制，反之，就是單一制。但是有些時候這個標準並不準確。因為有些情況下，單一制之下的一些地方自治區域可能享有比聯邦制下的邦更大的權力。例如香港和澳門特別行政區享有很大的自治權力，這種自治權的某些方面（例如發行自己的貨幣、獨立的邊境控制等）甚至大於美國的州的權力，但是由於這些權力都是由中央政府授予的，因而這些特殊地區的存在並沒有改變中國單一制國家的性質。要合理區別這兩種國家結構，主要應該依據下面兩個標準。

第一，地方區域政府權力的性質和「剩餘權力」的歸屬。如果地方區域政府的權力是由全國（中央）政府授予的，是繼受的、派生的而不是原始的，區域政府從屬於全國政府，而全國政府的權力則是第一位的，是正統的，先於地方政府而存在，那麼，在這種情況下，不管地方區域政府享有的權力有多大，這個國家也是一個單一制國家。在這種情況下，法律沒有明文規定歸誰行使的「剩餘權力」，都自然歸全國政府保留。其實，在這種情況下，單一制國家可以說不存在「剩餘權力」問題。因為既然「所有的」權力都歸全國政府、而地方區域政府的權力都是由全國政府授予的話，因此也就不可能存在「沒有明確歸屬的權力」的問題，一切權力包括「剩餘權力」當然都是歸全國政府。在單一制下，只有「授權」而沒有「分權」問題。

第二，如果地方區域政府先於全國政府而存在，其享有的權力和全國政府享有的權力都直接來源於人民，二者是平行的，在憲法規定的各自的職責範圍內分別直接對人民負責，雙方的關係是平行的、明確的「分權」關係，沒有絕對的上下級隸屬關係，那麼這種結構就是聯邦制。在這種情況下，出現憲法沒有明文規定由誰行使的「剩餘權力」，原則上歸人民或者地方區域政府保留。也只有在這種情況下，才可能產生「剩餘權力」的問題。在聯邦制下，通常要制定一部非常明確具體的憲法，來詳細規定聯邦與各邦的權限以及發生爭議時所應遵循的解決方法。例如美國憲法就用列舉式方法分別詳細規定了聯邦政府和各州政府所享有的權力，同時憲法規定凡未明確授予聯邦政府行使的權力，除憲法禁止各州行使的外，歸各州或人民保留（修正案第 10 條）。美國史學家莫里森曾精闢地揭示了美國聯邦制特徵，他說，中央政府「是其自身範圍內至高無上的政府，但那個範圍是規定的和有限度的。……各州在其規定範圍內相互平等，同屬至高無上；它們在法律意義上絕非從屬的法人」。[13] 這深刻說明了聯邦制下，不僅各邦、州之間平等，而且各邦政府與聯邦政府也是平等的，它們只是分別在做法律規定自己做的事，並無從屬關係。我們通常說的「中央政府」（central government）的觀念在這裡並不存在。因此，我們說美國的地方政府（local government）一般也是指州（State）政府下面的地方郡（縣）、市、鎮政府，而不是相對於聯邦政府來指州政府的。

需要指出的是，中國憲法學界對聯邦制下國家權力的劃分，一直有一個很大的誤解，認為在聯邦制下，地方區域政府的權力相比全國政府的權力是原始的、主導性的、第一位的，而全國（中央）政府的權力則是由地方區域政府授予的，因而全國政府的權力是派生的、次要的、第二位的，其合法存在取決於地方區域政府的自願傳授，也就是說，全國政府是地方區域政府的創造物。然而實際情況並非如此，聯邦制之下，全國的聯邦政府和各組成邦政府都是由人民直接創設的，並不是由各邦人民先創造了各邦政府，然後再由各邦政府創設了聯邦政府，並由各邦政府授予聯邦政府一定的權力。聯邦政府並不是人民的「孫子」，而是人民的「兒子」，它和各邦政府只有年齡的差距，並沒有輩分的分別，即它是人民的「小兒子」，而各邦政府可以說是人民的「大兒子」，先出生一會兒。

判斷單一制、聯邦制的第二個標準是看地方政府有沒有「自主組織權」，即地方區域政府是否有權選擇自己的政府形式，決定自己的政治制度並制定自己的憲法性根本法。如果地方區域有這樣的權力，那麼就是聯邦制，反之，如果憲法不允許地方區域政府隨意制定自己的組織法，不允許地方區域決定自己的政權組織形式，則為單一制。[14] 例如美國的各州都有權制定自己的州憲法，選擇自己的政治制度。而中國的香港和澳門兩個特別行政區無權決定自己的政權制度，無權制定自己的《基本法》，而必須由中央政權機關即全國人民代表大會來規定，因此中國是單一制國家。

也有學者認為，判別單一制、聯邦制還有一個標準就是看地方區域單位有沒有集體參政權。在聯邦制下，各邦人民除了可以以公民個人的身份選舉代表組成聯邦議會下議院（或者叫做眾議院、平民院）直接行使權力外，還有權以本邦集體的名義選派代表組成聯邦議會的上議院（或者叫做參議院、聯邦院、貴族院）行使本邦集體的權力。在單一制下，人民只有第一項權力，而沒有第二項權力，原因是人民創設了全國中央政府，而地方則是全國中央政府的創造物。[15]

無論在單一制或聯邦制之下，全國政府（即中央政府、聯邦政府）一般都要行使以下權力：外交權（包括交換使節、與外國締約等）、國防權（包括全國軍隊的統率權、宣戰、媾和）、發行貨幣和制定度量衡權、管理郵政、跨地區交通管制、規定移民和國籍制度，課徵一定的稅賦，規定關稅和貿易制度，知識產權的保護以及與上述事務有關的訴訟，並在各組成部分之間發生衝突時充當仲裁者。而地方區域政府的權力根據各國情況的不同也十分不一樣。

四｜國家結構形式在世界範圍內的新變化

二十世紀八十年代末期以來，在全世界範圍內，國家結構無論在理論或實踐上都發生了很大的變化。最顯著的變化是蘇聯作為人類歷史上最為龐大的聯邦制國家解體了，而代之以一個新的「獨立國家聯合體」。西德以自己的聯邦制模式吞併了東德五個州，德國重新成為一個舉足輕重的歐洲大國。歐洲各國聯合的勢頭有增無減，一個全新的實行政治、經濟、外交、軍事等一體化的「歐洲聯邦」日益成形，大有與大洋彼岸的「美洲聯邦」抗衡天下之勢。而亞洲、非洲、南美洲、大洋洲的國家也在調整自己的內部構成形式，並試圖建立某種形式的聯盟，以便為自己在生存競爭激烈的國際大環境下求得更大的發展空間與機會，並更好保衛國家的安全。

在中國，也發生了一些變化。隨着中國改革開放的不斷深入，中國為自己的單一制注入了許多新的內容。這除了擴大一般地方的自主權外，一個重要的變化就是中國在恢復對香港、澳門行使主權後，設立了兩個特別行政區，特別行政區依據《基本法》享有「高度自治權」，同時承諾未來的台灣特別行政區可以享有更大的自治權。這使中國的單一制在內容和形式上都發生了許多重大變化，也極大地豐富了中國憲法學關於國家結構的理論。國家結構形式在世界範圍內的這些突變，為憲法學家提出了許多新的繁重的研究課題，也為憲法學的發展提供了良好的機會。我們應該深思二十一世紀的人類需要什麼樣的國家形式，需要什麼樣的國家。

其實，一個國家實行什麼樣的國家結構形式，關鍵在於實質，不在於名稱，叫做什麼是無關緊要的。比如美國，當時設計美國聯邦體制的開國先輩們（founding fathers）並不知道何謂聯邦制、邦聯制和單一制，更不可能對它們進行學理概念的明確區分。很多人當時談邦聯或者聯邦其實所指的是一回事，而且即使在主權的劃分方面，他們也沒有十分有意明確讓聯邦政府和州政府分享，應該說這些都是後人總結出來，再上升到學理的高度的。他們當時一門心思要做的是，創造一個既能保證人民的基本權利自由不受侵犯，州權得到應有的尊重，同時又有一個較強的全國政府的新的體制，更重要的是要為大部分州所接受。只要能達到這些目的，什麼樣的體制都可以，什麼都可以談，至於名稱叫做什麼更是無關緊要的了，叫做「聯邦」或者「邦聯」甚至把它叫做「單一制」都可以，因為名稱就是一個符號罷了，主要還是看能否解決實際問題並為各方所接受。實際上，美國開國先輩吸收了邦聯制和單一制各自的優點，從而創造出這個新的獨特的國家結構形式，儘管他們自己並沒有意識到這一點。

因此，對不同國家結構形式下定義，分析判別不同國家結構形式的標準，對那些開國先輩們、對那些制定憲法的人意義並不大。其意義在於對後人，對後來新的國家、新的憲法有一定的啟發意義。但是，對後來者來說，千萬不可被理論所束縛，以致削足適履，片面追求某種國家結構形式，以辭害意，為了滿足形式而損害內容。因為畢竟生活之樹才是常青的，理論總是落後於實踐的，各國政治家一定要從本國的實情出發，實事求是來設計適合自己國家情況的國家結構形式，而且要敢於創新，像美國的開國先輩們一樣，大膽地構思，大膽設想，創造性地設計自己國家的結構形式。如果由於憲法學家總結了一些理論，這些理論不幸成為政治家創新的障礙，則罪莫大矣！如此，最好不要憲法學和憲法學家。

| 註釋 |

1. 吳家麟：《憲法學》，北京：群眾出版社，1983，頁 46。

2. 對於君主制下可否有憲法，學者們有不同的看法。例如，作為現代憲法發源地的英國，一直保持着自己的君主制形態，但是我們不能說英國沒有憲法，我們不懷疑英國有實質上的民主（當然是資產階級的民主）。只是英國的憲法是不成文的，而不成文憲法也是憲法。因此，即使從英國的情況來看，說憲法是民主的制度化、法律化這個命題，應該是沒有錯的。如果英國堅持是傳統的、「古典的」君主制，確實不可能有憲法的產生。

3. 在中國各種憲法學著作中，「國家結構形式」與「地方制度」這兩個概念往往是不加區分的，互相包含的。為了使憲法學的概念更加規範化、科學化，也為了突出國家結構形式的重要性，應該把這兩個概念區分開來，規定它們不同的內涵和外延。

4. 許崇德先生在其主編的高等學校文科教材《中國憲法》中把這兩個大問題獨立成章，並分別詳加論述。參見許崇德：《中國憲法》，北京：中國人民大學出版社，1989。

5. 亞里士多德：《政治學》，吳壽彭譯，北京：商務印書館，1981，頁 7。

6. 《馬克思恩格斯選集》，第 4 卷，2 版，北京：人民出版社，1995，頁 166。

7. 亞里士多德：《政治學》，吳壽彭譯，北京：商務印書館，1981，頁 167。

8. ［英］傑弗里・帕克：《二十世紀的西方地理政治思想》，北京：解放軍出版社，1992，頁 1。

9. 「The United States of America」（簡稱 USA 或者 US，口語中也簡稱 The States）如果直譯就是「聯合起來的美洲國家」或「美洲聯合國」或者「美洲國家聯合體」，「美利堅合眾國」的翻譯已經被廣泛接受。從國名也可以看出這個國家是由一些國家組成的一個新的國家。

10. Truman D. B., "Federalism and the Party System", In MacMahon Arthur, ed., *Federalism: Mature and Emergent*, Garden City: N.Y. Doubleday, 1955, p.123.

11. Riker W. H., "Federalism", In Greenstein F. I., Polsby N. W., ed., *Handbook of Political Science*, Reading, Mass.: Addison-Wesley, 1975, p.101.

12. 美國法學院的憲法課其中一個重要內容就是講聯邦最高法院是如何裁決這些權限糾紛的。儘管聯邦最高法院是廣義的聯邦政府的一個機構，但是它在機構、財政等方面上是獨立的，在裁決聯邦政府和各州政府之間的權限糾紛的時候，不會偏袒聯邦政府，當然也不會偏袒州政府。

13. ［美］莫里森（S. E. Morison）等著，南開大學歷史系譯：《美利堅共和國的成長》，第 1 卷，天津：天津人民出版社，1975，頁 87-88。

14. 吳家麟：《憲法學》，北京：群眾出版社，1983，頁 246。

15. 吳家麟：《憲法學》，北京：群眾出版社，1983，頁 247。

CHAPTER 2

中國國家結構形式的歷史演進

探討中國中央與特別行政區的關係，有必要先考察一下中國國家結構形式的歷史發展，尤其在設置特別地方區域方面的歷史情況。這為中國制定「一國兩制」的國策，設立特別行政區，處理中央與特別行政區的關係提供了歷史的借鑒。

一｜中國古代的國家結構形式

一部中國古代史就是中華民族的悲歡離合史，正所謂，天下大勢，分久必合，合久必分。縱觀二千多年封建王朝史，合是主流，分是支流；合則強盛，分則俱傷；合得好，則國運必昌；合得不好，則國運必衰。正確處理國家整體與其組成部分的關係，是古今中外所有統治者不可不思、不可不察的重要課題。

一、秦代以前

中國最早的王朝是傳說於公元前二十一世紀成立的夏王朝。夏王朝是靠兼併、降服鄰近的一些部落而建立起來的。相傳「禹會諸侯於塗山，執玉帛者萬國」[1]，這反映了夏對其他部落統治的情況。夏禹還把中國分為九州，以示疆土之廣。當時夏王朝對地方諸侯的統治「乃是建立在依恃武力使之臣服和迫令其繳納貢賦之上的」[2]。但是，「臣服於王朝的部族，仍可保持一定的自主權。各部族之間經常相互兼併、相互作戰，只要他們按時向王室繳納貢賦，並把被兼併部族的貢賦也繳納給王朝，王朝一般不予干涉，有時還賦予他們專徵之權。這是一個高度分散又逐步集中的組合過程」[3]。

到了商代，地方諸侯是商王的「外服」，亦即「外臣」，主要有侯、甸、男、衛、邦、伯幾類。前四類「都是由王派到外地從事武裝守衛和農田畜牧等經濟墾殖業的，配備有武裝和生產人員，較為固定地把守一地，職務可以世襲，是相對獨立的政治實體」。他們的產生也「都是接受商王室的封賜而來的」，因而他們要絕對服從王室，而王室對他們也擁有充分的主權。[4]後兩類「邦」和「伯」雖然也隸屬於商王，但獨立性較強。邦、伯都由王室冊封，受王室節制，但他們是獨立的一國之主，是與商王並存的國家，與商的關係是附庸國與宗主國的關係。這種聯合起來的國家也可以說是一種「準聯邦」吧，大概相當於現在英聯邦與其成員國的關係。

到了周代，周王朝是「以西方的一個小國代商而有天下，苦於兵力單薄，不足以鎮壓東方各族人民，於是大封同姓、異姓及古帝王之後於東方，以為同室的『藩屏』」。[5]這些諸侯名義上保持對周王的效忠，但他們的獨立性十分強，在自己的封疆內，可以設立官制，課徵賦稅，建立自己的軍隊。這種諸侯分封制對弱小的周王朝中央來說應該是明智之策。周實際上是一種軍事政治聯盟，在周代中央強盛諸侯弱小時，則類似於現在的聯邦。

從公元前 770 年到 221 年為中國歷史上的春秋戰國時代。周王朝末年，各諸侯國逐漸發展起來，實力不斷增強，進而最終脫離周王成為獨立完整意義上的國家。這些新獨立的國家各自為政，互不隸屬，而且互相征戰討伐，樂此不疲，最後大吃小，強吞弱，剩下七個強大的國家稱雄天下，即齊、燕、楚、韓、趙、魏、秦七國，史稱「戰國七雄」。統一諸國，建立統一國家的使命到公元前 221 年終於由西方的秦國完成了。

二、秦統一六國開中國大一統之先河

秦王嬴政「始皇帝」用武力實現了「六王畢、四海一」，建立起中央高度集權的政體，這對中國社會以後二千多年的發展都產生了根本性的影響。可以說，夏、商、周乃至到春秋、戰國時期，中華民族尚處於幼年時期，民族的性格、民族的習慣尚未形成，因而那些「先天性」因素對後世的影響不大（主要指政治傳統、政治體制）。然而，秦王朝的建立卻具有劃時代的意義，它對中華民族政治遺傳基因乃至民族性格的形成發揮了決定性作用。例如秦是靠武力討伐征服六國的，為什麼不能用和平談判的方法，七個國家坐下來共同商談建立一個以秦國為主、類似於周代分封制那樣一個「聯邦制」國家，或者更進一步就像近兩千年後的北美十三國（州）平等協商建立一個「美利堅合眾國」一樣？為什麼統一六國的是西部內陸那個十分落後的秦，而不是位於中原或沿海、沿江的其他國家？當然我們無法對歷史作假設，也不應苛求古人，但是這段歷史對我們民族政治文化、政治性格乃至以後社會發展模式的形成到底產生了什麼樣的深刻影響，非常值得研究。

以下幾點是明確的。

第一，中華民族從此以後，無論國家發生什麼變化，不管是王朝更迭還是外族入侵，可能山河破碎，也可能天下三分，各霸一方或者地方割據，但最終國家都要走向統一。從公元前 221 年到現在的二千二百多年時間內，追求國家的統一始終是佔主流的，統一始終是人心所向，大勢所趨。這早已內化為中華民族的政治習性和政治文化傳統，深入每一個中國人的骨髓，是民族的政治基因。千百年來中國人一直追求建立一個「大一統」的國家，強調國家的「大」而且「統一」，強調領土的完整。「中國人的潛意識認為只有在這種情況下，國家才是正常的，可以接受的，而且認為這是最值得追求的崇高事業。反之如果國家陷於分裂、割據、分治或者地方主義就是最壞的一種情況，是不正常的、暫時的，必須趕快重新統一。」[6]

幾乎所有的先秦諸子理論也都認為應該有獨一無二的君主來統一天下，都從不同的角度呼籲應該建立一個中央集權的政府，都要求「定於一」。這是先秦諸子對於春秋戰國時期歷史發展進程的總結。他們着眼的角度和論述的根據雖然各有不同，但其結論則高度一致，即認為必須以統一代替混亂，以集權代替群雄並立，捨此難以謀求安定和繁榮。這就為秦實行中央集權掃除了思想障礙。[7] 當時的諸子百家在分合問題上其實是一家，都是「統一派」，沒有「分裂分立派」，都是中央集權主義者，沒有地方自治主義者，更沒有「聯邦主義者」。這在很大程度上決定了在東亞這塊大地上今後只可能出現一個統一的大國，而不可能像在西歐那塊土地上一樣，會出現許許多多和平共處的小國，儘管這兩塊土地的面積差不多。[8]

第二，在全國實行的政治制度方面，中國人追求全國的整齊劃一，與中央政府保持一致。每一個王朝統一全國後，都立即建立起高度的中央集權政治體制，不允許地方有什麼自治乃至靈活性或變通措施。「自從秦朝開闢『海內為郡縣、法令由一統』的局面，中國就極少有分封制存在，地方割據往往不得人心，極難存在發展，全國基本上都由皇帝一人控制，地方官只不過是『朝廷命官』，是封建帝王神經網絡上的神經元，具體傳遞控制的信息罷了，根本無自主權可言。」[9] 這樣，中國就自上而下建立起了一個中央高度集權、制度整齊劃一的體制，而且經久不衰。

我們把上述第一、二點結合起來，「把中國人的這種傳統的政治觀念翻譯成現代語言，那就是『一個國家，一種制度』，即實行『一國一制』，建立一個全國高度統一的單一制國家。自從公元前 221 年中國第一個封建王朝秦統一全國以後，中國政治的發展就一直遵循這個原則」。[10]「大一統」的準確含義就是尊崇、追求國家的領土完整與統一以及制度上的整齊劃一，這是中國傳統政治文化的核心內容。

第三點是在實現國家統一的方法方面，追求使用武力，很少通過和平談判實現國家統一的例子。在中國的傳統政治文化裡，似乎根本沒有妥協、讓步的因子，缺乏一種通過建設性談判、妥協以獲得雙方進步的「雙贏」精神。古代中國人慣用的就是你死我活的武力鬥爭。這不斷為秦以後的歷史所證明。這是否與作為第一個統一的大王朝的秦的建立方法有一定「遺傳」關係呢？

所以綜合以上三點，可以把秦以後中國政治文化的精神歸結為兩句話，即「武力統一、一國一制」，這八個字總結了中國長達二千餘年的封建國家結構發展史。當然我們應該看到秦統一六國，建立一個全國統一的政權符合社會發展的規律，也符合當時各國人民的願望，具有重大的歷史進步意義。尤其是當我們看到現在歐洲各國正在向一個統一的國家方向發展，已經形成歐洲統一的貨幣，正在實行歐洲共同的外交與安全保障政策，協調各國的內政與司法事務，建立統一的軍隊，等等，所有這些中國人早在二千多年前就已經完成了，那時中國就已經統一了貨幣、度量衡、語言文字，有了統一的軍隊、統一的政府和司法系統，甚至統一了政治思想，有了統一的時間。當今天我們在廣袤的中國大地旅行，不用講那麼多種語言，不用兌換貨幣，不用調整時間（儘管中國橫跨五個時區），我們應該感謝祖先那麼早統一了國家所帶來的好處。[11]

下面具體探究一下這一獨特的歷史發展過程。

三、秦、漢、魏、晉、南北朝的國家結構

自秦王嬴政公元前221年一舉掃平東方六國定於一尊以後，中國歷史先後經歷了兩漢、三國、兩晉、南北朝，到公元589年隋王朝再次統一全國，這可以作為一個歷史單元。在這八百餘年的時間裡，中國既有長期統一的局面，也有分裂割據的情況。這個時期，中國的疆土日益擴大。到漢時，已東達遼東、東浪，南達交趾、日南，西及巴蜀，北界大漠，漢王朝都設置郡縣由中央直接管轄。漢王朝還在河西走廊設西域都護府，統管西域各國。這塊廣袤的疆土就是中華民族最早的家園，是中華民族世代繁衍生息之所在。

在國家結構方面，這個時期最值得一提、對後世影響最大的是郡縣制的確立與不斷完善。其實，早在春秋時，秦、晉、楚等國就在邊地設縣，後來又設郡。秦統一全國後，吸取周朝分封諸侯造成國中有國、天下大亂的教訓，為了更好地控制各個地方，就廣泛地推廣郡縣制。最初秦設36郡，後增至四十餘郡。郡設郡守、郡尉、郡監，縣設縣令、「長吏」，均由中央直接任命，對中央直接負責，由皇帝直接控制。郡的政府組織是依照中央政府組織而對口設置的，既要上對中央負責，又要行使督察屬縣之職責。這些地方官都是「朝廷命官」，實際上是皇帝設在全國各地的耳目，並無任何自主權。所謂「秦變封建為郡縣，恐其權重，故每郡但置一監一守一尉，此上別無統治之者」。[12]郡縣制的建立確實有效地防止了地方割劇，強化了中央集權。因而一直到隋朝中期，郡縣制一直是各朝代控制地方的主要制度機制。雖然後來郡的建置發生了很大變化，但是縣的建置卻一直保留了下來。

漢承秦制的同時，又置國與郡縣並行，由諸侯王管制，呈半獨立狀態。到東漢時，州成為最高一級地方行政組織，其最高長官為刺史、州牧。他們常常擁兵自重，割據一方。魏晉南北朝時期，為了防止外重內輕，限制地方勢力的膨脹，就不斷分置州郡。這一時期在少數民族聚居地方設道進行管制。

在特別地方建制方面，漢王朝為了防禦匈奴入侵和確保與中亞、西亞交通路線的暢通安全和正常的經貿交往，開始在西域屯田駐軍，設立都護府。但漢王朝只是為保證各屬國相安無事，保護貿易文化正常來往，並非要征服並控制這些地區，也不要求西域實行與中國內地

一樣的政治經濟制度。這和美國現在在海外維持龐大駐軍的性質有所不同，漢王朝在當地駐軍的目的比較單純，並沒有野心要當「世界警察」。

總之，從秦開始，中國封建王朝就建立起一套從郡到鄉里什伍層層控制的、十分嚴密的駕馭地方的網絡，皇帝位於中樞，遞次鋪向全國各個角落。漢代雖然實行過郡國並行制，但「國中之國」往往對抗中央，漢王朝不得不「削藩」，把王國也置於中央統一控制之下，使各王國有名無實，沒有獨立的政治權力。這種統治方法為以後歷朝歷代不斷傚法。

四、隋、唐、五代十國、宋的國家結構

經過數百年的分裂割據，隋王朝於公元589年重新統一全國，中國封建社會進入鼎盛時期。在以後的698年時間裡，中國經歷了唐王朝，繼而是梁、唐、晉、漢、周五代更替以及吳、蜀等十國分立，但不久即重新被宋王朝基本統一。這個時期中國的疆土繼續擴大。在唐代全盛時期「東至安東，西至安西，南至日南，北至單于府，蓋南北如漢之盛，東不及而西過之」。[13] 這是當時世界上疆域最遼闊的帝國。

在隋唐時代，統治者又採取了一系列措施和方法鞏固中央集權制，加強對地方的控制，防止出現地方分裂。隋和唐初，中央政府之下設府、郡、州三種地方行政區域。京都和重要地區設府，邊遠重地設都護府。府的地位高於州郡。公元636年，唐太宗依山河形勢分天下為10道，公元733年唐玄宗增至15道，並置採訪、觀察使常駐，道也就逐漸演變成州以上的地方行政實體。宋代承襲了這種行政區劃制度，一級地方行政區域為路，最多時曾設26路。路之下為府、州、軍、監。

在改變地方行政建制的同時，這個時期也改變了以往地方官闢署僚佐的權力，凡進入品級的地方官都由中央直接任命。這一方面是為了通過控制地方人事任免權達到控制地方的目的，另一方面也是為了增加地方行政首長對中央的親和力和向心力，使他們產生歸屬心理和感恩意識，對上負責，而不是對下負責。

唐代的道兼掌監察和軍事，有很大獨立性，很快就演變成割據一

方的地方政治實體。道的主要行政長官為節度使。節度使本來應該只管兵政，民事歸觀察使統之，但事實上節度使兼理兵甲、財賦、民政之事，無所不管。雖然各道還有度支、營田、招討、給略等使，但是大多由節度使一人兼任。這樣節度使就集一道軍、政、民大權於一身，儼然一個地方皇帝。這最終導致了藩鎮割據和國家的分裂。看來，地方官一人兼職過多極易坐大而稱雄一方。

在邊遠地區屯田駐軍，設立都護，始於漢代。唐代在邊疆少數民族地區設立有都護府，計有單于、安北、北庭、安東、安西、安南六大都護府，其中，安西、北庭都護府轄西域，安北、單于都護府轄北疆，安東大都護府轄東北，安南大都護府轄南疆。都護府之下再設羈縻府州等地方。都護府是不同於內地的一種特別地方建置。

公元 630 年唐太宗平定突厥，在其原地設立羈縻府州。唐太宗任命突厥原來的首領為世襲都督、敕州，讓這些地方保留原來政治自治的權力，是半獨立的地方行政單位，後來唐又在其他少數民族部落設立羈縻府州，總數達到八百多個，有效地安撫了這些邊遠地區。都護府的設置對加強民族團結、維護國家統一、促進各民族共同發展起了重大作用。

中國古代由於疆域十分遼闊，又沒有現代的通訊手段，因此對邊疆的控制始終是一個很大的問題，有時不得不採取一些特別的方法。例如，允許當地的原來統治者保持自己的一切，只要他在名義上歸順就行了。有時，皇帝甚至不惜把自己的女兒下嫁當地的領袖，通過聯姻、會盟的形式而換得邊疆和平。在西藏自治區首府拉薩的布達拉宮，至今一直供奉着公元 641 年唐朝嫁給藏族吐蕃王的文成公主的塑像，大昭寺前的廣場上還矗立着公元 823 年為雙方會盟建立的「唐蕃會盟碑」。[14] 這既為當時邊疆的和平提供了有力的保證，也為以後國家的統一奠定了基礎。

唐之後，中國再次出現分裂，諸國並存，彼此征戰不已，一直到公元 960 年宋基本統一全國。宋王朝建立後，就馬上收回節度使的兵權，由中央直接統領府、州、軍、監，並規定正長官批發的公文，要由副長官「鑒議連書」，有意造成正副職之間相互監督和牽制，防止權力集中。公元 997 年，宋又在府、州之上增加路一級行政單位直接向中央負責。路設帥、憲、倉、漕等司，各司之間互不統屬，直接對中央負責。這樣，地方的軍、民、政、法、財、人事等互不隸屬，都直接隸屬於中央的對應部門，只有上下垂直領導關係，而沒有橫向的地方領導關係。這雖然有效地把權力集中到了中央，防止了地方坐大，但是也造成官無專職，人浮於事，辦事效率低下的問題。

五、遼、夏、金、元、明、清代的國家結構

在中國歷史上，少數民族在邊遠地區也建立了一些政權。到了中國封建社會的後期，由於漢族王朝的腐敗無能，這些少數民族不再稱臣，反而不斷用兵，有些甚至入主中原，主宰全國。在中國古代史的後半期，遼、夏、金、元、明、清六個朝代中，只有明朝是漢人政權，其他五個都是少數民族政權，元和清甚至統一了全國，清並統治全國達 267 年之久。可見少數民族在統一的中華民族的發展史上佔有相當重要的位置。

遼（公元 916 － 1125 年）、西夏（公元 1038 － 1227 年）、金（公元 1115 － 1234 年）與宋王朝（公元 960 － 1279 年）其實是差不多同時存在的四個王朝，是四個獨立的政權。他們之間長期征戰不已，很少和平共處。當然這個時期也是漢族與邊遠各少數民族大融合、大發展的時期。以往的中國古代史在敘述這一段歷史時，都是以宋王朝為主、為正統，其實這一段歷史與三國時期相彷彿，一個是三國鼎立，一個是四朝稱雄。只是魏、蜀、吳三國都由漢族建立。而遼、夏、金、宋則只有宋為漢族政權，其餘三者均為東北、西北少數民族建立的政權。所以這一段歷史要講四個朝代，可以說中華民族在這一時期又一次陷入群雄並舉的分裂狀態。這四個王朝也沒有能通過談判建立一個統一的類似「聯邦」的大國，而只能在強烈的大一統思想支配下，通過不斷的戰爭去收復「失地」，用武力去重新建立一個中央集權制的統一大帝國。在各國歷史上，中國古代封建王朝的自我修復機制最為完備。[15] 這就是為什麼中國歷史上的幾次諸國鼎立，到最後都以重新建立一個大一統的中央集權制國家而結束，而沒有出現「聯邦」國家的原因。這種大團圓、大一統結局是中國人所嚮往、所追求的，是最高的人生價值所在。這次國家的重新大統一也是由邊

遠地區的少數民族由外到內完成的。蒙古王成吉思汗以其無比的驍勇橫掃全中國，一直把宋朝小皇帝追趕到香港無處再逃。元於 1279 年重新統一中國。[16]

元代中央政府設中書省為最高國家行政機關，直接對皇帝負責。下轄吏、戶、禮、兵、刑、工六部分管各種政務。在地方制度方面，為了加強對地方的控制，元以中書省分駐地方，稱行中書省，直接處理地方事務。行中書省就是中央政府的派出部門。把地方政府納入中央政府的大系統，作為中央政府的派出部門、延伸部分，這是中央集權制政府加強對地方控制的方法，是傳統單一制政府的重要特徵。行中書省，簡稱行省或省，也就逐漸成為中國固定的地方最高一級行政區域，延續至今。

元代在全國設立了河南、江浙、江西、湖廣、陝西、四川、遼陽、甘肅、雲南、嶺北、征東等 11 個行省，以此實現對「北逾陰山、西極流沙、東盡遼左、南越海表」的遼闊疆土的管轄。[17] 這是自秦發明縣建置以後中國地方建置的又一重大發展，在中國地方制度建設史上佔有重要位置。行省的建立有效防止了國家的分裂，鞏固了國家的統一。元以後的明、清兩代沿襲此制，從此中國很少出現歷史上慣常出現的地方割劇情況。在少數民族和邊遠地區，元代分別設置安撫使司、安慰使司等，隸屬於中央宣政院，同時與行省有一定聯繫。

中國封建社會到明清時代已經走上末途。但就封建統治的制度、技巧方面則達到「爐火純青」的地步，封建中央集權制達到頂峰。中國的疆域在清初也達到了歷史上的頂點。到十八世紀中葉，清的疆域西抵中亞巴爾喀什湖北岸，西北包括唐努烏梁海地區，北達漠北，東至庫頁島，南達西沙和南沙群島，這是當時世界上最大的帝國之一。

明清統治者為了控制這遼闊的疆域，一方面進一步加強高度的中央集權，把各省的權力盡可能集中於中央。但是在另一方面由於國家太大，又不得不實行一定的地方分權，使封疆大吏可以有效地行使統治人民的職能。明清統治者為此都不斷調整省的建置。

明初仍然沿襲元的行省建制。但是由於省的權力膨脹，使明中央感到一種潛在威脅，於是在 1376 年下詔廢除行省建置，將各行省一律改為承宣布政使司，大量裁減地方布政使司的機構與官員，把它變成一個「上承下宣」的行政部門，而不再是統率一省軍政要務的地方權力機關。朱元璋並將省的軍政權力一分為三，分別由承宣布政使司、提刑按察使司、都指揮使司分掌民政、監察與司法、軍政。遇有重大問題要由「三司」議奏而由皇帝最後裁辦，任何部門都無權獨攬全局。這種「三權分立」的體制側重於地方各部門之間的制約和監督，這雖然有效地控制了地方勢力，使其無法坐大，但是也窒息了地方發展的活力。

清王朝建政後，在地方政府制度方面事實上肯定了明代中葉以後由總督、巡撫統理省政的做法，並且加以完善和發展。一般兩省或三省設置一個總督，作為最高的地方長官。總督的職責是「掌釐治軍民，綜制文武，察舉官吏，修飭封疆」。[18] 這樣在省一級就確定了總督、巡撫共同負責的制度。這種制度使得任何一個地方都很難實現地方割據，從而有效地加強了清中央政府對省的控制，使得清代督撫們雖然權力很重，但沒有發生地方政府自重坐大、對抗朝廷的情況，中央與省的關係長期處於穩定狀態。這另一方面也說明中國封建社會經過兩千餘年的發展已經完全發育成熟，統治方法臻於完善，因而中央與地方的關係處於相對協調的穩定狀態。

在邊疆地區，清政府設置了將軍、都統、大臣等特別地方建置。具體地，大清在盛京、吉林、黑龍江、綏遠城設置將軍；在喀爾喀蒙古設烏里雅蘇臺將軍（定邊左副將軍）、科布多參贊大臣、庫倫辦事大臣等；在漠南蒙古還設察哈爾都統、熱河都統等地方建置；在西藏設置駐藏大臣；在台灣設置巡台御史、台灣府；在西南少數民族地區則設土司建置，後又設統官。可見，清政府在不同的邊疆地區根據不同的情況設立了不同的特別地方建置，有效地維護了國家統一。到清朝後期，新疆建省，代替了伊犁將軍，後又廢科布多參贊大臣，改設阿爾泰辦事大臣；盛京、吉林、黑龍江三將軍也都改建省制；台灣府也改為台灣省。

六、1840 年以後的變化

1840 年以後，中國社會逐漸由一個完全的封建社會演變成半封建半殖民地社會。中國社會的性質發生了變化，清王朝也不得不改變統治的方式與方法。這反映在國家機構即中央與一般省級地方之間的關係上，就出現了以下變化。

一是地方的權力不斷擴大。由於鎮壓農民起義和抵抗外國侵犯的需要，清王朝不得不重用地方的總督和巡撫，並委以實權以便宜行事。這一方面固然鞏固了封建王朝的統治，同時又為地方勢力的擴張和割據創造了條件。這種情況發展到高峰就是 1898 年戊戌變法後東南諸省拒絕執行清政府的命令，拒不派兵幫助義和團抵抗列強，甚至在八國聯軍侵佔北京時，東南諸省仍按兵不動，反而實行「東南互保」、「中外互保」，公開對抗朝廷。可見地方諸省在舉辦洋務中已經與列強勢力結合起來了。在王朝末期，對最高統治者來說這的確是一個兩難選擇，既要給地方諸省以一定權力去「救火、滅火」，又擔心他們會因此坐大，對抗朝廷。這是無法擺脫的一個惡性循環，也是歷代統治者在末期面對的一個政治難題。

第二個變化是列強勢力侵入皇權的聖地，導致中國中央與地方關係的一系列新變化。中國近代以來與外國交戰的次數難以數計，但結果幾乎都是中國屢戰屢敗，割地賠款不絕於書。中國領土的完整性受到嚴重破壞。自第一次鴉片戰爭割讓香港給英國後，清政府又將大片河山割給俄國、日本等列強，清政府也就失去了對這些地方的統治能力。如前所述，在庚子之役後，列強紛紛在中國劃分「勢力範圍」，在「勢力範圍」內行使一定的行政、司法等大權，並與地方勢力逐漸結成一方軍政實體，形成對抗朝廷之勢。西方帝國主義者還極力促使地方勢力成長，從而逐漸獨立出去，永遠為他們所控制，英國之染指西藏、俄國之干預新疆、蒙古都是這種意圖。他們總是希望中國分裂，希望這條東方巨龍可以四分五裂，以便他們分而治之。

第三個變化是面對上述種種危機，在維新派的推動下，清政府對中央與地方的關係做了一些調整。1907 年 7 月，清政府諭准編製館上奏的《修訂各直省官制情形》，以司法獨立和地方自治為原則來確定地方官制，規定一省或數省設總督，管轄地方外交與軍務；省設巡撫，總理地方行政。[19] 由此地方自治遍行全國。許多省紛紛設立自治局，制定自治章程，籌劃地方自治。如果能在一個相對和平穩定的時期，清政府逐漸地推行地方自治，主動給地方以充分的權力，這樣既可以保證國家統一，又可以促進地方的發展。可惜為時已晚，清王朝的覆滅已經成為歷史的必然。

七、歷史結論

總結中國封建社會兩千多年國家結構發展的歷史，我們可以得出如下一些結論：

一是追求國家的統一和領土的完整是中華民族最基本的政治信條，是歷史發展的主流。兩千餘年裡，不論山河如何破碎，國家最終都要走向重新統一。這是中國歷史發展的客觀規律。

二是在統一的方式方法上，往往通過武力實現國家統一和王朝更替。中國歷史上歷次國家統一的方式，歸納起來可以分為兩種情形。一種是當一個封建王朝到末期腐敗無能，病入膏肓時，就會有邊遠地區的一個落後的部落或少數民族，靠英勇善戰開始入侵中原，最後征服全國，推翻舊王朝，建立新王朝。周滅商（約前十一世紀）、秦滅六國（前 221 年）、北魏統一北方（439 年）、元統一全國 （1279 年）、清取代明（1644 年）等都是如此。另一種情形是在王朝末期自下而上發生農民起義，推翻舊政權，經過一段混亂時期，最後重新建立一個新的封建王朝。漢取代秦（前 206 年）、唐取代隋（618 年）、五代取代唐（907 年）、明取代元（1368 年）等大抵如此。這兩種情形一個是邊遠地區的落後部落自外向內靠武力實現更朝換代，一個是由農民自下而上靠武裝起義實現王朝更替。兩種情形往往交替進行，有時又同時發生。在中國古代歷史上幾乎沒有出現西方式的通過內部平穩的「貴族革命」來實現政權平穩更替的情形。而且這種王朝更替只是換一個人，即更換一個好皇帝，而不可能是更新一個好的制度。由於政府的更換都是通過武力實現的，這就決定了所重新建立的王朝仍然是中央集權制，不可能通過和平談判建立一個民主的、聯邦制的國家。

三是在王朝的有效管轄範圍內，歷代王朝都奉行「一國一制」的政策，除了藩國、邊遠地區之外，全國從中央到地方在制度上基本上要求整齊劃一，不允許特殊制度的存在。

四是由於上述幾點，在王朝末期，地方勢力往往急劇膨脹。王朝中央面對各種危機，既不得不賦予地方更大的權力去「滅火」，但是又擔心地方勢力會因此坐大而形成割據之勢。這個兩難選擇是任何聖明的封建帝王、任何封建王朝政府都無法擺脫的，也是任何封建的政治理論或者封建的「統治術」都無法根本解決的政治難題。

五是由於封建帝王「家天下」的觀念和實行人治的致命缺點，皇位繼承的章法常被破壞，因而帝王們在選定皇太子後，往往把自己的其他兒子分封到各地為王，這就形成全國諸王分立，各霸一方的局面。為爭奪皇位，他們往往兄弟反目甚至互相殘殺。勝利者又開始「削藩」，開始新一輪的屠殺。這給人民的生命、財產造成了巨大的損失。

六是幾乎在每一個朝代，為了安撫邊遠地區的少數民族，都在這些地區建立特別的地方行政區域，賦予這些區域以較大的權力。乃至允許他們稱王，與王朝中央政府保持一種宗主國與附庸國的關係，有些甚至通過政治聯姻來達到安撫這些地區的目的。

無論在中國歷史的長河中暢遊或者在現實中國廣袤的國土上旅遊，人們往往驚歎於古代中國領土之大，中華古文明之輝煌。設想秦皇漢武、唐宗宋祖，以及後來以少數民族身份一統天下、入主中原、威加神州的一代天驕和康乾大帝，面對如此廣闊的國土、複雜的民族構成，竟能較長期地使四海歸心、使幾千里之外的各族臣民效忠，保持國家的統一，在偌大的國家實施有效的統治，而當時沒有電話、傳真，更沒有互聯網，沒有火車、汽車、飛機！這真是人類政治史上的奇蹟，儘管他們沒有最終解決這個「歷史週期率」的問題！

二｜從辛亥革命到 1949 年前的國家結構形式

清王朝一再拒絕改良，對維新採取敷衍甚至拒絕的態度，最終導致了它在資產階級革命的洪流中走上不歸路。與中國歷史上歷次更朝換代所不同的是，這一次是政權性質的根本變化。以前只是更換王朝，新王朝與舊王朝在性質上是一樣的，但這次建立的是一個資產階級專政的政權，是以共和國代替封建專制。因而在國家結構方面，新政權與舊政權也有許多根本的區別。

一、1912—1928 年北洋政府時期

這一時期在中央與地方的關係上，最顯著的特點是全國在名義上有一個中央政府，但是在實際上卻是處於軍閥混戰割據狀態，中央政府所能管轄的區域非常有限。1911 年辛亥革命爆發後，立即有許多省宣佈獨立，脫離清朝中央政府。後來獨立各省派代表討論建立全國統一的中央政權問題，並制定了《中華民國臨時政府組織大綱》，選孫中山為臨時大總統。[20] 這段歷史頗有點像美國開國時十三個州的代表聚會制定憲法，選舉總統，建立全國統一的聯邦政權一樣。然而事情的發展並不以人們的意志為轉移。

袁世凱騙取政權後，一方面伺機復辟帝制，另一方面開始中央集權，降服各路軍閥。他借鎮壓「二次革命」，用武力重新統一了南方，革命派熱衷的地方自治不復存在。袁世凱又趁機收回了各省官員的任免權，各省的財權、軍權也被收歸中央，袁的倒行逆施最後終於走上稱帝的末途，其本人也被歷史永遠唾棄，成為千古罪人。這個時期也有一些學者主張削弱中央權力，建立聯邦國家，但這些「批判的武器」與「武器的批判」相比顯得太蒼白無力了。[21]

袁世凱死後，全國統一的中央政權實際上已不復存在，中國陷入軍閥混戰狀態，正常的中央與地方的關係被地方武裝割劇所代替，中央政府完全成為名義上的，是軍閥手中的工具和玩物。

應該一提的是二十世紀二十年代曾出現過地方自治運動，或稱「聯省自治運動」。湖南、浙江等制定了省憲法，規定本省為中華民國之自治省。廣東在孫中山主持下也實行了自治運動。理論界也為此大造輿論，一時間聯邦運動、聯邦主義、「中華聯邦共和國」的口號大行於中國。但這些都沒有能成功。這種軍閥割據混戰狀況，一直到 1928 年才由中國國民黨重新實現全國「統一」，並持續到 1949 年。

在此我們有必要提一下孫中山先生的均權主義思想。他的這種思想是在研究了中國的歷史經驗教訓後提出的，既為了防止中央過度集權，又是為了防止地方割據的出現，既保留了單一制的長處，又吸收了聯邦制的優點。他據此提出了中央與地方分權的標準：要根據權力的性質來劃分，「凡事務有全國一致之性質者，劃歸中央，有因地制宜之性質者，劃歸地方。不偏於中央集權制或地方分權制」。據此「一

曰中央行政消極的多，地方行政積極的多也。一曰中央行政對外的多，地方行政對內的多也。一曰中央行政政務的多，地方行政業務的多也」。所以軍事、外交事務就宜歸中央，而教育、衛生等則歸地方。[22]

關於地方自治，孫中山在《地方自治實行法》中說，實行地方自治「以實行民權、民生兩主義為目的」。「地方自治團體，不止為一政治組織，亦並為一經濟組織。」地方自治必須有憲法依據，由國家授權；必須在一定區域實行；其成員是區域內全體人民；其權力是行使直接民權；其目的是謀全體人民之幸福。作為經濟組織，它要謀取本地人民經濟上之福祉。縣為地方自治的單位，而以「省立於中央與縣之間，以收聯絡之效」。省一方面對中央負責，辦理中央交辦之事，另一方面向下監督地方自治的實施。這樣既可充分發揮地方的主動性、積極性，也可維護國家的統一和中央的權威，保持政局的長期穩定。

孫中山先生關於地方自治、關於中央與地方關係的理論十分豐富，與中國封建社會的統分理論有質的不同，其中不乏真知灼見，對今天也不無啟發意義。

二、1928—1949 年國民黨統治時期

北洋軍閥退出歷史舞台後，國民黨新軍閥仍然是派系林立，各霸一方，互不相讓，中國實際上仍然處於四分五裂之中。蔣介石集團通過一系列的遠交近攻、政治打擊和軍事行動，終於於 1928 年使東三省易幟，表示效忠蔣介石的國民政府，全國實現了統一。

但是，這一時期中國國內仍然戰事不斷，中央與地方的關係不可能處於正常狀態。1931 年 5 月 5 日召開的國民會議通過了《中華民國訓政時期約法》，其中第六章為「中央與地方之權限」，規定中央與地方權限的劃分採用均權制度，但並無很多明確的具體內容，事實上是含糊其辭，掩蓋蔣介石實行個人獨裁專制的實質。1946 年 11 月國民制憲大會通過的《中華民國憲法》也專門規定了中央與地方權限的劃分。這些規定仍採用均權的原則，對中央與地方的權力採用分別列舉的方法。由「中央立法並執行」的權力包括對外事項和帶有全國一致性的事項（如國防、中央財政、國稅、幣制、度量衡）。其次

是「由中央立法並執行之，或交由省縣執行」的事項，例如省縣自治通則，教育制度、警察制度等，共有 20 項之多，省對於這些事項也可以在「不牴觸國家法律內」，制定單行法規。最後是省縣權限，分為省事權和縣事權，這些都是關於地方事務的。該憲法還規定「如有《憲法》未列舉事項發生時，其事務有全國一致之性質者屬於中央，有全省一致性之性質者屬於省，有一縣之性質者屬於縣」。如果「遇有爭議時，由立法院解決之」。應該說這部憲法關於中央與地方關係的規定，較為全面。但是與原來的相比已經倒退了許多，原來規定的省為地方自治的最高單位，可以制定省憲法等都不見了。所以這部憲法的規定仍然以加強中央集權為中心。縱觀國民黨統治中國的 21 年，中國從來沒有實質上統一過，中央與地方的關係也就一直處於極不正常的狀態。

需要指出的是，在國民黨統治下，產生了對中國歷史發展發揮了重大作用的紅色特區（邊區）。在 1927 年至 1930 年中，在中國共產黨領導下，形成了遍及十幾個省三百多個縣的十個大根據地，有大軍十餘萬。這些特區實行與國統區完全不同的政治經濟政策，有自己的一整套完整的國家政權並於 1934 年 1 月產生了第一個全國性的紅色政權——中華蘇維埃共和國中央工農民主政府。抗日戰爭爆發後，為了共同抗日，國共實行合作，共產黨同意將工農政府改名為中華民國特區政府，紅軍改名為國民革命軍，受南京中央政府與軍事委員會之指導。1937 年 2 月陝甘寧革命根據地改稱陝甘寧特區，後又改稱邊區，並於 9 月成立邊區政府，這是一種特殊的政權形式，相對於國民政府而言，它是一級地方政權，但是在本轄區內，它又有充分的權力，是中央政府。新中國的人民政府就是在這些「特區」中孕育成長起來的。

這段時期中國存在「紅」、「白」兩區，各自實行自己不同的社會制度和生活方式，頗有點「一國兩制」的意味。

三｜新中國國家結構形式的演變

1949 年中國共產黨領導全國人民，採取武裝鬥爭的方式，基本上統一了中國大陸，並於 10 月 1 日正式成立中華人民共和國。中國從此結束了自清末開始的長達幾十年的軍閥割據、社會混亂狀態，進入一個全新的歷史紀元，開始了社會主義革命與建設時期。

一、新中國成立初期的國家結構

建國初期，由於戰爭還沒有在全國範圍內結束，各地情況很不同，因此不可能立即在全國範圍內建立正常的地方政府。根據《共同綱領》的規定，對新解放區一律實行軍事管制，由中央人民政府或者前線軍政機關任命臨時性的地方軍事管制委員會，發揮地方政府的作用，然後再逐步過渡到正式的地方政府。當然這種做法對香港、澳門完全是不適用的，儘管有些情況是相似的。

在國家結構方面，在中央與省之間，當時設立了東北、華北、華東、中南、西南、西北六大行政區，各大區設立代表中共中央的中央局，除華北外，其他五大區均設有行政機構，東北稱人民政府，華東、中南、西南、西北稱軍政委員會，均由中央人民政府任命產生。各大行政區是最高一級的地方政府，代表中央人民政府領導所轄省、市、自治區政府的工作。[23] 大行政區人民政府的職能和任務是，根據本大行政區的情況，醫治戰爭創傷，建立新的社會秩序，建立人民政權，進行各種社會改革運動，恢復國民經濟，開展各項工作。[24] 可見，儘管大行政區具有相對的獨立性，是一種分權比較廣泛的體制，但是其定位和建置是臨時性的、過渡性的一級地方政府，是為正式建立各地的正式地方政府做準備的。

各大行政區人民政府（軍政委員會）由中央人民政府任命主席一人、副主席和委員若干人組成，一般下設財政、民政、公安、司法、商業、文教等部以及民族事務、人民監察等委員會，各部、委員會並設部長、主任和若干副職。從名稱上看建國初的國家結構頗類似聯邦制，當然大行政區和聯邦制下的邦是根本不同的。各大行政區的基本情況見下表。[25]

大行政區名稱	所轄省、市、區、地方	大行政區政府所在地
華北大行政區（二市五省）	北京市　天津市 河北省　察哈爾省　綏遠省　山西省　平原省	
東北大行政區（七市六省）	瀋陽市　長春市　哈爾濱市　旅大市　鞍山市 撫順市　本溪市 遼東省　遼西省　吉林省　松江省　黑龍江省 熱河省	瀋陽市
華東大行政區（二市四區三省）	上海市　南京市 蘇北區　蘇南區　皖南區　皖北區 山東省　浙江省　福建省	上海市
中南大行政區（二市六省）	武漢市　廣州市 河南省　湖北省　湖南省　江西省　廣東省 廣西省	武漢市
西北大行政區（一市五省）	西安市 陝西省　甘肅省　青海省　寧夏省　新疆省	西安市
西南大行政區（一市四區三省一地方）	重慶市 川東區　川西區　川南區　川北區 西康省　雲南省　貴州省 西藏地方	重慶市

說明：

1. 全國當時共計有 15 個市、28 個省、8 個區和 1 個地方。

2. 華北區各省市直屬中央，沒有大區政府。

3. 「區」即「行署區」，是為適應新老解放區不同情況而設立的實體性地方政府，相當於省級建置。1952 年各省級行署區撤銷，重新設置江蘇省、安徽省和四川省。

4. 西藏一直被稱為「地方」，1965 年 9 月成為一個自治區。

實際上華北區人民政府成立於 1949 年以前，建國後由於中央人民政府就在華北區內，因此華北區各省市直屬中央人民政府管轄，而中央人民政府設有華北事務部專司其職，華北區也就沒有大區政府，一直到 1952 年 11 月各大區人民政府（軍政委員會）一律改為行政委員會，華北區此時也設立了行政委員會，中央政府的華北事務部同時撤銷。

大行政區的設置是符合當時實際情況的，它便於各地根據自己的情況採取不同的政策，對醫治戰爭創傷、恢復社會秩序和發展經濟發揮了很大的作用。但是由於從 1953 年起中國開始實施第一個五年全國國民經濟和社會發展計劃，而五年計劃的制定是全國範圍的，很多大工程是跨省乃至大行政區的，而且國內外的形勢又要求「全國一盤棋」，要集中人力、物力幹大事，因此大行政區的設置就顯得很不方便了。為此，1952 年 11 月，為加強中央的統一領導，決定將大區人民政府（軍政委員會）一律改為行政委員會，中共中央在《關於改變大區政府機構與任務的決定》中明確指出：「大規模的有計劃的經濟與文化建設從明年起即要開始。在這一新的形勢下，中央對各項工作的領導，應該比過去任何時期都更加統一集中，中央的機構應該大大地予以加強。」這從根本上改變了過去由各大區領導各省的作法，大行政區不再作為一級地方政權機關，而是作為中央人民政府的派出機構，這是大行政區性質的根本性變化。

在高崗、饒漱石事件發生後，中共中央於 1954 年 6 月正式決定撤銷大區建制，由中央直接領導各省、區、市，同時進一步取消了地方的一些自主權限，該體制被 1954 年制定的憲法所確認。

高度的中央集權管理體制勢必束縛地方的手腳，影響經濟的發展，因此單一的中央垂直領導引起各省的極大不滿。通過一系列調查研究，1956 年 4 月 25 日毛澤東在中共中央政治局擴大會議上作了《論十大關係》的報告。就中央與地方的關係，毛澤東提出了一系列具有長遠性的指導原則，其核心內容是「在我們這樣一個國家，應該發揮中央和地方兩個積極性」，給地方一定的經濟管理權限。1956 年 9 月召開的中共八大又再次強調「必須適當地調整中央與地方的行政管理權限」。但到 1959 年不得不再次強調「全國一盤棋」，中央要適當集權。這次中央重新集權，反對分散主義的運動一直進行到「文化大革命」前。

在「文化大革命」中，中央集權又被當作「條條專政」而受到批判。中央與地方的關係處於極不正常的狀態。粉碎「四人幫」後，尤其在中國共產黨的第十一屆三中全會後，整個國家實現了撥亂反正，各方面的事業也逐漸走上了正軌。中央與省級地方的關係進入了一個新的發展階段。

總結 1949 年後新中國的中央與地方關係的歷史，我們發現在中央與地方關係方面幾度大起大落，權力大收大放，時而高度集中，時而又極度分散。該集中的集中不起來，不該集中的卻統在中央；該分散的分散不下去，不該分散的卻權歸地方，隨意性極大，一切都處於毫無章法的混亂狀態，沒有嚴格的法律上和制度上的保障。鄧小平對此的認識非常清楚。1979 年 10 月 4 日他在《關於經濟工作幾點意見》中回答現在是集中多了，還是分散多了的問題時說：「我看，集中也不夠，分散也不夠。……有些需下放的，需要給地方上一些，使地方財權多一點，活動餘地大一點，總的方針應該是這樣。但是也有集中不夠的」。為此從二十世紀八十年代初期開始，國家一方面根據改革開放的原則精神，逐步理順中央與地方的關係，重新在中央與地方之間進行合理分權；另一方面又十分注意把改革的成果制度化、法律化，力圖不再像以前那樣只簡單地收權放權，而是從體制上、從結構上解決這個問題。

二、現行中國憲法規定的國家結構

1982 年中國第五屆人大第五次會議通過的新憲法總結了歷史經驗和教訓，肯定了改革開放的新成果。在國家結構、處理中央與地方關係方面，這部憲法規定了以下基本原則。

憲法首先進一步肯定了中國是單一制國家。實際上從中國憲法的條文來看，並沒有任何一個條文出現「單一制」的字眼，因此可以說憲法並沒有明確規定中國實行什麼樣的國家結構形式。中國的憲法學者常常引用 1982 年憲法序言中「中華人民共和國是全國各族人民共同締造的統一的多民族國家」這句話作為中國實行單一制的憲法依據，認為這顯示了中國是一個實行單一制的國家而不是聯邦制，更不是邦聯制。其實這句話並不足以說明中國的國家結構形式，因為任何一個完整意義上的國家都是統一的，而且很多國家也都是多民族的，像美國、俄羅斯等都是統一的國家，而且是非常多民族的。我們不能說，這些國家就不是統一的國家，聯邦制下國家就不統一了。但是，這裡並不懷疑中國憲法規定的單一制體制，中國確實是地道的單一制國家，而且有充分的憲法根據，其根據是憲法規定國家機構權力的那些條款，並非序言中的這句話。研究一國的國家結構，需要實際考察該國全國政府和地方政府所實際享有的權力。正是從這個意義上說，筆者覺得中國是一個單一制國家。

中國之所以要實行單一制有幾個原因：一是歷史原因，中國自秦以來一直都是實行單一制的。二是民族分佈的狀況決定的，漢族人口佔了全國人口的92%，並分佈到全中國的每一個地方；其他55個少數民族雖然人數少，但是也分佈於全國，難以集中起來形成一個獨立的民族國家。三是各民族近代以來在共同的抗爭中已經結成了濃厚的友誼。四是歷史經驗證明民族分裂對誰都不利，只有各民族團結起來組成一個統一的單一制國家，才可以共同繁榮、共同發展。五是社會主義現代化建設要求建立一個單一制國家，這樣才可以互相取長補短、團結互助。六是馬克思主義歷來認為，無產階級在取得政權以後，原則上是傾向於建立統一的單一制國家，一般不主張建立聯邦制，而只是在特殊歷史條件下為了避免民族分立而把建立聯邦制作為一種例外。[26] 同時，建立單一制並不排除一些地方可以依據本地特殊情況採取一些特殊的制度和措施，單一制形式也可以具有很大的靈活性和包容性。

其次，憲法規定了處理中央與地方關係的具體原則。《憲法》第3條規定「中華人民共和國的國家機構實行民主集中制的原則」。「中央和地方的國家機構職權的劃分，遵循在中央的統一領導下，充分發揮地方的主動性、積極性的原則」。這就明確了在處理中央與地方關係時，首先必須維護中央的統一權威，這是單一制所要求的；其次，要充分注意發揮地方的積極性、主動性、創造性，給地方以應有的自主權。[27]

根據上述原則，在行政區域設置方面，在中央政府之下，中國設立省、直轄市、自治區三種大的地方行政區。在領導體制上，中國事實上採用了地方自治的形式，因為根據《憲法》和《地方組織法》，省長、直轄市市長、自治區政府主席都由同級人民代表大會選舉產生。也就是說這些地方的人民有自己組織政府的權利，這是地方自治的重要特徵。如果按照嚴格的中央集權制要求，地方行政長官應該由中央政府任命，地方無權組織自己的政府。可見，從憲法規定來看，在中國的單一制之下，省級地方政權採用了地方自治的組織形式。[28]

省級政府從憲法規定的產生方式上看，相對獨立於中央政府。

但是，從憲法所規定的中央機構和地方機構權力劃分情況來看，又有明顯的中央集權的特徵。《憲法》第 89 條規定的國務院職權第四項為：「統一領導全國地方各級行政機關的工作，規定中央和省、自治區、直轄市的國家行政機關的職權的具體劃分。」第十四項為：「改變或者撤銷地方各級國家行政機關的不適當的決定和命令。」在《憲法》第 67 條規定的全國人大常委會的職權其中第八項也有同樣的內容，即「撤銷省、自治區、直轄市國家權力機關制定的同憲法、法律和行政法規相牴觸的地方性法規和決議」。《憲法》第 108 條規定：「縣級以上的地方各級人民政府領導所屬各工作部門和下級人民政府的工作，有權改變或者撤銷所屬各工作部門和下級人民政府的不適當的決定。」第 110 條規定：「……地方各級人民政府對上一級國家行政機關負責並報告工作。全國地方各級人民政府都是國務院統一領導下的國家行政機關，都服從國務院。」這些都是典型的中央集權的單一制特徵，十分清楚地表明了中國上下級政府間的關係是領導與被領導關係，儘管中國地方政府的組成形式是一種地方自治的形式，地方行政長官和地方政府由本地選舉產生，並不需中央政府任命。

所以從中國憲法規定的省、直轄市的建置來看，其組成方式是地方自治的形式，而其所行使的權力卻帶有鮮明的中央集權的特徵。中國學者稱之為「雙重領導制」，即地方政府既受地方同級國家權力機關的領導，又受中央政府的直接領導。這是具有中國特色的社會主義單一制。

根據憲法規定，全國除了設立省、直轄市外，還設立與省、直轄市平級的民族自治區。民族區域自治是指在保證國家統一的前提下，在少數民族聚居的地區建立民族自治地方，設立自治機關，行使自治權，使得實行區域自治的少數民族人民可以自主地管理本民族內部地方性事務。民族自治區除了享有省級地方政府的權利外，還享有一系列特殊的權利。但是中國的民族區域自治，實行的是區域自治，而非民族自治。

1982 年憲法在國家結構方面的另外一個重要發展是，規定了特別行政區的建置，即《憲法》第 31 條規定，在必要時全國人民代表大會可以決定設立特別行政區，而特別行政區實行的制度由全國人民代表大會根據具體情況決定。這是為了適應完成國家統一大業的需要而作的特別規定，是憲法的特別條款。這將在以後各章中詳加論述。

總之，1982 年憲法實際上既肯定了中國單一制的國家架構，同時又注意結合新時期的特點做出新的規定。從 1982 年憲法制定到現在已有多年的歷史。在這些年中，從總的來看，中國中央與地方的關係是比較健康的，做到了「調動兩個積極性」的原則。但是我們也應該看到在二者關係上也有幾次大起大落，時而簡政放權，時而又要重新收權；權力一收，地方就死；權力一放，宏觀就失控。可見，中國中央與各省、直轄市、自治區的關係還沒有完全走上規範化、制度化、法律化的軌道，沒有實現制度性分權，而仍是一時一事地劃分權力大小。今後應向中央與地方關係的法制化、制度化方向發展。

三、《立法法》有關中央與地方權限劃分的規定

前文已經指出，中國中央與地方權力劃分的一個重要問題是，憲法規定不明確，可操作性差，在實際工作中導致很多混亂，應該由中央立法管治的事項，中央沒有去管，不該中央管治的事項，中央卻緊緊抓住不放。這個問題始終是一個很大的現實問題。2000 年 3 月 15 日第九屆全國人民代表大會第三次會議通過的《中華人民共和國立法法》（以下簡稱《立法法》）試圖從立法權限的劃分方面有一些突破，但是這在根本上是一個憲法問題，在憲法沒有明確界定中央與地方的權限劃分的情況下，很難希望通過一個一般立法來解決這麼重大的憲法問題。不過，《立法法》在這方面還是有一些新意，在界定中央與地方權力劃分方面做出了力所能及的嘗試。

從《立法法》規定的立法原則也可以看出中國在中央與地方權力劃分的原則。該法規定立法應當遵循憲法的基本原則，堅持「一個中心，兩個基本點」；立法應當依照法定的權限和程序，從國家整體利益出發，維護社會主義法制的統一和尊嚴；立法應當體現人民的意志，發揚社會主義民主，保障人民通過多種途徑參與立法活動；立法應當從實際出發，科學合理地規定公民、法人和其他組織的權利與義務、國家機關的權力與責任。由此可以看出，中國立法首先要考慮「國家整體利

益」，也就是代表「國家整體利益」的中央，其權力應該優先得到保證。同時立法要發揚民主，要科學合理界定國家權力的劃分，包括中央與地方的權力劃分，也就是說不能片面地一味地認為中央的權力越大越好，什麼事情都由中央立法就好，權力劃分還要「科學合理」。

該法第 7 條規定全國人民代表大會和全國人民代表大會常務委員會行使國家立法權。在全國人民代表大會和全國人民代表大會常務委員會之間的權力劃分方面，該法重複了憲法的規定，即全國人民代表大會制定和修改刑事、民事、國家機構的和其他的基本法律；全國人民代表大會常務委員會制定和修改除應當由全國人民代表大會制定的法律以外的其他法律；在全國人民代表大會閉會期間，對全國人民代表大會制定的法律進行部分補充和修改，但是不得同該法律的基本原則相牴觸。

《立法法》第 8 條規定了只能制定法律的事項，實際上這是新中國第一次在法律上界定中央政府管轄的事項，這包括：（1）國家主權的事項；（2）各級人民代表大會、人民政府、人民法院和人民檢察院的產生、組織和職權；（3）民族區域自治制度、特別行政區制度、基層群眾自治制度；（4）犯罪和刑罰；（5）對公民政治權利的剝奪、限制人身自由的強制措施和處罰；（6）對非國有財產的徵收；（7）民事基本制度；（8）基本經濟制度以及財政、稅收、海關、金融和外貿的基本制度；（9）訴訟和仲裁制度；（10）必須由全國人民代表大會及其常務委員會制定法律的其他事項。除此之外的事項推定由地方立法管制。

不管《立法法》的缺陷有多大，應該說它做出了一個很好的嘗試，它試圖從劃分立法權的角度來對中央和地方的權力作出一個較為清晰的界定。但是由於中央和地方之間的關係本質上是一個憲法問題，需要由憲法來解決，因此單靠一個普通立法、從立法權的角度是很難根本解決這個問題的，這有待將來進一步修改憲法，以徹底解決中央和地方的權力關係問題。

研究中國國家結構的歷史發展，為運用「一國兩制」解決國家統一問題，為正確處理中央與特別行政區的關係提供了歷史參照和背景資料。

| 註釋 |

1.《國語．魯語下》。

2. 韋慶遠：《中國政治制度史》，北京：中國人民大學出版社，1989，頁 42。

3. 韋慶遠：《中國政治制度史》，北京：中國人民大學出版社，1989，頁 43。

4. 韋慶遠：《中國政治制度史》，北京：中國人民大學出版社，1989，頁 46。

5. 趙先賢：《周代社會辨析》，北京：人民出版社，1980，頁 114。

6. Wang Zhenmin, "One Country Two Systems: Its Historical Position, Present Operation and Future Development", In Melbourne, *LAWASIA Comparative Constitutional Law Newsletter*, 1995（1）, p.6.

7. 韋慶遠：《中國政治制度史》，北京：中國人民大學出版社，1989，頁 42。

8. 中國領土面積大約是 960 萬平方公里（陸地面積），只有一個國家。而全歐洲面積共約 1,016 萬平方公里（包括島嶼），卻共有 44 個國家之多。資料來源：中國年鑒編輯部：《中國年鑒 1994》。

9. 王振民：《重建我國的社會控制系統》，1988 年 9 月提交「全國第二屆法制系統科學研討會」論文。見龔祥瑞主編：《憲政的理想與現實》，北京：中國人事出版社，1995。

10. Wang Zhenmin, "One Country Two Systems: Its Historical Position, Present Operation and Future Development". In Melbourne, *LAWASIA Comparative Constitutional Law Newsletter*, 1995（5）, p.6.

11. 美國人到中國旅行常常驚訝於中國從東到西橫跨幾千里，但是卻只有一個統一的標準時間，不用調整鐘錶。美國從東部到中部再到西部，要不斷地調整手錶。這也體現了兩國不同的政治理念。

12.《漢書》，卷十九上。

13.《新唐書》，卷三十七，《地理志一》。

14. 國務院新聞辦公室：《西藏的主權歸屬與人權狀況白皮書》，1992。

15. 韋慶遠：《中國政治制度史》，北京：中國人民大學出版社，1989，頁 42。

16. 元邦建：《香港史略》，香港：中流出版社有限公司，1993，頁 38。

17.《元史》，卷五十八，《地理志序》。

18.《清史稿》，卷一百一十六，《職官志三》。

19. 辛向陽等：《大國諸侯》，北京：中國社會出版社，1995，頁 205。

20. 石柏林、彭小平：《中國近現代政治體制的演變與發展》，鄭州：河南人民出版社，1991，頁 30。

21. 辛向陽等：《大國諸侯》，北京：中國社會出版社，1995，頁 214。

22. 同上。

23. 《大行政區人民政府委員會組織通則》第三條，1949 年 12 月。

24. 何國強：《當代中國地方政府》，廣州：廣東高等教育出版社，1994，頁 74。

25. 資料來源見何國強：《當代中國地方政府》，廣州：廣東高等教育出版社，1994，頁 75。

26. 許崇德：《中國憲法》，北京：中國人民大學出版社，1989，頁 158-163。

27. 正如前文所言，由於中國實行中央集權制和單一制的體制，所有的國家權力從理論上講都歸中央享有，因此，中央與地方之間本來不存在所謂的「分權」問題，而只有中央「授權」多少給地方的問題。有些學者據此反對在描述中國中央與地方的權力關係時使用「分權」一詞，認為只有在聯邦制下才存在「分權」問題。但是，既然中國《憲法》第 3 條明確使用了「職權的劃分」的字眼，因此作者認為使用「分權」的字眼來描述中國中央與地方的關係也不為過，尤其是為了學術探討的方便。

28. 這一點一直不為中國憲法學界所承認。在論述省、直轄市與中央的關係時，往往籠統地說是單一制，而沒有深入分析省、直轄市政府的組成方式是一種地方自治。省、直轄市的人民代表大會由本地人民選舉產生，而本地的同級人民政府、人民法院由同級人民代表大會選舉產生，而毋須報經中央人民政府、最高人民法院批准任命。唯一例外是省級人民檢察院檢察長在由本級人民代表大會選舉後，還要報最高人民檢察院檢察長報請全國人大常委會批准。

CHAPTER 3

「一國兩制」國策的產生及其運用

「一國兩制」是中國設立特別行政區建置的理論依據，也是處理中央與特別行政區關係的基本指導思想，因而有必要先對「一國兩制」理論本身作一些探討。

一｜香港、澳門和台灣問題的由來

1949 年 10 月 1 日中華人民共和國正式成立。國家成立後，面臨着兩大任務，一是國民經濟的恢復與建設，二是繼續完成統一全中國的大業。[1] 對於第二項任務，在西藏和平解放後，全國也就只剩下了香港、澳門和台灣沒有實現與中國大陸的統一。[2] 為此，解決港、澳、台問題，徹底完成國家統一大業，仍然是新的中國政府和人民面臨的一個重大歷史課題。一直到二十世紀七十年代末中國粉碎「四人幫」、結束「文革」並實現了撥亂反正以後，隨着國內外政治大氣候的改變，中國政府和人民才重新把國家統一問題提上議事日程，決心要完成這項幾代人都未完成的事業，並早已被列為二十世紀八十年代中國要完成的三件大事之一。[3]

一、香港

香港地區位於中國廣東省南海岸、珠江三角洲的中南部，地處珠江口伶仃洋東側，瀕南海，扼珠江流域入海之要衝，是歐亞大陸東部、太平洋西岸極其重要的港口城市。常說的香港地區包括香港島、九龍半島、新界以及周圍的二百多個島嶼和水域。香港地區總面積 1,084 平方公里，其中香港島 75.6 平方公里，九龍半島（包括昂船洲島）11.1 平方公里，新界地區（包括大小 235 個島嶼）975.1 平方公里，另外還有二十多平方公里為填海所得。[4] 到 2013 年中，香港人口約為 718 萬，是世界上人口最稠密的地區之一。[5]

香港自古就是中國的領土。秦始皇於公元前 214 年曾揮軍南下，平定江南，將嶺南地區納入自己的版圖。「從此以後，嶺南地區包括香港一直在中國的中央政府統轄之內，直到英國侵佔香港以前，從未間斷過。」[6] 秦在廣東設南海、桂林、象郡三個郡，香港地區屬於南海郡番禺縣。漢代在番禺設有鹽官。三國時期香港屬於吳國的東莞郡。東晉時仍歸東莞郡，郡治在寶安縣，即現在深圳南頭城，番禺鹽官也住在此地。一直到隋開皇十年（590 年），東莞郡被撤銷，寶安縣歸屬廣州，香港仍轄於寶安縣。到了唐代，設立安南都護府，駐重兵把守此地。屯門已成為海上交通要道和海防軍事要塞。到宋代，香港地區的經濟又有較大發展。

南宋末年，南宋朝廷曾經逃難於此，元軍在此最後擊敗宋軍，統一全國。公元 1573 年為了加強海防，明朝在東莞縣之外，另設新安縣，隸屬廣州府。香港從此隸屬於新安縣管轄，一直到 1841 年被英國佔領。據史料記載，香港在被英國人侵佔前約有五千居民。[7]

隨着新大陸的發現和遠洋航線的開通，進入十六世紀以後，歐洲各國開始覬覦東方這塊古老的土地。香港由於位置特殊也就首當其衝。從 1514 年第一隻葡萄牙商船到達，到 1661 年，先後有葡萄牙、西班牙、荷蘭殖民者來到這裡，希望佔據一片地方，但都被驅逐出去。英國也一直希望直接與中國的中央政府談判通商事務，要求佔據一個海島作為據點。早在 1583 年和 1596 年英國伊麗莎白女王就曾兩次致信中國皇帝，但均未到達。[8]1635 年英國船隻「倫敦號」首次抵達澳門。從此以後，中英之間開始直接貿易關係，但衝突不斷。由於英國急於要打開中國大門，1787 年 12 月 21 日英國政府派出第一個訪華使團乘坐「萬事妥（Vestal）號」航船啟程，由曾在孟加拉任過軍職的凱思卡特（Cathcart）率領，但這個使團在中途夭折。[9]1792 年 9 月 26 日英王再次派出訪華使團，由馬戛爾尼勳爵（Lord Macartney）率領。這個使團以向乾隆皇帝祝壽為名成功地見到了乾隆，但其打開中國通商之路的目的並沒有達到，其割地的要求更是被乾隆皇帝嚴辭拒絕。這也是近代以來西方向中國派出的第一個正式官方代表團。[10]

鴉片戰爭後，清政府被迫與英國於 1842 年 8 月 29 日簽訂了第一個不平等條約《南京條約》，其中包括割香港島給英國。1858 年英法發動第二次鴉片戰爭，火燒圓明園，清政府被迫於 1860 年 10 月與英法簽訂《北京條約》，其中第六項規定粵東九龍司地方一區付與大英大君主並歷後嗣，並歸英屬香港界內。從此，九龍半島南端也被英國人攫取。1895 年甲午中日戰爭之後，西方列強掀起瓜分中國的狂潮，英國趁火打劫，又於 1898 年 6 月 9 日強迫清政府簽訂《中英展拓香港界址專條》，將深圳河以南、界限街以北的九龍半島地區以及附近的二百多個島嶼租借給英國，租期 99 年。這個地區統稱為「新界」（New Territories）。從此英國佔領了整個香港地區。[11]

1949 年中華人民共和國成立後，新政府並沒有立即收復香港，一直到二十世紀七十年代末，「新界」99 年的租期將於 1997 年 6 月到期，這引起英國方面的重視。英國方面為了延續其在香港的統治，因此主動提出了 1997 年香港回歸問題。[12] 然而這次英國的對手已不再是那個腐朽的清王朝，而是一個強大的中華人民共和國。香港的前途又處在一個重要的歷史轉折關頭。

二、澳門

澳門位於南海之濱，珠江口西岸，在廣州正南約 150 公里，距離香港約 60 公里。它包括澳門半島和兩個小島。面積為 23.8 平方公里。澳門人口約為 58 萬（2012 年）。[13] 澳門雖然地小人少，但是其社會歷史背景和國際地位極其特殊。

澳門古稱濠鏡、濠江、海鏡、鏡湖、濠鏡澳等。明代以前它是一個不知名的邊陲荒地，隸屬於香山縣。南宋小皇帝曾避難於此。1513 年葡萄牙殖民主義者最早到達中國，在伶仃島附近下碇，並曾到達屯門。以後他們幾次要在中國沿海登陸，均被驅逐。正德年間（1506—1521 年），廣州當局曾規定外國商人可以在一個叫電白的濱海地帶進行貿易。1529 年廣東巡撫請開海禁後，澳門逐漸成為中外互市的地點。明嘉靖三十二年（1553 年）葡萄牙人借口船隻在附近海域觸礁下沉，進貢物品浸濕，申請借地晾曬；他們同時賄賂廣東海道吏，登陸澳門。1557 年葡人開始在澳門定居，在澳門南灣沿海一帶建樓房、築炮台，建立了據點。澳門正式開埠，並逐漸成為遠東最大轉口貿易中心，也逐漸成為西方在中國傳播文化和宗教的中心。[14] 到 1621 年澳門人口已達二萬餘人。澳門的經濟、文化持續發展，呈現良好勢頭。

明神宗萬曆十年（1582 年），葡國政府曾經同中國訂立借地合約，規定澳門葡人每年向香山縣繳納地租 500 両白銀。1623 年葡國派遣馬士加路為澳門首任總督。但是一直到十九世紀中葉，澳門地方的行政事務和司法仍然主要由中國政府控制，葡人主要從事一般的貿易活動。[15]

清朝政府繼續執行明代在澳門的法律和政策，並於清康熙二十四年（1685年）在澳門設立「關部行台」，這是當時中國四大海關之一。鴉片戰爭後，由於英國人割佔香港並闢為自由港，澳門的地位開始下降。1845年澳葡當局宣佈澳門為自由港。1849年葡人強行攻佔望廈村，不准中國海關和稅館繼續存在，中國官員被迫全部撤離。從此葡萄牙人佔領整個澳門半島，奪取了在澳門立法管治的權力，並擴展地界，對居民徵收稅賦。以後澳葡當局又佔領另兩個小島，設立「海島鎮行政局」施以管治。葡萄牙從此佔領了全部澳門地區，並開始實際實施全面管治，中國不明不白失去了澳門的管治權。[16]

1862年澳門總督曾到北京同清政府議約，清政府曾提出要收回澳門。經過協商雙方達成協議：清政府可以繼續在澳門設衙門，但是不准徵收租稅。後來葡方在換文時私自將澳門地區從中國廣東省獨立出去，被清廷拒絕。1887年12月雙方簽訂《和好通商條約》，確認「葡國永遠管理澳門」，但同時規定未經中國同意，葡國「不准將澳門讓與他國」。後來葡國政府和澳葡當局又幾次提出擴大管治範圍都被拒絕。[17]

十七世紀葡國國王曾賜澳門「天主聖名之城，無比忠貞」的稱號，後來並把澳門列為該國的海外省。1928年4月中國政府曾通知葡國政府終止《和好通商條約》，未有結果。第二次世界大戰中，日本人佔領香港和中山，但未佔領澳門。第二次世界大戰後，澳門的地位更加衰落，一直到二十世紀六十年代才在香港的帶動下漸有轉機。1974年葡國發生「四二五」革命，葡國新政府宣佈放棄殖民主義，承認澳門是由葡國管理的中國領土。1976年葡國新憲法准許澳門享有內部自主權，並頒佈《澳門組織章程》，成立澳門立法會。[18]1979年2月8日中葡建交，雙方交往日益增多。隨着香港問題的解決，解決澳門問題，把澳門的主權歸還中國行使也提到了中葡兩國政府的議事日程。

三、台灣

台灣地區包括台灣島及澎湖列島以及蘭嶼、綠島、彭佳嶼、釣魚島、赤尾嶼等島嶼，面積 3.6 萬平方公里，其中台灣島面積 3.58 萬平方公里，是中國面積最大的島。截至 2013 年底台灣總人口達 2,337 萬。

台灣自古以來就是中國不可分割的領土。古籍中稱之為島夷，漢晉南北朝時稱為夷洲。公元十二世紀中葉，宋代政府就已派兵駐守澎湖，將澎湖地區劃歸福建泉州晉江縣管理。元朝在澎湖設置「巡檢司」加以管理。明朝於十六世紀中後期恢復了一度被廢止的巡檢司，並增兵澎湖以防禦外敵入侵。從 1624 年到 1661 年（明天啟四年至清順治十八年）台灣被荷蘭、西班牙殖民主義者佔領。1662 年（清康熙元年）民族英雄鄭成功率軍驅逐盤踞台灣的荷蘭殖民主義者，並在台灣設立「承天府」。以後清政府不斷擴大設在台灣的行政機構，加強對台灣的治理。1684 年設「分巡台廈兵備道」及「台灣府」，下設「台灣」（今台南），「風山」（今高雄），「諸羅」（今嘉義）三縣，隸屬福建省管轄。1714 年，清政府派員測繪台灣地圖，勘丈全境里數。1721 年增設「巡視台灣監察御史」，改「分巡台廈兵備道」為「分巡台廈道」。後又增設「彰化縣」和「淡水廳」。1727 年，又改「分巡台廈道」為「分巡台灣道」，增「澎湖廳」，定「台灣」為官方正式名稱。1875 年台灣被正式定為單一省份，劉銘傳為首任巡撫，台灣省下轄三府一州，共十一縣五廳。

1895 年甲午戰爭後清政府被迫與日本簽訂《馬關條約》，台灣被迫割讓給日本。1945 年第二次世界大戰結束和中國抗日戰爭勝利後，根據 1943 年的《開羅宣言》和 1945 年的《波茨坦公告》，日本將台灣地區歸還中國，當時的中國國民政府和日本政府舉行了正式的台灣移交儀式，台灣重新回歸中國。1949 年蔣介石國民政府在人民解放戰爭的狂瀾中被擊敗，逃離中國大陸，佔據了台灣，整個台灣地區迄今未能實現與大陸的統一。2000 年隨着中國國民黨在台灣大選中失敗，民進黨上台執政，台灣的分裂主義日益抬頭，而有關國家又三番五次躍躍欲試，要干預中國的內政，企圖使台灣獨立。這就是中國面臨的台灣問題。可以清楚看出，這完全是中國 1946 年至

1949 年內戰的產物，理所當然是中國的內政。

這就是歷史遺留下來的香港問題、澳門問題和台灣問題，也是中國實行「一國兩制」、設立特別行政區的歷史緣由。

二｜中國統一方案種種

一、港澳問題與台灣問題的異同

香港、澳門和台灣都位於中國的東南沿海，處在東西方交匯接觸的最前沿，歷來得風氣之先，既要勇敢地面向世界，首先承受外來的一切衝擊，又要面向背後的這塊土地，承載幾千年的歷史與文化傳統。對中國大陸來說，這裡是認識、瞭解「外邊」大千世界的窗口；對世界來說，這裡又是認識這個神秘的東方國度、打開中國國門的鑰匙。在相當長的時間內，這裡是聯繫中國與世界的唯一合法渠道。港澳台地區面對頻頻襲來的「歐風美雨」，既為「外邊世界」的精彩而震撼，同時又為祖國母親的貧困落後而扼腕。幾百年來，它們把從大洋彼岸「舶來」的西方文明在這裡加工，然後介紹給黃土地上自己的同胞，把大量的外資和先進生產力引向自己的故土。同時又把黃土地上五千多年的古老文明在這裡加工包裝介紹給藍眼睛，傳播到地球的每一角落。中國近代化、現代化的每一個步伐都與這個地區有密切關係，世界對中國的每一個瞭解也無不與此地直接相關。用「橋樑」、「紐帶」、「中介」、「窗口」形容此地都十分貼切。處在「前哨」的位置，一方面可以近水樓台，優先吸收先進的文明，另一方面又要承受內外的壓力。無論如何，這些中國人的地區在現代化道路上終於取得了為世人所肯定的業績，釋放出了巨大的活力和能量。

然而，這些地區長期以來與母體分離，親人不能團聚，國家不能統一。近代以來，香港澳門先後淪為外國佔領地，為殖民主義者所實際佔領、管轄，中國不再對這些地區行使主權；而台灣在 1945 年擺脫日本殖民統治、回歸中國後不久，於 1949 年又為國民黨集團所佔領，至今不能與大陸統一。所以，這些地區的歷史有一定的共性，而在二十世紀七十年代末、八十年代初都面臨與大陸重新統一的問題。但是香港、澳門問題和台灣問題雖然都屬於中國統一的問題，有一定的共性，但是其根本性質卻是不同的。

對於港澳問題，新中國由於一直不承認近代以來清朝政府被迫與西方列強簽訂的不平等條約，因此割佔、租借香港的三個所謂的中英條約是無效的，香港地區也就不可以被視為殖民地，澳門地區也一樣，它們是被外國人佔領的中國領土，也就沒有獨立問題。中國在處理有關具體事務時，也一直堅持這個原則。例如，最高人民法院 1965 年 12 月在處理一起涉港認證案件時，根據外交部領事司（65）領一發字第 913 號文，已經明令禁止在公證文件上出現香港「殖民地」的字樣，要求應當將「殖民地」字樣刪去，有關文件才可寄外交部領事司，辦理認證事宜。[19]

中國內地也一直把涉港澳事務與涉外事務區別開來處理。在機構設置及其職能劃分方面，儘管外交部也有處理港澳事務的部門，但是外交部主要負責有關港澳的國際事務，港澳的總體事務則由國務院專設的與外交部平級的港澳事務辦公室來負全責。對於香港澳門的中國同胞，內地也一直不把他們視為「外國人」，最高人民法院 1958 年在給貴州省高級人民法院的一個「批覆」中已明確指出，居住在香港和澳門的中國同胞，不能以華僑看待。如果他們願意回大陸居住，只須持在港、澳居住的身份證件（如身份證、居住證等），即可向內地邊防檢查機關領取港、澳同胞回鄉介紹書，往目的地申報戶口，此外無須辦理其他手續。[20]

為此，1971 年新中國恢復聯合國席位後，中國常駐聯合國代表黃華就立即致函聯合國非殖民化特別委員會主席，進一步指出：「香港和澳門是屬於歷史上遺留下來的帝國主義強加於中國的一系列不平等條約的結果。香港和澳門是被英國和葡萄牙當局佔領的中國領土的一部分，解決香港、澳門問題完全是屬於中國主權範圍內的問題，根本不屬於通常的所謂『殖民地』範疇。因此不應列入反殖民地宣言中適用的殖民地地區的名單之內。對香港和澳門問題，中國政府一貫主張在條件成熟的時候，用適當的方式加以解決。在未解決前，維持現狀。聯合國無權討論這一問題。」6 月 15 日聯合國非殖民化特別委員會通過決議，接受中國政府的主張，決定向聯合國大會建議從上述的殖民地名單中刪除掉香港和澳門。11 月 8 日第二十七屆聯合國大會批准了非殖民化特別委員會提出的這個決議。[21]

因此港澳問題實際上就是中國的國家主權行使問題，即外國殖民主義者結束其統治，主權國恢復對被侵佔地區行使主權。這牽涉到國家與國家之間的關係問題，牽涉到不平等條約問題。香港問題，首要的就是中英兩國就香港主權的移交達成協議，英國把香港的主權移交給中國，中國恢復對香港行使主權。澳門問題也一樣，首要的是結束葡萄牙對澳門地區幾百年的統治，由中國重新恢復對澳門行使主權。主權問題是根本性的大問題，是不容談判的，只有一個承認的問題。主權問題也是解決其他一切問題的基礎。如果中國不恢復對港澳地區行使主權，也就無從談起其他問題。當然在主權移交前，香港問題、澳門問題是中英兩國之間、中葡兩國之間的問題，但是在主權移交給中國之後，香港和澳門問題就是中國的內政問題，不容其他國家干涉。[22]

如前所述，台灣問題一開始就是中國內戰的產物，因而一開始就是中國的內政問題，屬於中國主權範圍內的事，任何外國和國際組織均無權干預。1949 年中華人民共和國成立後，中華人民共和國政府成為代表全中國人民的唯一合法政府。[23] 新中國 1971 年恢復在聯合國中的席位，國民黨政府被正式取代，聯合國正式承認中華人民共和國政府是中國唯一合法政府，「恢復中華人民共和國在聯合國組織中的一切權利」並「把蔣介石的代表驅逐出去」，這更加肯定了新中國在國際上的地位的提高和鞏固。[24] 以後，新中國又逐漸實現了中美、中日邦交的正常化，與世界上絕大多數國家建立了正式外交關係。與中國建交的國家無不承認台灣是中華人民共和國不可分割的一部分，台灣問題是中國的內政問題，不容任何外來干涉。[25]

二、中國統一方案種種

關於如何完成港澳回歸，實現兩岸統一，從而最終完成國家統一的大業，各方面的人士提出過許多不同的統一方案和主張，據不完全統計，共計有一百多種方案或者主張，設計了不同的中國整體與組成部分之間的關係。這裡列舉一些有代表性的主張。

❶｜「邦聯」模式

如前所述，在憲法學上「邦聯」（confederation）是指由若干具有充分主權的獨立國家為了一定特定目的而組成的鬆散的國家聯合（association of states）。邦聯的「中央」機構一般為邦聯議會或者成員國首腦會議，但這都是一種協商性機構，並不是權力機構，不能對某一個成員國發號施令，其決定只有得到成員國認可才有效力。邦聯有一定的立法權，但沒有統一的司法和行政，一般也沒有統一的軍隊和國籍。成員國對內對外都保留有完全的主權，可以自由參加或退出邦聯。可見邦聯其實不是一種真正意義上的主權國家，準確地說它是一種緊密型的國際組織。歷史上比較典型的邦聯是 1776 年至 1789 年的北美洲邦聯。

在中國統一問題上，持此論者主張由台灣與大陸以平等身份通過平等談判一起制定一個邦聯條約，然後組成一個「中華邦聯」，雙方都是獨立的「邦」（State），對內對外有充分的主權，都有權申請加入聯合國，與各個國家建立外交關係，在國際社會中平等競爭。雙方在邦聯下通過幾十年和平競賽，然後由人民決定國家最終去向問題。[26] 在「中華邦聯」下，不僅包括大陸台灣兩個「邦」，而且香港、澳門乃至西藏都可以以一個獨立邦的身份加入進來，因為「邦聯」的形式也較容易為這些地區接受。這種觀點的代表人物主要是台灣的一些人士，中國國民黨內部也有這樣的主張。

可以看出，該觀點實際上是先讓台灣、香港、澳門乃至西藏獨立成一個擁有完全主權的「邦」，然後再與大陸其他地區一起組成一個有名無實的、沒有任何權力的「國家」。其實質是先把台灣變成一個獨立的國家，然後再平等地與中華人民共和國談統一問題。可見「邦聯」論實質與「兩個中國」、「一中一台」同出一轍，不僅無視中國的歷史和傳統，在理論上站不住腳，而且在實踐上根本行不通，根本不能為中國人民接受。至於香港、澳門和西藏根本就不具備成為一個國家的基本條件。

其他類似主張還有「兩個德國」模式 [27]、新加坡模式 [28]、「國協（國聯）」[29]、多體制國家模式 [30]、「一屋兩室，各執門鑰模式」[31]、「一國兩制」模式 [32]，等等，其實質都是「邦聯論」的各種變形，在理論上和實踐上都行不通，甚至最終難以逃出分裂主義的窠臼，也就不可能得到全中國人民的擁護。

❷ | 「聯邦」模式

種種「邦聯」模式行不通，相比之下，「聯邦論」似乎更「合情合理」、「引人入勝」，有關論著也非常豐富。

在中英關於香港問題開始談判之前，聯邦制一說已見諸香港報端，1989 年之後則更甚。[33] 該論認為，中國早就有聯邦的傳統。所謂「大一統」是指天下大同，在於堯、舜、禹時代也就是部落聯盟。周朝分封諸侯，也是聯邦的形式。「老子更主張無為而治，所謂中央集權的制度，根本是不存在的。」[34] 該論認為秦以後雖然強調國家的統一，但「仍然維持內聖外王的精神，亦即是仍然維持儒家的本質，不過分干預，亦容許若干程度的地方分權、分治，而大一統的觀念，主要是靠文學、文化、思想與種族去維繫」。但是該論又認為由於地域的差異和權力下放，合久必分，同樣地分久必合，原因是中華民族已形成一個整體，亦使中國這個國家永久保持一個實體。即使到了民國，割據一方的軍閥也都有中央的觀念。其結論是各種政治體制在中國都出現過，周以前是一個聯體，周代建立聯盟，有一個公認的中央，春秋淪為邦聯體。以後經過無數次統一與分裂。「就算在統一的階段，中國亦未必成功地成立一個單一政府，因為中國的中央，在大部分時間，嚴格來說，只能建立一個聯邦制度，中央的政策其實是影響不到地方的……」[35]

此論認為，新中國在解放初對西藏問題的解決，事實上，是「暗中實行了聯邦制」[36]，只是社會主義觀念不能容許聯邦制存在，所以才又改變的。現在要實現國家的統一，最好的方法便是建立一個聯邦國家，可以先由邦聯過渡而來。也只有建立聯邦制，才可以真正維持香港的繁榮與穩定，香港的國際地位才不至於下降，對台灣也才有說服力、吸引力。[37]

聯邦論一出台就立即引起海內外許多人的極大興趣，不少人覺得聯邦制不失為實現國家統一的良策，既可以實現國家統一，又可以保留各自的獨立性、自主性，還有利於國家的長期穩定，聯邦制也比較適合於中國的國情，能夠適應人口眾多，地域廣大，發展不平衡等特點。這些人還主張要制定一部大陸、台灣、港澳人民都可以接受的「聯邦憲法」，明確中國「聯邦」政府與各成員邦政府的權力劃分，台灣、港澳和內地各省都以平等邦的身份加入聯邦，共同組成一個「中華聯邦」。他們還提出，也只有在聯邦制下，「一國兩制」才可以真正得到實施，因為在單一制政體下特別行政區的權力是由中央授予的，中央政府與特區政府是不平等的，中央政府既可以授予特區政府權力，也可以隨時收回這些權力。然而聯邦制下，中央政府與地方政府是平等的，地方權力來源於民意而非中央授權，中央無法「收回」。所以聯邦制比單一制更有利於維護「兩制」。[38]

目前（至 2002 年）海外對聯邦制的研究還在進行，其中有人甚至起草了一份「中華聯邦共和國憲法」草案。[39] 然而所有這些都沒有很好抓住問題的實質，有許多理想化因素，並沒有真正瞭解中國的歷史和現實，沒有真正瞭解中國的國民性，也沒有真正瞭解「一國兩制」的科學內涵，所以是不足取的。

❸ | 聯邦、邦聯混合模式

有一些學者認為，中國不僅僅有一個解決統一的問題，即港澳台問題，而且還有內部中央與各省、直轄市、自治區的關係問題要解決。聯邦主義的一個主要功能是解決如何「走到一起來」（coming together）或者如何「維繫在一起」（holding together）的問題。[40] 對中國而言，這兩個問題都存在。港澳台問題是一個如何「走到一起來」的問題，而內部中央與地方的問題是一個如何「維繫在一起」的問題，解決這兩種不同的問題應該使用不同的模式。解決港澳台問題可以採用邦聯制的模式，因為邦聯模式較易吸引各方面「走到一起來」；而解決內部中央與各省、直轄市、自治區的關係問題，可以採取聯邦制模式，因為聯邦制較易使各方面緊密地「維繫在一起」。[41] 有學者認為，不管單一制在歷史上如何適合於中國，今天它已經沒有辦法解決中國面臨的複雜的國家結構問題了，顯然聯邦制比單一制更能鑄造一個統一的國家，更能鞏固一個國家的統一。而且中國傳統政治文化實際上並不絕對排斥邦聯主義或者聯邦主義，改革開放以後，中國政治經濟文化的發展為新的聯邦主義和邦聯主義已經奠定了一定的基礎，因此最佳的方法就是採用這種混合模式，既解決了國家統一問題，又解決了內地中央和地方的關係問題。

中國確實存在上述這兩個問題，但是是否非聯邦制或者邦聯制不可，非得把內部的單一結構拆散、重組，這是一個很大的疑問。這種主張實際上是上述兩種主張的混合。

❹ |「一國三制」模式

儘管中國領導人鄧小平「發明」「一國兩制」的最初目的是解決台灣問題，但是由於後來「一國兩制」首先適用於香港、澳門，而港澳問題和台灣問題在性質上不同，即港澳以前是殖民地（儘管中國政府一直不同意這種提法），而台灣是在中國人手中，並非殖民地，怎麼可以用解決殖民地的方法來解決台灣問題，那豈不是把台灣也視為殖民地了嗎？這很明顯是對「一國兩制」的曲解和誤讀。但是，它確實成為台灣方面否定「一國兩制」在台灣適用性的借口，認為「矮化」了台灣，不尊重台灣的尊嚴，雙方不平等。既然如此，何不進一步發展「一國兩制」，把它變成「一國三制」，清楚明白地把台灣問題與港澳問題區別開來？

外國有一些學者十分熱衷於這一構想，哈佛大學甘迺迪政府學院院長奈伊教授（Joseph S. Nye）就認為，所謂「一國三制」並非指台灣是中華人民共和國的一省，而是指台灣應該擁有比港澳更好的待遇，同時擁有很高的自主性，例如保有民主及自由經濟體制，保留「一個中國」符號上的概念，此概念非指中華民國消失或中華人民共和國消失，而是有各自的稱號，維持現狀，共同存在。[42]

實際上中國大陸已經非常明確，「一國兩制」對於台灣不同於港澳，在「一國兩制」下，台灣當然可以享有更多更大的自治，甚至可以保留軍隊，可以享有更大的對外交往自由和權利，享有更好的待遇，也不是要強迫台灣和港澳看齊，採取同一種資本主義制度，台灣完全可以保留自己的一切。從這種意義上說，也可以說是「一國三制」甚至「一國四制」，因為香港和澳門的制度也有所不同。如果是從這個角度來理解「一國三制」，如果僅僅是簡單的一字之改，就可以解決問題，那未嘗不可，因為它堅持「一個中國」的基本原則，符合中國統一的方向。但是如果是把「一個中國」僅僅變成一個「名義上」的國家，「一國三制」就大有問題了。中國的統一不能僅僅是名義上的，而且還應該有實質的內容。

❺｜單一制模式

儘管「邦聯」模式、「聯邦」模式或者其他什麼模式看起來十分熱鬧，但是在中國大陸贊成這些觀點的人很少，而大陸官方一直很明確堅持「一國兩制」模式，認為其他構想不切實際，根本無法得到實施。絕大多數中國大陸人都主張要尊重歷史與現實，順應中華民族幾千年的傳統，採用單一制模式解決國家的統一問題。在港澳台和海外中國人中有許多也支持這樣的觀點。

在關於單一制的各種觀點中，雖然大家都主張實行單一制，但是出發點、側重點和具體目標模式各不相同，有些甚至差距很大乃至根本大相逕庭。其中最有代表性的有以下三種，即「三民主義統一中國」模式、「一國一制」模式和「一國兩制」模式。

1.「三民主義統一中國」模式

這是中國國民黨原來的主張。「三民主義」本來是孫中山先生在民主革命時期提出的資產階級民主革命綱領，即「民族主義」、「民權主義」、「民生主義」，其本意是要推翻清朝封建專制，保護公民權利，發展民族資本主義，擺脫帝國主義的奴役，最終建立一個資產階級民主共和國。這在十九世紀末、二十世紀初是有一定進步意義的，它勾畫出了一個資產階級民主共和國的圖像。經過幾次重大的挫折與失敗，在中國共產黨幫助下，孫中山先生於 1924 年 1 月在中國國民黨第一次全國代表大會上重新解釋了三民主義，把它改造成為「聯俄、聯共、扶助農工」新三民主義。新三民主義本身儘管有一定的局限性，但即使如此，在孫中山先生逝世後，以蔣介石為首的國民黨統治集團實際上還是把它廢棄了。[43]

國民黨政府 1949 年剛到台灣時，仍然堅持要用武力反攻大陸，提出要以「三民主義」統一中國。1981 年蔣經國曾談到，中國問題如何解決，實際上是如何取消大陸上的「共產專政」問題，亦即如何以「三民主義」取代社會主義從而實現國家統一的問題。他還說「中華民國」統一大陸主要憑借的是「三民主義」而非武力。時任台灣當局「行政院長」的孫運璿也說，除非中共公開宣佈切實放棄共產主義及其制度，他們絕不放棄原則與中共進行任何接觸或談判，認為忠實遵循國父孫中山先生所創導的「三民主義」和「五權憲法」，並尊重「中華民國的國體、國旗與國歌」，則中國的和平統一自然水到渠成。[44]

可見，國民黨集團雖然主張一個中國，甚至後來也主張和平統一，要建立一個全國統一的單一制政權，但是他們主張的「中國」是「中華民國」，他們主張的單一制也是「中華民國」之下的單一制，即建立一個包括大陸、台灣、港澳的單一制「中華民國」，全國統一實行「三民主義」。這可以概括為「和平統一，三民主義」，儘管以追求和平統一代替了以武力「光復大陸」有進步性，但是，近現代中國歷史早已證明資產階級共和國方案在中國行不通，建立資產階級共和國之下的單一制也就無從談起。

2.「一國一制」

在關於實現國家統一、確定中央與特別地方的關係的種種方案中，也有一種聲音儘管很微弱但不可忽視，即主張在通過武力或者和平談判實現國家統一後，建立一個全國上下一致、中央高度集權的單一制國家，把台灣和港澳地區視同一般地方行政區域，給予同等待遇，不允許享有特別的自治權。這種觀點是保守思潮在國家統一問題上的反映，也是封建「大一統」思想在當代的體現，存在於一些中國人中。這種觀點無視台、港、澳地區的特殊情況，無視當今國際局勢發生的重大變化，也從根本上違背辯證唯物主義和歷史唯物主義，與「一國兩制」的基本國策相違背。如果該種觀點付諸實施，不但會給港澳台地區的前途帶來濃厚的陰影，而且會斷送國家的統一大業。

鄧小平早在二十世紀八十年代就曾敏銳地指出：「和平統一已成為國共兩黨的共同語言。但不是我吃掉你，也不是你吃掉我。」台灣與大陸統一後，台灣的「制度可以不同……我們承認台灣地方政府在對內政策上可以搞自己的一套。台灣作為特別行政區，雖是地方政府，但同其他省、市以至自治區的地方政府不同，可以有其他省、市、自治區所沒有而為自己所獨有的某些權力，條件是不能損害統一的國家的利益」。「祖國統一後，台灣特別行政區可以有自己的獨立性，可以實行同大陸不同的制度」。[45]1984 年在另外一個場合他分析「一國兩制」來源時指出：「近幾年來，中國一直在克服『左』的錯誤，堅持從實際出發，實事求是來制定各方面工作的政策。經過五年半，現在已見效了。正是在這種情況下，我們提出用『一個國家，兩種制度』的辦法來解決香港和台灣問題。」[46]

這就清楚地說明「一國兩制」是在粉碎「四人幫」之後全國開展解放思想，批判極「左」思想的產物，是改革開放的結果，是對「一國一制」思想的否定。中國堅持的是「一國兩制」，不是「一國一制」。聯繫中國自二十世紀七十年代末開始的解放思想運動，聯繫中國改革開放的歷史大背景，我們就能更深刻更全面地體會到「一國兩制」既是對各種各樣「邦聯論」、「聯邦論」的否定，也是對「一國一制」的否定。在台灣，也有人曾經提出過類似的主張，例如「一個國家、兩種制度、分別存在、和平競爭」模式，[47]這和鄧小平所倡導的「一國兩制」是不同的。

3.「一個國家，兩種制度」模式

如上所述，「一個國家，兩種制度」模式是中國改革開放後，由鄧小平首倡的並在實踐中逐漸發展完善的關於實現國家統一、決定中央與特別行政區關係的基本國策。它既堅持了中國單一制的傳統，又充分照顧了港澳台的歷史和現實，是完成祖國統一大業的最可行的決策。

三｜「一國兩制」國策的形成及其內涵

歷史唯物主義告訴我們，考察任何歷史事件，都要把它放到當時特定的歷史背景中去認識，從大的社會歷史發展規律中尋找其發生發展的客觀必然性。對「一國兩制」這一決策的認識也應該這樣，一定要把它放入這一決策產生的歷史大背景下認識，才可以認識到其產生的必然性和正確性。

新中國關於國家統一的政策有一個複雜的演變過程。

一、新中國對港澳台政策的演變

1949 年中華人民共和國成立，但是統一中國大陸的戰爭一直到 1951 年 10 月才基本結束。至此，除香港、澳門、台灣、澎湖、金門、馬祖外，中國共產黨領導全國人民統一了全中國的其他地方。當時，由於種種原因，新的中國政府並沒有馬上對港澳和台灣地區採取行動，而是保留其原狀。但是，中國人民和中國政府一刻也沒有停止過為實現國家統一而進行努力，中國一定要統一，這是幾代中國人共同的心願。

❶ | 對港澳政策的沿革

1949 年 9 月 29 日中國人民政治協商會議第一屆全體會議通過了起臨時憲法作用的《共同綱領》，其中第 2 條規定中華人民共和國政府「必須負責將人民戰爭進行到底，解放中國全部領土，完成統一中國的事業」。《共同綱領》第 55 條規定：「對於國民黨政府與外國政府所訂立的各項條約或協定，中華人民共和國中央人民政府應加以審查，按其內容，分別予以承認，或廢除，或修改，或重訂。」

新中國成立後，中國政府對香港問題的原則立場是，香港自古以來就是中國的領土；中國不承認帝國主義列強強加於中國頭上的一切不平等條約，包括割讓香港島、九龍半島和租借新界的三個不平等條約；中國政府將在條件成熟的時候，通過與英國政府進行和平談判解決香港回歸中國的問題。[48]

如果單從軍事上講，1949 年人民解放軍完全可以一鼓作氣收復港澳地區。但是，當時中國共產黨人已經估計到新中國成立後，以美國為首的西方資本主義國家會對新中國實行封鎖和包圍。在這種情況下，基於長遠的戰略考慮，維持港澳地區現狀對中國更有利。以後的歷史證明這是正確的。在此後的幾十年，港澳地區幾乎成為新中國對外聯繫、與外國開展經濟貿易往來的唯一窗口，成為中國賺取外匯的主要來源，既為中國帶來很大的經濟利益，同時也是新中國和世界溝通的主要渠道。所以，長期以來中國對香港的政策是「長期打算，充分利用」。[49]

當時，中國政府表示可以有條件地維持香港的現狀。1955 年香港總督訪問北京時，周恩來總理提出了以下條件，包括：（1）香港不能用作反對中華人民共和國的軍事基地；（2）不許進行任何旨在破壞中華人民共和國威信的活動；（3）中華人民共和國在港人員必須受到保護；（4）不能使香港走向獨立。

1963 年《人民日報》也曾載文指出，有一些歷史遺留下來的懸而未決的問題，我們一貫主張，在條件成熟的時候，經過談判和平解決，在未解決之前維持現狀。例如香港、九龍、澳門問題就是這樣。

1972 年中國政府成功要求聯合國非殖民地化特別委員會和聯合國大會把香港、澳門從殖民地的名單中刪除掉，這就從根本上排除了香港、澳門走向獨立的可能性。雖然在「文化大革命」期間，極「左」思潮曾波及港澳，但是可以看出解放後中國政府對港澳的上述政策基本是連續的，沒有根本性變化。

❷ | 對台灣政策的沿革

如果說中國對港澳的政策相對來說比較穩定的話，對台灣的政策則經歷了一些很大的反覆。1949 年人民解放軍在「打到台灣去，解放全中國」的口號聲中並沒有跨過台灣海峽。但從此之後，在相當長時間內，兩岸一直處於嚴重的武裝對立狀態中。1954 至 1955 年大陸實施小規模炮擊金門、馬祖，1958 年開始大舉炮轟。台灣也一直要反攻大陸，光復全國。當時對台雖然也表示過和平的意願，但新中國的基本的提法仍然是「解放台灣」。1971 年以前也沒有專門的對台工作機構。

1972 年 2 月美國總統尼克遜訪華，兩國政治家打開了中美交往的大門，中美發表《上海公報》，中方嚴正聲明「解放台灣是中國的內政事務，其他國家無權干涉」，反對「兩個中國」、「一中一台」。在中國政府的堅持下，從 1972 年起美軍開始逐漸撤離台灣。從 1971 至 1978 年中美交往增多，大陸與台灣也開始恢復來往。

1978年12月中國共產黨十一屆三中全會決定了和平統一台灣的方針政策，決定不再用「解放台灣」的提法。1978年12月，中美發表建交公報，美國「承認中華人民共和國政府是中國的唯一合法政府」；「承認中國的立場，即只有一個中國，台灣是中國的一部分」。1979年全國人大常委發表《告台灣同胞書》，呼籲和平統一，雙方談判，實現「三通」。此後，「和平統一，一國兩制」的構想並正式形成，對台政策實現了根本的轉折。但是，美國在與中國正式建交的同時，其國會通過了《與台灣關係法》（*Taiwan Relations Act*），企圖繼續插手中國內政。正因為有這些複雜因素，所以雖然中國致力於和平統一，但從來沒有承諾放棄非和平手段統一台灣。對這個問題下文緊接着還要論及。

二、「和平統一，一國兩制」構想的形成

肇始於二十世紀七十年代末的改革開放為中國的各方面事業帶來了深刻的變化，中國對其內政外交政策進行了一系列調整。這其中就包括了對港澳台的政策，在實現國家統一問題上形成了「和平統一，一個國家、兩種制度」的構想。「和平統一，一國兩制」是改革開放的精神在國家統一問題上的反映，同時其本身又是中國整個改革開放大戰略的一個重要組成部分，是解放思想，恢復實事求是的思想路線的重要成果之一，也是反對極「左」路線對統一戰線工作的干擾的成果。沒有整個改革開放戰略的實施，也就不會有「一國兩制」構想的產生。只要改革開放的基本方向不變，「一國兩制」的決策也就不會改變。

❶ | 解決台灣問題是提出「一國兩制」的最初目的

1979年元旦，全國人大常委會突然發表《告台灣同胞書》，宣佈了和平統一祖國的大政方針，提出在完成國家統一問題上，將「尊重台灣現狀和台灣各界人士的意見，採取合情合理的政策和辦法，不使台灣人民蒙受損失」。[50] 這是中國政府改革開放後第一次明確表示要致力於和平統一，尊重台灣現狀。

同年1月30日，鄧小平訪問美國，應邀在美國參眾兩院發表演

說時說：「我們不再用『解放台灣』這個提法了。只要台灣歸回祖國，我們將尊重那裡的現實和現行制度。」[51] 這是中國領導人第一次公開向全世界明確表示不用「解放台灣」的口號。以後他又多次闡述這個思想，表達和平統一、尊重台灣現狀和制度的想法。

1979年12月6日在會見日本首相大平正芳時他又指出：「對台灣，我們的條件很簡單，那就是，台灣的制度不變，生活方式不變，台灣與外國的民間關係不變……台灣作為一個地方政府，可以擁有自己的力量，軍事力量。條件只有一條，那就是，台灣要作為中國不可分的一部分。它作為中國的一個地方政府，擁有充分的自治權。」[52]「一國兩制」的基本輪廓已經形成。

至此，關於「一國兩制」的基本精神、基本原則已經可以形成較為系統的文字。1981年9月30日全國人大常委會委員長葉劍英向新華社記者發表談話，系統地提出了和平統一祖國的九條具體方針政策，這就是著名的「葉九條」，這包括：「國家實現統一後，台灣作為特別行政區，享有高度的自治權，並可保留軍隊。中央政府不干預台灣地方事務」。「台灣現行社會、經濟制度不變，生活方式不變，同外國的經濟、文化關係不變。私人財產、房屋、土地、企業所有權、合法繼承權和外國投資不受侵犯」。「台灣當局和各界代表人士，可擔任全國性政治機構的領導職務，參與國家管理」。「台灣地方財政遇有困難時，可由中央政府酌情補助」。[53] 此時，實行「一國兩制」，建立特別行政區的方針政策已經基本形成，並提出了處理中央與特別行政區關係的一些基本原則。

❷ | 香港問題的提出和「一國兩制」的運用

雖然「一國兩制」的構想最早是針對台灣與大陸統一的問題而提出來的，但是這一方針卻最早在解決香港回歸祖國的問題上得到運用、發展和完善。[54] 香港問題實際上是由英國最早提出來的。根據1898年6月9日英國強迫中國清政府簽訂的《中英展拓香港界址專條》，英國「租借」「新界」的期限是99年，即1997年到期。儘管新中國從來沒有承認過這些不平等條約，但是英國認為其在香港的統治是基於它和清政府簽訂的上述三個條約。二十世紀七十年代末港英政府面臨着審批新界土地契約能否超過 1997 年的問題，如果不能超過 1997 年，香港就難以再進一步發展，這是客觀情況。但是，英國當時提出這個問題，主要是因為它認為那是提出這個問題的最佳時機，中國「文化大革命」剛剛結束，國內很多問題要解決，因此這個時候提出香港 1997 年是否回歸的問題，中國也許顧不了那麼多，可能同意英國繼續其在香港的統治跨越 1997 年。對中國來說，當時這確實是一個很大的問題，因為自二十世紀五十年代中國確立對香港問題採取「長期打算，充分利用」的方針後，香港從經濟上、政治上等許多方面對當時封閉的中國具有極大的意義，中國在香港取得的外匯收入一度達到其總外匯的 75% 之多。[55]

如何處理香港的 1997 年回歸問題，收回香港後如何進行管治，會不會亂起來，這一切的影響不同尋常。收回香港容易，但是如何保持她的繁榮穩定，中國當時沒有把握。英國要求延續其在香港的統治，一個重要的理由就是香港只有在英國的管治下，才會維持繁榮穩定。言外之意就是一旦回到中國人手中，那就是香港的末日，中國人沒有辦法治理好香港。當時大部分香港人對剛剛從「十年浩劫」中走出來的中國也沒有信心。

據原國務院港澳辦公室主任魯平回憶，早在 1979 年春天鄧小平會見香港總督麥理浩時，他就說，中國將把香港作為特別問題處理。從本世紀到下個世紀初的一個相當長的時期，香港將獲准實行資本主義，大陸則實行社會主義。鄧小平絕不是隨便地這樣講，而是經過深思熟慮。在中英談判之前，鄧小平親自接見了 12 批香港人士聽取他們的意見；他也派人去香港進行多方面的調查研究，他還設立了一個特別小組研究香港經濟取得成功的因素、香港經濟繁榮的條件和如何能在 1997 年之後保持這些條件。[56]1984 年 6 月鄧小平會見香港工商界訪京團和香港知名人士鍾士元等時就比較有把握地詳細解釋了「一國兩制」的原則、立場和具體設想。[57] 從 1979 到 1982 年三年的時間，中國經過認真的研究和反覆論證，終於下決心於 1997 年收回香港，並決定把「一國兩制」的基本方針首先運用於解決香港問題。這是一個很複雜、在某種意義上也是一個痛苦的過程。[58] 這表現了以鄧小平為核心的中國領導人的高瞻遠矚、英明果斷以及對中國人民的高度信任。

1984年7月鄧小平會見當時英國外相賀維時強調，「一個國家，兩種制度」的構想不是今天形成的，而是幾年前，主要是在黨的十一屆三中全會以後形成的。這個構想是從中國解決台灣和香港問題出發的。根據香港和台灣的歷史和國際情況，不保證香港和台灣繼續實行資本主義，香港的繁榮和穩定就不能保持下去，也就不能和平解決祖國統一問題。他強調他相信「一國兩制」的原則是行得通的。[59]1982年9月24日鄧小平會見英國首相戴卓爾夫人時進一步明確地提出中國必須在1997年收回香港，並將實行「一個國家，兩種制度」方式解決問題。他還指出：香港能否繼續保持繁榮，「根本上取決於中國收回香港後，在中國的管轄之下實行適合於香港的政策。香港現行的政治、經濟制度，甚至大部分法律都可以保留，當然，有些要加以修改。香港仍將實行資本主義，現行的許多適合的制度要保持」。[60]這就駁斥了只有在英國管治下香港才可以繁榮穩定的論調。以後在許多場合他繼續闡發「一國兩制」的科學構想。

至此，我們可以說「一個國家，兩種制度」，創設特別行政區的國策正式成形。中國政府並根據這個構想成功地與英國舉行和平談判解決了香港問題。中英關於香港問題的圓滿解決，是「一國兩制」構想形成後的第一次偉大實踐。1987年4月13日中國與葡萄牙又以同樣的方針成功解決了澳門問題，簽署了中葡關於澳門問題的聯合聲明。中國全國人大並根據憲法和「一國兩制」方針制定了香港和澳門兩個特別行政區的《基本法》。「一國兩制」也就從構想變成了政治現實。

三、「一國兩制」的科學內涵

「一國兩制」作為中國政府解決國家統一問題的一種全新的思維方式和決策，有其科學的內涵，這可以概括為以下幾個方面：

❶ | 致力於和平統一

在中國歷史上，「實現統一的主要手段是武力擴張，或者是以武力威脅下的城下之盟」。[61]前文也曾論及，以軍事手段解決國家統一問題幾乎是中國以前的政治常識，他們似乎根本不知道除了武力之外還可以通過和平談判的方式取得國家的統一。中國傳統政治文化裡邊也似乎根本就沒有和平妥協、寬容讓步的精神，裡邊充滿了你死我活的鬥爭文化，不是你死，就是我死，不可能和平共處，甚至在新中國成立後相當長一段時間內，中國政府都把「解放台灣」作為國家統一方案的第一選擇。可見「和平統一、一國兩制」是對中國傳統政治文化的一種揚棄。它肯定了追求國家統一的價值，但在如何實現國家統一上則主張採用更加靈活的方法，主張通過和平談判作為第一選擇，武力統一則是不得已時採用的代替手段；而且還主張「不是我吃掉你，也不是你吃掉我」。[62] 允許不同制度、不同地方可以和平共處，以和平統一代替武力統一，這在中國政治史上具有劃時代的意義。當然，中國並沒有放棄武力，其目的是防止外國敵對勢力介入以及台灣獨立。

正如鄧小平本人指出的：「世界上有許多爭端，總要找個解決問題的出路。我多年來一直在想，找個什麼辦法，不用戰爭手段而用和平方式，來解決這種問題。……如果不要戰爭，只能採取我上面講的這類的方式。這樣能向人民交代，局勢可以穩定，並且是長期穩定，也不傷害哪一方。」他還說：「有好多問題不能用老辦法去解決，能否找個新辦法？新問題就好用新辦法。……要把世界局勢穩定下來，總要想些主意。」他要求：「好好瞭解和研究一下我們對台灣、香港問題提出的解決方式。總要從死胡同裡找個出路。」[63]1984 年 12 月 19 日鄧小平會見英國首相戴卓爾夫人時也指出，我們面臨用什麼方式解決香港問題和台灣問題。只能有兩種方式，一種是和平方式，一種是非和平方式。採用和平方式解決港台問題，就只能採用「一國兩制」，而不是用社會主義來統一。[64] 學者們以往在研究「一國兩制」時並沒有充分注意中國從二十世紀七十年代末以來在實現國家統一方式問題上的重大轉變，沒有認識到和平統一與武力統一所可能產生的十分不同的結果。

「和平統一」是實施「一國兩制」的首要前提。因為如果國家統一不是通過和平談判實現的，而是通過戰爭實現的，也就根本不可能允許那些特別的不同制度的存在，只能是「一國一制」，而不可能是

「一國兩制」，這是十分顯然的。所以，「和平統一」是「一國兩制」的應有之意，是實施「一國兩制」的前提。

❷ | 政治學上的涵義

從政治學的角度來看，「一國兩制」是政治寬容精神的體現。改革開放以來，這種政治寬容精神在中國得到逐漸發展。這表現在兩個主要方面，首先是在經濟上，在堅持社會主義公有制的前提下，允許多種經濟成分並存，鼓勵發展私營經濟和外資經濟，在沿海建立了四個經濟特區和一些開放城市。這在傳統的計劃經濟體制之下是根本不允許的。其次就是在國家統一問題上，在國家的主體實行社會主義的前提下，為了實現國家的和平統一，允許香港、澳門、台灣在與中國大陸實現統一後，保留其各自的資本主義制度和生活方式不變，並在這些地區建立「行政特區」，即特別行政區，中央政府賦予其高度的自治權。這就從根本上放棄了傳統的一個國家只能實行單一社會制度即「一國一制」的政治觀念，而是認為在一個統一的國家裡邊，不同的社會制度可以在不同的地區同時實施，這些制度之間可以和平共處，具體說來，就是社會主義制度和資本主義制度可以同時存在於一個國家之中，為一個統一的中央政府所包容。

可見，從「一國一制」到創造「經濟特區」以及「行政特區」，到「一國兩制」構想的最後定形和實施，這的確是對中國傳統的國家觀念、統一觀念的一個巨大突破。[65] 用鄧小平的話來說，這「是個新語言，是前人未曾說過的」。[66]

❸ | 「一國兩制」的科學含義

對「一國」的理解比較容易，那就是「中華人民共和國」，而不是「中華民國」，在國際國內代表全中國人民的只能是中華人民共和國，中華人民共和國政府是中國唯一的合法政府。「一國」就是要求在這個統一的旗幟下實現港澳台與大陸的統一。當然，後來「一國」的涵義有一些變化，但是大陸和台灣同屬一個國家的內涵沒有變，中國一定要統一為一個國家這一點沒有變。本書將在後面討論這個問題。[67]

對「兩制」的理解就十分不同了。「兩制」的準確含義是在統一的中國之內，一些特別的地區可以實行「特殊的政策和制度」，而這些「特殊的政策和制度」既可以與大陸的政策和制度完全不同，也可以相互之間十分不同。這就是說，在「一國兩制」之下，不是僅僅允許一套這樣的「特殊的政策和制度」存在，而可能是兩套或三套「特殊的政策和制度」與大陸的主流政策和制度同時存在。香港特別行政區實行自己的一套有香港特色的資本主義制度，澳門特別行政區則實行有自己特色的資本主義制度，而台灣將實行有自己特色的資本主義制度。由於它們屬於不同的資本主義體系，因而這些資本主義制度之間也各不相同。「一國兩制」的國策既不是用社會主義把它們統一起來，也不是要用其中的某一個資本主義制度把它們統一起來，整齊劃一。如果不然，也就只需制定一部統一的「特別行政區基本法」就行了，也就沒有必要分別制定香港、澳門兩部乃至三部特別行政區基本法了。但是，儘管這些地區各自具體的資本主義制度不同，但在總的性質上，它們都屬於資本主義，與大陸的社會主義有質的不同。「一國兩制」就是指一個國家可以有社會主義與資本主義兩種大的制度同時存在，至於不同地區不同的資本主義制度模式，則允許千差萬別。在這個意義上，「一國兩制」也可以說成是「一國多制」，即一個國家裡邊不僅允許社會主義與資本主義共存，而且允許不同模式、不同特色的資本主義制度共存。

「一國兩制」構想贏得了全中國人民的支持，也得到了國際友人的讚賞。一些學者甚至認為「一國兩制」思想「為未來的政治哲學開一新紀元」，還「足以開創未來世界的新局面」。[68] 小而言之，它的提出與實施，為最終實現國家統一鋪平了道路，為實現中華民族的偉大統一創造了政治條件，從而使分裂和恥辱成為過去，為中華民族開創了統一的新紀元。大而言之，它為解決國際爭端，為實現一國國家的統一樹立了典範，為人類社會的長期和平穩定、共處，指明了方向，從而為人類的進步事業做出貢獻。正如鄧小平所言，現在「國際上『一分為二』的情況很多，中國大陸與台灣、朝鮮北方和南方……解決的出路就是『一個國家，兩種制度』。留下來的問題就是和平競賽，讓人民去最終選擇，不是打仗的選擇，而是和平的選擇」。[69]

英國對用「一國兩制」解決香港問題也給予很高的評價。時任英國首相的戴卓爾夫人盛讚這是「天才的創造」。[70] 中英談判英國代表團團長理查德·伊文思說：「聯合聲明體現了『一個國家，兩種制度』這個富有想像力的構想，並且證明了和平談判是解決歷史遺留問題的最好方法。」[71] 英國外交大臣賀維在英國議會辯論「中英協議草案」時也說：「1997 年將不僅僅標誌着香港一個時代的結束，更為重要的是，它將標誌着一個新時代的開始」，他認為鄧小平提出的「一國兩制」是「一個高瞻遠矚的設想」。[72] 當時的聯合國秘書長佩雷斯·德奎利亞爾也高度評價這一創舉，他說：「在緊張和對抗不幸地籠罩着世界上許多地區的時候，對香港未來地位的談判取得成功，將毫無疑問地被認為是在當前國際關係中，有效的、靜悄悄外交的一項極為突出的範例。」[73]

從政治學、憲法學角度來看，它極大豐富了有關國家、國家統一、國家結構的理論，發展了政治學的國家學說和國家結構理論。在中國政治發展史上，它具有劃時代的里程碑意義，它以致力和平統一代替傳統的武力統一，以「一國兩制」乃至「多制」代替傳統的「一國一制」，以政治寬容代替政治不寬容，以開放代替封閉，從而開創了一代政治新風，樹立了新的政治典範，為此才說「一國兩制」的提出與實施具有深遠的歷史意義和國際意義。

「一國兩制」具有強大的生命力。首先如前所述，它是中國自二十世紀七十年代末開始的改革開放戰略的一個有機組成部分，是反「左」的產物，只要整個改革開放的大方向不會改變，「一國兩制」的方針政策也不會改變。中國政府絕對不會像 1949 年改造上海那樣，1997 年後在香港進行社會主義改造，如果是這樣，香港也就失去其存在的價值和意義，對澳門和台灣也是這樣，現在實現國家統一完全不同於過去的二十世紀五十年代的社會主義改造，而是要保留這些地方的資本主義制度不變。

其次，「一國兩制」是被中國最高國家權力機關確認並體現在憲法裡邊、制定成了特別行政區《基本法》的，是剛性的，不可更改的。在憲法學裡邊這叫做「永遠不可更改條款」。

再次，「一國兩制」由中國最高領導人多次向世界各國宣示，並體現在國際條約（即兩個「聯合聲明」）裡邊，在聯合國存檔備案的。中國政府和人民歷來是守信用的，一定會執行自己的承諾，中國政府要向世人宣示中國政府是一個有能力、負責任的政府，中國人一定能處理好自己的事情，中國人一定能把自己的土地治理得更好，從而為中華民族爭取更大的榮耀。所以，「一國兩制」是可行的，值得信賴的，有強大的生命力。只要堅持「一國兩制」的原則精神，就一定可以處理好中央與特別行政區的關係。

中國政府已經成功地運用「和平統一，一國兩制」的方針解決了香港和澳門問題，並嚴格遵守這個基本國策，遵守兩部《基本法》來處理中央和特別行政區之間發生的問題，證明其科學性、合理性。

在台灣，據台灣當局陸委會 2001 年 3 月公佈的民意調查顯示，自 2000 年 5 月台灣支持「台獨」的民進黨領導人上台後，支持「一國兩制」的民眾數目不但不降，反而上升。過去民意調查中支持「一國兩制」的民眾只有 5%左右，這次民調顯示贊成「一國兩制」的民眾創歷年新高，表示贊成者較 2000 年的 12.2% 升至 16.1%，為歷年最高。贊成「維持現狀，以後走向統一」的比例，由 2000 年的 19.1% 升至 21.4%。在有關外交與兩岸關係的優先性上，認為「發展兩岸關係」比較重要的有 36.5%，首次高於認為「發展台灣與其他國家的關係」的 33%，主張兩者一樣重要的佔 22.5%。[74] 由此可見，「一國兩制」越來越被更多的台灣民眾所認可接受。

2001 年 6 月在香港主權移交屆滿四周年之際，台灣《聯合報》民意調查中心進行的民意調查發現，對於大陸一貫主張的「和平統一、一國兩制」基本方針，有 33% 民眾能夠接受在「一國兩制」下和大陸統一，和《聯合報》歷次調查比較，「一國兩制」的接受度首次達到了三成以上，比 1999 年底澳門主權移交時多了 10 個百分點；反對比率則是歷次調查的最低點，減少了 8 個百分點。2000 年底調查發現，只有一成五民眾會考慮移居大陸；這次調查發現，如果有機會，有二成四的人願意搬到大陸居住，三成四願意到大陸工作。願意到大陸定居或工作的人，對「一國兩制」的接受度在四成八以上，是拒絕「西進」者的兩倍。台灣民眾對大陸的信任感也有很大提高。至於「一國兩制」是指哪「一國」？調查發現，儘管四成四民眾堅持

「中華民國」在政治上最能代表「中國」，但有三成四則認為「中華人民共和國」才是正統，二成二無意見。長遠來看，多數人對兩岸僵局和平落幕的可能性仍感到樂觀，五成八認為最終能以和平方式解決兩岸分裂問題，只有二成六覺得不可能。這個調查進一步證明「和平統一，一國兩制」的方針正在為更多的台灣民眾所接受，隨着中國大陸的進一步開放和發展，相信會有更多的台灣民眾接受「一國兩制」的安排。這也更加證明了「一國兩制」國策的科學性、合理性。[75]

2001 年 7 月 12 日國務院副總理錢其琛在會見台灣新黨「大陸事務委員會」代表團一行時，除了進一步明確「一個中國，兩岸談判，盡速三通」的基本原則外，還指出在具體實施「一國兩制」政策時，大陸方面會讓台灣擁有比港、澳更多的自治權，這具體包括七條內容：第一條，「台灣繼續使用台幣」，大陸方面將不干涉台灣的金融與貨幣政策。第二條，「台灣繼續保留軍隊」。統一後，台灣在防務上仍有很大的自主權，大陸方面不會派軍隊到台灣。這是香港、澳門特別行政區政府所沒有的權力，體現了台灣將比港、澳擁有更大的自治權。第三條，「台灣是單獨關稅區」。這表明台灣在兩岸統一後，仍可以保留獨立的關稅區地位，其在有關國際組織中的地位與作用將不受影響。第四條，「台灣繼續保留政府架構」。大陸方面將不對台灣現行的政治制度（違背一個中國原則的除外）進行干預，台灣地區的各種選舉仍將照常舉行。第五條，「大陸不拿台灣一分錢，不會調動台灣資金」。第六條，「台灣人民、企業家繼續保持原有財產」。包括外匯存底在內的台灣的各種資產，將不會因為統一而受到影響，一些台灣民眾關於「錢會被大陸拿走」的疑慮，是不必要的擔心。最後一條，「人事自主，大陸不派任何官員到台灣」。「一國兩制」在台灣實現後，所謂「大陸將派接收大員到台灣」之說純屬謠傳，大陸將充分尊重台灣的自治權。

這明確表明，只要台灣方面承認兩岸是「一國」，大陸方面在「兩制」上是非常開放的。台灣將享有極高度的自治權，「恐怕將是任何一個國家中的地區所從未享有過的」。[76]

| 註釋 |

1. 1949 年中華人民共和國成立時，中南、西南、華東的大部分地區仍在國民黨軍隊的控制之下，軍事行動一直到 1951 年 10 月才基本結束。

2. 1951 年 5 月 23 日，中央人民政府與西藏地方政府在北京簽訂《中央人民政府和西藏地方政府關於和平解放西藏辦法的協議》。《協議》規定，西藏人民團結起來，驅逐帝國主義侵略勢力出西藏；西藏地方政府積極協助人民解放軍進入西藏，鞏固國防；西藏實行民族區域自治；西藏現行政治制度和達賴喇嘛、班禪額爾德尼的固有地位及職權，中央不予變更，各級官員照常供職；實行宗教信仰自由的政策，尊重西藏人民的宗教信仰和風俗習慣；逐步發展西藏民族的語言、文字和學校教育，以及農牧工商業，改善人民生活；西藏地區的涉外事宜，由中央統一管理。協議還明確規定，有關西藏的各項改革事宜，中央不加強迫，西藏地方政府自動進行改革。同年 10 月 20 日，人民解放軍在西藏人民支持下，順利進駐拉薩，中國共產黨領導全國人民最後統一了中國大陸。見中華人民共和國國務院新聞辦公室：《西藏的主權歸屬與人權狀況》白皮書，1992。

3. 二十世紀八十年代的三件大事是：一在國際事務中反對霸權主義維護世界和平；二是台灣回歸祖國，實現國家統一；三是加緊四個現代化建設。《鄧小平文選》，第 2 卷，2 版，北京：人民出版社，1993，頁 239-241。

4. 《香港年鑒 1995》（英文版），香港：香港政府出版，1995，頁 443。由於填海造地，到 2001 年香港面積為 1,098 平方公里。

5. 香港特別行政區政府統計處網頁。http://www.censtatd.gov.hk/hkstat/sub/so20_tc.jsp

6. 元邦建：《香港史略》，香港：中流出版社有限公司，1993，頁 25。

7. 王文祥：《港澳手冊》，北京：中國展望出版社，1991，頁 4。

8. 張鐵東：《中英兩國最早的接觸》，載《歷史研究》，1958（5）。

9. 朱雍：《不願打開的中國大門》，南昌：江西人民出版社，1989，頁 155-162。

10. ［英］斯當東（George Staunton）：《英使謁見乾隆紀實》（*An Authentic Account of An Embassy from the King of Great Britain to the Emperor of China*），香港：三聯書店，1994。

11. 余繩武、劉存寬：《十九世紀的香港》，香港：麒麟書業有限公司，1994，頁 111。

12. 黃文放：《中國對香港恢復行使主權的決策歷程與執行》，香港：香港浸會大學，1997，頁 4。

13. 澳門特別行政區政府統計暨普查局網頁。http://www.dsec.gov.mo/getAttachment/5a4d8b70-f8ff-43d8-b521-1f7a260f354e/C_POP_FR_2012_Y.aspx

14. 楊允中：《澳門與現代經濟增長》，澳門：澳門經濟學會出版，1992，頁 5-20。

15. 米健：《澳門法律》，澳門：澳門基金會出版，1994，頁 1-3。

16. 王文祥：《港澳手冊》，北京：中國展望出版社，1991，頁 439-443。

17. 同上。

18. 楊允中：《澳門與現代經濟增長》，澳門：澳門經濟學會出版，1992，頁 5-20。

19.《關於公證文件上不得寫香港「殖民地」字樣的函》，最高人民法院，1965 年 12 月 5 日。

20.《關於住在香港和澳門的我國同胞不能以華僑看待等問題的批覆》，最高人民法院，1958 年 2 月 12 日。

21. 藍天：《「一國兩制」法律問題研究（總卷）》，北京：法律出版社，1997，頁 53。

22. 鄧小平：《我們對香港問題的基本立場》，載《鄧小平論香港問題》，香港：三聯書店，1993，頁 1-4。

23. 王希良：《中華人民共和國史》，西安：陝西師範大學出版社，1990 年，頁 19。

24. 王鐵崖：《國際法》，北京：法律出版社，1991，頁 377。

25. 至 2014 年，與「中華民國」有外交關係的國家只有 22 個，主要分佈在中南美洲和非洲。而其他國家都與中華人民共和國建立了正式外交關係。

26. 楊建新：《一國兩制與台灣前途》，北京：華文出版社，1989，頁 116-117。

27. 1972 年東德與西德簽訂了一個「基本條約」，雙方互相承認對方為主權國家，在平等基礎上發展友好鄰邦關係。雙方不放棄將來實現統一，相互稱為「主權國」而不是「外國」。這是彼此的事實承認，而非正式的國際承認。1976 年美國喬治城大學戰略研究部主任克萊恩曾倡此論，得到台灣一些人的擁護。參見楊建新：《一國兩制與台灣前途》，北京：華文出版社，1989，頁 120-121。

28. 此論主張使台灣成為遠東的新加坡，放棄自己（指國民黨政權）是全中國唯一合法政權的幻想，只對自己實際控制的台灣和澎湖宣稱主權。這實際是要使台灣成為一個獨立國家。參見楊建新：《一國兩制與台灣前途》，北京：華文出版社，1989，頁 121-122。

29. 這實際上是「新加坡模式」的又一變種。

30. 此論認為，國際社會可以同時接受中華人民共和國和「中華民國」，這不是承認兩個中國，而只是承認兩個對立的體制存在。其實質是要「『中華民國』在台灣」得到國際上的認可。參見楊建新：《一國兩制與台灣前途》，北京：華文出版社，1989，頁 122-123。

31. 該論是「一國兩體」的變形。

32. 該論也是「一國兩體」的變形。

33. 參見陸離輯：《香港人談聯邦十年文選輯錄》，載《法言》（革新號），1989（5），頁 12-15。

34. 黃康顯：《從邦聯到聯邦的可行性》，載香港《信報財經月刊》，總第 199 期，1993 年 10 月，頁 14-19。

35. 同上。

36. 同上。

37. 同上。

38. 楊建新：《一國兩制與台灣前途》，北京：華文出版社，1989，頁 115-116。

39. 《開放雜誌》，香港，1994（3）。

40. Linz Juna, "Democracy, Multinationalism and Federalism", Alfred Stepan, "Toward a New Comparative Analysis of Democracy and Federalism: Demos Constraining and Demos Enabling Federations", Seoul: Papers presented at the International Political Science Association XVII World Congress, 17 – 22 August 1997.

41. Davis C. M., "The Case of Chinese Federalism", Washington D.C.: *Journal of Democracy*, 1999.

42. 《中時電子報》，台灣，2001 年 7 月 6 日。http://news.chinatimes.com/。

43. 楊建新：《一國兩制與台灣前途》，北京：華文出版社，1989，頁 127-129。

44. 同上。

45. 《鄧小平論祖國統一》，北京：團結出版社，1995，頁 18。

46. 《鄧小平文選》，第 3 卷，北京：人民出版社，1993，頁 58。

47. 此論為台灣清華大學前校長沈君山先生所創。他主張以中國文化作為統一中國的主權象徵，在這個象徵的共同主權下，允許存在兩個治權，雙方可以平等競爭。這個主張類似「一個國家，兩個政治實體」。見楊建新：《一國兩制與台灣前途》，北京：華文出版社，1989，頁 123-125。

48. 賀弘景：《香港的昨天、今天和明天》，北京：世界知識出版社，1994，頁 175。

49. 黃文放：《中國對香港恢復行使主權的決策歷程與執行》，香港：香港浸會大學，1997，頁 34。

50. 《人民日報》，北京，1979 年 1 月 1 日。

51. 同上。

52. 《鄧小平論祖國統一》，北京：團結出版社，1995，頁 8。

53. 《人民日報》，北京，1981 年 10 月 1 日。

54. 黃文放：《中國對香港恢復行使主權的決策歷程與執行》，香港：香港浸會大學，1997，頁 28。

55. 黃文放：《中國對香港恢復行使主權的決策歷程與執行》，香港：香港浸會大學，1997，頁 14。

56.《文匯報》，香港，1995 年 3 月 23 日。黃文放：《中國對香港恢復行使主權的決策歷程與執行》，香港：香港浸會大學，1997，頁 14。

57.《鄧小平文選》，第 3 卷，北京：人民出版社，1993，頁 58-61。

58. 黃文放：《中國對香港恢復行使主權的決策歷程與執行》，香港：香港浸會大學，1997，頁 22。

59. 鄧小平：《我們對香港問題的基本立場》，載《鄧小平論香港問題》，香港：三聯書店，1993，頁 9-10。

60.《鄧小平文選》，第 3 卷，北京：人民出版社，1993，頁 12-15。

61. 葛劍雄：《統一與分裂》，北京：三聯書店，1994，頁 187。

62.《鄧小平文選》，第 3 卷，北京：人民出版社，1993，頁 30。

63.《鄧小平文選》，第 3 卷，北京：人民出版社，1993，頁 49-50。

64.《鄧小平文選》，第 3 卷，北京：人民出版社，1993，頁 101-102。

65. Wang Zhenmin, "One Country Two Systems: Its Historical Position, Present Operation and Future Development", In Melbourne, *LAWASIA Comparative Constitutional Law Newsletter*, 1995（1）.

66.《鄧小平文選》，第 3 卷，北京：人民出版社，1993，頁 101-102。

67. 錢其琛：《早日完成祖國統一大業，實現中華民族偉大復興——在首都各界紀念江澤民主席對台重要講話發表 6 周年座談會上的講話》，新華社，2001 年 1 月 22 日。

68. 梁厚甫：《談一個國家，兩種制度》，載《明報》，香港，1984 年 6 月 15 日。

69.《瞭望》週刊，北京，1985（5）。

70. 程林勝：《鄧小平「一國兩制」思想研究》，瀋陽：遼寧人民出版社，1992，頁 138。

71.《人民日報》，北京，1984 年 9 月 27 日，第 1 版。

72.《人民日報》，北京，1984 年 12 月 7 日，第 1 版。

73.《紅旗》，北京，1984（20），頁 23。

74.《明報》，香港，2001 年 4 月 6 日；《南方日報》，2001 年 4 月 4 日。

75.《世界日報》，紐約，2001 年 7 月 1 日；《人民日報》人民網新聞，2001 年 7 月 1 日。http://www.peopledaily.com.cn/。

76.《環球時報》，北京，2001 年 7 月 17 日，第 1 版。

CHAPTER 4

「一國兩制」的法律化和特別行政區建置的設立

從前一章我們可以看出，「一個國家，兩種制度」首先是一個政治學上的概念，它的產生不可避免地對中國憲法提出許多新的課題。「一國兩制」是特別行政區建置的理論基礎和政治前提，沒有「一國兩制」的提出，也就不會有特別行政區建置的產生。中國政府就是根據「一國兩制」的方針制定有關特別行政區的具體政策，並規定了中央與特別行政區的關係。相應地，「一國兩制」的構想也必須借助特別行政區的建置來加以體現和貫徹實施。

但是只有這些還不夠，還必須在中國目前的憲法架構下找到其生存的空間，在憲法上給一個合理的定位，使「一國兩制」法律化、制度化。這一章將探討「一國兩制」的有關憲法問題和設立特別行政區的法律基礎問題。

一 |「一國兩制」的有關憲法問題

改革開放以來，中國憲法的理論和實踐面臨着兩大挑戰。一是市場經濟的發展提出的挑戰。市場經濟的發展在政治經濟文化等各方面給中國帶來了深刻的變化，這些變化正在給中國憲法的理論和實踐提出許多新的問題。回應這個挑戰，中國憲法已經進行了三次修改。[1] 第二大挑戰是實施「一國兩制」、完成國家統一大業所產生的憲法問題，這些問題幾乎涉及中國憲法的所有方面，從政治體制到經濟文化制度，可以說是全方位的。回應這第二個挑戰，除了已經規定了《憲法》第 31 條外，中國制定了兩部憲法性特別法，即香港和澳門兩部特別行政區《基本法》。[2] 這裡首先探討一下「一國兩制」的提出及其實施給中國憲法的理論和實踐提出的一些問題。

一、「一國兩制」的有關憲法問題

實際上在「一國兩制」最初提出，中英、中葡就香港澳門問題進行談判以及後來制定兩部《基本法》的過程中，就遇到了不少憲法上的難題，概括起來主要有以下這些問題。

❶ | 國體問題

中國憲法規定的國體是人民民主專政，經濟上實行社會主義市場經濟體制和社會主義公有制。在社會主義初級階段，堅持公有制為主體、多種所有制經濟共同發展，堅持按勞分配為主體、多種分配方式並存。在文化方面，憲法規定實行社會主義精神文明。[3] 根據「一國兩制」的方針和《基本法》的規定，特別行政區保持資本主義的政治、經濟和文化制度，不實行人民民主專政，不實行社會主義公有制和社會主義精神文明。[4] 這些規定與中國憲法的上述規定是完全不同的。這是新中國的憲法從來沒有遇到的新問題。儘管中國憲法規定的整個國家的國體並沒有改變，但是這個問題解決不了，將來可能會有人提出「一國兩制」違憲問題，因為它畢竟允許一個社會主義國家的某些地方可以實行資本主義，而這是中國憲法所絕對禁止的。

❷ | 公民的權利和義務

中國憲法第二章規定了中國公民享有的五大類基本權利，[5] 還規定了中國公民應盡的義務。憲法在這些方面的規定顯然不適用於特別行政區。例如關於遷徙自由問題，憲法就沒有規定，然而《基本法》規定特別行政區居民有遷徙到任何地方的自由。[6] 憲法規定夫妻雙方有實行計劃生育的義務，然而特別行政區居民有自願生育的權利。[7] 憲法規定公民有依法服兵役的義務，然而特別行政區居民不用服兵役。[8] 關於國籍問題，在堅持基本的憲法原則的前提下，中國也對特區居民的國籍採取了靈活的處理辦法。可見，特別行政區居民中的中國公民不僅有權依法參與國家事務的管理，而且還享有比中國憲法規定的公民權利廣泛得多的權利和自由。[9] 內地居民享有的權利，特區的居民當然都享有，內地居民不享有的權利，特區的居民也都享有。但是，內地居民依據憲法應盡的義務，特別行政區的居民則可免除。這種情況也是中國憲法以前沒有遇到的。這說明，在公民的權利義務方面，也充分體現了「一國兩制」的原則精神。

❸ | 關於政體

中國憲法規定的政體是人民代表大會制，從形式上看它類似於英國的議會內閣制。[10] 在人民代表大會制之下，行政機關和司法機關都由本級人民代表大會選舉產生，並對本級人民代表大會負責並報告工作。[11] 人民代表大會則由人民選舉產生。但是，特別行政區既不採用這樣的制度，也不照搬西方三權分立或議會主權的政治體制。依照《基本法》的規定，特別行政區設立一個首長即行政長官，行政長官同時也是特別行政區行政機構的首長。特別行政區立法、行政和司法的關係是，保證司法獨立，行政機關和立法機關互相制衡又互相配合。[12] 這就是說，在統一的人民代表大會制的憲制框架下，中國又產生了新形式的政府組織架構。

❹ | 關於國家結構形式

中國一直都實行單一制結構，歷史上基本奉行「一國一制」原則。特別行政區成立後，出現了一種新的省級特別地方建置。與一般省級地方相比，其「特別」之處在於：特別行政區實行資本主義，而一般地方則實行社會主義；特別行政區享有高度的自治權，這種自治權不僅大於一般地方，而且也大於聯邦制下邦的權力；特別行政區與中央的關係要由法律明文規定；特別行政區的設立及其所實行的制度要由國家最高權力機關即全國人民代表大會決定。[13]

儘管中國設立了特別行政區，而特別行政區所享有的權力又是空前的，但是這並沒有改變中國單一制國家的性質，中國仍然是一個單一制國家，只是其包容性大大擴大了，成為一種可以包容實行資本主義制度的特別行政區域的單一制。隨着改革開放的不斷的深入，尤其隨着「一國兩制」在台灣地區的實施、國家統一大業的最終完成，中國的國家結構還將進行更大的調整，這將使中國的國家結構形式更為完善。[14] 這個問題在後面還將詳細論述。

❺ | 關於司法制度

內地與特別行政區在司法方面的差異是各種差異中最大的差異。中國憲法規定的司法制度是，人民法院是國家的審判機關，由人民代表大會產生，並對它負責。上級人民法院監督下級人民法院的審判工作。[15] 人民檢察院是國家的法律監督機關，也由人民代表大會產生並對它負責。上級人民檢察院領導下級人民檢察院的工作。法院依照法律規定獨立行使審判權，檢察院依照法律規定獨立行使檢察權，都不受行政機關、社會團體和個人的干涉。人民法院、人民檢察院和公安機關辦理刑事案件，應當分工負責，互相配合，互相制約。[16]

特別行政區成立後各自保留自己的司法制度，不受內地司法制度的影響，並擁有自己的終審法院，所有案件的終審不在最高人民法院進行。在特別行政區終審法院和最高人民法院之上沒有更高的審判機關。所以，「一個國家，兩種司法制度」的情形在中國已經形成。實踐證明，特別行政區的司法制度不僅被保留下來了，還對內地正在進行的司法改革發揮很大的影響，成為內地司法改革的重要參照之一。[17]

❻｜關於選舉制度和政黨制度

根據中國憲法和有關選舉法的規定，中國採用直接選舉與間接選舉並用、地域代表制與職業代表制並用的制度，貫徹選舉的普遍性、平等性、秘密投票等原則，對選舉的正常進行有法定的保障措施。[18] 特別行政區的選舉和選舉制度則十分複雜，不同的選舉採用的方法也不一樣。但是，有一點是肯定的，特別行政區可以採用不同於內地的選舉制度。這使得中國整個選舉制度更加多樣化。

在政黨制度方面，根據中國憲法的規定，中國實行共產黨領導下的多黨合作和政治協商制度。中國共產黨是中國的執政黨，其他八個黨派既不是在野黨，更不是反對黨，而是參政黨。中國人民政治協商會議是由中國共產黨和其他各民主黨派參加的政治協商機構，是多黨合作和政治協商採取的主要形式。[19] 特別行政區本地採取何種政黨制度，沒有統一的模式，這要視具體情況由各特別行政區自行選擇並決定。

二、中國憲法的效力能否及於特別行政區

中國憲法的效力覆蓋整個中國領土，這是沒有問題的。但是，如前所述，特別行政區成立後，中國憲法規定的大部分制度原則並不在特別行政區實施，如社會主義制度、人民民主專政的國體、人民代表

大會制的政體、人民司法制度、檢察制度、公民權利和義務的有關規定以及民主集中制原則等等，都不在特別行政區實施。因此似乎中國憲法的效力並不及於特別行政區。[20] 那麼中國憲法的效力到底及不及於特別行政區，特別行政區司法機關可否適用憲法來審理案件呢？

學界對這個問題頗有爭議。有的認為中華人民共和國憲法是社會主義類型憲法，根據「一國兩制」的精神，特別行政區不實行社會主義，因而中國憲法對特別行政區不發生法律效力。[21] 另外一種觀點則不同意這種看法，認為中國憲法同樣適用於特別行政區。筆者同意後一種看法，其理由如下。

其一，中國憲法是由中國最高國家權力機關通過的，是國家的根本法，憲法本身和其他任何法律並沒有限定憲法的效力範圍，因此其整體效力範圍當然應該涵蓋整個中國領土。特別行政區既然是中國領土不可分割的組成部分，憲法的效力當然應該及於特別行政區。中國內地的憲法當然也是中國任何一個地方包括特別行政區的憲法。因此，從整體上看，中國憲法的效力應當及於特別行政區。[22] 需要指出的是，在中國這樣的單一制國家，全國只能有一部憲法，不允許一個地方行政區域擁有標明「憲法」字眼的法律文件。這就是為什麼特別行政區的《基本法》叫做「基本法」而不叫「憲法」，內地民族自治地方制定的關於本民族地方自治的基本的、綜合性的地方法律規範也只能叫做「自治條例」，而不能是地方「憲法」。

憲法作為國家根本大法，不僅僅規定了國家的根本制度和根本任務，而且作為一個整體是國家統一和主權的重要象徵。我們在論述國家結構形式時曾經把全國只有一部統一的憲法作為單一制國家的重要特徵之一，而在聯邦制國家則有多部憲法。所以在中國，全國只有一部憲法是中國單一制的國家結構形式所要求的，也是中國國家統一和領土主權完整的重要表現。我們說現在國家還沒有統一，其中重要一點就是說以憲法為核心的中華人民共和國法統的效力達不到全國所有的地區。當中國恢復港澳地區的主權、成立特別行政區後，中國憲法的效力當然要延伸到特別行政區。作為一個統一的單一制國家，某些法律可以只對個別地區生效而不在全國實施，但是作為國家統一和主權象徵的憲法，其效力必須遍及於全國的每一寸土地，就像國旗、國徽、首都、軍隊一樣，全國只能有一個。特別行政區既然是中國的不可分割的組成部分，是中國的地方行政區域，憲法當然對這些地區有效。如果我們說中國國家的憲法對特別行政區無效，那麼特別行政區的「憲法」又是什麼呢？如果我們承認《基本法》是特別行政區的「憲法」，那麼，在中國同時並存的就將不是一部「憲法」，而是三部、四部「憲法」，那麼，中國是否成為聯邦制國家而不再是單一制國家？

其二，憲法效力及於特別行政區，不僅僅因為它是國家主權和統一的重要象徵，而且憲法也確實有一些具體內容是關於特別行政區的，或與特別行政區有關的，是制定特別行政區《基本法》的憲法依據。《憲法》第31條以及第62條第13項是直接有關特別行政區的，當然對特別行政區有效。憲法有關最高國家權力機關、國家元首、最高國家行政機關、最高國家軍事機關，有關國旗、國徽、首都的規定還有其他有關國家主權、外交、國防的規定，無疑也適用於特別行政區或者應該得到特別行政區的承認與尊重，也就是說憲法第三章的第一至四節和第四章基本上都適用於特別行政區。至於憲法有關「四項基本原則」、社會主義制度、地方國家權力機關和行政機關、國家審判機關和檢察機關等內容，不適用於特別行政區，這些規定被《基本法》中的相關條款所修正和取代。可見中國憲法在原則上是適用於特別行政區的，至於具體的每個條文、每個規定是否適用，則要根據「一國兩制」的原則精神加以判斷。

其三，從世界各國憲法來看，憲法除了做出一些適用於全國的規定外，也都允許針對特別地區的特殊情況制定一些只適用於該地區的特別條款，這樣並不否定憲法作為一個整體對這些特別地方的效力。這完全是正常的。中國憲法關於民族區域自治的規定就僅僅適用於民族自治地方。而《憲法》第31條也是一個特別條款。也可以說憲法就是通過這個特別條款然後又根據該特別條款制定《基本法》把它的效力延伸到特別行政區的。《基本法》實際上已經「消化吸收」了憲法，把應該適用的憲法條款和不應該適用的條款都通過《基本法》加以明確。[23] 從這個意義上說，中國《憲法》在特別行政區發揮作用的主要方法和形式是通過它的「特別法」——特別行政區《基本法》。

特別行政區《基本法》是根據憲法制定的，它實際上是中國憲法內涵在特別行政區的擴大和延伸，是中華人民共和國憲法的有機組成部分。在中國的法律體系中，憲法是最高法，在憲法之下是「基本法律」；在基本法律之下是一般法律。《基本法》屬於憲法之下、一般法律之上的「基本法律」，它的效力來源於憲法，並僅次於憲法。如果中國憲法本身在特別行政區就沒有效力，那麼，特別行政區《基本法》的效力也就失去了存在的依據和寄託，成了無源之水，無本之木。[24] 憲法對特別行政區的效力也就不言自明了。

因此，儘管特別行政區《基本法》的附件中並沒有標明中國《憲法》是在特別行政區實施的全國性法律，但是中國《憲法》的效力是要覆蓋到特別行政區的，這是不言而喻的，就像回歸前英國憲法和憲法性文件在香港有效力一樣。正因為《憲法》在特別行政區有當然的法律效力，因此儘管內地法院還一直很少在判決書中引用憲法條款的情況下，在香港回歸後，香港特別行政區法院在判決中已經多次引用了中國《憲法》的條款。例如，香港特別行政區終審法院在 1999 年 1 月 29 日吳嘉玲、吳丹丹訴入境事務處處長一案的判決書中，就引用了《憲法》第 31 條、第 57 條、第 58 條的規定。[25]

可見，這裡涉及的憲法問題是方方面面的，無論如何，根據「一國兩制」的要求中國《憲法》特別給予特別行政區「網開一面」，並由一部特別行政區《基本法》加以具體化、法律化。但是在憲法上如何避免將來對「一國兩制」和特別行政區《基本法》進行可能的違憲審查，仍是一個問題，這將在後面探討。

二｜設立特別行政區的憲法和法律依據

一、「一國兩制」進入憲法

「特別行政區」這一概念最早見於中國政府的正式文件是 1981 年國慶前夕全國人大常委會委員長葉劍英宣佈的解決台灣問題的九條方針政策。其中第 3 條提到「國家實行統一後，台灣可作為特別行政區，享有高度自治權，並可保留軍隊。中央政府不干預台灣地方事務」。儘管在中國大陸人們以前習慣於按照中國共產黨的政策辦事，有人認為既然「一國兩制」的方針政策是堅定不移的，所以有關特別行政區的承諾也就是不可更改的，因此沒有必要再立法。但是在處理這個問題上，中國顯然更加慎重，不僅要使它入憲，而且還要進一步立法。這不僅僅是「國際慣例」、國際信譽問題，這也確實代表了中國人的決心，即他們確確實實希望這麼做，希望香港、澳門、台灣和大陸統一後，這些地方可以保留原來的制度不變，因為只有這樣才更加符合中國的整體國家利益。

這樣，從 1980 年中國開始討論修改 1978 年憲法時，儘管香港問題正在解決過程中，澳門問題還沒有提上議程，但是這已經是一個話題，最初主要是針對台灣問題。1982 年修改憲法時已經考慮到必須進一步把實行「一國兩制」，設立特別行政區的思想憲法化、具體化。為此，1982 年 12 月 4 日第五屆全國人大第五次會議通過新的《中華人民共和國憲法》，正式將「一國兩制」的政治主張寫入憲法，高瞻遠矚地做了靈活規定。憲法修改委員會副主任委員彭真當時談到這個問題時說：「去年（1981 年）國慶節前夕，全國人民代表大會常務委員會委員長葉劍英同志發表談話指出，實現和平統一後，台灣可作為特別行政區，享有高度的自治權。這種自治權，包括台灣現行社會、經濟制度不變，生活方式不變，同外國的經濟、文化關係不變等等。考慮到這種特殊情況的需要，憲法修改草案第 31 條規定：『國家在必要時得設立特別行政區。在特別行政區內實行的制度按照具體情況由全國人民代表大會以法律規定。』在維護國家的主權、統一和領土完整的原則方面，我們是決不含糊的。同時，在具體政策、措施方面，我們又有很大的靈活性，充分照顧台灣地方的現實情況和台灣人民以及各方面人士的意願。這是我們處理這類問題的基本立場。」[26]

這就為大陸和台灣統一後實行「一國兩制」，在台灣設立特別行政區，實行不同於內地的制度和政策，提供了憲法依據。當時提出「一國兩制」並把它寫入新憲法，首先考慮的是解決台灣問題。毫無疑問，憲法的規定同樣是適用於香港和澳門問題的，而且首先在香港和澳門問題上實施了「一國兩制」。

「一國兩制」的提出和實施對中國憲法所提出的新問題和挑戰，儘管國家最高權力機關已經通過適當的形式加以回應了，但是從憲法文本本身來說，僅有第 31 條這個特別條款還是不夠的，還沒有從根本上解決中國憲法面臨的這些問題。而且憲法第 31 條是在規定國家行政區劃的時候規定的，只是說將來中國可能會增加一種新的地方政府形式，而不是規定在國家的基本政策裡邊，憲法也沒有出現「一國兩制」的字眼。因此，「一國兩制」的憲法保護並不充分足夠。筆者主張，在將來進一步修改憲法時，應該考慮這個意見，把「一國兩制」補充到憲法中去，使其在憲法中得到更充分的體現，得到更堅實的憲法保障。

這些就是中國設立特別行政區的憲法依據，當然除了憲法之外，還有具體的法律依據，這就是兩部特別行政區《基本法》。

二、設立特別行政區的法律依據

目前，對於在台灣實行「一國兩制」、成立特別行政區，仍然停留在《憲法》第 31 條上。但是香港和澳門問題實實在在地先提出來了，這不僅僅是一個憲法問題，而且還要進一步法律化了。1984 年 12 月 19 日中英兩國經過艱苦談判，簽署了《關於香港問題的聯合聲明》，其中在第 3 條第 1 款中，中國政府聲明「為了維護國家的統一和領土完整，並考慮到香港的歷史和現實情況，中華人民共和國決定在對香港恢復行使主權時，根據中華人民共和國憲法第 31 條的規定，設立香港特別行政區」。在 1987 年 4 月 13 日中葡兩國簽署的《關於澳門問題的聯合聲明》中，中國政府同樣聲明「在對澳門恢復行使主權時，設立中華人民共和國澳門特別行政區」。

據此，1985 年 4 月 10 日第六屆全國人大第三次會議決定成立香港特別行政區基本法起草委員會，為「一國兩制」的實施和特別行政區的設立制定一部具有憲法性質的基本法律。經過長達近五年的起草，1990 年 4 月 4 日第七屆全國人大第三次會議通過了《中華人民共和國香港特別行政區基本法》。這是成立香港特別行政區的直接法律根據，是香港特別行政區的「小憲法」。全國人大同時通過「關於設立香港特別行政區的決定」，其中規定：「自 1997 年 7 月 1 日起設立香港特別行政區」；還規定了香港特別行政區的管轄區域「包括香港島、九龍半島，以及所轄的島嶼和附近海域」。香港特別行政區的行政區域圖由國務院另行公佈。這可以說是最高國家權力機關關於設立香港特別行政區所發佈的命令。這次會議還通過了其他有關成立香港特別行政區的法律文件。

1993 年 3 月第八屆全國人大第一次會議鑒於港英政府一再破壞《中英聯合聲明》，採取不合作態度，決定接受廣東省代表團的提案，成立「中華人民共和國香港特別行政區籌備委員會預備工作委員會」，為籌備香港特別行政區提前開展一些準備工作。兩年後，於 1995 年 12 月第八屆全國人大常委會決定正式成立香港特別行政區籌備委員會。1996 年 1 月 26 日中華人民共和國香港特別行政區籌備委員會正式在北京宣告成立，籌備香港特別行政區的工作從此正式全面展開。1997 年 7 月 1 日中國政府重新恢復對香港行使主權，香港特別行政區也於同日宣告正式成立。

中葡兩國關於澳門問題的聯合聲明簽署後，於 1988 年 9 月 5 日，澳門特別行政區基本法起草委員會正式成立並開始工作。經過四年多起草，於 1993 年 3 月 31 日第八屆人大第一次會議正式通過《中華人民共和國澳門特別行政區基本法》，這是澳門特別行政區的「小憲法」。這次會議還通過了「關於設立澳門特別行政區的決定」，決定澳門回歸後成立一個澳門特別行政區，實行「一國兩制，澳人治澳，高度自治」。1998 年 5 月 5 日全國人大澳門特別行政區籌備委員會成立，有關澳門特別行政區的籌備工作正式開始。根據《中葡聯合聲明》的規定，1999 年 12 月 20 日澳門如期回歸，中華人民共和國澳門特別行政區同日成立。

《中華人民共和國香港特別行政區基本法》和《中華人民共和國澳門特別行政區基本法》是「一國兩制」的具體化和法律化，也是設立特別行政區的直接法律依據。

如果按照「和平統一，一國兩制」的方針解決台灣問題，未來台灣特別行政區的設立，也基本上會遵循上述程序展開。當然台灣問題有許多特殊性，「一國兩制」在台灣的實施也會有許多新的特點。

可見在中國，特別行政區的設立是由最高國家權力機關決定的，並要根據「一國兩制」和具體情況分別制定特別行政區基本法，再依據基本法開展特別行政區的籌備工作，在條件成熟時正式設立特別行政區。「一國兩制」的方針政策自二十世紀七十年代末、八十年代初提出，經過不斷法律化、具體化，現在已經進入正式運作階段。

三｜特別行政區的法律地位

一、中國省級政府的設置

在第二章已經探討了中國現行國家結構的設置情況。根據《憲法》第 30 條、第 31 條的規定，中國現在的行政區域基本上分為四個層次，即：

第一個層次是中央政府結構，即中國的全國性政府，相當於聯邦制下的聯邦政府。

第二個層次是省級地方，包括 23 個省、5 個民族自治區、4 個直轄市以及 2 個特別行政區。

第三個層次是設立於省、自治區之下的自治州、縣、自治縣、市。

第四個層次是在縣、自治縣之下設立的鄉、民族鄉、鎮。

另外，直轄市、較大的市可再設區、縣。自治州之下可以設立縣、自治縣、市。在地市合併、市領導縣和設立較大市的地方，行政區劃是五級的，即除了中央外，有省（自治區）、市（較大的市），縣（自治縣、市）和鄉（民族鄉，鎮）。和建國初的地方政府設置不同，現在中國省級地方的設置比較簡單明瞭，見下圖：

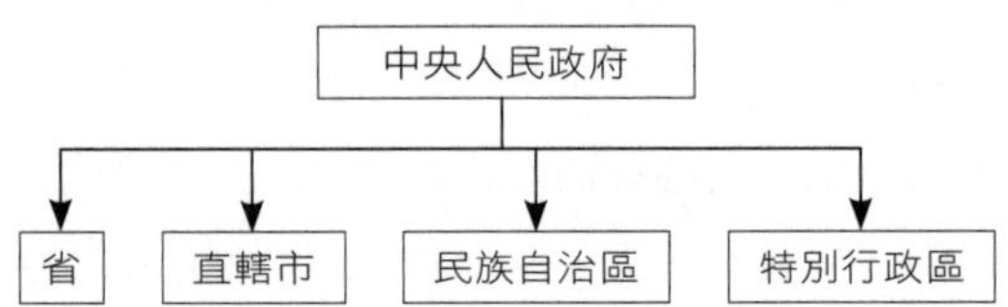

二、特別行政區概念的基本涵義

特別行政區在中國整個行政區劃裡邊屬於省級行政區域，是一種特殊的省級區域，屬於「特別地方」，既不同於一般的省和直轄市，也不同於一般的民族自治區，具有特殊的法律地位。當然，特別行政區與一般地方都是國家統一的多民族大家庭的有機組成部分，是單一制國家下的一級地方政府，不能行使國家主權，不能脫離成為獨立國家，其權力來源都是中央授權，是派生權力，而不是原始權力。全國政府與它們的關係是中央政府與地方政府的關係，而不是聯邦制下聯邦政府與邦政府之間的關係。

特別行政區與一般地方（指省、自治區、直轄市）的主要不同，即其「特別」之處在於：

第一，特別行政區實行資本主義，而一般地方則實行社會主義。這是特別行政區最為「特別」之處，也是建立特別行政區的主要原因。

第二，特別行政區享有高度的自治權，這種自治權不僅僅大於中國的一般地方政府，而且在某些方面也大於聯邦制下各邦享有的權力。

第三，特別行政區與中央的關係要由法律明文規定。

第四，特別行政區的行政區域不可隨便更改，既不可擴大也不可縮小，以國務院公佈的香港、澳門特別行政區的地圖為準。這是由特別行政區與一般地方所實行的社會制度決定的，也是「一國兩制」原則的具體體現。

第五，特別行政區的設立及其所實行的制度要由國家最高權力機關即全國人民代表大會決定，既不能由國務院決定，也不能由全國人大常務委員會決定（憲法第 62 條）。

第六，在中國有兩種區域自治，一是民族區域自治，這主要是為了解決中國少數民族問題、保證少數民族人民實現當家做主權利而設立的一種地方區域自治制度。另一種就是特別地方的行政區域自治，主要是為了實現國家統一而採用的，目的是解決社會主義與資本主義如何在一個統一的國家共處的問題。二者有質的不同。

第七，特別行政區的設立具有很強的歷史性、目的性，它就是為了實現港澳台地區與大陸的統一，為了保持這些地區的繁榮穩定，而專門設立的一種特殊的地方建置。因此，不可以把設立特別行政區的作法隨意擴大到內地，在內地設立「特別行政區」。內地的經濟特區與特別行政區有質的不同。

總之，特別行政區是中國一種特殊的地方行政區域，是一種新型的基於社會制度的不同而設立的特殊的地方建置。

三、特別行政區的法律地位

香港、澳門兩部特別行政區《基本法》的第 1 條、第 12 條都規定，香港特別行政區、澳門特別行政區是中華人民共和國不可分離的組成部分，是中華人民共和國內享有高度自治權的地方行政區域，直轄於中央人民政府，這清楚地說明了特別行政區的法律地位。可以從三個方面來表述特別行政區的法律地位。

首先，特別行政區是中國統一的單一制國家下不可分離的組成部分。這說明特別行政區不能行使國家主權，沒有脫離國家獨立的自決權力。這是由中國單一制的國家結構形式所決定的。即使在聯邦制國家，各組成邦、州也沒有這樣的權力，否則就國將不國了。例如《美國憲法》第 1 條第 10 款規定：「任何一州都不得締結任何條約，參加任何同盟或者聯盟……不得與他州或者外國締結協定或者盟約……」因此美國各州也沒有獨立的權力。美國人民在美國南北戰爭中，用槍聲和鮮血十分肯定地回答了這一問題，捍衛了美國憲法的尊嚴。

其次，特別行政區是享有高度自治權的地方行政區域。這首先說明特別行政區是一級地方行政區域，特別行政區政府也是一級地方政府。在聯邦制國家，其「中央與地方的關係」一般是指各邦（State）中央政府與邦以下的地方政府即市、縣的關係，而不是指聯邦政府與各邦的關係，聯邦與各邦的關係在某種特殊意義上說是國與國之間的關係。[27] 在中國，中央與特別行政區的關係絕對不是國家與國家的關係，而是單一制下中央與地方關係的一種特別形式。特別行政區的權力無論如何大，也還是一級地方政府，不是聯邦制下的成員邦，其法律地位有質的不同。

特別行政區在中國各種地方行政區域中是享有權力最大的一種，即「高度的自治權」，這正是它不同於一般地方的特別之處。下文對特別行政區享有的權力將有詳細分析。但是，不管它享有的自治權的「度」有多高，這些權力可能比聯邦制下各邦享有的權力還要大，但是這些權力都是由最高國家權力機關即全國人大授予的，不是特別行政區固有的，這是單一制國家結構所自然要求的。當然，這不是說國家最高權力機關可以隨便收回它的授權，把特別行政區變成普通的地方行政區域。因為這種授權有充分的法律保障，而且被定為基本國策而不可動搖。

綜合上述兩點，我們可以看出，特別行政區在中國各種地方行政區域中是極其特殊的一種，對中央政府而言，它是享有權力最大的一類地方政府。

再次，特別行政區直轄於中央人民政府。這也是特別行政區法律地位的一個重要方面。我們可以從三個方面來理解憲法和特別行政區基本法的這一規定。第一，它說明特別行政區是省一級的地方政府，在地方行政單位裡屬於最高一級的。「直轄於中央人民政府」不是說中央人民政府可以隨意干涉特別行政區的內部事務，而是說特別行政區可以直接上達於國家最高決策層，與最高國家機關溝通，由中央政府直接處理有關事務，從而體現了國家統一與主權原則。第二，它表明特別行政區獨立於各省、自治區、直轄市和中央各部委，任何地方行政單位和中央各部委都不得干預特別行政區依法自行管理的各種事務，從而充分保證特別行政區高度自治權的實現。可見特別行政區的「高度自治」不僅僅是相對於中央政府而言的，而且也是相對於中央政府各部門、各省、自治區和直轄市而言的。第三，這條規定還表明特別行政區可以直接以自己的名義參與全國性事務的管理，即特別行政區有權自己單獨組織代表團參加全國人民代表大會及其常委會的工作並行使憲法賦予的每一項權利。

至於這裡所說的「中央人民政府」應該理解為國務院，《憲法》第 85 條已經規定了「中華人民共和國國務院，即中央人民政府」，特別行政區應該直接隸屬於國務院。但是國務院作為國家最高行政機關，又是最高國家權力機關的執行機關，所以特別行政區直轄於國務院，當然也就同時直轄於全國人大及其常委會。

這裡探討的中央與特別行政區的關係主要是指以下中央政權機關與特別行政區的關係：

全國人民代表大會及其常務委員會與特別行政區的關係，即國家最高權力機關與特別行政區的關係；

中華人民共和國國家元首即國家主席與特別行政區的關係；

中央人民政府即國務院與特別行政區的關係，也就是國家最高行政機關與特別行政區的關係；

中華人民共和國中央軍事委員會，即最高國家軍事機關與特別行政區的關係；

最高人民法院、最高人民檢察院，即最高國家審判機關和檢察機關與特別行政區的關係；

中央與特別行政區之間的關係就是指上述中央政權機關與特別行政區之間的關係。除此之外，特別行政區與其他機關沒有任何權力關係。

在第五至第九章將以香港特別行政區與澳門特別行政區為例來具體論述中央與特別行政區的關係，這就涉及到特別行政區與上述各中央政權機關的關係。一般都是以事項為主線來論述二者的關係，而不是以部門為主線來分別論述上述各政權機關與特別行政區的關係。

四｜特別行政區的設立對中國國家結構產生的影響

從特別行政區的性質和地位可以看出，它們是中國享有高度自治權的省級地方行政區域。如前所述，這種特殊的地方行政區域的設立，勢必對中國的國家結構形式產生一些影響。其中最主要的影響是更加進一步充實了中國單一制的內容，使中國的單一制更加豐富、包容性更強。過去我們對單一制的理解十分片面，把單一制簡單等同於中央高度集權制，認為單一制下中央必須盡可能多地把權力集中起來行使，這些權力不僅包括外交權、國防權、地方政府組織權、貨幣發行權、海關、郵政等等應該由中央政府統一行使的權力，而且包括一系列經濟、文化、社會等十分具體的事務也要集中到中央統一管理。由此造成中央政府各部門不斷膨脹，「大中央、小地方」，地方完全成為中央的派出機關，幾乎沒有什麼自主權可言。甚至在民族自治地方，我們也過分地、不恰當地強調「全國一盤棋」，不允許有自主性和靈活性。鄧小平早在 1980 年時就曾針對權力過分集中問題，提出要調整中央與地方的關係，下放權力，擴大地方自主權。[28]

總之，中國過去對單一制的理解就是全國只能有一套清一色的地方制度，只能有一種地方政府，儘管名稱可以不同。「一國兩制」的提出與實施、特別行政區建置的設立，極大地改變了我們對單一制的理解。它使我們認識到單一制並不一定單調，單一制可以有十分豐富的內涵，可以包容許多種地方制度。單一制的準確含義是全國只有一個單一的憲法和中央政權，全國對內對外的主權是單一的、防務是單一的，原始權力歸中央政權保留，地方權力的合法性來源於中央授權。至於中央與地方的關係則可以有多種多樣，地方權力的大小也可以十分不同。具體到中國，在中國單一制國家結構下除了有一般省之外，還有一些直接隸屬中央的直轄市和在少數民族聚居地區設立的民族自治區，現在還有享有高度自治權的直轄於中央的特別行政區，它們與中央的關係都不相同，而且可以十分不同。但是它們都是中國單一制國家結構下的最高一級地方行政區域。這可以說是具有中國特色的單一制國家結構形式。

儘管特別行政區的權力非常之大，甚至超過聯邦制國家裡的成員邦，但是特別行政區的成立並沒有改變中國的性質，中國並沒有因此而成為聯邦制國家，而仍然是單一制國家，總的國家結構形式沒有變化，只是更進一步發展完善了單一制的理論與實踐，擴大了單一制的包容性，豐富了其內容。未來中國的國家結構形式將演變為：在統一的中央政權之下，全國共設 22 個省、4 個直轄市、5 個民族自治區和 3 個特別行政區。其中省、直轄市、自治區是一般地方，而特別行政區是特別地方。另外還有一些具有很大權力的經濟特區和沿海開放城市，這可以稱為「準特別地方」。圖示如下：

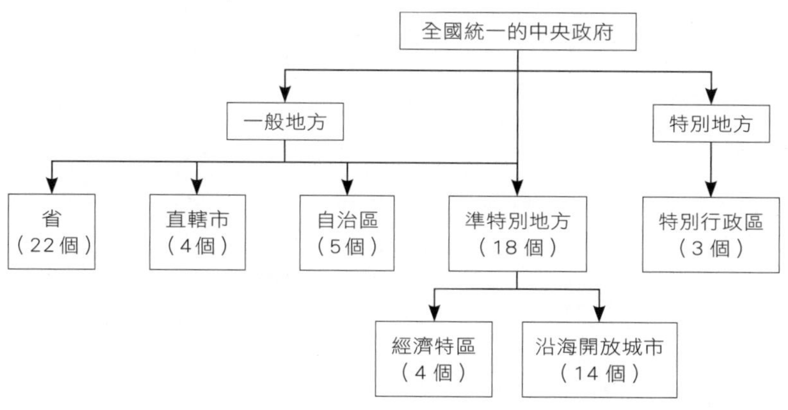

特別行政區建置的設立，對傳統憲法學關於國家結構形式的理論也是一個衝擊，即以前那種按照中央與地方享有權力大小來劃分國家結構的方法是不科學的，單一制國家下的一些特殊地方區域也可以享有很大的自治權，反之亦然。科學的劃分方法應該是根據權力的來源、權力的性質、「剩餘權力」的歸屬等標準來劃分，有關這個問題在其他章節已有論述，這裡從略。

| 註釋 |

1. 中國憲法 1982 年 12 月通過後，分別於 1988 年 4 月 12 日、1993 年 3 月 29 日和 1999 年 3 月 15 日進行了修改。三次修改大都是有關經濟制度和經濟政策。

2. 對兩部《基本法》在整個中國法律體系中的定性，歷來有不同的看法。大多數學者主張兩部《基本法》是憲法性法律，屬於基本法律。但是作者認為這還不足以描述兩部《基本法》的特殊性，因此把它們定性為「憲法性特別法」較為恰當。

3. 《中華人民共和國憲法》第 1 條、第 2 條、第 14 條修正案、第 24 條。

4. 香港《基本法》序言和第 5 條、澳門《基本法》序言和第 5 條。

5. 即政治權利和自由、人身權、精神自由權、社會經濟權和文化教育權。

6. 香港《基本法》第 31 條，澳門《基本法》第 33 條。

7. 《憲法》第 49 條，香港《基本法》第 37 條，澳門《基本法》第 38 條。

8. 《憲法》第 55 條。

9. 香港《基本法》第 21 條，澳門《基本法》第 21 條。

10. 蔡定劍：《中國人民代表大會制度》，北京：法律出版社，1998，頁 27。

11. 有關中國內地地方國家機構的組織體制，可參見甘藏春：《中華人民共和國地方制度》，太原：山西人民出版社，1995。萬文國：《地方人大的理論與實踐》，武漢：武漢出版社，1990。陸天虹、何華輝：《地方政權與人民代表》，北京：群眾出版社，1985。刁田丁：《中國地方國家機構研究》，北京：群眾出版社，1985。《地方政權研究》編書組：《地方政權研究》，北京：群眾出版社，1986。

12. 蕭蔚雲：《一國兩制與香港基本法律制度》，北京：北京大學出版社，1990，頁 171、225。

13. 《憲法》第 31 條、第 62 條。

14. 有關中國的國家結構形式，可參見董之偉：《國家結構形式論》，武漢：武漢大學出版社，1997。朱光磊：《當代中國政府過程》，天津：天津人民出版社，1997。林尚立：《國內政府間關係》，杭州：浙江人民出版社，1998。

15. 《憲法》第三章第七節。

16. 《憲法》第 135 條。

17. 有關中國的司法制度，可參見熊先覺：《中國司法制度新論》，北京：中國法製出版社，1999。

18. 朱福惠：《憲法學新編》，北京：法律出版社，1998，頁 175。

19. 許崇德：《中國憲法》，北京：中國人民大學出版社，1996，頁 371。

20. 香港特別行政區基本法諮詢委員會中央與特別行政區的關係專責小組：《基本法與憲法的關係（最後報告）》，1987。

21. 參見《基本法與憲法的關係（最後報告）》，香港特別行政區基本法諮詢委員會中央與特別行政區的關係專題小組，1987。

22. 蕭蔚雲：《一國兩制與香港基本法律制度》，北京：北京大學出版社，1990，頁 86-94。

23. 蕭蔚雲：《一國兩制與香港基本法律制度》，北京：北京大學出版社，1990，頁 95。

24. 有關中國《憲法》和特別行政區《基本法》的關係，也可參見王叔文：《香港特別行政區基本法導論》，北京：中共中央黨校出版社，1997，頁 79-95。

25. 吳嘉玲、吳丹丹訴入境事務處處長案，香港特別行政區終審法院，1999 年 1 月 29 日。當然這種引述不是按照中國《憲法》的條款來審理案件，不是把中國《憲法》作為審理具體案件的法律依據，只是說明中國的立法體制和國家機構的功能。

26. 彭真：《關於中華人民共和國憲法修改草案的報告》，1982 年 11 月 26 日。

27. 以美國的聯邦制為例，美國聯邦政府和州政府實際上不可以用我們慣常理解的隸屬關係來看待，他們之間甚至可以說沒有隸屬關係，有時好像國與國的關係一樣，只不過各自在憲法規定的自己的權限範圍內行事罷了。聯邦政府在自己的憲法權限內行事時，各州要服從聯邦政府，可以說這時聯邦政府是最高的。但是各州政府在自己的憲法權限範圍內行事時，各州就是最高的，聯邦政府要尊重州政府的決定，所以不可以簡單地說美國的聯邦政府就是美國的最高政府。

28. 鄧小平：《黨和國家領導制度的改革》，載《鄧小平文選》（1975—1982），北京：人民出版社，1983，頁 280-302。

CHAPTER 5

處理中央與特別行政區關係的基本原則

香港、澳門兩個特別行政區的設置，極大地豐富了中國國家結構和地方制度的內容，同時也為中國憲法學的研究提出了新課題，即如何正確處理好中央與地方的關係，尤其中央與省級地方的關係。[1] 要解決這個新課題，需要用一種全新的思維方式，以全新的概念、方法去認真研究。這種新概念、新方法就是鄧小平提出的「一國兩制」以及根據「一國兩制」所制定的特別行政區《基本法》。對中央與特別行政區之間關係的處理，包括對中央與特別行政區之間權力關係的界定，要根據「一國兩制」的方針和《基本法》的規定，尊重歷史與現實，科學合理地進行。

一｜中央與特別行政區關係的性質特徵

中央與特別行政區的關係既有中央與地方關係的一般共性，又有其本身的特殊性。[2]

首先，中央與特別行政區的關係具有中央與地方關係的共性，都屬於國家整體與組成部分的關係，在憲法學裡就是國家結構形式問題。具體到中國，由於中國是單一制國家，因而中央與特別行政區的關係是中央與省級地方關係的一種，與中央與各省、直轄市、自治區的關係一樣，首先都面臨着維護國家統一和領土主權完整的問題，需要維護中央統一的權威。無論是省、直轄市、自治區，也不論是特別行政區都不得行使國家主權，在涉及國家主權的有關問題上都要服從中央政府。即使未來的台灣特別行政區可以保留自己的軍隊，也要以不損害國家統一和領土主權完整為前提，而且「允許保留軍隊」這本身是中央授權同意的。當然，這兩種中央與省級地方的關係也都有地方自主權、發揮地方積極性的問題，只是程度大小不同。對於特別行政區，是實行高度自治的問題，而對於一般省級地方，則是地方自主權的問題。可見，既然特別行政區也是省級地方行政區域之一種，也就具有中央與一般省級地方關係的共性。

其次，中央與特別行政區的關係與中央與一般省級地方的關係相比，又有其特殊性，不能照搬處理中央與一般省級地方關係的方法，而必須符合中央與特別行政區關係的特點。其特殊性表現在以下幾個方面。

第一，中央與特別行政區的關係就社會性質而言，屬於社會主義與資本主義關係的一種。正如鄧小平指出的：「我們的政策是實行『一個國家，兩種制度』，具體說，就是在中華人民共和國內，十億人口的大陸實行社會主義制度，香港、台灣實行資本主義制度。」[3] 可見，中央與特別行政區的關係也表現為社會主義與資本主義的關係。長期以來，在極「左」思想影響下，中國一直認為社會主義可以立即代替資本主義而推行於全世界，因而社會主義與資本主義不僅不可以在一個國家中共存，而且在整個世界上也不可以長期共存，而必須盡快用社會主義代替資本主義。粉碎「四人幫」後，隨着馬克思主義實事求是思想路線的恢復，中國認識到社會主義最終代替資本主義需要一個相當長的歷史過程。在相當長時間內，社會主義要與資本主義和平共處，平等競爭。[4] 中國對社會主義與資本主義相互關係認識的轉變，正好與國家統一問題的重新提出發生在同一時期，這就使中國對國家統一的主張發生了極大的變化。中國不再主張使用武力把社會主義制度推行到全國，不再主張必須用社會主義來統一全國，當然也不能同意用「三民主義」或者資本主義來統一國家，而是主張在國家統一的大旗幟下，大陸繼續實行社會主義，而港澳台則可繼續實行原來的資本主義，既不用大陸的社會主義來吃掉港澳台的資本主義，同時港澳台的資本主義也不能吃掉大陸的社會主義。為此， 鄧小平明確提出「中國堅持四項基本原則，但不會在香港這麼做」。[5]

所以，香港、澳門在回歸中國後，它們所奉行的資本主義政策、制度應該保留下來，它們在經濟制度上仍屬於國際資本主義體系，只是在政治主權上屬於社會主義的中國。回歸後的實踐也已經證明了這一點。正是在這個意義上說，中央與特別行政區的關係也是資本主義與社會主義的關係。特別行政區要尊重社會主義中國的政治主權，同時社會主義中國也要尊重實行資本主義的特別行政區的客觀現實，並據此實事求是地處理二者之間的關係。這是中國內地中央與一般省級地方的關係中所沒有的。

第二，中央與特別行政區的關係有很強的歷史性，要充分照顧到特別行政區的歷史與現實。可以說，在香港、澳門以及台灣設立特別行政區，實行「一國兩制」的政策，是歷史原因造成的。香港被英國割佔、「租用」了近一個半世紀，澳門被葡萄牙佔領了四百多年，而台灣從 1895 年到 1945 年一直為日本佔領，1949 年後又一直被國民黨集團所佔據。[6] 在這些特殊的歷史背景下，這三個地區都加入了世界資本主義的經濟體系。要實現這些特別地方與中國大陸的統一，必須設立一種特殊的地方建置，而不能照搬大陸一般的地方制度來處理，其目的一是為了實現國家統一，二是為了維持這些地區的繼續繁榮與穩定。由此可見，中央與特別行政區的關係具有很大的特殊性，既不能照搬處理中央與一般省級地方關係的原則方法，也不能把處理中央與特別行政區關係的原則方法引用到大陸去處理中央與一般省級地方的關係。正如本書第四章所分析的，特別行政區的設立具有非常明確的目的性，就是為了解決歷史遺留的國家統一問題，為了實現港、澳、台地區與大陸的統一而專門設立的一種特殊地方建置，不可隨意擴大特別行政區的行政區域和運用範圍，在處理中央與特別行政區關係上，必須照顧到這些特別地方的歷史和現實。

第三，中央與特別行政區的關係一旦確定下來，就必須法律化、具體化、制度化，使其具有很強的穩定性、連續性和可操作性。以前中國在處理中央與一般地方的關係方面經常忽視法治原則，無法可依、有法不依、執法不嚴。在處理中央與特別行政區的關係時，必須把「一國兩制」的原則法律化，不能因人而設、因人而廢、因人而異。這是保持特別行政區的繁榮穩定所必需的。鄧小平曾對此有過許多論述。[7] 兩部特別行政區《基本法》的制定就是把「一國兩制」的方針政策和中央與特別行政區的關係制度化、法律化，使這種關係有很強的穩定性和連續性，不因領導人的改變而改變，不因領導人看法和注意力的改變而改變。

二｜處理中央與特別行政區關係的基本原則

根據上述中央與特別行政區關係的性質，在處理中央與特別行政區關係時，雙方應該遵循的首要原則就是「一國兩制」。「一國兩制」是中國處理港、澳、台問題的基本方針和政策，也是處理中央與特別行政區關係的基本指導思想。因此必須真正理解「一國兩制」的基本內容和精神實質，掌握其科學涵義，才可以據此正確處理中央與特別行政區的關係。第三章已經對「一國兩制」的產生背景、基本內容及其精神實質作了全面探討，這裡試圖把它具體化，探討一下處理中央與特別行政區關係時應該遵循的一些基本原則。

一、「一國兩制」原則

❶ |「一國」原則

「一國兩制」首先要強調維護國家統一與領土主權完整，簡而言之即首先要有「一國」。該項原則要求，在處理中央與特別行政區關係時，必須首先把維護國家的統一、維護國家領土及主權的完整放在首位，這是「一國」的基本要求。反之，如果只強調特別行政區的特殊性，只強調「兩制」，忽視甚至不要「一國」，在處理中央與特別行政區關係時，必然損害國家統一，損害國家主權乃至領土的完整性，「一國兩制」也就沒有成功，恢復行使對香港、澳門的主權，實現台灣與大陸的統一也就成為空話，設立特別行政區的意義也就大打折扣。可以說，維護國家統一與領土主權完整，這是「一國」原則的唯一要求，如果做不到這一點，也就不成其為「一國」。同時，沒有「一國」的保障，「兩制」也將成為不可能。

從兩部《基本法》的條文來看，有關中央的權限和負責管理的事項都嚴格「限制在體現國家主權和統一所絕對必需的範圍之內」，[8]《基本法》並沒有在維護國家主權和統一所必需的範圍之外賦予中央其他額外的不必要的權力。這其中也包括兩部《基本法》第23條，都要求特別行政區自行立法禁止分裂國家、顛覆中央政府的行為，這都是維護國家統一和主權所必需的。

❷ | 尊重歷史與現實，保持特別行政區的繁榮與穩定原則

這條原則可概括為「兩制」原則。在處理中央與特別行政區的關係時，既要維護國家的統一與主權，又要十分注意不要損害這些地區的持續繁榮與穩定。如果恢復對港澳行使主權、成立特別行政區後，港澳地區不再繁榮，社會變得動盪不安，經濟蕭條，人心浮動，那麼

中國就沒有正確貫徹執行「一國兩制」的基本國策。維護國家的統一與主權和維護特別行政區的繁榮穩定是「一國兩制」不可分割的兩個重要方面，二者缺一不可。

所以在處理中央與特別行政區關係時，一定要充分尊重這些地區的歷史和現實，充分尊重《基本法》規定的特別行政區享有的一切自治權，堅決地、不折不扣地維護特別行政區實行的資本主義制度，不允許任何部門、任何地方在《基本法》規定之外干預特別行政區的內部事務，從而使港澳地區在回歸中國後更加繁榮、更加穩定。這應該是一項重要原則。

❸ | 「一國」和「兩制」的關係

關於「一國」和「兩制」的關係，二者相互依存。如果只要「兩制」，不要「一國」，那就是「兩國」了，就不是「一國兩制」了，這十分危險；同樣，只要「一國」，不要「兩制」，事事按照內地的做法去做，那就是「一國一制」了，同樣違背「一國兩制」，這也是十分危險的。所以「一國」和「兩制」二者不可偏廢。當然這二者在回歸前後的側重點不同，如果說在回歸前，做到「一國」比較困難的話，回歸後要做到「兩制」就需要特別努力。因為不管怎樣，港澳回歸後，雙方生活在「一國」之內，這是政治現實，是改變不了的，而且「兩制」總會有意無意地向一起靠近，因此，要保持「兩制」就需要雙方特別小心和努力。

按照「一國兩制」的要求，中央和特別行政區雙方要做到互相尊重，互相配合，互不干預。雙方要互相尊重對方對自己法定權力的行使，當對方行使《基本法》規定的權力的時候，另一方要提供一定的配合和支持，例如中央對外交和防務權的行使，就需要特別行政區提供合作；同樣，特別行政區對自己高度自治權的行使，也需要中央的尊重和支持。

至於互不干預，是指雙方權力的行使都應該嚴格限制在自己的法定職權範圍內，互不侵犯對方的法定權力，互不干預對方對自己法定事務的處理，中央不干預《基本法》規定的特別行政區對地方事務的處理，特別行政區也不可干預中央對自己事務的處理。這就是井水不犯河水，河水也不應犯井水。香港人不希望中央干預特區的地方事務，擔心內地的社會主義「侵蝕」香港的資本主義，把內地的做法推廣到香港去；實際上內地的決策者也同樣擔心香港回歸後，香港的資本主義「侵蝕」、影響內地的社會主義，因此也希望香港在回歸後不要干預內地的事務，香港不要把自己的制度強行推廣到內地去。「大陸民主的發揚，是靠大陸人民自己去爭取的，不能由外力去做『救世主』，這只能有損香港和香港人的利益。」[9] 這才是為什麼會產生「一國兩制」的構想。可見，「一國兩制」的準確涵義是在「一國」之內，「兩制」互不干預，既有內地不干預特別行政區地方事務的意思，也有特別行政區不干預內地事務的意思，內地的社會主義和特別行政區的資本主義在一個國家內和平共處，互不干預，互不影響。

二、「港人治港」、「澳人治澳」、「高度自治」原則

要實行「一國兩制」，就必須對香港特別行政區同時實行「港人治港」、「高度自治」。「一國兩制」是基礎，「港人治港」、「高度自治」是實行「一國兩制」自然的邏輯延伸。只要「一國兩制」不變，「高度自治」、「港人治港」就不會變。

道理很簡單，因為二十世紀八十年代初香港人對信奉共產主義、社會主義的中國共產黨人能否治理好一個實行資本主義的香港頗為懷疑，尤其對內地的「十年浩劫」記憶猶新，擔心如果共產黨人管理香港，會把內地的一套強加給香港，會搞得一團糟。因此，一個明確的意見就是不能由大陸人來治理香港，從一開始就排除了香港回歸後由中央派人到香港去管治的可能。既要「一國」，又要「兩制」，要內地不管特別行政區的地方事情。那麼香港回歸後，英國人走了，不再管香港的事了，中國的中央政府又不來管香港的地方事務，香港地方的事情由誰來管呢？

答案只有一個，即由香港人自己來管香港，即實行「港人治港」。對此，當時社會上以及決策層內部有不同的意見，而且香港人對自己能否管好香港也沒有足夠信心，因為香港本地人在英國管治下，參與決策的程度很低，而且香港一直等級森嚴，本地中國人進不了港英當局的最高決策層，不知道英國人是如何治理的，當時的香港完全沒有

民主透明可言。例如，在很多年裡香港的外匯基金有多少，只有港督、布政司、財政司和財政司第二號人物知情，其他任何人都不知道。1968年前香港的外匯基金保存在英國，當年英鎊危機，香港外匯儲備損失1/3，但是港人當時並不知道。[10] 因此，由於港人缺乏政治經驗，不少人當時實際上是反對「港人治港」的。要實行「一國兩制」，要實行「港人治港」，首先要勸說港人對自己要有信心，相信自己可以自己做主，治理好香港，甚至比英國人幹得更好。

曾經參與中國制定這一政策的前新華社香港分社副秘書長黃文放說：「港人治港，是中央充分信任香港人可以自己管理好香港。這對共產黨來說，是很大膽很大膽的思維。如果提出『港人治港』的領導人沒有一個非常偉大的膽略，是提不出這個思維的。」[11] 可見，中央是有信心的，是充分信任香港同胞的。

不僅要「港人治港」，而且中央不能干預，不能對香港人的管理說長道短，香港管理得好壞由香港人自己負責；當時甚至認為，如果香港回歸後治理失敗了，肯定是敗在大陸的干預上。這樣就產生了「高度自治」的提法，既然下決心讓港人來治港，那就要充分放權，充分信任香港的中國同胞，相信他們的智慧和能力。香港無論怎麼「折騰」，只要不獨立，不反對中央的權威，嚴格遵守《基本法》，那就足夠了。當然，「高度自治」不是獨立，不是完全脫離中央，中央還是要負責外交、國防等和國家主權有關的事項。英國人當時曾經希望寫上「最高度的自治」，中國不同意，認為那將是完全擺脫中央。[12] 只要外交和國防統一，其他事情盡可大膽放權給香港，讓香港切實享有高度的自治權。讓香港「高度自治」，也是給香港的中國人一個顯示自己能力的機會，如果沒有自治權，沒有給他們機會，怎麼就知道他們不行呢？香港不用向中央財政上繳一分錢，也不用負擔駐軍費用，因此，可以說，中央在香港沒有任何直接的經濟利益和好處，香港治理得好壞是香港人自己的事情，其結果也由香港人自己來承擔。這也符合法治的原理，即誰行使權力，誰承擔責任和一切結果。

「高度自治」是建立在高度信任的基礎上的。所謂疑人不用，用人不疑。中央要充分信任香港人，根據《基本法》應該由特別行政區行使的權力，就要不折不扣地讓特別行政區行使。特別行政區自己也要向中央顯示自己是充分可信的，自己是有能力的。因為「港人治港」、「高度自治」建立在高度信任基礎上，如果沒有了這種高度信任，「高度自治」就成問題了。這是一個雙方的問題，既不是特別行政區單方的問題，也不是中央單方的問題。

這樣在「一個國家，兩種制度」前提下，就進一步形成了「港人治港，高度自治」的政策。沒有「一國兩制」，沒有中央的充分自信和對港人的信任，就沒有「港人治港」、「高度自治」；反之，沒有「高度自治」，也就沒有「港人治港」，最終也不會有「一國兩制」。所以，「一國兩制」、「港人治港」、「高度自治」是相互聯繫在一起的有機整體，缺一不可。對澳門的三句話，「一國兩制」、「澳人治澳」、「高度自治」也是同樣的道理。[13]

所謂「高度自治」，一般認為有四層涵義，一是不受中央干預性，中央不得干預按照《基本法》屬於特別行政區自治權範圍內的事情；二是特別行政區政府所做決定效力的終極性，特別行政區政府只要是在《基本法》規定的範圍內，對屬於自治權範圍內的問題具有作出最終決定的權力，無需報請中央政府批准；三是特別行政區政府在作出重大決策時有充分的自由裁量權，有權在法定範圍內自由選擇一個自己認為合情合理的決策；四是特別行政區政府在行使法定職權時，有權在《基本法》規定的範圍內選擇自己認為合適的行使職權的手段。

三、法治原則

中央與特別行政區的關係既然應該具有很強的穩定性、連續性，這就要求在處理這二者關係時必須嚴格堅持法治原則，使二者的關係法律化、制度化，一切有法可依，有法必依。正如前文所分析的，以前中國不大習慣把中央與地方的關係法律化，往往根據長官意志而經常隨意變化。在處理中央與特別行政區關係時，我們不可以採取這種方法，而必須嚴格遵循法治的原則。

法治原則的主要要求是：

第一，要嚴格依照《基本法》辦事。特別行政區《基本法》是根據《憲法》第 31 條和「一國兩制」的方針政策而由全國人民代表大會制定的全國性基本法律，是「一國兩制」的法律化，是特別行政區的「根本法」，它規定了特別行政區的性質、法律地位、中央與特別行政區的關係，特別行政區居民的基本權利和義務，特別行政區的政治體制、經濟體制和教育、科學、文化、宗教等的社會制度、對外事務等，是特別行政區的「小憲法」，因而也是處理中央與特別行政區關係的基本準則，必須嚴格加以遵守和執行。在處理中央與特別行政區關係時，對於《基本法》有明文規定的，必須依照《基本法》的規定辦事；如果將來出現《基本法》沒有明文規定或者在實際執行過程中發現《基本法》規定得不夠明確的事項，也要根據「一國兩制」和《基本法》的原則精神去處理，並盡快制定成單行法律，在法律制定出來後要嚴格依法辦事。總之，法治原則的首要要求就是，要盡可能把中央與特別行政區的各種關係、中央與特別行政區的權力劃分法律化、制度化，由國家最高權力機關制定成法律，並賦予這些法律極高的權威，不會因人而變，從而使其獲得穩定性、連續性。《基本法》是其中最重要的法律，因而首先必須嚴格遵守執行特別行政區《基本法》。

法治原則的第二個要求是，中央對特別行政區行使的權力要嚴格限制在法律規定的範圍內，即限制在維護國家主權和統一所必需的範圍之內。而特別行政區要大膽行使《基本法》所賦予自己的一切權力。儘管在中國單一制體制下，特別行政區的權力是由中央授予的，但是這並不意味着中央可以隨便撤銷這種權力的授予，因為這種授予是有充分法律保障的，中央和特別行政區都要嚴格依法辦事。

法治原則的第三個要求是有關中央與特別行政區關係的法律，包括特別行政區《基本法》，其修改程序要十分嚴格，而不可以隨便修改。在憲法上，增加一部法律的修改難度，使其修改程序複雜化，就是為了增加這部法律的剛性，使其穩定並具有極大的權威，也可以說是為了增加法律的「威嚇」力度，不被後來者小視。如果法律是可以隨便修改的，那麼法律本身也就失去了其固有的性質。正因為如此，特別行政區《基本法》才為自己規定了嚴格的修改程序。如香港特別行政區《基本法》第 159 條規定：

「本法的修改權屬於全國人民代表大會。本法的修改提案權屬於全國人民代表大會常務委員會、國務院和香港特別行政區。香港特別行政區修改議案，須經香港特別行政區的全國人民代表大會代表三分之二多數、香港特別行政區立法會全體議員三分之二多數和香港特別行政區行政長官同意後，交由香港特別行政區出席全國人民代表大會的代表團向全國人民代表大會提出。本法的修改議案在列入全國人民代表大會的議程前，先由香港特別行政區基本法委員會研究並提出意見。」

《澳門基本法》也作了同樣的規定。

不僅《基本法》的修改提案權十分嚴格，而且由於《基本法》屬於《憲法》規定的「基本法律」，所以其審議通過程序也十分嚴格，即必須由全國人大審議，全國人大常委會和其他一切機關均無權修改《基本法》。而且修改提案要先由全國人大常務委員會所屬的特別行政區基本法委員會研究，然後才可列入全國人大的議程。列入議程後，還要由全國人民代表大會充分討論，並由其全體代表的過半數通過才可以修改《基本法》。

即便這樣，也不是說《基本法》的內容可以隨便修改。香港《基本法》第 159 條最後一款規定「本法的任何修改，均不得同中華人民共和國對香港既定的基本方針政策相牴觸」。澳門《基本法》也有同樣的規定。這就是《基本法》自己規定的禁止修改的條款，也就是說，對《基本法》的任何修改均不得違背《基本法》的原則精神。那麼什麼是《基本法》的原則精神呢？那就是「一國兩制」、「港人治港」、「澳人治澳」和「高度自治」，這就是說無論將來如何修改《基本法》，這些基本的原則、靈魂不能改，否則任何修改都將是無效的。

為了更進一步增加特別行政區《基本法》的權威性，在未來確有必要修改《基本法》時，應該採用修正案的形式，而不是「傷筋動骨」採用「顛覆性」全面修改的形式。這樣就能確保《基本法》的原則精神不被修改，其靈魂精髓可以永遠保存，而且保證修正案不會違背《基本法》確立的基本原則，從而使《基本法》具有很強的穩定性和連續性。

法治原則的第四個要求是全國性法律，除了涉及國家統一和領土主權完整的之外，均不在特別行政區實施。這是「一國兩制」的要求。內地刑事的，民事的、行政的、經濟的，包括國家政治體制的法律、法規都是社會主義性質的，根據「一國兩制」的要求，不在實行資本主義的特別行政區實施。而且，香港特別行政區仍屬於英美普通法系，法律語言主要是英文，而中國內地原來是大陸法系，現在屬於社會主義法系，但是保留了大陸法系的基本特徵，所以也不可能把內地的法律推行到香港。至於澳門和台灣雖然也屬於大陸法系，但是其根本性質也是資本主義的，因此也不可能把大陸的法律推行到澳門特別行政區和台灣地區。

即使涉及國家主權、統一和領土完整的全國性法律需要在特別行政區實施，也要採用明文列舉的方式，不可以只籠統地規定這類法律推行於特別行政區，以免在實際中造成不必要的麻煩。《基本法》的附件三明確列舉了在特別行政區實施的全國性法律共六件。[14] 至於在特別行政區的實施方式，《基本法》第 18 條也規定「由香港特別行政區在當地公佈或立法實施」，而不是由中央直接公佈，以表示對特別行政區高度自治權的尊重。

如果需要增加附件三所列的施行於特別行政區的全國性法律，也必須「限於有關國防、外交和其他按本法規定不屬於香港特別行政區自治範圍的法律」，[15] 而且要先由全國人大常委會徵詢其所屬的特別行政區基本法委員會和特別行政區政府的意見，不可隨意增加。由於從 1990 年《基本法》通過到 1997 年香港回歸這七年時間，國家最高立法機關又制定了一些涉及國家主權、國防和外交的法律，因此，1997 年 7 月 1 日第八屆全國人民代表大會常務委員會第 26 次會議通過決定，增加香港特別行政區《基本法》附件三所列的全國性法律，這次共增加了五件新的全國性法律，即《中華人民共和國國旗法》、《中華人民共和國領事特權與豁免條例》、《中華人民共和國國徽法》、《中華人民共和國領海及毗連區法》和《中華人民共和國香港特別行政區駐軍法》。同時由於《國徽法》的通過，《中央人民政府公佈中華人民共和國國徽的命令》及其附件：《國徽圖案、說明、使用辦法》也就不再實施。1998 年 6 月 26 日全國人大常委會通過《中華人民共和國專屬經濟區和大陸架法》，顯然這也是涉及國家領土、防衛、外交和主權的全國性法律，因此 1998 年 11 月 4 日全國人大常委會決定這部法律也適用於香港特別行政區。可見，這些新增加的全國性法律也全部是關於國家主權、國防和外交的，不會對香港特別行政區的法治構成任何威脅或者影響。

至於澳門特別行政區，其《基本法》附件三規定了八件在澳門特別行政區實施的全國性法律，即《關於中華人民共和國國都、紀年、國歌、國旗的決議》、《關於中華人民共和國國慶日的決議》、《中華人民共和國國籍法》、《中華人民共和國外交特權與豁免條例》、《中華人民共和國領事特權與豁免條例》、《中華人民共和國國旗法》、《中華人民共和國國徽法》和《中華人民共和國領海及毗連區法》。1999 年 12 月 20 日澳門回歸時第九屆全國人民代表大會常務委員會第 13 次會議又增加了《中華人民共和國專屬經濟區和大陸架法》和《中華人民共和國澳門特別行政區駐軍法》兩部法律在澳門特別行政區實施。這十部法律也都是有關國家主權、外交或者國防的法律。根據《基本法》，特別行政區有責任在當地以公佈或立法的方式加以實施。

兩部《基本法》第 18 條還規定，當全國人大常委會宣佈國家進入戰爭狀態或者因特別行政區內發生特別行政區政府不能控制的危及國家統一或安全的動亂而決定特別行政區進入緊急狀態，在這兩種特殊情況下，中央人民政府可以發佈命令將有關全國性法律在特別行政區實施。這是維護國家統一和領土主權完整所必要的，是在非常狀態下採取的非常措施。當然即使在這兩種情況下，施行於特別行政區的法律也只能是「有關的」，而不是所有的，而且當戰爭狀態或緊急狀態結束時，特別行政區的法律秩序應恢復到原來的狀態。

最後一個涉及法治原則的問題是，中華人民共和國憲法是否適用於特別行政區。這個問題已經在第四章討論過，這裡不再贅述。

處理中央與特別行政區的關係應該遵循的上述三個原則，是相輔相成、不可或缺的。維護國家統一與領土主權完整與維護特別行政區的繁榮穩定，尊重特別行政區的高度自治權，不在特別行政區實行社會主義，二者不可偏廢，必須有機地統一在一起。而處理所有此類問題又都必須嚴格依法辦事，遵循法治的要求。

三｜影響中央與特別行政區關係的主要因素

正確處理中央與特別行政區的關係，還必須弄清楚影響中央與特別行政區關係的一些主要因素，從而主動促使積極因素的成長，而抑制消極因素和不良因素，使中央與特別行政區的關係健康地、良性地發展。

一、中國自身改革開放的進程

第三章已經詳細分析了「一國兩制」產生的歷史背景，可以看出在國家統一問題上實行「一國兩制」是中國改革開放的一個重要方面，是改革開放大戰略的重要組成部分，也是有中國特色社會主義的一個內容，與整個國家改革開放的命運密切聯繫在一起。[16] 只要整個改革開放的基本國策不會改變，只要極「左」思潮不會死灰復燃，只要實事求是的思想路線得以堅持並發揚光大，只要以經濟建設為中心的基本路線不變，「一國兩制」的決策就不會改變。反之，如果改革開放的大戰略受挫，乃至極「左」思潮重新抬頭，「一國兩制」的實施勢必受影響。這是毋庸諱言的。不過從「一國兩制」的提出到實施的二十多年時間來看，不管內地發生任何大的變化，包括國家領導人的重大變動，以及 1989 年發生那樣大事件的情況下，國家改革開放的大戰略從來沒有動搖，而「一國兩制」也得到了真正貫徹實施，這充分體現在兩部特別行政區《基本法》的制定上，也體現在《基本法》關於中央與特別行政區關係的條款上，也充分體現在港澳回歸後處理中央與特別行政區關係的實踐上。

改革開放的進程影響中央與特別行政區關係的一個典型例子，是《基本法》規定的特別行政區原有的資本主義制度和生活方式五十年不變。鄧小平在解釋為什麼規定五十年不變的原因時說：「五十年不變不是為了安定香港人心，而是考慮到香港的繁榮和穩定同中國的發展戰略有着密切的關聯。中國發展戰略所需要的時間是下個世紀五十年。現在不僅有個香港，我們在內地還要造幾個香港。我們講五十年實際上是一種形象語言，實際上五十年後也不會變。因為那個時間，中國大陸本身已發展到中等發達國家水平，人均國民收入達到四千美元，香港即使超過一萬美元，那也接近了。因此，我們講五十年不變，五十年後也不變，是不需要變，不是信口開河。」[17] 這就明確看出，中央對香港政策的設計十分密切地與整個國家改革開放的發展戰略聯繫在一起，即在二十一世紀中葉中國成為中等發達國家，其現代化水平將接近香港，因而中央對香港「一國兩制」的政策也將持續到那個時候及其以後。

新加坡內閣資政李光耀 2001 年 5 月在接受美國《華盛頓時報》專訪時說，中國正逐漸成為世界主要強國，誰也無法阻止。沒有一件日本、韓國、台灣地區及香港特別行政區已經完成的事，中國無法在未來幾年做得更好。你（美國）無法阻止中國大陸的進步。[18] 外界無法阻擋中國的發展，唯一能夠阻止中國的是她自己，即由於內亂、腐敗、體制問題等使中國無法充分發展起來，甚至現代化進程中斷。從中國發展的態勢來看，中國的政治穩定是可以取得的，改革開放是不可逆轉的。所以，可以肯定地說，只要中國改革開放的大戰略進展順利，只要中國現代化建設事業不走、少走彎路，中央與特別行政區的關係也會向良性方向發展。經濟體制改革的進行將加速中國社會主義市場經濟建設的步伐，而特別行政區在中國社會主義市場經濟建設中將繼續發揮巨大的作用。政治體制改革的進行和社會主義民主與法制建設的加強與完善，也為處理中央與特別行政區的關係創造一個良好寬鬆的政治法律環境。

雖然中央與特別行政區的關係對國內改革開放的大戰略依賴性很強，但是我們也不可忽視中央與特別行政區的關係有一定的獨立性，有不受國內政治大氣候完全支配的一面。原因是這二者的關係還受更複雜的因素影響。但是，可以肯定地說，不管中國大陸發生什麼變化，不管中國政府領導人和中國政府更換多少屆，中央與特別行政區的關係都將處於相對穩定的狀態，否則也就不成其為「特別行政區」了。鄧小平對此有過十分深刻的論述。[19]

二、特別行政區自身的持續穩定與繁榮

這與第一個因素其實是矛盾的兩個方面，一個是中國大陸的因素，一個是特別行政區的因素。一般來說，只要大陸可以持續穩定發

展，改革開放可以順利進行，社會主義市場經濟發展較快，必將有力促進特別行政區持續穩定與繁榮；同樣，如果特別行政區可以保持穩定繁榮，繼續發揮中國改革開放的窗口和橋樑作用，也必將推動中國改革開放和社會主義市場經濟建設的進程。在這兩種情況下，中央與特別行政區的關係就處於良性循環狀態；反之，二者的關係就陷入非良性循環狀態。

港澳地區過去由於其優越的地理位置和港澳地區人民的聰明和勤勞，還由於其處在資本主義與社會主義的交接處及當地政府所實行的積極不干預的自由市場經濟政策，所以經濟發展達到了很高的水平，尤其香港在國際資本主義經濟體系中佔有舉足輕重的地位，以彈丸之地發揮出巨大的經濟能量，它所創造的奇蹟令世人稱羨。香港不僅經濟繁榮，而且社會穩定，社會治安狀況良好，犯罪率是世界上最低的地區之一。其健全的法律體系、居民嚴格守法的精神為經濟交易和人員來往提供了安全保障，並是社會長期穩定繁榮的重要條件之一。

澳門地區雖然沒有香港那麼發達，但澳門是中國最早對外開放的城市，開埠至今已有四百五十多年歷史，而且在相當長時間裡曾是遠東最大出口貿易中心而盛極一時。

保持港澳地區的持續繁榮與穩定是中國恢復行使對港澳主權時考慮的首要因素，也是決定實行「一國兩制」，建立特別行政區並賦予其極大自治權的重要原因。這不僅僅因為中國本身也在進行現代化建設，而且也是從港澳地區人民的切身利益出發考慮問題的，從整個民族在國際上的地位和聲譽出發考慮的。既然如此，在特別行政區成立後，保持這些地區的繁榮與穩定對處理好中央與特別行政區的關係也就特別重要。

對經濟的持續繁榮，人們有信心。回歸幾年的實踐也證明，香港完全可以在中國人自己管治下經受種種考驗，保持慣常的生機和活力，繼續其經濟上的輝煌。但是對於社會能否穩定則還需認真研究。根據《基本法》第 24 條的規定，「香港特別行政區政府負責維持香港特別行政區的社會治安」，中央不干預特別行政區的內部事務，只有在發生「危害國家根本利益的事情」、「出現損害香港根本利益的事情」或者「出現非北京出頭就不能解決的問題」時，中央才會出面干預。「只有發生動亂、大動亂，駐軍才會出動」。[20]《基本法》第 18 條、第 23 條也都對此做了相應規定。所以，特別行政區政府要切實承擔起維持香港社會治安、維護香港法治的重任，使香港地區在回歸祖國後變得更加繁榮穩定。在這種情況下，中央是不會干預特別行政區事務的，二者的關係也會十分和諧。對澳門特別行政區，其道理也是一樣的。

三、國際因素

國際因素是指國際政治、經濟形勢的變化對中國中央與特別行政區關係的影響。本來，中國中央與特別行政區的關係完全是中國主權範圍內的事務，是中國的內政，任何外國和國際組織均無權干涉。但是由於特別行政區特殊的歷史和地位，香港和澳門地區都曾長期受外國人統治，而台灣地區在歷史上也曾被日本人佔領 50 年，1949 年後美國又插手台灣問題，不斷干涉中國內政，加之這三個地區又都屬於國際資本主義體系，與國際社會聯繫十分密切，所以在處理中央與特別行政區關係時，我們不得不考慮有關的國際因素。

國際因素的首要影響就是世界和地區的戰爭與和平問題。對中國來說，不管是社會主義現代化建設還是國家統一大業的完成，都需要有一個長期穩定的國際大環境，需要有最少幾十年的世界和平。只有在這樣的寬鬆國際氣候下，我們才可以安心搞建設，才可以從容地處理國家統一問題，「一國兩制」的提出、香港和澳門問題的圓滿解決，都是在這種寬鬆和平的國際環境下實現的。而恢復行使港澳主權、成立特別行政區後，國際上的戰爭與和平問題對中國處理中央與特別行政區的關係也會有重要影響。

香港特別行政區《基本法》第 18 條第 4 款規定，當「全國人民代表大會常務委員會決定宣佈戰爭狀態⋯⋯中央人民政府可發佈命令將有關全國性法律在香港特別行政區實施」。這就是說一旦國際形勢變化，整個國家進入戰爭狀態，這就勢必影響到特別行政區，有關的全國性法律將不得不在特別行政區內實施，中央與特別行政區的關係也將進入非常狀態。當然，我們要盡力爭取和平，而且中華民族歷來是熱愛和平的。東西方冷戰結束後，發生大規模世界大戰的可能性已大大減少，國際上和平的力量在不斷增長，維持長時間的世界和平是完全可能的。在正常的和平的國際形勢下，中央與特別行政區的關係將會嚴格按照「一國兩制」的方針政策和《基本法》去處理。

國際因素的第二個影響是整個國際資本主義和社會主義發展的態勢。進入二十世紀八十年代末，蘇聯、東歐的社會主義相繼遇到重大挫折而被西方世界和平演變，蘇聯作為一個最大的社會主義國家解體，社會主義事業在全世界遇到巨大困難。而與此同時，世界形勢的急劇變化和高科技的迅速發展，又為國際資本主義的發展提供了新的機遇。但是，不管國際風雲如何變幻，中國仍將堅持走社會主義道路，同時堅定不移地走改革開放之路，大膽吸收西方先進的生產力和管理經驗。同時又要堅定不移地貫徹「一國兩制」的方針政策，允許港澳地區在回歸中國後，在經濟上仍然屬於國際資本主義的成員，允許他們繼續實行資本主義制度。這是國力強大的象徵，也是民族自信的體現。在這種情況下，國際資本主義發展的形勢對特別行政區、對整個國家的改革開放都會發生重要的積極影響，從而也會間接地影響到中央與特別行政區的關係。

具體到各個特別行政區的不同情況，它們所受的國際影響也不盡相同。

❶ | 香港特別行政區

英國因素。香港問題向來一直是中英關係的核心問題，自第一次鴉片戰爭以來香港一直為英國殖民主義者佔領。但是中國人民從來都沒有放棄過恢復行使香港主權的努力。香港問題在 1997 年之前是中英兩個主權國家之間的問題，在 1997 年中國恢復行使對香港的主權後，則成為中國主權範圍內的問題。由於英國長期在香港的統治，使得英國在香港擁有巨大的經濟和政治利益，英資財團在香港的影響十分之大，因此，在中國恢復對香港行使主權後相當長一段時期內，「英國因素」都將存在。

其實在中英談判過程中，英方就曾經提出要在 1997 年後保持與香港的聯繫，中方要求澄清這是否「剩餘主權」而斷然拒絕。[21] 英國轉而採取其他方法希望延續它的影響。例如，中方承諾恢復行使香港主權後香港原有的制度不變，英國人就堅持「原有」二字是指 1997 年 6 月 30 日之前的制度，中方堅持認為「原有」制度是《中英聯合聲明》簽定時的制度，擔心 1997 前英國大肆改變香港的制度，讓中方 1997 年收回香港時全盤接受，否則就責怪中方不信守協議。[22] 後來的實踐證明中方的擔心不是多餘的。末代港督彭定康 1992 年到港後，果然開始大幅度修改香港原有的政治法律制度，為香港順利回歸中國製造了許多障礙，其目的也是延續英國在香港的影響。

關於中英聯合聯絡小組問題，中方最初提議設立這個小組是為了便於雙方溝通，英方則擔心這樣一來，1997 年前可能出現中英共管香港的局面。在中方同意該小組可以延續到 2000 年後，中英聯合聯絡小組才得以成立。[23] 根據《中英聯合聲明》附件二的規定，中英聯合聯絡小組自《中英聯合聲明》生效時成立，並於 1988 年 7 月 1 日進駐香港，開始工作，一直到 2000 年 1 月 1 日結束使命。根據雙方商定，中英聯合聯絡小組是聯絡機構而不是權力機構，聯合聯絡小組的成員和工作人員只在聯合聯絡小組職責範圍內進行活動，不參與香港特別行政區的行政管理，也不具有監督特別行政區政府的功能。[24] 因此，在這段時間內，「英國因素」、中英關係對中國處理中央與香港特別行政區的關係，還有一定的影響。當然，現在這種影響已經大大減弱，儘管英國仍然時不時地「關心」一下香港。

美國因素。美國在香港有直接的經濟政治利益，1999 年美國向香港出口達 125 億美元，1998 年美國在香港直接投資 208 億美元，美國公司在香港貸款額達 500 億美元。美國對香港年貿易順差有 69 億美元之多，香港是美國第十三大貿易夥伴。大約有一千二百多家美國公司在香港開業，聘用了大約 25 萬香港人工作，大約佔香港勞動力市場的 10%，有大約 5 萬美國人常住香港，這還不包括由於雙重國籍而沒有被香港政府計算在內的美國人。每年大約有 75 萬美國人到香港旅遊。

本來美國在香港問題上沒有什麼發言權，但是美國一直以來都對香港表現出特別的「重視」。從中英就香港問題開始談判到《基本法》的制定，從特別行政區的籌備成立到港人內地子女居港權訴訟等等，美國朝野無不表現出對香港的極大興趣。美國國會早在 1992 年就已經制定了一個《香港政策法》（*Hong Kong Policy Act*），規定在 1997 年 7 月 1 日中國恢復對香港行使主權後，美國將把香港地區與中國的其他地區區別對待，並要求美國國務院從 1997 年到 2000 年每年向國會提交香港當年情況的報告。之後美國國會和政府又多次表達對 1997 年後香港民主的「關心」。在香港回歸前夕，美國國會下院於 1997 年 3 月也通過了一個《香港回歸法》（*Hong Kong Reversion Act*），不承認臨時立法會，甚至要求拒絕臨時立法會成員赴美國訪問，要求美國政府給予香港新聞從業人員特別赴美移民名額，該法案進一步表達了對香港回歸中國後實行自治的關心，以及如果中國政府沒有能履行給香港高度自治的承諾，美國政府所應採取的對策。[25] 根據美國《香港政策法》，美國國務院在 1997 年香港政權移交之後連續 3 年要向國會提交關於香港情勢的年度報告，前 3 年的報告對香港主權移交後的情勢都表示了肯定。因此，根據這項法律，2000 年之後美國國務院不用再向國會提交香港年度情況報告了，但是美國國務院 2001 年卻表示將自願繼續這麼做，可見美國政府對香港興趣之濃，但是又否認這樣做是干涉香港本地的施政。

其實在香港回歸中國之前，美國就想在 1997 年後填補英國撤離後產生的「國際真空」，代表國際社會「監督」中國政府對香港特殊政策的實施情況。[26] 其所謂的「法理依據」是，《中英聯合聲明》是國際條約，具有國際約束力，因此 1997 年後中國如何治理香港應受國際「監督」。這實際上是對《中英聯合聲明》的曲解。《中英聯合聲明》第一條和第二條確實具有國際約束力，即中國政府決定「於 1997 年 7 月 1 日對香港恢復行使主權」，英國政府即日「將香港交還給中華人民共和國」。至於 7 月 1 日之後中國對香港實行什麼樣的政策，從法律上講這是中國的內政。但是仍有一些人認為，《中英聯合聲明》第七條表明，中英兩國政府同意「上述各項聲明和本聯合聲明的附件均將付諸實施」。第八條又規定：「本聯合聲明及其附件具有同等約束力。」中方認為，《中英聯合聲明》的第三條和附件一，即中國 1997 年後對香港實行的政策，這僅僅是中國政府單方面的政策聲明。中國政府在中英談判時早已申明了這一點。[27]

法理依據並不是核心問題，主要問題還是美國希望把香港變為牽制中國的又一因素，雖然香港問題不比台灣問題那麼有份量，但是以「世界警察」自居的美國是不會放棄任何干預中國內政的機會的。[28] 美國固然在香港有很大的投資，有一定的經濟利益，但是其他國家同樣在香港有很大的投資，而這些國家也沒有像美國那樣「關心」香港。在香港問題上，美國指手畫腳完全是對中國主權、內政的干涉，理所當然受到中國人民的反對。

❷ | 澳門特別行政區

在澳門問題上，可能會發揮影響的是中葡關係。中葡兩國就澳門問題開始談判以來，葡方在澳門問題上基本持合作態度。這對 1999 年中國恢復對澳門行使主權後的中央與澳門特別行政區關係的良性發展，無疑發揮着積極作用。1999 年 12 月 20 日澳門回歸後，澳門問題也已經完全成為中國的內政問題，葡方的影響日益減弱。

除此之外，美國因素也不可忽視。美國與澳門的淵源可以追溯到幾百年前。近代以來，美國的傳教士、商人、航海人員紛紛來到澳門傳教經商，1844 年美國在這裡強迫清政府簽訂了《中美望廈條約》，中國被迫開放港口給美國（美國人稱之為「第一個美中友好條約」）。現在澳門每年有將近一半的出口輸往美國。澳門回歸中國後，美國國會 2000 年也立即通過了一個《澳門政策法》（*Macau Policy Act*），「尋求承認澳門在美國國內法律的獨特國際地位」，要求美國政府在 1999 年澳門回歸中國後，應當「繼續在維護澳門的信心與繁榮、保持澳門獨特的文化遺產，以及加強美國人民與澳門人民之間互利的聯繫上發揮積極的作用。」[29] 正如香港問題一樣，美國在澳門問題上指手畫腳，同樣是希望利用澳門問題影響中美關係，牽制中國。但是美國的這個願望也是不可能實現的。

另外，中國與日本、與東南亞國家的關係也會影響到港澳地區。

總之，無論國際風雲如何變幻，無論各種各樣的「國際因素」如何表現，中央與特別行政區的關係都是中國的內政，是中國主權範圍內的事情。任何使港澳問題「國際化」的企圖過去證明是徒勞的，將來也會如此。中國人民一定要把自己的事情辦好，中國政府一定要嚴格根據「一國兩制」的精神，按照兩部《基本法》的規定，妥善處理中央與特別行政區之間所可能出現的各種問題。

在上述影響中央與特別行政區關係的各種因素中，前兩個是內因，而第三個只能是外因。最終起決定作用的還是中國改革開放的進程和港澳回歸後特別行政區的持續繁榮與穩定。

四｜中央與特別行政區的職權劃分

一、全國政府和地方政府（中央與地方）職權劃分的一般理論

前文已經指出，有些學者認為，嚴格來說，所謂「分權」只存在於聯邦制國家。在單一制國家，是不存在「分權」問題的，因為從理論上說單一制國家的所有權力都歸中央享有，區域政府的任何權力都是中央政府的授權，儘管這種授權有些時候可能很大。因此單一制下，只有「授權」問題，而沒有「分權」問題。為了敘述的方便，本書談到這個問題的時候，也使用「分權」的字眼來描述單一制下中央與地方政府之間的權力關係。

從世界各國的實踐來看，無論是聯邦制還是單一制，都存在全國政府與區域政府之間職責、權力的劃分問題，都不會也決不可能把所有的國家權力都集中到中央（包括聯邦中央）政府行使。即使在中央集權最為強烈的國家或時代，地方政府也都有一定的自主權。當然，從另外一方面看，如果地方分權太多，甚至權力基本上都歸地方行使，中央完全被架空，這就不成其為國家了，早在 1851 年英國法學家史密斯就在《地方自治與中央集權》一書中提出中央集權與地方自治不能偏廢的觀點。

在全國政府和地方政府（中央與地方）之間應該有適當分權，這看起來是共識，但是對如何在二者之間分權，在理論和實踐上則有不同的主張和做法。

傳統上各個國家都是採用「自然分權」或者說「實力分權」方法，即一國中央與地方雙方權力的大小完全取決於這個國家形成的方式，取決於中央與地方各自政治實力的大小。如果一國是通過武力實現統一並建立起全國性政權的，這樣建立起來的全國政府就會自然地佔有大部分國家權力，而且是權力合法性的來源，在中央與地方關係

中佔據主導地位，地方政府則是次要的、輔助性的，往往是中央權力在全國的延伸。如果一個國家主要是通過和平談判的方式組成的，「地方政府」在先，而全國政府在後，權力的合法性來源於地方或者人民而非中央，那麼在這種情況下往往造成地方強、中央弱，在中央與地方關係中，地方佔主導地位，是矛盾的主要方面，而中央則是次要的、輔助性、服務性的。古代國家中央與地方權力的劃分大抵如此。假設當年秦始皇不是用武力統一六國，而是通過談判統一的，就像北美十三個英國殖民地通過談判制定一個分權的憲法、建立美利堅合眾國一樣的話，中國後來兩千多年的發展史就要完全改寫。秦始皇用武力統一中國這一基本歷史事實，為中國兩千多年的發展、為中國後來的國家結構、為中國後來歷朝歷代處理中央與地方的關係，定下了基調。而美國的例子則從另外一個方面證明了這個理論。

到了近代，政治理性主義興起，人們開始有意識地設計政治體制、國家形式，使國家權力的運用更加理性化、科學化。在中央與地方關係方面，學者們也提出了許多理論供政治家選擇。這就改變了以前處理中央與地方關係所採用的盲目的「先佔原則」，而開始科學地、理性地處理二者的關係。關於中央與地方權力劃分的學說很多，法國政治學家安德雷·拉焦爾（Andrée Lajoie）把中央與地方分權分為政治式分權、行政式分權和行政權轉讓三種形式。而美國學者賴特（D.Wright）則把中央與地方分權分為分離模式、下位包含模式和相互依存模式三種。英國學者羅斯則按中央與地方相互依存的程度和性質把二者分為相互獨立、地方單方面依存於中央、中央單方面依存於地方、相互依存四種形式。而另一位英國學者則把中央與地方的關係分為兩種根本類型，即合夥型和代理型。在此基礎上學者們又引申出關於中央與地方權力劃分的代理機構論、合作關係論、實力——依賴關係論和組織關係論等許多理論。[30]

儘管無論實行單一制或者聯邦制，任何國家的全國政府和區域政府都要有適當的權力劃分和分工，但是在不同的國家結構形式下這種權力劃分和分工的性質是不同的。

在聯邦制下，全國政府與成員邦政府之間權力的劃分是在「人民」的主持下，在平等談判的基礎上產生的，雙方是一種公法上的「契約」關係，聯邦和各州之間是地道的分權問題，但是雙方根據「契約」所享有的權力都直接來源於人民的授權，而不是相互之間的授權，全國政府享有的權力不是來源於各邦的授權，而是直接來源於全國人民的憲法授權，這一點，我們以前有很大的誤解，認為聯邦制下聯邦政府的權力是各邦授予的，這是不對的。如果看看美國憲法的序言就很清楚了，美國憲法序言儘管很短，但是它解決了一個很重要的基本問題，即政府權力的來源問題，它開宗明義申明本憲法是由「我們，美國人民」為美國制定的，這就說明不管各州的權力或者聯邦的權力，都直接來源於人民，是由「人民」通過一部憲法來給聯邦政府和各州政府進行權力的劃分，而不是聯邦和州之間進行「私下交易」的結果。這就是為什麼美國聯邦憲法的通過必須要得到 2/3 多數州的批准，而修改聯邦憲法除了要聯邦國會通過外，還必須要由 3/4 的州批准才行。當然，在聯邦制下，各州所享有的權力也不是聯邦政府的授權，而是人民的直接授權。

在單一制下，情況就不一樣了。在單一制國家雖然一切權力也屬於人民，但是人民對政府授權的方式是不同的。人民先把權力全盤授予中央（全國）政府，然後再由中央（全國）政府根據情況把權力「轉授予」地方政府行使一部分。至於授權多少，那要看實際情況，中央政府授予的權力可能很少，例如中國內地各省所享有的中央「授權」就很有限；也可能授權很大，大到超過聯邦制下各邦享有的權力，例如香港特別行政區所享有的高度自治權。無論地方政府享有權力的大小，都來源於中央的授權，而不是直接來源於人民，中央與地方權力的劃分不是雙方談判的結果，嚴格來說是中央單方面的授權行為。在實行地方自治的區域，儘管本地方的人民可以選舉產生自己的政府，但是實行地方自治本身也是需要中央政府授權的，而且地方政府享有權力的大小仍然要由中央政府決定。所以，單一制下中央與地方權力的劃分，其性質不同於聯邦制下的權力劃分，儘管實際效果可能是一樣的。

這些理論對我們劃分中央與特別行政區的權力，無疑有一定的參考價值。但是，要真正科學合理地在中國中央與特別行政區之間進行權力劃分，還必須根據中國的實際情況，充分考慮多方面因素，不是完全靠理論「設計」所能解決的。

二、關於中央與特別行政區權力劃分的討論

根據上面的分析，我們知道中央與特別行政區之間的權力關係，不是雙方協商、平均分權問題，而是中央單方面授權的問題，其性質不同於聯邦制下的權力關係。認識到這一點是很重要的。在起草香港《基本法》時對此曾經有過廣泛的討論，儘管各界都同意中央和特別行政區必須有清楚的權力和責任劃分，但是具體的主張是不同的。

有一種主張被稱為「零總和分配規律說」，認為在任何國家，政府權力的總量是一定的，如果中央政府享有的權力多了，地方政府享有的權力肯定就少了，反之亦然。因此，在處理中央和特別行政區的權力關係上，如果太過強調國家主權，特別行政區的自治權勢必就要縮小。中央政府最好只保留國防和外交兩項權力，其他的權力都明確授予特別行政區行使；而且只有在國防和外交兩個方面，中央政府對於特別行政區才是中央政府，在其他方面特別行政區都可以自行處理，這樣才是高度自治，才可能保持特別行政區的繁榮穩定。[31] 這種主張顯然將國家主權簡單化了，國防、外交固然是國家主權的重要組成部分，但是絕對不是全部，國家主權還包括其他內容，在後面的章節中，還會有詳細的論述。即使在聯邦制國家，聯邦政府的職權也不是僅僅限於國防和外交兩個方面，像美國聯邦政府根據憲法在內政方面也有一定的權力。

有的主張 「對等地位說」，認為中央政府與特別行政區政府在一定意義上是對等的，即只有在國防和外交事務上中央政府才是特別行政區的中央政府，在其他一切事務上雙方是對等的。如果雙方發生了權限紛爭，應該由一個獨立的憲法法庭來裁決，憲法法庭由雙方派出數目相同的法官組成，法官的權力一樣，而且最好邀請外國的法官參加審理有關中央和特別行政區的權限爭議。該法庭擁有無上的權威，其裁決雙方都要認真執行。[32]「對等地位說」立論的基礎就是錯誤的，如前所述，在單一制下，中央和地方不是對等的，中央政府無論在任何事情上都是中央政府，只是它不一定直接行使所有權力、可能把有些權力授予地方政府行使罷了。至於在中央和特別行政區出現

權限爭議時如何解決，如果設立一個獨立的憲法法庭，將涉及中國根本政治體制問題和憲法修改問題，情況將變得非常複雜。中國憲法實際上提供有一定的解決機制，可以在此基礎上通過《基本法》規定一個合理的解決方案，保證特別行政區以一定的方式參與糾紛的解決。

有的主張中央與特別行政區各自享有的權力以及雙方共享的權力，應該在《基本法》中詳細列明，例如中央負責外交、國防等涉及國家主權的事情，特別行政區負責管理特別行政區地方事務和一定的涉外事務，另外涉及雙方的事務如司法協助、經濟文化交流、兩地交通、內地向港澳移民等，由雙方協商處理。至於那些沒有明白給中央、也沒有明白給特別行政區或者規定由雙方協商解決的事務，就是「剩餘權力」，為了表示中央對實施「一國兩制」的決心和誠心，這些「剩餘權力」由特別行政區享有。[33] 這種主張顯然是不能成立的，在中央與特別行政區權力劃分上，如果有「剩餘權力」的話，這些「剩餘權力」的歸屬是一個原則問題，是單一制結構下中央政府不可能授予任何一個地方行使的，原因是中央與特別行政區之間是單一制下的授權關係，所有權力本來就是由中央擁有的。因此，如果還有「剩餘權力」的話，也應該歸中央政府所有，起碼是先歸中央政府所有，然後再由中央政府決定由誰行使較好。

還有的認為，除了中央享有的權力和特別行政區享有的高度自治權力之外，還有一些事務是「灰色地帶」，即無法清楚界定應該由中央或者特別行政區享有的權力。還有一個類似的主張，認為將來可能會出現一些起草《基本法》時沒有預見得到的新情況，這些事務的管轄權是《基本法》沒有清楚界定的，那麼這些權力最好由特別行政區行使。[34] 應該說，在單一制下是不存在什麼「灰色地帶」或者「未界定權力」的，道理很簡單，在單一制下，任何不能確定由誰管轄的事務，首先應該由中央政府管轄，然後再由中央政府決定是否授權特別行政區實施管轄，這是單一制的原則。這也是為什麼後來《基本法》在明確列舉了特別行政區所享有的各項權力之後，又規定特別行政區將來還可以接受中央的其他授權。

三、基本法對中央與特別行政區權力的劃分

香港、澳門兩部特別行政區《基本法》在新中國國家結構發展史和立法史上，第一次明確用立法的形式把中央與一級地方的權力進行了劃分。前文已論述過，以前中國不大習慣把中央與地方權力的劃分用法律的形式明確下來，雖然也有法律規定，但都太籠統、不明確，缺乏操作性。兩部《基本法》在這方面可以說有了開創性的進步。它們明確規定了中央與特別行政區所分別行使的權力及其界限、條件，具有很強的操作性。正如國務院港澳事務辦公室的一位高級官員所指出的，《基本法》對由中央行使的職權和負責管理的事務和香港特別行政區的職權範圍的規定已經十分明確。[35]

從立法技術上看，《基本法》採用了集中規定與分散規定相結合的方式。《基本法》共分序言和九章。序言講述了香港、澳門問題的由來，中國解決港澳問題的方針政策以及制定《基本法》的憲法根據和宗旨。第一章「總則」從政治、經濟、法律、社會各方面對特別行政區實行的制度作出重要的原則規定，是對「一國兩制」總的構畫。第二章是中央與特別行政區的關係，集中具體地規定了中央與特別行政區的職權劃分。這一章與序言和第一章一樣可以說是整部《基本法》的靈魂，既提綱挈領式地規定了處理中央與特別行政區關係大的原則，對以後各章對具體事項的規定具有指導意義，又有一些具體的可操作性職權劃分條款。以後各章也都涉及到中央與特別行政區在一些具體事項上的職權劃分。

從立法內容來看，《基本法》首先明確了特別行政區是中國單一制國家結構形式下的一級特別地方行政區域（第 1 條和第 12 條），為此，在中央與特別行政區之間進行職權劃分時，就要遵守單一制的原則，即「原始權力」屬於中央，特別行政區權力的合法性來源於中央授權，而不是「天生的」、「自然的」，無論特別行政區享有的權力多大，都是中央授予的，特別行政區不具有自決獨立成為一個國家的權力。這就是《基本法》第 2 條規定的全國人民代表大會授權香港（澳門）特別行政區實行高度自治，享有行政管理權、立法權、獨立的司法權和終審權。其實，從特別行政區《基本法》制定的方式、機關、程序來看，也清楚說明了中央與特別行政區權力劃分的性質。

作為規定二者職權的根本大法——特別行政區《基本法》，是由最高國家權力機關制定的，而不是雙方談判協商的結果，更不是特別行政區自己單方制定的，儘管《基本法》起草委員會有相當多的香港、澳門委員。[36] 這就意味着二者之間的職權劃分要由國家最高權力機關決定，而不是由特別行政區自己決定，也不是由中央與特別行政區談判而成的。這是根本性的原則問題，對二者在具體事項上職權的劃分具有決定意義。

另外，從《基本法》對中央與特別行政區職權劃分的具體規定來看，基本上是按事項的性質來決定其權力歸屬的，對於那些體現國家主權和國家統一的事項當然應該由中央負責，這包括國防、外交、緊急狀態、主要行政官員的任命、基本法的制定、解釋、修改。中央的權力嚴格限制在維護國家主權和統一所必需的範圍內，這既是「一國」原則的要求，也是對「兩制」的充分保障，從而體現了「一國兩制」的精神。《基本法》對特別行政區行使的權力的規定充分體現了「高度自治」的原則精神，即在維護國家統一和主權所必不可少的範圍之外的權力，不是非中央行使就不可的權力，都由特別行政區行使。根據這個原則，有些與統一與主權關係不是很密切但卻是十分重要的權力也授予特別行政區行使了，例如司法終審權、發行貨幣權、全部徵稅權、獨立的出入境管制權等等，這些權力即使聯邦制國家下的各邦也不會全部擁有。由此可見，《基本法》對中央與特別行政區權力的規定在憲法學上是一個創新，是史無前例的。我們從中也可以看出中央政府對保持港澳地區的繁榮與穩定所下的巨大的決心，表現出極大的誠意。

根據各國的立法慣例，單一制國家的憲法和憲法性法律對中央（全國）政府所行使的權力的規定一般是概括式的，而地方（區域）政府行使的權力則採用列舉式規定。聯邦制國家憲法則相反，它一般對全國政府（中央）所行使的權力採取列舉式規定的方法，而對區域（地方）政府行使的權力則採用概括式規定的方法。但是從對中國兩部特別行政區《基本法》的研究，可以發現《基本法》對中央與特別行政區的權力的規定都採用了概括式與列舉式相結合的方式。《基本法》既概括規定了中央是授權機關（第 2 條、第 20 條），又明確列舉了中央的權力（第 13 至第 15 條）。對特別行政區的權力，既採用列舉方式列舉了它應該享有的高度自治權（第 16 至第 19 條），也概括地規定了它的權力可以基於中央的不斷授予而增加（第 20 條）。這種處理方式也是一個創新。

中央與特別行政區各自享有的權力，將在下文詳細加以論述。

| 註釋 |

1.「省級地方」指省、自治區、直轄市和特別行政區。當說「一般省級地方」時僅僅指前三者，不包括特別行政區。

2.「中央與地方的關係」在這裡除非有特別註明，僅指中央與省級地方的關係，不包括中央與縣、市、鄉的關係以及省級政府與縣、市、鄉的關係。

3.《鄧小平論香港問題》，香港：三聯書店，1993，頁 5。

4. 參見《鄧小平論祖國統一》，北京：團結出版社，1995，頁 19、24、36、41、42。

5.《人民日報》，1986 年 4 月 22 日。

6. 國民黨在台灣 2000 年舉行的「中華民國總統」選舉中失敗，台灣的「民進黨」上台執政，國民黨從而也失去了在台灣的政權，台灣的政治版圖發生了巨大變化。

7. 參見《鄧小平論祖國統一》，北京：團結出版社，1995。

8. 王鳳超：《關於中央和香港特別行政區的關係》，載《文匯報》，香港，1995 年 4 月 5 日。也見姬鵬飛：《關於〈中華人民共和國香港特別行政區基本法（草案）〉及其有關文件的說明》，第七屆全國人民代表大會第三次會議，1990 年 3 月 28 日。

9. 黃文放：《九七之後香港會更好》，載《明報》，香港，1997 年 1 月 1 日。

10. 黃文放：《中國對香港恢復行使主權的決策歷程與執行》，香港：香港浸會大學，1997，頁 38-40。

11. 同上。

12. 黃文放：《中國對香港恢復行使主權的決策歷程與執行》，香港：香港浸會大學，1997，頁 61。

13. 有些文件和論著中把「高度自治」放在「港人治港」、「澳人治澳」之前，作者認為其實質涵義是一樣的，和書中的排序沒有質的分別。

14. 這六件法律是：《關於中華人民共和國國都、紀年、國歌、國旗的決議》；《關於中華人民共和國國慶日的決議》；《中央人民政府公佈中華人民共和國國徽的命令》，附：國徽圖案、說明、使用辦法；《中華人民共和國關於領海的聲明》；《中華人民共和國國籍法》；《中華人民共和國外交特權豁免條例》。

15. 香港《基本法》第 18 條第 3 款。

16.《鄧小平論祖國統一》，北京：團結出版社，1995，頁 53。

17.《鄧小平論祖國統一》，北京：團結出版社，1995，頁 59。實際上香港人均生產總值 2000 年已經達到了 187,105 港元，約合 23,987 美元，高於加拿大、澳大利亞等許多發達大國。見陳方安生：《撫今追昔　翹首明天》，載《明報》，香港，2001 年 4 月 19 日。

18. 美國：《華盛頓時報》（*Washington Times*），2001 年 5 月 18 日。

19.《鄧小平論祖國統一》，北京：團結出版社，1995，頁 51-59。《鄧小平論香港問題》，香港：三聯書店，1993，頁 11-12。

20.《鄧小平論祖國統一》，北京：團結出版社，1995，頁 53。

21. 黃文放：《中國對香港恢復行使主權的決策歷程與執行》，香港：香港浸會大學，1997，頁 61。

22. 同上。

23. 黃文放：《中國對香港恢復行使主權的決策歷程與執行》，香港：香港浸會大學，1997，頁 68。

24. 中英聯合聯絡小組是根據《中英聯合聲明》及其附件二的規定成立的中英兩國政府之間就香港問題進行聯絡協商的專門機構，其職責是就《中英聯合聲明》的實施進行磋商；討論與 1997 年香港政權順利交接有關的事宜；就雙方商定的事項交換情況並進行磋商。中英聯絡小組還設立了一些專家小組以處理需要專家協助的具體事項。聯絡小組雙方各由一名大使級首席代表和四名代表組成，每年在北京、倫敦和香港至少各開一次會議。該聯絡小組於 1985 年 5 月 27 日《中英聯合聲明》生效時成立，自 1988 年 7 月 1 日起以香港為主要駐地，工作至 2000 年 1 月 1 日結束。聯絡小組存在的 15 年時間裡一共舉行了 47 次全體會議。

25. 見美國國務院「與香港關係」網站：http://usinfo.state.gov/regional/ea/uschina/hkact.htm。

26. 黃文放：《香港勢成中美角力場》，載《明報》，香港，1997 年 4 月 21 日。

27. 同上。

28. 世界上由於原殖民國的撤退，美國憑借其強大的國力迅速填補空白的情況，已經多次發生。越南在法國人撤走後，美國開始介入干預。南非在英國人撤退後，美國也很快填補了「空白」。這樣的例子還有很多。

29. 美國駐香港、澳門總領事高樂聖（Michael Klosson）1999 年 9 月 22 日在澳門酒會上的致辭。

30. 有關理論請參見［日］松村岐夫：《地方自治》，北京：經濟日報出版社，1989，頁 2-24。辛向陽：《大國諸侯》，北京：中國社會出版社，1995，頁 324-338。

31. 香港特別行政區基本法諮詢委員會：《中華人民共和國香港特別行政區基本法（草案）徵求意見稿：諮詢報告（2）》，頁 24。

32. 香港特別行政區基本法諮詢委員會：《中華人民共和國香港特別行政區基本法（草案）徵求意見稿：諮詢報告（2）》，頁 29。

33. 香港特別行政區基本法諮詢委員會中央與特別行政區的關係專責小組：《剩餘權力最後報告》。

34. 同上。

35. 王鳳超：《關於中央和香港特別行政區的關係》，載《文匯報》，香港，1995 年 4 月 5 日。

36. 「香港特別行政區基本法起草委員會」共有委員 59 人，其中香港委員 23 名。「澳門特別行政區基本法起草委員會」共有 46 名委員，其中澳門委員 22 名。

CHAPTER 6

中央享有的權力

在本書第四章第二節中已經知道「中央」在這裡不是指中共中央，即中國共產黨中央委員會，也不僅僅指中央人民政府即國務院，而是還包括最高國家權力機關即全國人民代表大會及其常務委員會，國家元首機關即中華人民共和國主席，最高國家軍事機關即中央軍事委員會。至於最高國家審判機關即最高人民法院和最高國家法律監督機關即最高人民檢察院，由於根據《基本法》的規定，特別行政區享有司法獨立，自己擁有司法終審權，因此中央審判機關和法律監督機關與特別行政區的司法機關和政府法律部門之間並無隸屬關係，它們之間只有司法協助的關係。[1] 至於中國人民政治協商會議全國委員會，由於其本身就不是國家機構，因此它和特別行政區的關係不是由《基本法》來調整的。

所以，這裡的「中央」包括除了國家最高審判機關和最高法律監督機關之外的中央政權機關，即最高國家權力機關、國家元首機關、最高國家行政機關和最高國家軍事領導機關。這裡所說的「中央享有的權力」就是指這些機關享有的權力。《基本法》對此既有原則性規定，也有具體規定。[2]

《基本法》中關於中央對特別行政區享有的權力的規定，概括起來主要包括這些：特別行政區的創制權、特別行政區政府的組織權即主要行政官員的任免權、非常狀態宣佈權、外交權和防務權。其中特別行政區的創制權是其他一切權力的基礎，它包括特別行政區建置的設立權、特別行政區基本法的制定、解釋、修改權以及對「剩餘權力」的保留權。

一｜特別行政區的創制權

「創制權」在憲法學上又稱「組織權」。其含義是指建立政府、選擇政權形式、組織政府、制定憲法性根本法的權力，這是國家權力中的「原始權」。由哪一個層次的政府行使這項權力，是區別單一制與聯邦制的主要根據。如果全國政府擁有原始的創制權，地方政府不具有自我組織的權力，那麼這個國家就是單一制國家。反之，如果創制權掌握在地方，地方政府和全國政府都自行創制，那麼這個國家就是聯邦制國家。

在單一制國家，因為中央擁有原始創制權，地方只具有派生的繼受權，權力的合法性來源於中央授權，因此，從理論上、原則上講，中央享有的權力可以是無限的，而且中央越集權，越符合單一制的原則。在極端單一制的國家，全國所有的權力都可以集中到中央統一行使，地方政府只能是中央的派出機關，被動接受中央的指令而管轄一方，而且事無鉅細都要報中央裁決後再執行，不許擅作主張。在古代封建制社會裡，一些有為的皇帝都曾這麼追求過，所謂「溥（普）天之下，莫非王土；率土之濱，莫非王臣」。例如，中國清代的乾隆帝就以「乾綱獨斷」著名，不許任何人染指朝政，但是他事實上也沒有能做到。可見，即使在最嚴格的單一制國家裡，中央也不可能把所有的權力都集中到中央行使，儘管在理論上、在法理上中央有充分的根據這樣做。

雖然在政治實踐中，單一制國家的中央不可能把所有事情都集中到中央統一管理，但是中央總是要保留幾種最重要、最根本、與國家主權與統一有直接關係的權力。這些權力包括地方行政區域的設置權、地方政府組織法的制定權、修改權和解釋權及地方政府的組織權，還有對「剩餘權力」的保留權。這些就是創制權的基本內容。創制權是一切單一制國家中央政權機關都必然擁有的權力，也是中央對地方行使的各種權力中最重要的權力，是中央享有其他權力的前提和基礎，也是國家主權和統一的重要體現和重要保障。

特別行政區既然作為國家的一級地方行政區域，因而中央必然對它也享有創制權力。憲法和《基本法》對此作了明確規定。

一、特別行政區的設置權

兩部《基本法》都在序言中申明「為了維護國家的統一和領土完整，保持香港的繁榮和穩定（有利於澳門的社會穩定和經濟發展），並考慮到香港（澳門）的歷史和現實情況，國家決定，在對香港（澳門）恢復行使主權時，根據中華人民共和國憲法第31條的規定，設立香港（澳門）特別行政區，並按照『一個國家，兩種制度』的方法，不在香港（澳門）實行社會主義的制度和政策」。序言接着還聲明「根據中華人民共和國憲法，全國人民代表大會特制定中華人民共和國香港（澳門）特別行政區基本法，規定香港（澳門）特別行政區實行的制度，以保障國家對香港（澳門）的基本方針政策的實施」。

這就清楚地說明了特別行政區建置的權力在中央，組建特別行政區、規定特別行政區實行的制度的權力也在中央。序言中的「國家決定」實際上就是中央決定。而這裡的「中央」、「國家」是指國家的最高權力機關即全國人民代表大會。在中國，只有全國人民代表大會才有權決定特別行政區的建置，有權規定特別行政區實行的制度並組建特別行政區。決定恢復行使對香港和澳門的主權以及建立兩個特別行政區的決定都是由全國人民代表大會做出來的。

1984 年 12 月 19 日中華人民共和國政府和大不列顛及北愛爾蘭聯合王國政府簽署了《中華人民共和國政府和大不列顛及北愛爾蘭聯合王國政府關於香港問題的聯合聲明》即《中英聯合聲明》後，中國政府按照憲法規定把這一重要國際條約提交最高國家權力機關審議，1985 年 4 月 10 日第六屆全國人民代表大會第三次會議審議批准了《中英聯合聲明》，決定 1997 年 7 月 1 日起恢復行使對香港的主權。全國人大同時決定成立「中華人民共和國香港特別行政區基本法起草委員會」，開始起草一部關於香港特別行政區的基本法律。經過 5 年的艱苦工作，《中華人民共和國香港特別行政區基本法》起草完畢，1990 年 4 月 4 日第七屆全國人民代表大會第三次會議通過了這一重要的法律，全國人大同時通過《關於設立香港特別行政區的決定》，決定於恢復行使香港主權之日成立香港特別行政區。1993 年 3 月 31 日第八屆全國人民代表大會第一次會議通過決議，授權全國人民代表大會常務委員會設立香港特別行政區籌備委員會的準備工作機構，1993 年 7 月 2 日第八屆全國人民代表大會常務委員會第二次會議決定設立全國人大常委會香港特別行政區籌備委員會預備工作委員會，開始為籌備香港特別行政區做一些初步的準備工作。1996 年 1 月 26 日全國人民代表大會香港特別行政區籌備委員會正式成立，籌備香港特區的工作正式全面開始。1997 年 7 月 1 日中英兩國政府舉行了政權移交大典，香港正式回歸中國，在中央人民政府主持下，香港特別行政區主要官員宣誓就職，香港特別行政區正式成立。

1987 年 4 月 13 日中華人民共和國政府和葡萄牙共和國政府簽署了《中華人民共和國政府和葡萄牙共和國政府關於澳門問題的聯合聲明》，即《中葡聯合聲明》。此前，於同年 4 月 11 日第六屆全國人民代表大會第五次會議決定授權全國人民代表大會常務委員會審議批准這個《聲明》。1987 年 6 月 23 日全國人大常委會正式審議並批准了《中葡聯合聲明》，決定 1999 年 12 月 20 日恢復行使澳門主權。1988 年 4 月 13 日第七屆全國人民代表大會第一次會議決定成立「中華人民共和國澳門特別行政區基本法起草委員會」，開始澳門特別行政區《基本法》的起草工作。1993 年 3 月 31 日第八屆全國人民代表大會第一次會議通過了《中華人民共和國澳門特別行政區基本法》，全國人民代表大會同時通過了《關於設立中華人民共和國澳門特別行政區的決定》和《全國人民代表大會關於澳門第一屆政府、立法會和司法機關產生辦法的決定》，決定成立「全國人民代表大會澳門特別行政區籌備委員會」，負責籌備成立澳門特別行政區的有關事宜，包括籌組澳門特別行政區第一屆政府，制定第一屆立法會和澳門特別行政區司法機關的具體產生辦法等。1998 年 5 月 5 日，全國人民代表大會澳門特別行政區籌備委員會在北京宣告成立。籌委會由內地委員 40 人和澳門委員 60 人組成。內地委員主要是與澳門事務有較多聯繫的中央和地方有關部門負責人及專家學者；澳門委員主要來自工商界、專業界、勞工、社會服務宗教界和政界等，具有廣泛的代表性。籌委會下設政務、法律、經濟和社會文化 4 個工作小組。在一年零八個月的時間裡，籌委會按照《基本法》和全國人大及其常委會的有關規定，做了大量的、卓有成效的工作，完成了籌備成立澳門特別行政區的各項工作。1999 年 12 月 20 日中葡兩國政府舉行了澳門政權移交大典，澳門正式回歸中國，在中央人民政府主持下，澳門特別行政區行政長官宣誓就職，澳門特別行政區成立。

可見，從決定恢復行使香港、澳門主權到兩部《基本法》的起草，以及特別行政區的籌備組織工作都是由全國人民代表大會進行決策的，兩個特別行政區基本法起草委員會以及兩個特別行政區籌備委員會都是設在全國人民代表大會之下的機構。其他任何中央政權機關包括全國人大常務委員會、國務院都無權決定這種特殊地方的建置，當然全國人大做出決定後要靠它們去實施。

中央既然有權設立特別行政區，就有權規定特別行政區實行的制度，並有權規定中央與特別行政區的關係以及二者之間的權責劃分等。「一國兩制」就是由中央提出來的在特別行政區實行的特殊制度。當然，全國人大在決定設立特別行政區、規定特別行政區實行的制度時，不是憑空產生的，而是充分考慮了香港、澳門地區的歷史和現實，充分聽取了港澳人士的意見後才做出決策的。

中央具有特別行政區的設置權這本身就包含了中央即全國人大也有權撤銷特別行政區的建置。當然這僅僅是就學理而言的，實際上全國人大不會輕易採取這樣的行動。

二、對特別行政區的立法管治權

中央在決定設立特別行政區並規定了特別行政區實行的制度後，就要把這些決定和制度法律化，制定一部關於特別行政區的憲法性法律，這就是特別行政區《基本法》。根據憲法，只有中央才有權制定特別行政區《基本法》；在中央，只有最高國家權力機關即全國人大才有權制定這樣的法律。兩部《基本法》的起草已說明了這一點。

法律的制定機關同時也必然有權修改自己制定的法律，全國人大制定了《基本法》，也必然有權修改《基本法》。同時，根據中國的法律解釋制度，全國人大常務委員會負責解釋法律，因此《基本法》的解釋權屬於全國人大常委會。有關這個問題將緊接着作為一個專門問題詳加論述。

三、「剩餘權力」的保留權

在中國，雖然中央有權通過法律明確界定自己與特別行政區各自享有的權力，但是在立法技術上還必須規定如果出現法律沒有規定的事項時，應該歸誰管轄的問題，否則就會造成「權力真空」、「法律真空」，就有可能導致混亂。一般情況下，創制權歸屬誰，這些「剩餘權力」也就歸屬誰，既然特別行政區的創制權、立法管制權都歸中央，所以，如果有「剩餘權力」的話也應歸中央。這是單一制的特點，《基本法》第 2 條規定「全國人民代表大會授權」特別行政區實行高度自治，第 20 條規定特別行政區「可享有全國人民代表大會和全國人民代表大會常務委員會及中央人民政府授予的其他權力」，這些規定就暗含了如果存在「剩餘權力」的話，就當然歸中央享有，儘管它可以繼續把這些「剩餘權力」授權給特別行政區行使。

總之，中央享有的特別行政區創制權就包括了特別行政區設置權、特別行政區的立法管制權以及「剩餘權力」的保留權。其中最重要的是第一項權力，即特別行政區的設置權，後兩項權力都是由第一項權力派生出來的。

二｜特別行政區基本法的制定、修改、解釋權以及違憲審查權

前文已經談到立法管制權是創制權的重要內容，而制定特別行政區基本法又是立法管制的主要形式和內容。所以這裡把特別行政區基本法的制定、修改、解釋權單獨作為中央享有的重要權力之一而詳加論述。關於中央享有的對於特別行政區立法的違憲審查權將在後邊的章節加以研究。

一、特別行政區《基本法》的制定權

特別行政區《基本法》是規定特別行政區政治、經濟、文化制度、居民的權利與義務、中央與特別行政區的關係等特別行政區重大問題的根本法，是特別行政區成立後特別行政區政府和居民要遵守的基本行為準則，也是特別行政區立法的基礎，是中央和特別行政區都必須遵守的基本法律文件，一切與《基本法》相牴觸的立法都是無效的。在特別行政區的法律體系中，《基本法》的地位最高，具有最高法律效力。

在中國，如前文所述，只有中央才有特別行政區的創制權，才有權規定特別行政區實行的制度、對特別行政區實行立法管制，所以也只有中央才有權制定規定特別行政區基本制度的《基本法》。《基本法》的制定主體只能是中央，而不能是特別行政區自身，而且只能有中央一個主體，而不能是中央與特別行政區兩個主體，也就是說《基

本法》不是中央與特別行政區雙方協商談判的產物。從《基本法》產生的時間我們也可以看到這一點，即《基本法》產生於特別行政區之前而不是之後。[3]

儘管《基本法》產生於特別行政區成立之前，即港澳仍然分別處於英國、葡萄牙的管治之下，但是，制定《基本法》完全是中國主權範圍內的事，是中國政府單方面的立法活動，不受任何外國和國際集團的干預。雖然《基本法》的制定考慮了一些國際因素，但它卻是完全的國內法，而不是國際條約，與《中英聯合聲明》和《中葡聯合聲明》有質的不同。

所以，中央有完全充分的《基本法》制定權。從兩部特別行政區《基本法》的起草來看，也證明了這一點。《中英聯合聲明》1984 年簽署後，中央即開始着手起草《香港特別行政區基本法》。1985 年 4 月 10 日第六屆全國人大第三次會議通過關於成立「香港特別行政區基本法起草委員會」的決定，6 月 18 日第六屆全國人大常委會任命了起草委員，起草委員會於同年 7 月 1 日正式成立。由此可見，基本法起草委員會是全國人大的一個臨時性專門委員會，而整個《基本法》起草工作也是在國家最高權力機關主持下由起草委員會完成的。經過近 5 年的工作，1990 年 4 月 4 日第七屆全國人大第三次會議通過了香港特別行政區《基本法》。

1988 年 4 月 13 日，第七屆全國人民代表大會第一次全體會議決定成立「澳門特別行政區基本法起草委員會」，負責《澳門基本法》的起草工作。從 1988 年 10 月 25 日澳門基本法起草委員會舉行第一次全體會議起，起草委員會先後共舉行了 9 次全體會議，72 次專題小組會議，並廣泛徵求澳門居民和社會各界的意見和建議，擬定了基本法草案並提交全國人大審議。1993 年 3 月 31 日基本法草案及其附件由第八屆全國人民代表大會第一次會議審議通過，國家主席簽署並予以公佈，決定自 1999 年 12 月 20 日實施。基本法從起草到公佈經過了四年零五個月的歷程，是在廣泛諮詢內地和澳門各界意見、集思廣益的基礎上制定的，是集體智慧的結晶。可見，澳門《基本法》的起草也是在全國人大直接主持下完成的。

雖然中央擁有特別行政區基本法的制定權，但這並不是說中央可以隨意對特別行政區立法，可以不吸收香港澳門地區的居民和各界人士參與。相反，香港特別行政區基本法起草委員會共有 59 名委員，其中有 23 人是香港人士，佔了很大的比例。而且，基本法起草委員會還委託其香港委員在香港成立了一個具有廣泛代表性的基本法諮詢委員會，收集香港各界人士對起草《基本法》的意見和建議，以使《基本法》更加符合香港的民意和實際情況，而香港人士的意見也確實得到應有的重視並充分反映在《基本法》的條文中。可見，中央即全國人大在行使其《基本法》制定權時，充分吸收了香港人士的參與並充分尊重了他們的意見。

澳門《基本法》的起草也廣泛吸收了澳門各界的參與。澳門特別行政區基本法起草委員會由 46 人組成，其中 22 人來自澳門。起草委員會還在澳門成立了由各界 90 位人士組成的基本法諮詢委員會，廣泛徵求澳門各界對基本法起草的意見和建議，被稱為「澳門有史以來最具規模和廣泛代表性的民間諮詢組織」。[4] 因此，儘管澳門基本法的制定權屬於中央，但是澳門各界的意見還是被廣泛地吸收進去了。

二、特別行政區《基本法》的修改權

法律的制定權其中就包含了法律的修改權，法律的制定機關也必然同時是有權修改法律的機關。中央即全國人大既然有權制定特別行政區《基本法》，也就有權修改它所制定的特別行政區《基本法》。根據《憲法》第 62 條的規定，制定和修改《基本法》的權力屬於全國人民代表大會，其他任何機關包括全國人大常務委員會都無權行使。由於全國人大每年舉行一次會議，這就使得經常修改《基本法》成為不可能。只能由最高國家權力機關修改《基本法》，這表現了《基本法》修改的嚴肅性。但是，由於《基本法》的特別之處，所以在它的修改程序等問題上也就有許多特別規定和嚴格限制，以保證《基本法》和中央對特別行政區政策的連續性和穩定性。這表現在以下幾個方面：

❶ | 修改提案權

香港特別行政區《基本法》第 159 條和澳門特別行政區《基本

法》第 144 條都規定，修改《基本法》的提案權屬於全國人民代表大會常務委員會、國務院和香港（澳門）特別行政區。其他任何部門、機關、團體都無權提起《基本法》的修正案。

由這條規定我們可以看出，有權提議修改《基本法》的主體包括中央和特別行政區雙方，因為這是基本法涉及的兩方主體。賦予中央以修改提案權，比較容易理解，全國人大常委會和國務院分別是全國人大的常設機關和執行機關，而且都是與特別行政區有直接關係的中央政權機關，理所當然有《基本法》修改提案權。而賦予特別行政區以《基本法》修改提案權，是因為它直接受《基本法》管轄，具體執行《基本法》。特別行政區如果在實際運作中發現《基本法》的某些條款與實際不符，可以按照《基本法》規定的程序向全國人大提出修改《基本法》的議案。

《基本法》對特別行政區行使修改提案權規定了所應遵循的程序，即須經本特別行政區的全國人民代表大會代表 2/3 多數、本特別行政區立法會全體議員 2/3 多數和本特別行政區行政長官分別同意，再由本特別行政區出席全國人民代表大會的代表團向全國人民代表大會提出。

❷ | 審議與通過

《基本法》還規定，在全國人大將修改《基本法》的提案列入大會議程之前，應該先由全國人大常委會所屬的香港（澳門）特別行政區基本法委員會（以下簡稱「基本法委員會」）進行研究並提出意見。基本法委員會是全國人大常委會下設的專門工作機構，其職責是就《基本法》的有關條款在實施中出現的問題進行研究並向全國人大常委會提供意見。由它先行審查修改《基本法》的議案，這表現了對修改《基本法》問題的慎重。

當全國人大主席團把修改《基本法》的議案列入議程後，就要提交大會審議。大會在審議這些議案的時候，要充分聽取有關修改報告，聽取特別行政區居民和各界人士的意見，然後再進行表決。根據全國人大制定法律的程序，《基本法》的修正案要由全國人民代表大會以全體代表的過半數通過才有法律效力。

❸ | 修改方式和原則

對《基本法》的修改要採用修正案的形式，即只針對確有必要修改的具體條款去單個修改，而不宜採用全面修改或大面修改的形式。因為如果是全面修改或大面修改，勢必「傷筋動骨」，損害《基本法》的立法原旨和國家對特別行政區的既定方針政策，損害《基本法》的連續性、穩定性和權威性。

❹ | 禁止修改的內容

兩部《基本法》都規定了，「對本法的任何修改，均不得同中華人民共和國對香港（澳門）既定的基本方針政策相牴觸」，這就是修改《基本法》所必須遵循的原則。在新中國立法史上，這是第一次明確在一部法律裡邊實際規定了限制、禁止修改的內容。[5] 中央對港澳既定的基本方針政策，根據《基本法》的序言和總則，就是實行「一國兩制」，不在港澳實行社會主義的制度和政策，授權特別行政區實行高度自治，保持原有的資本主義制度和生活方式，五十年不變。任何違背這些既定方針政策而對《基本法》作出的修改都是無效的。

有關這個問題，在後面的章節還將有詳細論述。

三、《基本法》的解釋權

關於《基本法》的解釋權，這是一個十分複雜的問題。根據中國《憲法》第 67 條第 4 項的規定，法律解釋權屬於全國人民代表大會常務委員會，但是由於香港是實行普通法的地區，其法律解釋制度與中國內地十分不同。香港的法律解釋制度是司法解釋制度，即由法院來解釋法律。中國內地實行的則是由立法機關解釋法律的制度。因此就香港特別行政區《基本法》的解釋權曾經存在過許多爭議。

問題的爭論主要有以下幾個方面：

其一，《基本法》的最終解釋權應該在香港或者北京。一種觀點認為如果香港特別行政區法院不能像從前那樣對憲法性法律行使充分解釋權，那麼「一國兩制」將變為「一國一制」，法院的終審權也就無從談起；另外一種觀點則認為由於《基本法》包括有中央權力和中央與特別行政區關係的條款，如果由香港終審法院單方解釋這些條款的涵義，而把中央排除在外，那麼「一國兩制」也就變成了「只有兩制而沒有一國」了，甚至中央也要受制於特別行政區。[6] 因此，一定要找到一個兩全其美的解決辦法，使「一國」和「兩制」可以有機地結合在一起。

為此，《基本法》首先明確《基本法》的解釋權屬於中央，原因是《基本法》既然作為中央制定的一個全國性法律，因此在它的解釋問題上，就要首先符合中國的法律解釋制度。因此《基本法》的最終解釋權應該在北京，而不是在香港。這樣的制度安排，在國外也是有先例的。例如在歐洲，歐洲聯盟的法律適用於其成員國。根據有關條約的規定，歐盟法律的解釋權屬於歐洲聯盟法院。成員國法院在審理案件過程中遇到歐盟法律的解釋問題時，可以提請歐盟法院作出解釋；而如果是終審案件，成員國法院在做出終局判決前，必須提請歐盟法院作出最終解釋。[7] 在美國這樣的聯邦制國家，聯邦法律的最終解釋權也是在聯邦，而不是在地方。在單一制國家更是這樣。

當然根據特別行政區的特殊情況，中央可以授權特別行政區法院在審理案件時對基本法規定的特別行政區自治範圍內的條款自行進行解釋，只要不涉及中央的權力以及中央與特別行政區關係的事項，而且不是終審判決，特別行政區司法機關可以擁有實際上的全部解釋權。應該說這個安排是合情合理的，既不違背中國的現有法律解釋制度，堅持了「一國」原則，又保證了「兩制」，使特別行政區實際上可以行使《基本法》的全部解釋權。

問題之二是由哪一個中央機關行使《基本法》的解釋權，是由全國人大、全國人大常委會、國務院或者最高人民法院來解釋基本法？在目前的中國法律制度下，這幾個機關可以說都享有一定的法律解釋權。全國人大作為最高權力機關和立法機關，應該可以解釋法律。[8] 國務院可以對法律做出自己的行政性解釋，但是國務院是行政機關，顯然不適宜解釋《基本法》這樣的法律。最高人民法院可以在司法過程中就如何具體運用法律的問題作出司法解釋，但是最高人民法院的司法解釋權是非常有限的，不同於普通法體系下法院可以「制定」法律，而且特別行政區享有獨立的司法權和終審權，由最高人民法院解釋《基本法》，儘管在形式上和普通法世界接了軌，但是容易使人誤會最高人民法院是特別行政區的終審法院，特別行政區司法不獨立。那麼在中國目前的憲政架構下，唯一合適的解釋《基本法》的機關還是全國人大常委會。

為什麼要由立法機關來解釋法律，中國的法理邏輯是，法律解釋的目的在於，當法律條文的涵義不清楚的時候，由一個權威機構出面進一步說明立法的原義，指出法律條文的真正涵義所在。那麼，哪一個機構最瞭解立法原義呢？當然是制定法律的機關。所以最好的法律解釋應該是立法機關自己所做出的解釋。從某種意義上說，這應該說沒有錯，當然是立法機關最清楚立法的原義和目的。

但是，一直有學者質疑中國由立法機關解釋法律的制度，認為這可能導致立法機關專斷，擔心立法機關可以隨意解釋法律而不受任何約束。好的法律解釋體制應該是由一個中立的機構例如法院來解釋法律，法律一旦制定出來後，立法機關就應該站到一邊，法律的命運就操在中立的法官手中了。立法機關如果認為法院對法律的解釋不正確，它可以修改法律，乃至重新制定一部新的法律，立法機關可以用這種方法來修改乃至推翻法院對法律的解釋；但是立法機關不可以在法律出台後，再對同一個法律有任何意見表示。

無論對中國法律解釋制度的批評意見有多大，也無論中國立法機關是否經常行使這項權力，這是目前中國的現實。[9] 如果它不合理，可以建議修改，但是在修改之前，我們必須遵守它。因此，《基本法》的最終解釋權只能由全國人大常委會行使。

為了使對《基本法》的解釋更為慎重嚴肅，《基本法》還規定全國人民代表大會常務委員會在對《基本法》做出解釋前，必須徵詢其所屬的特別行政區基本法委員會的意見。根據兩部《基本法》的規定，特別行政區基本法委員會的成員有一半來自特別行政區，成員包括法律界人士。其任務就是研究《基本法》中有關中央職權以及中央與特別行政區關係的條款在執行中出現的問題，並向人大常委會提出意見。這就更能保證對《基本法》的解釋符合特別行政區的實際情況。

問題之三是特別行政區法院的解釋權應該有多大。《基本法》對此的安排是，當然對特別行政區自治範圍內的那些條款，特別行政區法院在審理案件時有充分的解釋權。除此之外，特別行政區法院在審理案件時對《基本法》的其他條款，即自治範圍之外的條款，也就是對有關中央人民政府管理的事務或者中央與特別行政區關係的條款，也可以解釋。但是如果特別行政區法院需要對這些條款進行解釋，而且這種解釋又會影響到案件的判決，那麼特別行政區法院在對該案件作出不可上訴的終局判決前，必須由特別行政區的終審法院提請全國人民代表大會常務委員會作出最終解釋。而特別行政區法院在引用該條款時就必須以全國人大常務委員會的解釋為準。當然在此之前已經做出的判決的效力不受影響。

這種特別規定實際上使得特別行政區法院對《基本法》的所有條款都可以解釋，唯一的限制就是在解釋關於中央職權和中央與特別行政區關係的條款而又要作出終審判決時，必須提請全國人大常委會作出最後解釋。這主要是為了避免特別行政區法院的解釋與全國人大常委會的解釋所可能出現的不一致，造成中央與特別行政區關係的混亂。

總之，經過參考借鑒其他國家法律解釋的經驗，根據中國的實際情況，《基本法》的起草者終於解決了這個憲法難題。這集中規定在香港《基本法》的第 158 條。應該說，《基本法》對其解釋權的有關規定充分照顧了香港實行普通法法律解釋制度的實際情況，同時又與中國的法律解釋制度相一致，是「兩制」與「一國」相結合的典範，是合情合理也合憲的。澳門《基本法》第 143 條也做了類似規定。關於特別行政區基本法的解釋問題，將在後邊的章節結合特別行政區成立後的具體案例加以進一步探討。

三｜特別行政區政府的組織權

中央既然有特別行政區的創制權和特別行政區《基本法》的制定權，也就自然地擁有特別行政區政府的組織權。這也是中央享有的權力裡邊十分重要的一項，是單一制原則和國家主權的體現。這項權力首先表現在，兩個特別行政區的籌備委員會都是由中央成立的，籌備特別行政區政府的全部活動也是由中央主持的，[10] 而不是由香港、澳門地方自行成立自己政府的。

但是，由於特別行政區實行「港人治港」、「澳人治澳」、「高度自治」的原則，因此中央並不派官員到特別行政區去，這就明確了特別行政區政府並不是中央的派出機關，而是特別行政區人民自己組成的地方政權機關。中央享有的特別行政區政府的組織權主要表現在特別行政區政府行政長官和其他主要官員的任命權上。為此，香港《基本法》第 15 條規定：「中央人民政府依照本法第四章的規定任命香港特別行政區行政長官和行政機關的主要官員」。澳門《基本法》也做了同樣的規定。

香港《基本法》第四章第 45 條規定行政長官要先在當地通過選舉或協商產生，然後報請中央人民政府任命，同時根據香港《基本法》第 48 條規定，行政長官一旦獲得中央政府任命，即享有在特別行政區的組閣權，有權提名主要行政官員的人選並報請中央人民政府任命，並有權建議中央人民政府免除這些官員的職務。這些官員包括：政府各司司長、副司長，各局局長，入境事務處處長，海關關長。這樣，中央也就通過對特別行政區行政長官和主要官員的任命來實現了自己特別行政區政府的組織權。

那麼，中央對行政長官和主要官員的任命權應該是名義上、形式上的呢，還是實質上的呢？有人主張既然中央的政策是「港人治港」，那麼行政長官在當地民主產生後，中央就應該尊重港人意願，只是履行一下法律手續，不能拒絕任命。這種主張事實上是模仿英國國王對首相的任命制度，即只要是在大選中獲勝的議會多數黨領袖，國王一准任命。然而，如果採用這種制度，中央享有的特別行政區政府的組織權也就是名義上的，「高度自治」也就變成了「完全自治」。因而中央對行政長官的任命既有法律手續上的意義，又有實質上的意義，既是形式上的權力，又是實質上的權力，中央人民政府有權拒絕任命特別行政區產生的行政長官而發回重議。[11] 但是，中央政府不會直接提名行政長官的人選，這是特別行政區的權力。特別行政區產生的行政長官被中央拒絕任命後，特別行政區應該再產生一名行政長官，然後再報中央任命。

《基本法》對行政長官產生方法的上述規定，使得行政長官既要對特別行政區負責，又要對中央人民政府負責，受特別行政區和中央人民政府的雙重監督，用內地憲法學的術語就叫做「雙重負責，雙重領導」體制，當然具體含義十分不同。特別行政區行政長官對中央人民政府負責，並不是說要事事請示匯報，只要是《基本法》授予他可以自己行使的權力，他都可依法自行決定。這充分體現了「一國兩制」的原則精神，既維護了國家主權，又體現了「港人治港、高度自治」的原則。

澳門《基本法》第 15 條規定，中央人民政府依照該法的有關規定任免澳門特別行政區行政長官、政府主要官員和檢察長，其中政府主要官員包括各司司長、廉政專員、審計長，警察部門和海關主要負責人，其立法精神與香港特別行政區《基本法》是一致的。

關於這個問題，根據中國《憲法》的規定，內地各省、自治區、直轄市人民政府省長、主席、市長在當地人民代表大會選舉後，即可立即上任，無需報中央人民政府再行任命。而內地各省、自治區、直轄市人民政府的各個組成部門的首長也是由本地的行政長官提名，由本級人大常委會批准即可，只需報上級人民政府備案，而不是上級批准。[12] 這是不是說特別行政區的「高度自治」還沒有內地不實行高度自治的一般地方政府的權力大呢？不是的，因為看一個地方享有權力的大小，不僅僅要看其公職人員的產生方式，而且還要看法律規定的它實際享有的權力有多大。內地省、直轄市、自治區政府的行政長官和主要地方行政官員雖然不用上級政府任命批准，但是這些地方政府享有的權力十分有限，和特別行政區政府享有的高度自治權是沒有辦法相比的。這具體表現在，《憲法》第 89 條關於國務院行使的職權第 4 項規定，國務院「統一領導全國地方各級國家行政機關的工作，規定中央和省、自治區、直轄市的國家行政機關的職權的具體劃分；」第 14 項規定國務院「改變或者撤銷地方各級國家行政機關的不適當的決定和命令；」第 91 條規定「國務院設立審計機關，對國務院各部門和地方各級政府的財政收支，對國家的財政金融機構和企業事業組織的財務收支，進行審計監督。」《憲法》第 110 條規定「全國地方各級人民政府都是國務院統一領導下的國家行政機關，都服從國務院。」這就說明，內地一般地方政府都是在國務院的直接領導下工作的，儘管其領導人由本地方選舉產生，但是其權力遠遠小於特別行政區政府的高度自治權。在單一制下，地方政府享有的權力並不必然和其產生的方式有直接的關係。所以，特別行政區行政長官和主要政府官員在本地產生後，再由中央任命，並不影響特別行政區的高度自治，這並不說明特別行政區享有的高度自治權比內地一般地方政府的權力小。

當然，香港《基本法》第45條規定了香港特別行政區行政長官的最終產生辦法，即根據香港特別行政區的實際情況和循序漸進的原則，最終達到由一個有廣泛代表性的提名委員會按民主程序提名後普選產生的目標。香港《基本法》附件一《香港特別行政區行政長官的產生辦法》第7條並規定2007年以後各任行政長官的產生辦法如需修改，須經立法會全體議員2/3多數通過，行政長官同意，並報全國人民代表大會常務委員會批准。澳門《基本法》也做出了同樣的規定。這些規定為特別行政區的民主化指出了發展的方向，表現了中央對在特別行政區徹底實行民主的承諾。如果特別行政區行政長官實現了當地居民直接選舉產生，那麼這將是兩個特別行政區歷史的一個里程碑，標誌着特別行政區的政治發展進入一個新的階段。

關於中央人民政府可否對它任命的特區官員包括行政長官進行罷免，澳門《基本法》第15條規定，「中央人民政府依照本法有關規定任免澳門特別行政區行政長官、政府主要官員和檢察長。」因此，毫無疑問，中央可以根據澳門《基本法》的規定任命及罷免澳門特別行政區的主要官員。但是香港《基本法》對此沒有明確規定。香港《基本法》第52條只規定了香港特別行政區行政長官必須辭職的幾種情況，即因嚴重疾病或其他原因無力履行職務；因兩次拒絕簽署立法會通過的法案而解散立法會，重選的立法會仍以全體議員2/3多數通過所爭議的原案，而行政長官仍拒絕簽署；因立法會拒絕通過財政預算案或其他重要法案而解散立法會，重選的立法會繼續拒絕通過所爭議的原案。在這些情況下，行政長官必須辭職，按照香港《基本法》的規定重新選舉任命新的行政長官，不存在罷免行政長官的問題。

香港《基本法》第73條第9項規定了立法會彈劾行政長官的程序，即如果香港特別行政區立法會全體議員的1/4聯合動議，指控行政長官有嚴重違法或瀆職行為而不辭職，經立法會通過進行調查，立法會可委託終審法院首席法官負責組成獨立的調查委員會，並擔任主席。調查委員會負責進行調查，向立法會提出報告。如該調查委員會認為有足夠證據構成上述指控，立法會以全體議員 2/3 多數通過，可提出彈劾案。彈劾案通過後，還要「報請中央人民政府決定」。至於中央政府在這種情況下，可否否決香港立法會的彈劾案，決定不免去行政長官的職務呢？香港《基本法》本身對此沒有規定。不過，既然是彈劾結果要「報請中央人民政府決定」，那麼「決定」就有兩種可能，即「同意」和「不同意」彈劾兩種。因此，從邏輯上來說中央政府是可以作出不同意特別行政區立法會彈劾行政長官的決定的。當然，經過上述嚴格程序才提出的彈劾案，在這種情況下，很難想像中央人民政府會不同意罷免行政長官。

那麼中央是否有權主動罷免香港特別行政區的主要官員呢？香港《基本法》對此沒有規定，包括澳門《基本法》第 15 條規定的「任免」澳門特別行政區主要官員，是否包含主動免去特別行政區主要官員的權力？那麼，首先看中央可否主動任命特別行政區的主要官員，即不經過《基本法》規定的有關在特別行政區內部的選舉、協商程序，主動任命一個人擔任特別行政區行政長官或者其他主要官員，這顯然是不可能的。中央任命特別行政區官員，必須首先在特別行政區完成有關的民主和法律手續，然後才可以提交中央任命，因此，對於特別行政區主要官員的罷免，也應該首先在特別行政區完成《基本法》規定的有關法律手續，然後再提交中央決定是否罷免。

前文已經論及中央對特別行政區行政長官和其他主要官員的任命是「實質性」的，既然任命是「實質性」的，那麼罷免也就是「實質性」的。但是，「實質性」是指中央對特別行政區提交的任命或者彈劾、免職名單有否決權，並不是說中央政府可以不等特別行政區在本地完成法定的任命、免職程序，自行任命或者罷免特別行政區的主要官員。2001 年 7 月 10 日香港特別行政區立法會通過了《行政長官選舉條例》，對香港特別行政區第二任特別行政區行政長官的選舉產生作出了具體規定，[13] 其中規定中央人民政府有權罷免行政長官的職務，也應該是這個意思。

四｜宣佈非常狀態權

所謂非常狀態是指一國由於與他國發生戰爭或者發生嚴重突發性自然災害，或者由於內部發生大的騷亂足以危及國家的統一和合法政權的穩定，導致正常的社會秩序受到嚴重威脅或危害的危急情勢，而由國家最高權力機關宣佈在全國或局部地區中斷正常的法治秩序，進入非常管治狀態。當非常狀態出現時，國家要採取一些緊急應變措施，包括宣佈進入戰爭狀態或緊急狀態，發佈緊急命令，實行全國總動員或者局部動員，實施戒嚴、宵禁或者軍事管制。當導致產生非常狀態的情形消逝後，由國家最高權力機關宣佈解除非常狀態，恢復到正常的、和平的法治狀態，社會秩序也恢復正常。

非常狀態通常分為三種情況，一是戰爭狀態，即兩國或多國交戰；二是內部發生嚴重騷亂；三是出現嚴重自然災害。後兩種情況又通稱為緊急狀態。這些情況的出現會嚴重破壞和平的社會秩序，嚴重影響正常的法治狀態，乃至導致合法政權的解體，使國家進入「國家無主」的「原始」野蠻狀態，居民的生命和財產將遭受嚴重損失。但是非常狀態的出現對於任何國家來說都是不可預測的，所以任何國家和地區都要居安思危，未雨綢繆，在正常的和平時期考慮對策，做好相應的準備，其中一個重要方面就是進行非常狀態立法，賦予國家以非常狀態宣佈權，使得政府在出現非常態勢時可以於法有據採取一些非常措施；同時也要規定宣佈非常狀態的程序，對使用這種權力加以嚴格限制，以免濫用、誤用。

關於非常狀態的立法，首先要在憲法中對非常狀態的宣佈加以規定，世界上任何國家的憲法都有這方面的規定。中國《憲法》第 62 條規定由全國人大決定戰爭和和平的問題；中國《憲法》第 67 條規定人大常委會有權「在全國人民代表大會閉會期間，如果遇到國家遭受武裝侵犯或者必須履行國際間共同防止侵略的條約的情況，決定戰爭狀態的宣佈」；全國人大常委會有權決定全國總動員或者局部動員；有權決定全國或者個別省、自治區、直轄市的戒嚴；第 80 條規定國家主席根據全國人大和全國人大常委會的決定，發佈戒嚴令、宣佈戰爭狀態，發佈動員令；第 89 條規定國務院有權決定省、自治區、直轄市的範圍內部分地區的戒嚴，可見中國憲法對非常狀態的規定是比較完備的。

一、中央對特別行政區實施非常狀態的權力

特別行政區《基本法》作為特別行政區的根本法，也應該對非常狀態作出規定，這是合理的、正常的。但是，兩部《基本法》都沒有對此作出專門規定，不知立法者當時是如何考慮的。兩部《基本法》都只是在規定全國性法律在什麼情況下適用於特別行政區時作了間接規定。香港《基本法》第 18 條第 4 款規定，全國人民代表大會決定宣佈戰爭狀態或因香港特別行政區發生香港特別行政區政府不能控制的危及國家統一和安全的動亂而決定香港特別行政區進入緊急狀態，中央人民政府可發佈命令將有關全國性法律在香港特別行政區實施。澳門《基本法》也作了同樣規定。這表明中央在兩種情況下可決定特別行政區進入非常狀態：一是當全國進入戰爭狀態時，作為中華人民共和國一部分的特別行政區自然也要進入戰爭狀態；二是當特別行政區發生了危及國家統一和安全的動亂而特別行政區政府已不能控制局勢時，中央有權宣佈特別行政區進入緊急狀態。在這種情況下，中央人民政府可以發佈命令增加在特別行政區內實施的全國性法律，當然這只能是「有關全國性法律」即同戰爭狀態和緊急狀態有關的全國性法律，至於沒有關係的全國性法律則仍不能在特別行政區實施。[14]

《基本法》的規定表明，只有全國人大常委會才有權決定特別行政區進入戰爭狀態或緊急狀態。全國人大常委會作出決定後，則由國務院具體負責實施。但是根據中國《憲法》第 62 條、第 63 條的規定，首先是全國人大有權決定戰爭與和平問題，然後才是當全國人大閉會期間出現戰事才由全國人大常委會決定戰爭狀態的宣佈。特別行政區《基本法》的規定應該與憲法的規定在這些方面一致起來，增加規定全國人大也有權對特別行政區宣佈戰爭狀態，以避免立法漏洞。[15]

《基本法》只規定了出現戰爭或者嚴重動亂的情況下，中央才有權宣佈特別行政區進入非常狀態。至於因為嚴重自然災害、經濟危機或其他社會問題而引起騷亂或動亂，只要沒有危及到國家統一和安全，特別行政區政府自己又可以控制，在這些情況下，可以推定這些

情況由特別行政區政府自己解決。《基本法》第 14 條只規定「香港特別行政區政府在必要時，可向中央人民政府請求駐軍協助維持社會治安和救助災害。」《香港特別行政區駐軍法》第 6 條和第 14 條作了相應規定。

二、 特別行政區行政長官的緊急情況處置權

按照香港以前的制度，「總督會同行政局」擁有廣泛的緊急權力。根據《緊急規章條例》，港督會同行政局如認為出現緊急或公共危險情況，可制定他認為維護公共利益所必需的規章，這些規章可以實施檢查制度；逮捕、拘留，實行出入境管制；控制碼頭、港口等交通要道；可以實行交通管制、經濟管制；可以徵用、處置任何財產和企業；可以修訂任何法律；可以徵用民工；等等。也就是說在緊急情況出現時，總督可以採取一切他認為必要的措施。這些內容已由十項附屬立法詳加規定。其中最重要的是《緊急狀態（主要）規章》，它詳細規定了總督可以行使的各項緊急權力的範圍和程序。香港總督曾於 1949、1951、1952、1955、1956、1958、1967 年多次宣佈該規章的部分條款生效。至於回歸後香港特別行政區的緊急狀態立法，要根據《基本法》的原則精神和特別行政區成立後的實際情況去進行。[16]

香港《基本法》沒有明確規定特別行政區政府是否有權宣佈進入緊急狀態，只是在第 56 條第 2 款規定行政長官在「緊急情況下採取的措施」可以不用徵詢行政會議的意見。這說明特區行政長官有一定的緊急情況處置權。澳門《基本法》第 58 條有同樣的規定。

五 | 外交事務權

外交事務是指一個國家以主權國家的身份和其他國家、其他地區或者國際組織開展正式的、官方的經濟、政治、文化等方面的聯絡、交往事務。在許多時候，外交事務直接涉及國家主權，需要以主權國家的名義進行。因而，外交權是與一國主權有直接關係的國家權力。通常情況下，一國的地方政府是沒有外交權的，尤其在單一制國家，對外交往由中央政府統一管理。[17]

港澳地區在英國、葡萄牙的管治下，在相當長時間裡也是沒有外交權的。原香港政府直接隸屬於英國外交及聯邦事務部管轄，其對外關係基本上由該部統一管理，例如外國在香港設立領事機構必須經英國批准；而香港政府在其他國家和地區設立的經貿辦事機構，則屬於英國駐外領使館的組成部分；在有關以國家為單位的國際會議上，香港只能以英國代表團成員的身份參加；香港若要參加有關國際組織，也只能以「準會員」的身份和地位參加；直接涉及主權的外交談判，也完全由英國出面掌握。二十世紀五六十年代以來，由於香港經濟的起飛，其國際性不斷增強，所以英國才逐漸授權香港自行處理一些非主權性的外交事務。[18]

澳門在葡萄牙管治之下，也基本上沒有外交自主權，一直到1976年頒佈的《澳門組織章程》才有限度地授予澳門一定的外事權。該《章程》規定「澳門同外國的關係及訂立國際性協議或條約，代表澳門的權力屬於總統所有；而專與本地區利益有關的事情，他可委託總督處理」；如果「在地區實施的國際性協議或條約，對於它的訂立未有賦予上款所指的委託時，有賴於預先聽取當地政府組織的意見。」這樣，澳門也有一定的非主權性的外交自主權。[19]

根據這些情況，兩部《基本法》規定由中央人民政府負責管理與特別行政區有關的外交事務。1997年6月20日中國常駐聯合國代表秦華孫大使就多邊國際條約適用於香港特別行政區之事照會聯合國秘書長，表示根據《中英聯合聲明》和香港《基本法》第153條規定，香港回歸後中國尚未參加但是已經適用於香港的國際協議仍可繼續適用，照會就有關國際協議在香港特別行政區實施的幾種情況向聯合國秘書長做了詳細說明。[20]

在涉港國際條約法律工作方面，外交部處理了香港回歸前後國際公約繼續在香港適用的遺留或後續問題，包括處理中國已參加的公約如何在港實施的問題以及就中國未參加的公約適港問題做好締約各方的工作，爭取其支持和理解，這些問題得到了圓滿解決。另外，還有就中國準備參加的國際公約問題，中央政府根據「一國兩制」原則和《基本法》的有關規定，徵求特別行政區政府的意見，根據香港的實際需要，就公約適港問題做出特殊安排。中央政府作為特別行政區履行國際公約產生的權利與義務的承擔者，繼續為特別行政區履行中國已參加或未參加的勞工公約、麻醉品公約以及人權公約等，向公約保存機關遞交報告、轉發數據與資料，安排特別行政區代表參加中國代表團，出席公約機構對有關特別行政區提交報告的審議會議。還有，中央政府就香港特別行政區提出的有關公約適用方面的問題作出研究和答覆。

在涉港雙邊條約方面，中央政府依據《基本法》授權香港特別行政區政府對外簽訂包括民航、投資保護、移交逃犯、移交被判刑人、司法協助等方面的雙邊協定，並將香港與有關國家簽署的雙邊民航協定向聯合國和國際民航組織進行登記。

另外，應香港特別行政區的要求，外交部還為特別行政區提供了大量其他方面的涉外外交服務，例如出具特別行政區所指人員是否享有外交特權與豁免的證明、處理國際貨幣基金組織在港設立分支機構等事宜、辦理香港特別行政區對外司法協助案件等。

關於涉及澳門特別行政區的外交工作，其中有關涉澳國際公約問題，中葡雙方於 1997 年底開始就國際公約適用於澳門並過渡到 1999 年的問題進行磋商。到澳門回歸前，中方同意 141 項公約及數十項議定書及修正案（不含國際組織類公約，不包含中國參加的全部外交國防類公約）由葡方延伸並實際在澳門適用後可過渡到 1999 年。中國政府從 1999 年 9 月 29 日到 12 月 17 日，並就上述 141 項公約中的 99 項（即葡方在 12 月 20 日前延伸並實際在澳門適用的公約）於 12 月 20 日後適用於澳門特別行政區的問題先後照會有關公約保存機關，完成法律手續，1999 年 12 月 14 日，中國常駐聯合國代表秦華孫大使並就此正式照會聯合國秘書長。在照會中，中國政府全面闡述有關國際公約適用於澳門特別行政區的原則立場和做法，並附 12 月 20 日後繼續適用澳門特別行政區的公約清單。目前適用澳門特別行政區的國際公約共有 158 項，涉及外交、國防、民航、海關、人權、教育、科技、文化、禁毒、環保、衛生、國際犯罪、勞工、海商、國際私法、交通郵政電訊、國際組織類等十餘類。[21]

在涉及澳門的雙邊協定方面，中國政府與 20 個國家簽訂（或以換文方式締結）了關於外國在澳門特別行政區設立領事館或保留總領事或有關領區方面的協議，12 月 8 日，中國政府就 12 月 20 日前澳門在葡萄牙政府授權下與外國簽訂的 29 項雙邊民航協定在澳門回歸後的效力問題分別照會有關國家駐華使館，確認同意有關雙邊協定在 12 月 20 日後繼續對澳門特別行政區有效。

特別行政區成立後，根據《基本法》規定，中華人民共和國外交部在特別行政區設立了專門機構即外交部駐特別行政區特派員公署，處理有關特別行政區的外交事務。一切國家、國際組織與特別行政區之間的重大外交事務都由該機構處理。同時，根據《基本法》的規定，中央人民政府得授權特別行政區依照《基本法》自行處理有關的對外事務，即儘管外交權由中央政府行使，但是特別行政區也享有一定的對外事務處置權。特別行政區在這方面享有的權力將在下一章專門論述。

六｜防務權

國家重要的基本職能之一就是為所轄土地和人民提供共同的安全防衛，抗擊他國入侵，維護領土內正常的和平社會秩序，保衛人民的生命財產安全，捍衛國家的主權和領土完整。在任何擁有完全主權的國家，國家的防衛都是統一的，即全國的軍隊必須集中統一領導指揮，地方政府不得參與軍事活動。這一方面是由軍隊本身和國防的性質決定的，另一方面也是維護國家統一所必須的。從中外歷史上看，軍隊如果控制得好，則是維護國家統一和主權的強大武器；如果控制得不好，則可能破壞國家的統一和主權完整。為此，各國憲法對軍隊的統一都作了十分嚴密的規定。中國憲法第 93 條規定「中華人民共和國軍事委員會領導全國武裝力量。……中央軍事委員會實行主席負責制」體現了中國國防統一、軍隊統一的原則。

中央政府負責特別行政區的防務，這既是中央政府的權力，也是中央政府的責任，即中央政府要負責特別行政區對外的安全；如遇外敵入侵，中央政府要負責抵禦侵略，捍衛特別行政區的和平。為了提供特別行政區的防衛，中央就要向特別行政區派駐軍隊，這既是香港防務和全國整體國防的需要，也是國家主權的重要體現。反對在特別行政區駐軍，或者主張只象徵性派駐少量軍隊，或者主張駐軍不要進駐市區而駐在偏遠地區的主張都是不正確的，不僅在整個防務上容易造成漏洞，而且限制了國家主權，因而是不可取的。[22] 港人以前對人民解放軍進駐香港有許多擔心。在擬定有關政策時，關於香港駐軍的方式主要有三種意見：一是主張軍隊主要駐在深圳，香港只象徵性駐軍；二是駐軍在香港，深圳作為後援基地；三是解放軍駐守深圳，有事再來港履行職責。對於第三種方式不僅中央不同意，香港工商界許多人士也反對，因為他們擔心回歸時大亂，解放軍駐守深圳，遠水救近火，容易小事化大。[23] 第一種方式因同樣原因也是不可行的。因此，中央決定必須向香港特別行政區派駐一定數量的人民解放軍。

香港地處珠江入海口，地理位置重要，歷來是國家的海防要地，明清兩代都有駐兵防守。英國佔領香港後，也一直有駐軍防守，包括陸、海、空三個軍種，分佈於整個香港地區，由具有少將軍銜的駐港英軍總司令統領，總督只是名義上的駐軍總司令。駐港英軍的主要任務是「體現主權和維護有助於促進香港繁榮的各項條件，以顯示英國議會履行對香港承諾的責任」，平時駐港英軍的主要責任是執行防衛任務，協助維持香港的社會治安。而且長期以來香港要承擔相當數量的駐軍費用。[24] 為此中國恢復行使香港主權後，不管是執行防務需要方面，還是從維護國家主權和統一方面考慮，都必須向特別行政區派駐軍隊。由於特別行政區的特殊情況，《基本法》對此做了特別規定。

據此，國務院和中央軍事委員會於 1993 年初正式開始組建中國人民解放軍駐香港部隊。1996 年 1 月 28 日香港駐軍正式組建完畢。1996 年 12 月 30 日第八屆全國人民代表大會常務委員會第 23 次會議通過了《中華人民共和國香港特別行政區駐軍法》，規定了香港駐軍的職責、香港駐軍與香港特別行政區政府的關係、香港駐軍人員的義務與紀律以及香港駐軍人員的司法管轄問題。這是規範香港駐軍活動的一部主要法律。

根據香港《基本法》、《駐軍法》以及國務院和中央軍事委員會的公告，駐港部隊直接隸屬於中央軍事委員會統率，其職責是具體執行香港特別行政區的防務，不干預特別行政區的地方事務。特別行政區政府與駐軍分別按照獨立的行政與軍事系統運作，互不隸屬，互不干預。當然，駐港部隊需要充分、有效的保障，這些保障不僅需要中央政府提供，也需要香港特別行政區政府提供必要的支持和配合，二者需要就此進行聯絡與溝通。[25]

中央軍事委員會主席江澤民曾經指出，中國人民解放軍進駐香港，不同於全國解放時大軍南下，不同於「好八連」進南京路，歷史背景不一樣。1997 年中國對香港恢復行使主權，是按「一國兩制」的原則辦事，香港是港人治港，對此駐港部隊思想上要有充分認識。[26]

根據香港《基本法》第 18 條的規定，香港駐軍只有在下面情況下才可以出動：第一，全國人民代表大會常務委員會決定宣佈戰爭狀態，中央人民政府發佈命令將有關全國性法律在香港特別行政區實施；第二，香港特別行政區發生特別行政區政府不能控制的危及國家統一或安全的動亂，全國人大常委會決定香港特別行政區進入緊急狀態，中央人民政府發佈命令將有關全國性法律在特別行政區實施。一旦特別行政區進入戰爭狀態或者緊急狀態，肯定要出動軍隊。另外基本法還規定特別行政區政府在確有必要時也可以請求中央人民政府調動軍隊協助維持社會治安和救助自然災害。在這種情況下，是否出動軍隊取決於特別行政區政府，只有特別行政區政府向中央提出請求並獲得批准，駐軍才可以出動，其主動權在特別行政區。可見，《基本法》對調動駐港軍隊的情況作了十分嚴格的限制。

駐港部隊除了必須遵守全國性法律外，還必須遵守香港特別行政區的法律。關於軍地互涉的法律問題的解決，尤其涉及駐軍的犯罪問題和有關民事糾紛的處理，香港特別行政區《駐軍法》對有關司法管轄問題已經作出了妥善的規定。香港回歸後的實踐證明，駐港部隊嚴格遵守了有關法律和法令，成為維護特別行政區穩定和安全的強大力量。

關於軍費問題，回歸前香港承擔了駐港英軍的絕大部分開支。但是根據《基本法》的規定，駐香港解放軍的費用由中央人民政府負擔，香港居民不承擔有關駐軍費用。

至於澳門，1975 年 12 月葡萄牙撤走了澳門駐軍。1976 年 2 月頒行的《澳門組織章程》規定，澳門的對外防務由葡萄牙總統負責。

澳門特別行政區《基本法》第 14 條也只籠統規定，澳門特別行政區的防務由中央人民政府負責。由於澳門地方很小，而且四面都被中國的領土領水包圍，因此最初中央政府並沒有決定向澳門特別行政區派駐軍隊。但是隨着澳門回歸的日益迫近，根據澳門的實際情況，中央決定應該向澳門派駐適量駐軍。為此，1999 年 6 月 28 日第九屆全國人民代表大會常務委員會第十次會議通過了《澳門特別行政區駐軍法》，規定了向澳門派駐軍隊的有關事項。澳門駐軍和香港駐軍的一個最大不同是，《澳門特別行政區駐軍法》第 3 條規定，澳門特別行政區政府在必要時，可以向中央人民政府請求澳門駐軍協助維持社會治安和救助災害。關於香港駐軍，沒有這方面的規定，香港特別行政區的社會治安完全由特別行政區政府自行負責。

根據《基本法》的規定，中央除了享有上述六項權力之外，還享有其他與國家主權和統一有關的權力，例如國家元首權，特別行政區要以中華人民共和國主席為國家元首，接受國家主席依法發佈的有關命令。還有全國人大常委會對特別行政區立法機關制定的法律行使備案權和發回重議權，中央政府負責處理香港、澳門特別行政區的涉及台灣地區的事務等。這些在後面將會論及。

七 |「剩餘權力」的處理

在憲法以上，「剩餘權力」又稱保留權力，是指立憲者在劃分國家機構之間的權力，尤其全國政府（聯邦政府或者中央政府）與地方區域政府之間的權力時，那些沒有規定由誰行使的權力。為了避免出現由於立法上的「空白」而導致的「權力真空」，制定憲法和法律的人都籠統地規定那些未盡事宜的管轄權是由中央（聯邦）保留行使或者由地方（邦）保留行使。這些剩餘權力不一定都很小，有時候剩餘權力可能很大。

規定「剩餘權力」歸屬的意義有兩個方面，一方面是當法律沒有明確規定歸誰管轄的事務出現時，可以有一個部門先出面行使管轄權，不致造成「立法真空」而使一些事情尤其突發性緊急事務處於無人管理的狀態。從政治學上說，國家權力應該覆蓋的情形必須覆蓋到，「權力空白」是立憲所必須避免的。另一方面「剩餘權力」的歸屬是衡量一國國家結構的重要標準，如果剩餘權力歸地方區域政府，那麼這個國家就是聯邦制國家；否則，就是單一制國家。這是因為，剩餘權力往往與國家「原始權力」的來源、與國家主權緊密聯繫在一起，擁有剩餘權力的主體往往就是國家「原始權力」的擁有者，所以在許多國家的憲法上，剩餘權力往往歸綜合性的國家最高權力機關所享有。在單一制國家，由於地方的權力都是由中央授予的，所以不存在「剩餘權力」歸屬問題，如果存在沒有明確歸屬的權力，也應該是歸中央所有，這是單一制的重要原則。

在憲法中最早規定剩餘權力歸屬的是美國。《美國憲法》第 10 條修正案規定：「本憲法所未授予合眾國政府也未禁止各州政府所行使的權力，均由各州或由人民保留它」。以後各國憲法紛紛倣傚。實行聯邦制國家的憲法一般都是對聯邦政府的權力採用列舉主義，如果憲法沒有明確授予聯邦政府行使的權力就都歸各成員邦或人民保留。

中國《憲法》第 2 條明確規定「中華人民共和國的一切權力屬於人民」；第 62 條規定全國人民代表大會行使的最後一項職權是「應當由最高國家權力機關行使的其他職權」；第 67 條規定全國人大常委會行使的最後一項職權是「全國人民代表大會授予的其他職權」。第 89 條規定國務院行使的最後一項職權是「全國人民代表大會和全國人民代表大會常務委員會授予的其他職權。」這充分表明在中國，人民是一切國家權力的所有者，當然也包括「剩餘權力」，如果存在的話；而代表全體人民的全國人民代表大會可以行使一切最高國家權力，也可以授權它的常設機關——常務委員會和執行機關——國務院行使相應的權力。至於各地方，包括特別行政區的權力都是由國家最高權力機關授予的。因而憲法沒有明確授予地方行使的權力，由最高國家權力機關保留。

兩部特別行政區《基本法》都在第 2 條規定全國人民代表大會授權特別行政區實行高度自治，享有行政管理權、立法權、獨立的司法權和終審權。這十分明確地表明不管特別行政區的權力有多大，都是由中央授予的；而中央所未明確授予特別行政區行使的「剩餘權力」，顯然仍由中央即全國人民代表大會及其常設機關保留並決定行使。

但是，兩部特別行政區《基本法》在立法技術上也做了不同尋常的處理。首先，它對中央的權力既有概括式規定，又採用列舉方式作了個別規定。關於概括規定，是指兩部《基本法》第 12 條規定特別行政區是中華人民共和國的一個享有高度自治權的地方行政區域，直轄於中央人民政府，還有上述的對「剩餘權力」的保留權；列舉式個別規定是指兩部《基本法》第 13 至第 15 條，第 158 條、第 159 條對中央行使的各項權力的規定，這已在前面做了詳細論述。採用列舉式規定的方法，一方面固然是對中央行使的權力的「限制」，即中央對特別行政區行使的權力將嚴格限制在這些方面，即「限制在體現國家主權和統一所絕對必需的範圍之內」，同時這也是對中央行使這些權力的肯定和保證。[27]

其次，《基本法》對特別行政區行使的權力既採用了列舉式的規定，即它詳細規定了中央授予特別行政區行使的各項權力（將在下一章中詳細論述），又採用了概括式規定的方法規定特別行政區有繼續接受中央其他授權的權力，即香港特別行政區《基本法》第 20 條規定：「香港特別行政區可享有全國人民代表大會和全國人民代表大會常務委員會及中央人民政府授予的其他權力。」本書把這項權力稱為，「接受中央授予的『其他權力』的權力」。這條規定一方面表明中央擁有特別行政區的主權，保留「剩餘權力」，中央有「授權的權力」，另一方面它也表明特別行政區有繼續接受中央授予的「其他權力的權力」。

如前所述，這樣的規定在中國憲法上只是在規定全國人大常委會和國務院行使的職權時出現過。它看起來沒有什麼實質意義，其實不然。因為它是將來中央繼續授予特別行政區某些其他權力的法律依據，如果沒有這樣的規定，那就意味着中央不可以再授予特別行政區其他權力，而特別行政區也不可以再接受這樣的授權，其權力將嚴格限制在《基本法》所明確列舉的範圍之內。所以這條規定是有實質意義的。國務院就曾根據《憲法》第 89 條的類似規定獲得過全國人大授予的憲法規定範圍之外的權力。[28]

由此可見，基本法起草者在處理這個問題時也打破了常規的立法慣例，十分靈活而又不失原則地解決了「剩餘權力」問題，即中央保留一切「剩餘權力」，而特別行政區有再接受中央授予「其他剩餘權力」之權力。

八｜中央權力的來源、性質及其行使

一、中央權力的來源

也許人們會問中央為什麼「有權」對特別行政區行使這些權力，為什麼中央有「授權之權」？其行使權力的根據、基礎是什麼？這就涉及政治學和法學上的政治權威的合法性來源問題。用奧地利法學家凱爾森（Hans Kelsen）的純粹法學理論（Pure Theory of Law）來解釋，就是一個國家所有法律和規範的合法性來源於這個國家的「基本規範」（Basic Norm 或 Grundnorm）。如果「基本規範」變了，那麼隨之整個法律的合法性來源、權力的基礎也就發生變化，整個法律和權力架構也就隨之而變。[29] 他所謂的「基本規範」其實就是國家權力的正統性，也可以說是主權（Sovereignty）。由於發生革命或政變或大選而產生的新政權，必然要樹立起新的「基本規範」，並以此來重新劃分國家權力。

《中英聯合聲明》和香港《基本法》都開宗明義規定，中國將在 1997 年 7 月 1 日起恢復對香港行使主權，而英國在同一時刻把香港交還中國。這是一個政治現實，就在 1997 年 6 月 30 日子夜香港政權交接儀式舉行的那一剎那間，香港整個「基本規範」變了，主權的移交標誌着權力的合法性基礎變了。原來來自倫敦的指令是最高的、最具權威的，然而現在一切權力要獲得合法存在的根據都必須首先取得中國中央政權的認可和授權。[30]

問題非常簡單，中央之所以有權對香港特別行政區行使那些權力，就是因為香港自古以來就是中國的領土，中國現在從英國人手裡重新恢復對香港行使主權，從而有權在香港確立新的「基本規範」，實施新的治理。從某種意義上說這是一次「主權革命」。同樣道理，對澳門問題也是一樣的。

二、國家主權

國家主權就是一國政府獨立處理內外事務的最高權力，亦即一國對自己的領土和人民的統治權。主權是國家權力中最基本、最重要的權力，國家享有的其他一切權力都是由主權派生的。主權是國家最重要的屬性，是一個完整意義上的國家所固有的而非後天賦予的，因而主權是不可分割的。

主權作為國家固有的權利，其對內主要表現為最高統治權，即國家對其領土內的一切人和事以及領土外的本國人實施管轄的權利，國家有權決定自己實行的政治經濟制度，有權決定自己的行政區劃等。例如中國決定在中國大陸實行社會主義的政治經濟文化制度，而在香港、澳門則設立特別行政區，實行資本主義制度，採用不同於內地的管理方法。這都是中國主權範圍內的事。主權對外則表現為獨立權和抵抗別國侵犯的自衛權，即一國不受任何外來干涉獨立處理對外事務，保衛國家安全與領土完整的權力。

正是基於國家主權原則，一國政府才獲得了政治權威，才獲得了統治其領土和人民的合法性，才得以確立國家的「基本規範」並據此建立起統治機構和法律體系。至於主權的獲得方式，由於離本書主題太遠，這裡不做探討。[31]

總之，中央對特別行政區享有的所有權力都來源於國家主權，中華人民共和國對香港、澳門享有主權，這是中央權力合法性的來源。

三、中央與特別行政區之間職權劃分的標準

從分析中我們可以看出，中央與特別行政區之間的職權劃分，在「一國兩制」的方針政策指導下，遵循了兩個原則，一是根據事項的性質劃分，即根據事項本身的性質特點和「一國兩制」的精神，應該由中央行使的職權，就由中央行使，例如防務；應該由特別行政區行使的權力就由特別行政區自己立法行使，如經濟、文化事務。第二個原則是根據一國全國政府（即中央政府）和地方政府本身的職能來劃分職權，屬於全國政府職能範圍內的事項，例如維護國家主權、捍衛國家領土完整，這主要是中央政府的職能，因而這些事項當然就由中央政府負責；屬於地方政府職能範圍內的事項，例如社會治安的維持

等就歸特別行政區政府管轄。所以《基本法》起草委員會在「劃分」中央與特別行政區職權時，决非有意偏袒中央政府或者特別行政區政府，故意地人為把某些應該由一方行使的權力卻「劃歸」另一方行使，而是根據維護國家統一和保持特別行政區繁榮的需要，科學合理地劃分權限，應該歸中央行使的權力就歸中央，應該歸特別行政區行使的權力就歸特別行政區。大的原則是：「一國兩制」，「高度自治」，科學合理，主權歸中央，治權歸特別行政區。

具體而言，《基本法》對職權的劃分可以分為以下幾種情況，一是有些權力完全由中央直接行使，如防務；二是有些權力歸中央行使，但中央在行使這些權力時，充分吸收特別行政區的參與，如中央對特別行政區《基本法》的解釋權；三是有些權力歸中央，但中央不行使，而授權特別行政區行使，中央監督這些權力的行使，如中央在外交事務上有全權，但授權特別行政區以法定的名義、方式自主處理對外經貿關係，中央對此實施監督。四是有些權力歸特別行政區行使，中央只發揮監督作用，例如立法權歸特別行政區行使，中央只用備案的形式起監督作用。五是有些權力完全歸特別行政區行使，如司法權和終審權，管理金融貿易的權力等。

可以看出，中央對特別行政區的政策是積極不干預的政策，只在確有必要由中央出面的時候，才由中央出面。中央享有的權力除主權和「授權之權」、「保留權力」外，都是主權性、服務性的，例如防務和外交，中央主要就是服務性的、責任性的。權利意味着義務，而權力則同時意味着責任。中央享有上述權力，就意味着中央要在上述這些方面對特別行政區充分地負起責任來，不能讓特別行政區在這些方面稍有損失或失誤。同樣，特別行政區政府依法享有充分的維持繁榮與穩定所需要的一切權力，這同時也是一種責任，即特別行政區政府必須在自己的職責範圍之內，上對中央政府負責，不得出現損害國家統一和主權的事情，下對特別行政區人民負責，盡力維護特別行政區的持續繁榮與穩定。在其位，就要謀其政；享有權力，就必須切實擔負起權力所包含的一切責任，無論對中央或者特別行政區都是這樣。

| 註釋 |

1. 中國憲法對人民檢察院的定性是國家的法律監督機關，沒有把它視為司法機關。但是長期以來中國內地的人民檢察院和人民法院都被視為司法機關。現在有一些學者建議，學習大部分國家和港台地區的做法，將檢察院歸入到政府法律部門中去。

2. 《基本法》的英譯本把「中央」譯為 Central Authorities，即「中央權力機關」或「中央當局」，這就準確表達了「中央」中文一詞的全部含義。

3. 《香港特別行政區基本法》是 1990 年 4 月 4 日由全國人大通過的，而香港特別行政區 1997 年 7 月 1 日成立。《澳門特別行政區基本法》是 1993 年 3 月 31 日由全國人大通過的，而澳門特別行政區於 1999 年 12 月 20 日成立。

4. 馬萬祺：《澳門特別行政區基本法諮詢委員會發起人會議工作情況匯報》。轉引自藍天：《「一國兩制」法律問題研究》（總卷），北京：法律出版社，1997，頁 115。

5. 蕭蔚雲：《一國兩制與香港基本法律制度》，北京：北京大學出版社，1990，頁 153-154。

6. 黃毓麟：《中國憲法和香港特別行政區基本法中的法律解釋權問題》，載許崇德：《憲法與民主政治》，北京：中國檢察出版社，1994，頁 389。

7. 參見黃毓麟：《中國憲法和香港特別行政區基本法中的法律解釋權問題》，載許崇德：《憲法與民主政治》，北京：中國檢察出版社，1994，頁 389。又見許崇德：《港澳基本法教程》，北京：中國人民大學出版社，1994，頁 69。

8. 對全國人大有無法律解釋權，憲法沒有明確規定。但是從中國法學理論和中國法律制度上講，既然它的常設機關全國人大常委會都可以解釋法律，它自己當然也可以。而且全國人大負有監督憲法實施的權力，也就是違憲審查權，所以當然有權解釋憲法和法律。但是如果嚴格從法治原理來看，對任何國家機關，憲法沒有明確授予它行使的權力，它就不得行使；對國家機關不可以採用類推、隱含邏輯推理方法來擴大其權力。既然《憲法》把解釋憲法和法律的權力只授予了全國人大常委會，那麼這說明《憲法》不允許任何其他機關包括全國人大行使這項權力，所以全國人大就沒有這樣的法律解釋權。參見第十章。

9. 實際上全國人大常委會儘管有這項很重要的權力，但是不知為何，它很少行使這項權力。

10. 「中央」在這裡是指全國人民代表大會。

11. 參見許崇德：《港澳基本法教程》，北京：中國人民大學出版社，1994，頁 65。

12. 《憲法》第 101 條規定：「地方各級人民代表大會分別選舉並且有權罷免本級人民政府的省長和副省長、市長和副市長、縣長和副縣長、區長和副區長、鄉長和副鄉長、鎮長和副鎮長。」《地方各級人民代表大會和地方各級人民政府組織法》第 39 條第 10 款規定，縣級以上的地方各級人民代表大會常務委員會「根據省長、自治區主席、市長、州長、縣長、區長的提名，決定本級人民政府秘書長、廳長、局長、主任、科長的任免，報上一級人民政府備案。」

13. 《星島日報》，香港，2001 年 7 月 11 日。

14. 參見許崇德：《港澳基本法教程》，北京：中國人民大學出版社，1994，頁 64-65。

15. 全國人大雖然每年的會期很短，只有半個月左右時間，但是在這個時間內卻是由它直接行使國家的最高權力。如果在這個時間發生戰爭，顯然只能由全國人大而不是全國人大常委會決定進入戰爭狀態。

16. 藍天：《「一國兩制」法律問題研究》（總卷），北京：法律出版社，1997，頁 85-86。

17. 前蘇聯憲法曾規定各加盟共和國有對外交往權。但除了烏克蘭、白俄羅斯由於特殊的歷史原因而成為聯合國會員國外，其他加盟共和國實際上都沒有參加聯合國。加拿大的魁北克有權與法國和其他法語國家簽訂有關文化方面的國際條約，但它不屬於國際法主體。參見王鐵崖：《國際法》，北京：法律出版社，1981，頁 88。

18. 參見許崇德：《港澳基本法教程》，北京：中國人民大學出版社，1994，頁 65。

19. 參見許崇德：《港澳基本法教程》，北京：中國人民大學出版社，1994，頁 59-60。

20. 《中國常駐聯合國代表秦華孫大使就多邊國際條約適用於香港特別行政區事項致聯合國秘書長照會》，《國務院公報》，1997（39）（總 891）。

21. 《中國常駐聯合國代表秦華孫大使就多邊國際條約適用於澳門特別行政區事項致聯合國秘書長照會》，見外交部網頁 http://www.fmprc.gov.cn/chn/2400.html。

22. 許崇德：《港澳基本法教程》，北京：中國人民大學出版社，1994，頁 62。

23. 黃文放：《中國對香港恢復行使主權的決策歷程與執行》，香港：香港浸會大學，1997，頁 70。

24. 藍天：《「一國兩制」法律問題研究》（總卷），北京：法律出版社，1997，頁 68-70。

25. 《人民日報》，1996 年 1 月 30 日。

26. 《人民日報》，1996 年 2 月 6 日。

27. 王鳳超：《關於中央和香港特別行政區的關係》，載《文匯報》，香港，1995 年 4 月 5 日。

28. 1985 年 4 月 10 日第六屆全國人大第三次會議決定授權國務院對於有關經濟體制改革和對外開放方面的問題，必要時可以根據憲法和在同有關法律和全國人大及其常委會的有關決定的基本原則不相牴觸的前提下，制定暫行規定或條例，頒佈實施，並報全國人大常委會備案。吳家麟：《憲法學》，北京：群眾出版社，1992，頁 294。

29. 請參見 Wacks R., "One Country, Two Grundnormen? The Basic Law and the Basic Norm", In Wacks R, ed. *China, Hong Kong and 1997 Essays in Legal Theory*, Hong Kong: Hong Kong University Press, 1993, p.155-162。

30. 英國曾經在中英關於香港前途的談判過程中提出要以主權換治權，即 1997 年 7 月 1 日後英國把香港的主權交還中國，但保留在香港的治權，企圖延續在香港的統治，被中國政府斷然拒絕。主權與治權是不可分的，沒有治權的主權是不完整的。很難設想香港的主權由中國行使而管理權仍由英國人行使，這是不可能的。公法的原則有時不同於私法的原則。在私法上，一個公司的經營權和所有權是可以分離的，經營者不一定是所有者。但是在公法上，國家的所有權和「經營權」總是合在一起的，很難設想一個國家可以「聘用」一個外國人來當總統或者總理治理國家。因此，拿「主權」換「治權」是根本行不通的。

31. 關於國家主權和政治權威的書籍，可閱讀恩格斯：《論權威》，載《馬克思恩格斯選集》，

第 2 卷。盧梭：《論人類不平等的起源和基礎》。Kelsen H., *The Pure Theory of Law*, trans by Max Knight, Los Angeles: University of California Press, 1967. Kelsen H., *General Theory of Norms*, trans by M. Hartney, Oxford: Oxford University Press, 1991. Also see: *General Theory of Law and State*, trans by Wedkerg A., Cambridge: Harvard University Press, 1945. Harris J. W., "When and Why Does the Grundnorm Change?", In *Cambridge Law Journal*, 1971（29）, p.103. Hart H. L. A., *The Concept of Law*, Oxford: Clarendon Press, 1961.［美］伯爾曼：《法律與革命》，賀衛方、高鴻鈞等譯，北京：中國大百科全書出版社，1993。

CHAPTER 7

特別行政區享有的權力

本書第五章已經詳細分析了中央與特別行政區之間的職權劃分及其原則和對「剩餘權力」的處理等問題，從中可以看出中央享有的權力是維護國家統一與主權所必需的。除此之外的權力則都由中央授予特別行政區行使。特別行政區除了享有高度自治權外，特別行政區居民也同樣享有參與全國性事務管理的權力，特別行政區也有權接受中央的其他授權與委託，去處理本應由中央管理的事務。

本章集中論述特別行政區享有的各項權力，主要包括：（1）特別行政區享有的高度自治權；（2）特別行政區參加全國性事務管理的權力；（3）特別行政區接受中央授予的「其他權力」的權力。當然特別行政區對維護國家統一和主權也承擔着相應的責任。一個總的原則是，在「一國兩制」之下，特別行政區政府既要對特別行政區的繁榮與穩定負責，又要對維護國家的統一與主權負責。

可見，本章所指的「特別行政區」不僅包括特別行政區行政長官、特別行政區各級政府組織，而且包括特別行政區所有居民。特別行政區享有的權力及其承擔的責任，就是特別行政區居民和政府作為一個整體所享有的各種權力及承擔的各種責任。

一｜特別行政區享有的高度自治權

在憲法學上，地方自治權就是本地方自主處理地方性事務的權能。在單一制結構下，地方享有的自治權不是「先天的」，而是「後天」由中央政府授予的，即中央在不影響國家主權統一行使的情況下，把本來應該由自己管理的地方性事務授予地方政府自主管理，中央只發揮監督作用。自治權的行使以不妨礙國家主權和國家統一為限度，如果地方自治權損害了國家主權與統一，中央就要取消這些自治權。所以，任何地方的自治都是有限度的，決不是沒有任何限制的「自治」，所謂「完全自治」是不存在的。如前所述，嚴格來說單一制下的地方自治，不存在中央與地方分權問題，只有授權而沒有分權，即中央授予地方一定的權限去管理地方事務，至於授權多少、授權程度、授什麼權則由中央政府決定。這與聯邦制下聯邦與各成員邦平等分權在性質上是不同的。[1]

香港、澳門特別行政區《基本法》都在第 2 條規定：「中華人民共和國全國人民代表大會授權特別行政區依照本法的規定實行高度自治，享有行政管理權、立法權、獨立的司法權和終審權。」《基本法》第 13 條第 3 款還規定：「中央人民政府授權特別行政區依照本法自行處理有關的對外事務。」這些就是特別行政區實行高度自治的基本內容。[2]

一、行政管理權

行政管理泛指政府對經濟、文化、市政、治安、社會福利等社會事務以及對其自身進行日常管理的行為，是政府的基本職能。在傳統的單一制體制下，中央政府通常掌握了大量的行政管理權，地方政府往往只是被動地執行中央的有關政策和命令。香港和澳門特別行政區根據「一國兩制」、「高度自治」的原則，由中央授權享有行政管理權。香港特別行政區《基本法》第 16 條規定，「香港特別行政區享有行政管理權，依照本法的有關規定自行處理香港特別行政區的行政事務」。澳門特別行政區《基本法》也有同樣的規定。

《基本法》沒有採用列舉的方法詳細開列特別行政區享有哪些方面的行政事務管理權，這是因為行政事務的範圍非常廣泛，幾乎涵蓋了社會生活的方方面面，是很難列舉清楚、列舉完全的。然而政府對行政事務的管理又是不能有漏洞的，所以《基本法》在第 16 條中先概括地規定特別行政區享有行政事務管理權，這樣就使得特別行政區政府在出現新的社會事務時不至於因為《基本法》沒有授權而無所作為，導致「權力真空」和社會混亂。

《基本法》的第五、六兩章較為詳細具體地規定了特別行政區享有的主要的行政管理權。這包括：經濟方面有財政、金融、貿易和工商業、土地、航運、民用航空，另外還有教育、科學、文化、體育、宗教、勞工和社會服務等。這些都是具體的行政行為。在抽象行政行為方面，特別行政區政府也享有廣泛的權力。

❶ | 抽象行政行為方面的職權

（1）行政決策權。特別行政區行政長官有權制定特別行政區政府各方面的政策，是特別行政區政府的最高決策機關。

（2）發佈行政命令，制定行政性法規。特別行政區行政長官有權發佈行政命令，制定行政性法規，以具體執行在特別行政區實施的全國性法律和特別行政區立法會通過的法律。

（3）立法提案權。特別行政區政府有權向立法會提交法律草案，行政長官還有權簽署立法會通過的法案，公佈為法律。

❷ | 人事任免權

特別行政區行政長官有權提名特別行政區政府各主要部門負責人的人選，報中央人民政府任命；特別行政區有權依照法定程序任免特別行政區各級法院法官包括特別行政區終審法院法官；特別行政區有權依照法定程序任免其他公職人員等。

❸ | 具體行政行為方面的職權

（1）治安權。根據《基本法》的規定，特別行政區政府自行負責維持特別行政區的社會治安。據此，特別行政區政府有權組建特別行政區的各種紀律部隊，維持特別行政區正常的社會秩序和公共安全，懲罰各種犯罪。

（2）經濟管理權。香港、澳門兩個特別行政區繼續實行資本主義市場經濟。在市場經濟下，政府對公民的經濟行為奉行「積極不干預」政策，因而特別行政區政府的經濟管理權不同於內地政府的經濟管理權，特別行政區政府不會通過直接經營管理一個個具體企業的方式來管理經濟，而僅僅是從宏觀方面為市場經濟發展提供各種服務。政府在市場經濟中的角色只能是裁判員，而決不能兼裁判員和運動員於一身。特別行政區政府將繼續奉行這種積極不干預的「無為」經濟政策。這方面的宏觀經濟管理權主要有：

第一，獨立的財政權。特別行政區實行財政獨立，財政收入全部用於自身需要，不需上繳中央人民政府。中央人民政府也不在特別行政區徵稅。

第二，獨立的稅收權。特別行政區實行獨立的稅收制度，自行立法規定稅種、稅率、稅收寬免和其他稅務事項。

第三，獨立的金融權。特別行政區政府有權自行制定貨幣金融政策，保障金融企業和金融市場的經營自由，並依法進行管理和監督。特別行政區政府有發行貨幣的權力，並有權授權指定銀行根據法定權限發行或繼續發行貨幣。特別行政區不實行外匯管制政策，保證資金的流動和進出自由。特別行政區政府有權管理和支配外匯基金。尤其獨立發行貨幣的權力，更是聯邦制下的各成員邦都不可能享有的權力，「一個國家，一種貨幣」是任何一個國家的常態。但是，在中國實行「一國兩制」的情況下，特別行政區可以繼續使用自己的貨幣，可見其不是一般的「特別」。

第四，特別行政區政府自行制定產業政策，依法保護投資，促進技術進步，促進和協調製造業、商業、旅遊業、房地產業、運輸業、公用事業、服務性行業、漁農業等各行業的發展，並自行制定環境保護政策。特別行政區自行開發新產業。

第五，特別行政區保持自由港地位，除法律有規定的以外，不徵收關稅，繼續實行自由貿易政策，保證貨物、資產和無形財產的流動自由；特別行政區保持單獨關稅區地位。特別行政區政府還有權根據當時的產地政策，對產品簽發產地來源證。

第六，土地管理權。特別行政區內的土地和自然資源屬於國家所有，並由特別行政區政府管理、使用、開發、出租或批給個人、法人使用開發，其收入歸特別行政區政府所有。

第七，航運管理權。特別行政區保持和完善原有的航運經營管理體制，自行規定在航運方面的具體職能和責任，經中央人民政府授權繼續進行船舶登記，並依法以「中國香港」、「中國澳門」的名義頒發有關證件。除外國軍用船隻進入特別行政區須經中央人民政府特別許可外，其他船舶可依照特別行政區的法律進出其港口。特別行政區私營的航運和與航運有關的企業和碼頭繼續享有自由經營權。

第八，民用航空管理權。香港特別行政區政府繼續實行原來的民用航空管理制度，自己負責民用航空的日常業務和技術管理，並經中央人民政府授權簽訂有關航空協議。香港《基本法》第 134 條規定，中央人民政府授權香港特別行政區政府享有其他有關的民用航空管理權。澳門《基本法》也規定，澳門特別行政區政府經中央人民政府具體授權自行制定民用航空的各項管理制度。

（3）教育管理權。特別行政區政府有權自行制定教育政策，包括教育體制與管理、教學語言、經費分配、考試制度、學位制度和承認學歷等政策。

（4）醫療管理權。特別行政區政府自行制定發展中西醫藥和促進醫療衛生服務的政策。

（5）科技管理權。特別行政區有權自己制定科技發展政策，依法保護科技成果、專利和發明創造，自行確定適用於本地的各種科學技術標準和規格。

（6）文化事業管理權。特別行政區自行制定文化政策，自行管理本地的文化事業，包括文學藝術、新聞、出版、廣播、電影、電視等。

（7）體育事業管理權。特別行政區自行制定本地的體育政策，發展特別行政區體育事業。

（8）社會福利政策自主權。特別行政區政府有權在原有的社會福利制度的基礎上，自行制定發展、改進社會福利的政策。

（9）專業資格評審權。香港特別行政區政府有權在保留原有的專業資格制度基礎上，自行制定有關評審各種專業的執業資格的辦法。澳門特別行政區也享有同樣的權力。

（10）勞工管理權。特別行政區政府自行制定有關勞工的法律和政策。

二、立法權

立法權是指制定、修改、廢除法律的權力。對社會進行立法管制是政府的一項重要的基本職能。在中國，立法制度分兩個層次，即中央立法和地方立法。中央立法權即國家立法權，由全國人民代表大會及其常務委員會行使。地方立法權由省、自治區、直轄市、國家批准的較大的市和國家特別授權的經濟特區的人民代表大會及其常務委員會行使。地方國家權力機關制定的地方性法規不得同憲法、法律、國務院行政法規相牴觸。民族自治地方（即自治區、自治州、自治縣）的國家權力機關可以根據本地方民族的政治、經濟、文化特點，對國家法律作出變通規定，制定成自治條例和單行條例，報全國人大常委會或上一級人民代表大會常務委員會批准後生效。

特別行政區享有的立法權雖然在性質上也屬於中國地方立法的一種，但是和上述中國內地一般地方立法十分不同。根據「一國兩制」的原則，香港特別行政區保留原有的法律制度基本不變，全國性法律除非有明文規定，不在特別行政區實施，因而特別行政區的立法權是實實在在的，是創新性的，而不僅僅是執行性的。特別行政區的立法機關必須切實負起立法管理特別行政區的責任。中國內地一般地方立法包括民族自治地方的立法，則大多是執行國家法律性質的。另外，一般地方立法以國家的憲法、內地的法律、行政法規為依據，而特別行政區的立法則以《基本法》為依據，還有，特別行政區立法權的範圍也遠遠超過一般地方立法，只要是特別行政區自治範圍內的各種事項，不涉及國防、外交或與中央關係的，特別行政區立法機關都有權實施立法管制。

同樣道理，特別行政區享有的立法權也是由中央授予的，因而授權機關有權監督立法權的行使。

首先，《基本法》第 17 條第 2 款規定，特別行政區立法機關制定的法律，必須上報全國人大常務委員會備案。備案的涵義是指將制定的法律連同有關立法的資料報送全國人大常委會，使其知曉並登記在冊。當然這不包含要全國人大常委會批准的意思。為此，《基本法》緊接着規定「備案不影響該法律的生效」。這說明特別行政區立法機關制定的法律，只要完成規定的全部本地立法程序即可立即生效，不受備案的影響。備案與批准的涵義是不同的。

其次，《基本法》第 17 條第 3 款還規定，全國人民代表大會常務委員會在徵詢其所屬的基本法委員會的意見後，如果認為特別行政區立法機關制定的任何法律不符合《基本法》關於中央管理的事務及中央和特別行政區的關係的條款，可將有關法律發回，但不作修改。經全國人大常委會發回的法律立即失效。該法律的失效，除特別行政區的法律另有規定外，無溯及力。

由此可見，全國人大常委會對特別行政區的立法享有一定的監督權。當然，這種監督權的行使有一定的要求和程序。首先，全國人大常委會對特別行政區立法的監督，只限於監督有關立法是否符合《基本法》關於中央管理的事務及中央和特別行政區的關係的條款，對特別行政區在其自治範圍內的立法則只例行備案手續。其次，全國人大常委會如認為特別行政區的立法違反了《基本法》有關規定，需發回重議，在發回特別行政區之前，必須先徵詢其所屬的基本法委員會的意見，這是必經程序。這樣能夠使全國人大常委會更準確地行使監督權。再次，如果全國人大常委會發現特別行政區有關立法不符合《基本法》的有關規定，只是將有關法律發回特別行政區，而不作修改。對全國人大常委會發回的法律，特別行政區或將其撤銷，或做出修改，其決定權在特別行政區。至於修改後的法律，仍然要報全國人大常委會備案。全國人大常委會對發回的法律不作修改，這表明中央對特別行政區立法權的尊重。另外，被全國人大常委會發回的法律將失去法律效力。但是，該法律的失效無溯及力，即在發回前根據這項立法成立的法律行為仍然有效，如果特別行政區法律有另外規定的除外。這樣處理既可以避免因有溯及力而可能產生的一系列法律問題，又可以照顧到特殊情況。[3]

《基本法》對特別行政區制定法律後上報全國人大常委會備案的時間沒有明確規定，對全國人大常委會具體接受備案的部門及其審查備案的時間和具體程序等也沒有規定，從實踐情況來看，是全國人大常委會的法制工作委員會來具體負責有關備案事宜。這些有待通過立法加以補充完善。

根據香港原來的憲制，英國政府對香港享有很大的立法權。首先，《英皇制誥》第 9 條規定，「皇室及其繼嗣人保留參照樞密院之意見制訂本殖民地法律之當然權力」，這說明英國政府有權以英女王會同樞密院的形式為香港直接制定法律；其次，《英皇制誥》第 7 條第 2 款授權總督會同立法局有立法權，但是，第 8 條規定「皇帝及其繼嗣人保留透過皇室之一名重要國務大臣駁回上述法律之絕對權力」，也就是說，英國政府對香港本地的立法擁有絕對否決權。不僅如此，《皇室訓令》還規定了十類法律必須事先得到英國的授權才可以制定。[4]

正如香港大學教授 Yash Ghai 所指出的：「英國在香港的權力

（廣義的）基礎建立在皇室特權和成文法的混合體。——在法律方面，簡單地說，1865 年的《殖民地法律有效性法令》（*Colonial Laws Validity Act 1865*）闡明的那樣，英國議會有全面的權力為香港制定法律。英國政府也擁有廣泛的（給香港）制定法律的權力，這種權力來源於皇室特權和議會立法授權，主要是以樞密院令的方式行使。它可以授權在香港的機構立法和建立法院，但當地通過的法律不得與英國議會制定的適用於香港的法律規定相牴觸。」[5] 可見在英國統治下，香港享有的立法權是十分有限的，而對比《基本法》的規定，香港特別行政區享有的立法權是十分廣泛的。

至於澳門特別行政區，它也有權確立本地的法律制度，制定適用於本地的各種法律，包括刑法典、民法典、商法典、訴訟法典等，其中有些法律即使在聯邦制國家也是由聯邦中央制定的。因此，澳門特別行政區享有的立法權也比以前有很大的增加。

與特別行政區享有的立法權有關的另外一個問題是對於在特別行政區實施的全國性法律，要由特別行政區在當地自行公佈或者立法實施，而不是由中央直接在當地公佈實施。這也是對特別行政區立法權的尊重。至於在特別行政區實施的全國性法律，《基本法》在其附件三已有明確列舉。雖然全國人大常委會在徵詢其所屬的基本法委員會的意見後，可以對列於附件三的法律做出增減，但所有列入附件三、在特別行政區實施的全國性法律，都必須嚴格限制於國防、外交和其他不屬於特別行政區自治範圍的法律，因此這些法律在特別行政區的實施不會影響特別行政區立法權的行使。

三、 獨立的司法權和終審權

司法權是指國家司法部門對於發生在公民與公民、公民與政府或者法人、法人與法人、政府與法人或者政府機構與政府機構之間的法律糾紛所行使的裁判權，終審權即最終裁判權。由於司法是要在發生爭議的雙方，包括以政府部門為爭議一方的糾紛雙方之間判別誰是誰非，從中作出公正裁斷，定紛止爭，因而司法權必須獨立，不但要獨立於社會，而且必須獨立於行政部門，所以任何國家憲法都規定有司法獨立的條款。中國憲法也有類似的規定，即憲法第 126 條規定的，

「人民法院依照法律規定獨立行使審判權，不受行政機關、社會團體和個人的干涉」。

根據「一國兩制」的方針，司法權屬於特別行政區自治權的重要內容之一。香港《基本法》第19條規定：「香港特別行政區享有獨立的司法權和終審權。」這裡「獨立」的涵義不僅是指獨立於特別行政區內的其他機關、團體和個人，而且更重要的是獨立於中央和內地，即特別行政區成立後，中央不干預特別行政區的司法，特別行政區法院除繼續保持本地原有法律制度和原來對法院審判權所作的限制外，對特別行政區所有的案件均有管轄權。

獨立司法權的一個重要內容和重要特徵是特別行政區享有終審權。其實世界各國憲法都把司法終審權賦予本國的最高法院，這是一國司法統一的重要表現。即使在香港，在英國統治下，香港法院也從來沒有享受過終審權，以前如果民、刑事案件的雙方當事人對香港最高法院的判決不服，可以經過一定的程序向英國樞密院司法委員會提起上訴，而該司法委員會的判決才是終局裁決。而澳門以前的司法對葡萄牙的依賴性更強。但是，中國恢復對港澳地區行使主權、成立特別行政區後，並沒有把司法終審權收歸中央行使，而是授予特別行政區行使。可見，特別行政區的司法權是十分完整而獨立的，中央無意干預特別行政區的司法事務。據此，特別行政區設立自己的終審法院來行使終審權，而特別行政區的其他一般法院則行使一般的司法權。香港特別行政區終審法院還可以根據需要邀請其他普通法適用地區的法官參加審判。

香港自十九世紀中葉被英國佔領後，逐漸引進了英格蘭的普通法制度[6]，並結合本地特點，建立起了一套完整的法治機構，形成了比較成熟而獨立的法律職業團體。香港完備的法治直接與國際接軌，這為香港經濟的起飛提供了有力的法律保障，很好地保護了市場交易的安全和各國在港的投資。因而這一套與發展資本主義市場經濟相配套的法律當然應該保留下來。為此《基本法》第8條規定：「香港原有法律，即普通法、衡平法、條例、附屬立法和習慣法，除同本法相抵觸或經香港特別行政區的立法機關作出修改者外，予以保留。」

但是，由於香港特別行政區政府對國防、外交等國家行為並無管轄權，而且根據各國的一般作法，地方政府也不應對國家行為行使管轄權，所以特別行政區法院對涉及國防、外交等國家行為的法律事務也就不應有管轄權。即使依照普通法的原則，法院對控告國家行為的案件也無權受理。[7] 國家的宣戰、媾和、締結國際條約、割讓或接受領土、對外國政府的承認等都是國家主權的運用和直接體現，法院無法審理。根據普通法的慣例，如果法院在審理一般案件中涉及到國家行為問題，那麼法院必須就該事實問題要求行政機關提供有關證明。而行政機關提供的有關文件對法院有約束力，法院必須以此為根據作出判決。

所以，香港《基本法》第 19 條第 2 款規定，香港特別行政區法院對國防、外交等國家行為無管轄權。如果特別行政區法院在審理案件中遇有國防、外交等國家行為的事實問題，應取得行政長官就該等問題發出的證明文件，上述文件對法院有約束力。行政長官在發出證明文件前，必須取得中央人民政府的證明書。這既是維護國家主權的需要，也符合各國一般慣例。

澳門《基本法》對此做了同樣的規定。只是澳門法制的情況與香港十分不同。首先澳門也屬大陸法系，與香港的普通法不同；其次，澳門以前的法制很不健全，基本上是使用葡萄牙法律，在回歸前法律的本地化程度很低，香港的法制則十分發達，而且大部分已經「內化」為本地法，自成一個體系；再次，澳門法律機構在 1999 年澳門回歸前基本上仍為葡萄牙人所控制，本地法律人才奇缺。香港則不同，本地法律人才濟濟，且在 1997 年回歸前已逐漸控制了要害法律部門。所以澳門特別行政區要很好運用其獨立的司法權和終審權，關鍵取決於澳門法制建設的進程和澳門本地法律人才的成長。

雖然特別行政區獨立行使司法權，與最高人民法院、最高人民檢察院無隸屬或業務指導關係，但是，特別行政區法律與內地法律的衝突肯定會有增無減，兩地的司法協助是必須的。回歸前，內地與港澳法律衝突的解決主要是由中英、中葡兩國循着國際私法的途徑來進行的，司法協助也按國際司法協助的方法進行。但是在中國恢復行使港澳地區主權並分別成立特別行政區後，再循國際私法的途徑來解決兩地法律衝突和司法協助問題已經很不合適。香港澳門回歸後，中國多法域並存的狀況已經形成。因此，筆者同意有些學者提出的制定中國區際衝突法和區際司法協助法的建議，以解決特別行政區成立後中國在幾個不同的法域並存的情況下，法域之間的法律衝突和司法協助問題。我們可以借鑒國際私法的一些原則，但是決不可照抄照搬。[8] 這個問題在後邊的章節還有詳細研究。

關於特區法院的違憲審查權，將在第十一章進行研究。

四、 特別行政區自行處理有關對外事務的權力

香港是一個國際性大都會，也是亞太地區最發達的現代化工商業港口城市之一，是世界重要的金融、貿易、航運和通信中心。澳門雖然比香港更小，但是也是一個國際性城市，是許多國際組織、國際條約的成員，在國際社會中佔有一席之地，具有特殊地位。近代以來，由於清政府實行閉關鎖國政策，港澳地區就成為中國通向世界的主要通道，而國際社會也主要通過這個窗口認識東方這個巨大的文明古國。這樣，港澳地區又成為東西文化薈萃交融的地方。港澳社會是國際化、現代化了的中國社會，已經與整個世界資本主義體系緊密地結合在一起，與國際社會有千絲萬縷的聯繫。一旦切斷了這些聯繫，港澳地區也就失去了生機與活力。港澳地區成功的一個重要原因就是因為它們是對全世界開放的社會。而整個中國內地也正在實行對外開放。要維持港澳地區的繁榮和國際地位，就必須授權港、澳特別行政區以一定的自行處理對外事務的權力。為此，兩部特別行政區《基本法》都規定與特別行政區有關的外交事務由中央人民政府負責，但是，特別行政區有權依照《基本法》的規定或經中央人民政府授權自行處理有關經濟文化等的對外交往事務。這是其自治權的一個重要方面。《基本法》第七章對此作了專門規定。

特別行政區享有的對外事務處理權主要有以下幾個方面。

❶ | 參加有關的外交談判

兩部《基本法》都規定，特別行政區政府的代表，可以作為中華人民共和國政府代表團的成員，參加由中央人民政府進行的同本特別行政區直接有關的外交談判。[9] 這裡「直接有關的外交談判」既包括

中央人民政府專門為某特別行政區的利益而同外國政府或國際組織舉行的外交談判，也包括中央人民政府與外國或國際組織舉行的可能涉及到特別行政區利益的其他外交談判。在這兩種情況下，特別行政區政府均可派代表參加中國中央政府的代表團參加談判。

❷ | 自主開展對外經濟文化交流

兩部《基本法》都規定，特別行政區可在經濟、貿易、金融、航運、通信、旅遊、文化、科技、體育等領域，以「中國香港」或「中國澳門」的名義，單獨同世界各國、各地區及有關國際組織保持和發展關係，簽訂和履行有關協議。也就是說，港澳地區與國際社會的經濟文化聯繫不會因中國恢復行使主權並成立特別行政區而切斷，相反，港澳地區在國際經濟文化舞台上應該有更好的表現，其國際地位應該有更大的提高。特別行政區可根據需要在外國設立官方或半官方機構，只需報中央人民政府備案即可。而外國政府和國際組織經中華人民共和國中央人民政府批准，也可以在特別行政區設立領事機構或其他官方、半官方機構。這些都有利於維持並發展港澳地區與國際社會的經濟文化聯繫。

❸ | 參加國際組織與國際會議的權利

1. 參加國家間的國際組織與國際會議

按照《基本法》的規定，特別行政區可以派遣代表作為中華人民共和國代表團的成員或以中央人民政府和有關國際組織或國際會議允許的身份，參加以國家為單位、同本特別行政區有關的適當領域的國際組織和國際會議，並以「中國香港」或「中國澳門」的名義發表意見。特別行政區一經加入這樣的國家間的國際組織和國際會議，不但可以以「中國香港」或「中國澳門」的名義發表意見，而且可以採取與中央人民政府不同的立場。[10]

2. 參加非國家間的國際組織和國際會議

《基本法》還規定兩個特別行政區可以以「中國香港」或「中國澳門」的名義參加不以國家為單位參加的國際組織和國際會議，這主要是指一些民間的非政府性的國際組織和國際會議，例如「國際傷殘人士康復協會」等。

3. 繼續參加有關國際組織

基本法還規定對特別行政區在回歸前已經參加的國際組織，中央人民政府設法使特別行政區繼續參加這些組織。其中，對中華人民共和國已經參加而香港或澳門也以某種形式加入了的國際組織，中央人民政府採取必要措施使特別行政區以適當形式繼續保持在這些組織中的地位；對中華人民共和國尚未參加而香港或澳門已經以某種形式參加的國際組織，中央人民政府根據需要使特別行政區以適當形式繼續參加這些組織。這些規定都是在充分考慮了港澳的實際情況和有關國際組織的章程後而做出的。

❹ | 關於國際協議的適用

這分三種情況。一是凡是中國與外國正式締結的國際協議，中央人民政府可根據特別行政區的情況和需要，在徵詢特別行政區政府的意見後，決定是否適用於特別行政區。二是對於中國尚未加入但是已經適用於港澳的國際協議，仍然可以在各該特別行政區適用。例如香港、澳門都以單獨締約方身份參加了「世界貿易組織」（WTO，即原來的「關稅和貿易總協定」），雖然 2001 年 11 月前中國仍然沒能恢復在該組織的締約國地位，但在中國恢復行使香港、澳門主權後，仍然允許它們以「中國香港」、「中國澳門」的名義繼續保持在該組織中的原來地位。三是對於其他與特別行政區有關的國際協議，中央人民政府將根據需要授權或協助特別行政區作出適當安排，使其他有關的國際協議可以適用於特別行政區。

❺ | 單獨簽發護照和旅行證件的權力

兩部《基本法》分別在第 154 條、第 139 條規定，經中央人民政府授權，特別行政區政府有權依照法律給持有特別行政區永久性居民身份證的中國公民簽發中華人民共和國香港特別行政區護照或者中華人民共和國澳門特別行政區護照，並給在特別行政區的其他合法居留者簽發中華人民共和國香港或澳門特別行政區的其他旅行證件。這些護照和證件前往世界各國、各地區都有效，並載明持有人有返回特別行政區的權利。

特別行政區政府還有權自主實行出入境管制，對世界各國、各地區公民的入境、逗留和離境實行出入境管制。

中央人民政府協助或授權特別行政區政府與各國、各地區締結互免簽證協議。

❻｜外國與特別行政區互相設立機構問題

有以下兩種情況：

第一，特別行政區可以根據需要在外國設立官方或半官方的經濟和貿易機構，報中央人民政府備案即可。

第二，關於外國在特別行政區設立機構問題，外國經中華人民共和國中央人民政府批准，可以在特別行政區設立領事機構或其他官方或半官方的機構。已經同中國建立正式外交關係的國家在香港或澳門設立的領事機構或其他官方機構，可以繼續保留；尚未同中國建立正式外交關係的國家在港澳設立的領事機構和其他官方機構，可以根據情況予以保留或者改為半官方機構；對於尚未被中華人民共和國承認的國家，只能在特別行政區設立民間機構。

由此可見，特別行政區在對外事務方面享有很高的自治權，港澳回歸後，特別行政區的對外交往的國際空間不但沒有像有些人估計的那樣減少，反而在不斷擴大。

二｜特別行政區參與管理全國性事務的權利

特別行政區不僅享有高度的自治權，而且還有權參加全國性事務的管理。中國恢復對港澳行使主權後，港澳地區居民中的中國公民，包括永久性居民中的中國公民和非永久性居民中的中國公民，也都成為中華人民共和國公民。既然作為中國公民，他們當然也有權參加全國性事務的管理，參加討論和決定國家的大政方針政策，尤其參與討論決定與特別行政區有關的事務。人民代表大會制度是中國的根本政治制度，因此特別行政區居民也應循着人民代表大會的途徑參與國家管理。但是，由於特別行政區並不實行人民代表大會制度，因而其參與的辦法也不同於內地。

一、特別行政區出席全國人大的代表團和代表

《基本法》第 21 條規定，特別行政區居民中的中國公民依法參與國家事務的管理。根據全國人民代表大會確定的代表名額和代表產生辦法，由各特別行政區中的中國公民在本地選出本特別行政區的全國人民代表大會代表，參加最高國家權力機關的工作。這就說明，特別行政區作為一級省級地方政權，有權組成自己獨立的代表團直接參加國家最高權力機關的工作，並行使憲法賦予人民代表的一切權利，可以以自己代表團的名義提出議案，可以參加對有關議案、決定的表決等，通過這些形式，一方面可以維護本特別行政區的利益，另一方面也可以行使憲法賦予的中國公民當家作主的權利。

至於特別行政區選舉全國人民代表大會代表的辦法，《基本法》並沒有作出明確規定。1997 年 3 月 14 日第八屆全國人民代表大會第五次會議通過了《香港特別行政區選舉第九屆全國人民代表大會代表的辦法》，規定香港特別行政區選舉第九屆全國人民代表大會代表由全國人民代表大會常務委員會主持。香港特別行政區應選第九屆全國人民代表大會代表的名額為 36 名。香港特別行政區選舉的全國人民代表大會代表必須是香港特別行政區居民中的中國公民。具體產生辦法是成立一個由全國人大常委會主持的「香港特別行政區全國人民代表大會代表選舉會議」，由該選舉會議選出香港特別行政區的 36 名全國人大代表。選舉會議由《全國人民代表大會關於香港特別行政區第一屆政府和立法會產生辦法的決定》中規定的第一屆政府推選委員會委員中的中國公民，以及不是推選委員會委員的香港特別行政區居民中的中國人民政治協商會議第八屆全國委員會委員和香港特別行政區臨時立法會議員中的中國公民組成，本人可以提出不願參加該選舉會議。選舉會議成員名單由全國人民代表大會常務委員會公佈。

選舉會議的第一次會議由全國人民代表大會常務委員會召集，推選 11 名選舉會議成員組成主席團，主席團從其成員中推選常務主

席一人。主席團主持選舉會議。選舉會議根據主席團的提議，可以制定具體的選舉辦法。選舉會議成員 10 人以上聯名，可以提出代表候選人。每一名成員參加聯名提出的代表候選人不得超過應選名額。選舉會議採用差額選舉方式進行，全國人大代表的候選人應多於應選人數 1/5 至 1/2。如果提名的候選人名額沒有超過應選名額 1/2 的差額比例，直接進行投票選舉。提名的候選人名額如果超過應選名額 1/2 差額比例，由選舉會議全體成員進行投票，根據候選人得票多少的順序，按照不超過 1/2 的差額比例，確定正式候選人名單，進行投票選舉。

選舉會議的投票採用無記名投票的方式。選舉會議進行選舉時，所投的票數多於投票人數的無效，等於或者少於投票人數的有效。每一選票所選的人數，多於應選人數的作廢，等於或者少於應選人數的有效。代表候選人以得票多的當選。如遇票數相等不能確定當選人時，應當就票數相等的候選人再次投票，以得票多的當選。選舉結果由主席團予以宣佈，並報全國人民代表大會常務委員會代表資格審查委員會。全國人民代表大會常務委員會根據代表資格審查委員會提出的報告，確認代表資格，公佈代表名單。[11]

根據該辦法，香港特別行政區選舉產生了自己的 36 名全國人大代表，組成了自己獨立的代表團，開始參加全國人民代表大會及其常務委員會的會議，代表特別行政區的中國公民行使自己莊嚴的憲法權力。

同樣，1999 年 3 月 15 日第九屆全國人民代表大會第二次會議通過《澳門特別行政區第九屆全國人民代表大會代表的產生辦法》，規定澳門特別行政區選舉第九屆全國人民代表大會代表由全國人民代表大會常務委員會主持，澳門特別行政區第九屆全國人民代表大會代表的名額為 12 名。澳門特別行政區的全國人大代表必須是年滿 18 週歲的澳門特別行政區居民中的中國公民。澳門特別行政區成立全國人民代表大會代表選舉會議，選舉產生澳門特別行政區的代表。依據該規定，澳門特別行政區成立後已經選舉產生了自己的 12 名全國人大代表，組成了自己的代表團，開始代表澳門的公民履行他們的憲法權力。

從長遠來看，特別行政區的全國人大代表應該逐步實現由特別行政區的公民在本地選舉產生。這是發展的方向，但是在這個問題上特別行政區要和內地的民主步伐相適應。

至於中央和內地其他地區在特別行政區設立的各種機構的內地派出人員，雖然也是中國公民，但由於他們不是特別行政區永久居民，因而不能參加特別行政區全國人大代表的選舉，更不能當選並代表特別行政區去參加全國人大及其常委會的工作，而應該回到原派出地行使自己的民主權利。[12]

特別行政區除了有權選派代表參加全國人大及其常委會的工作外，中國人民政治協商會議全國委員會也特邀了一些香港人士和澳門人士作為特邀委員參加人民政協的工作。根據中國憲法序言，中國人民政治協商會議是有廣泛代表性的統一戰線組織，在國家政治生活、社會生活和對外友好活動中，在進行社會主義現代化建設、維護國家的統一和團結的鬥爭中，發揮它的重要作用。1993 年 3 月第八屆全國人大通過的憲法修正案第四條進一步規定，「中國共產黨領導的多黨合作和政治協商制度將長期存在和發展。」因此，儘管政協不是國家機構，但是它在國家的政治生活中仍然扮演重要的角色。有些學者把它視為中國「議會」的「上院」，這個說法雖然不準確，因為中國的政協和英國議會的上院、美國的參議院性質上是根本不同的，但是它從一個層面說明了政協的重要性。根據《政協章程》的規定，人民政協的主要職能是政治協商和民主監督，組織參加政協的各黨派、團體和各界人士參政議政。中國人民政治協商會議第九屆全國委員會特邀香港人士 119 名、澳門人士 26 名作為港澳委員參加全國政協的工作，並設立了專門的港澳台僑專門委員會，負責有關港澳台事務和僑務。政協第九屆全國委員會共有委員 2,272 名，因此港澳地區委員的比例是比較高的。

特別行政區的全國人大代表在人大的會議上，享有和其他省、市、自治區選舉產生的全國人大代表同樣的權利。特別行政區的全國政協委員也享有其他省、市、自治區委員同樣的權利和待遇。除此之外，他們還享有其他一些特殊的便利，例如，根據 1982 年 12 月 9 日國務院辦公廳發佈的一個「通知」，港澳地區的人大代表和政協委員因公出入境時，由有關部門事先同海關聯繫，海關給予免驗待遇。他們赴北京參加人大、政協會議，往返旅費均由大會開支。港澳地區的人大代表和政協委員在內地旅行時，所乘飛機、火車、輪船等交通工具，可由有關部門出具證明，一律按國內旅客同等票價，以人民幣購買機、車、船票。[13] 當然現在所有境外、國外人士在中國內地旅行都已經享受「國民待遇」了，在購票價格上已經實行同一價格，不存在對人大代表、政協委員的「照顧」問題了。再如海關總署經與全國人大常委會辦公廳和全國政協辦公廳協商，1986 年 5 月 9 日又發佈通知，要求對港澳地區的全國人大代表和全國政協委員入出境時，海關可憑本人的全國人民代表大會代表證或中國人民政治協商會議全國委員會委員證和本人的「回鄉證」給予免驗禮遇。[14] 這些安排既是中央政府對港澳地區全國人大代表、全國政協委員個人的禮遇，也是為了便於他們開展自己的工作，更好地為港澳地區的人民服務。

二、特別行政區全國人大代表和特別行政區政府的關係

根據憲法規定，內地各省、市、自治區選舉的全國人大代表必須「在自己參加的生產、工作和社會活動中，協助憲法和法律的實施。全國人民代表大會代表應當同原選舉單位和人民保持密切的聯繫，聽取和反映人民的意見和要求，努力為人民服務。」[15]《全國人大組織法》規定，「全國人民代表大會代表應當同原選舉單位和人民保持密切聯繫，可以列席原選舉單位的人民代表大會會議，聽取和反映人民的意見和要求，努力為人民服務。」[16]《地方組織法》也規定，地方各級人民代表大會代表「應當和原選舉單位或者選民保持密切聯繫，宣傳法律和政策，協助本級人民政府推行工作，並且向人民代表大會及其常務委員會、人民政府反映群眾的意見和要求。省、自治區、直轄市、自治州、設區的市的人民代表大會代表可以列席原選舉單位的人民代表大會會議。」[17] 這就是說，內地的全國人大代表在本地方事務的決策上有一定的參與權，而且可以列席本地的人大會議。例如，廣東省選舉的全國人大代表有權列席廣東省人民代表大會的會議，有法定的職責監督地方政府的工作和法律在本地的執行情況。

但是，特別行政區的全國人大代表和特別行政區的關係，就不

能簡單地採用內地的做法，他們不可以列席特別行政區立法機關的會議，另外對特別行政區政府的施政也不宜干預。因為這些代表的工作畢竟是在中央，參與的是全國性大政方針的決策，應該關注全國性事務。當然他們在國家最高權力機關裡也應該代表特別行政區人民和政府。

根據全國人大常委會的有關規定，香港特別行政區的全國人大代表應遵循以下工作原則：不干預特別行政區工作；不干預特別行政區自治範圍內的事務；不得在特別行政區進行視察；不得接受港人對特別行政區政府或機關的申訴；可談論國家事務，並就內地法律草案提出意見；向人大常委會提出對內地各方面事宜的建議、批評和意見；向人大常委會轉達港人對內地各方面事宜的意見和申訴；視察內地機關和單位；應邀列席人大常委會會議和專門委員會會議。[18] 可見，特別行政區全國人大代表嚴格限制在內地事務方面。

問題是特別行政區基本法對這些代表的職責規定得並不清楚，香港《基本法》第 21 條只規定：「香港特別行政區居民中的中國公民依法參與國家事務的管理。根據全國人民代表大會確定的名額和代表產生辦法，由香港特別行政區居民中的中國公民在香港選出香港特別行政區的全國人民代表大會代表，參加最高國家權力機關的工作。」其他法律和文件包括《香港特別行政區選舉第九屆全國人民代表大會代表的辦法》和《澳門特別行政區第九屆全國人民代表大會代表的產生辦法》也都沒有規定特區全國人大代表的職責。可以看出，立法的原意是盡量避免特別行政區的全國人大代表干預特別行政區政府的工作，特別行政區選出的這些全國「國會議員」在自己的特別行政區內的權力是虛的，其目的是保證「一國兩制」的實施，井水不犯河水。正如國家主席江澤民 1998 年參加全國人大會議時對香港區全國人大代表所指出的：「香港代表只能代表香港同胞參與全國事務的管理。不應該干涉特別行政區政府的任何事務。」[19]

正因為如此，當香港的全國人大代表要求在香港建立獨立的辦公室時，被全國人大常委會拒絕，主要是擔心這樣的辦公室可能會影響香港特別行政區政府的施政，干預特別行政區的高度自治。《基本法》非常明確，監督特別行政區政府是香港特別行政區立法會的職責，而不是港區全國人大代表的職責。他們可以通過中央人民政府駐特別行政區聯絡辦公室與特別行政區政府溝通。[20]

然而香港《基本法》第159條又規定香港特別行政區如果提議修改《基本法》，「須經香港特別行政區的全國人民代表大會代表三分之二多數、香港特別行政區立法會全體議員三分之二多數和香港特別行政區行政長官同意後，交由香港特別行政區出席全國人民代表大會的代表團向全國人民代表大會提出。」澳門《基本法》第144條也有同樣的規定。這就是說特別行政區的全國人大代表在特別行政區還是有一定職責的，而且是非常重要的責任，即參與提案修改《基本法》，並代表特別行政區向全國人大提出修改《基本法》的提案，這樣的權力就不是虛的了，而是非常實的權力。這是不是說，特別行政區的全國人大代表只可以參與特別行政區的大事，即關鍵的提案修改《基本法》的權力，平時的小事只能「觀察」而不能參與？但是，如果他們不可以在特別行政區參與一定的地方事務管理，沒有一定的發言權，那麼在關鍵的時候，他們又如何判斷《基本法》應不應該修改？又如何做出這麼重要的決策？他們又如何在最高國家權力機關裡邊代表特別行政區的利益？所以，關於特別行政區全國人大代表在特別行政區的職責問題，還需要認真研究，加以合理解決，應該參考國外的有關規定和經驗，賦予他們在特別行政區本地施政上一定的參與但不干預的角色。

三、特別行政區中國公民在中央政府擔任公職問題

在特別行政區參與管理全國性事務的權利方面，具體到特別行政區的中國公民，在擔任國家職務方面，他們應該享有和內地的中國公民同樣的權利。現在，香港、澳門都在從內地引進專業人才，其實，香港澳門的人才也可以為中央政府所用。整個中國越來越開放，世界也越來越走進中國，這個勢頭應該說只能有增無減。但是現在中國面臨嚴重的涉外人才尤其是懂金融、懂法律、懂外貿的涉外人才短缺問題。隨着中國的全面開放，每一個部門都可能要面對對外交往的問題，對外交往已經不僅僅是外事部門的事了。中國由於缺乏這方面的人才，國家利益、人民利益常常遭受很大的損失。儘管中國是有五千

多年文明史的古國，可惜現在的國際秩序是西方人建立起來的，因此在對外辦理各種交涉的時候，我們不得不遵守西方人建立起來的遊戲規則，而且使用西方人的語言和方式，這是一個現實問題。

就是在這方面，由於中國精通對外交往的人才貧乏，不能用西方人熟悉的語言和方法表達自己的觀點，在對外交涉上，仍然用中國大陸的那一套官式文章和做法，因此常常事倍功半，耽誤國家大事，並導致經濟上極大的損失。然而，在這些方面，正好是港人的長處，香港有許多精通國際經貿、金融、法律的人才，而且他們能夠非常流利地講標準的英文，對國家忠心耿耿，中央政府大可放心啟用這些寶貴的人才，這也是他們的憲法權利。以前港澳同胞在中央的職務一直局限於擔任全國人大常委會和全國政協的職務，最近這些年中央政府開始啟用香港人士擔任一些重要的行政職務，但是做得還很不夠。

實際上，在中國近現代歷史上，儘管香港還在英國的管治下，仍然有不少傑出港人放棄優越的生活到北京為國家效力，最突出的例子就是清政府聘請香港著名律師伍廷芳為修訂法律大臣，在他的主持下，中國封建法律開始現代化，從而奠定了當代中國法律（包括台灣地區法律）的基礎。當時的中國和現在的中國不可同日而語，大陸自己也培養了不少人才，但是，香港傑出的專業人才同樣是可用的。

三｜接受中央授予的「其他權力」的權力

第一節、第二節已經論述了特別行政區享有的各項權力，已經「很難想像還有哪一項權力為實行高度自治所必需（而）尚未授予香港特別行政區」[21]。但是，這並不是說特別行政區只能享有這些權力。《基本法》在詳細列舉了特別行政區所享有的各項高度自治權後，緊接着在第 20 條規定：特別行政區可享有全國人民代表大會和全國人民代表大會常務委員會及中央人民政府授予的其他權力。這就是說特別行政區所享有的權力並不以《基本法》所明文列舉的為限，它還有權接受中央授予的其他各種權力，儘管中央已將實行高度自治所必需的所有重要權力都已經通過《基本法》明確授予了特別行政區。

此前本書已經分析了《基本法》對「剩餘權力」的處理，即在肯定中央所享有的充分的統一權威的大前提下，《基本法》在立法技術上做了一些靈活處理，對中央所享有的職權採用既有概括規定又有列舉式規定的方法，既明確肯定了中央是授權者，享有一切權力，包括「剩餘權力」，又把中央所明確應該行使的主要權力在《基本法》中作了列舉式規定。同時，《基本法》對特別行政區享有的職權採用既有列舉式規定又有概括性規定的方法，即先列舉特別行政區所享有的各種權力，又在第 20 條概括規定特別行政區有在未來繼續接受中央授予的「其他權力」的權力。這就為將來中央在必要時在《基本法》規定的各種授權之外，授予特別行政區其他權力，而特別行政區在這種情況下接受中央的其他授權，提供了法律依據。這種處理既維護了中央統一的權威和中國單一制的體制，又在盡可能的範圍內賦予特別行政區以高度的自治權，靈活地規定了將來如果出現特殊問題所可以採用的特殊處理辦法，從而較好地解決了這個曾經爭論不休的憲法難題。

在香港《基本法》起草過程中，有人曾提議在明確劃分中央與特別行政區所分別享有的權力之外將「剩餘權力」明確劃歸特別行政區。這種主張沒有搞清楚聯邦制與單一制的區別，另外一方面也沒有弄清楚單一制下國家權力的歸屬問題。也有人主張即使「剩餘權力」歸中央，難道中央就不能為了表示自己的誠意，為了增強港人的信心，從形式上把「剩餘權力」劃歸特別行政區嗎？這種主張沒有搞清楚「剩餘權力」決非僅僅是形式問題，而是與國家主權、與國家結構非常密切地聯繫在一起的。為此，基本法起草委員會沒有採用上述這些主張，而是採用了既堅持原則又不失靈活性的處理辦法，這體現在香港、澳門兩部基本法的第 20 條。[22]

至於可以授予「其他權力」的部門，包括全國人民代表大會、全國人大常務委員會和國務院，它們都有權根據實際情況在自己的職權範圍內授予特別行政區以「其他權力」。

有關這個問題，在第六章已經有詳盡的討論。

四｜特別行政區對維護國家統一與主權所承擔的責任

在憲法學上，「權利」和「義務」是對應的一組基本概念，享有權利的主體必須承擔相應的義務。而「權力」與「責任」也是一組對應的基本概念，擁有一定權力的主體必然同時承擔相應的責任。前文也有論及，中央與特別行政區都要對維護國家統一與主權和維護特別行政區的繁榮與穩定負雙重責任。中央作為國家主權的行使者，有權行使維護國家統一與主權所必須的一切權力，它既要對國家的統一與主權的完整負責，同時又要對保持特別行政區的繼續繁榮與穩定負起責任。而特別行政區政府既然享有實行高度自治所需要的一切權力，那就要切實承擔起相應的責任，既要對維持特別行政區的繁榮與穩定負責，又要在本特別行政區內對維護國家的主權與統一負責。權力的行使永遠都伴隨着相應的責任，不負責任的權力是不允許存在的，這是憲法學上的一條重要原則。

各國憲法，無論聯邦制憲法或者單一制憲法都規定了地方政府對維護國家主權與統一所應承擔的責任。《美國憲法》第 1 條第 10 款規定，任何一州都不得締結任何條約，參加任何同盟或邦聯……不得在和平時期保持軍隊或戰艦，不得與他州或外國締結協定或盟約，除非實際遭到入侵或遇刻不容緩的緊迫危險時不得進行戰爭。[23]《法國憲法》第 72 條第 3 款規定：「政府在各省和各領地的代表負責維護國家的利益、監督行政並使法律得到遵守。」[24]《聯邦德國基本法》第 37 條也規定，如果某州不履行基本法或其他某一聯邦所規定的聯邦義務，聯邦政府可以在聯邦參議院的許可下採取必要的措施，使該州在聯邦的強制下履行其義務。在執行聯邦強制時，聯邦政府或其代表有權向各州及其機關發佈指令。[25] 其他國家的《憲法》也都有類似規定。可見，維護國家的統一與主權是任何一國地方政府的基本職責。即使回歸前香港的《刑事罪條例》也有關於禁止危害英國皇室和背叛英國的行為的規定。[26] 中國《憲法》也規定了各地方的人民代表大會及其常務委員會、各地方的人民政府都必須在本行政區域內保證憲法、法律、行政法規的遵守和執行，自覺維護國家的統一與主權完整。[27] 中國《刑法》也對此做了相應規定。

特別行政區作為中國的一種特殊地方行政區域，特別行政區政府作為中國的一種特別的地方政府，在維護國家統一與主權方面與其他地方行政區域和地方政府是一樣的，負有同樣的責任。香港特別行政區《基本法》第 23 條規定：「香港特別行政區應自行立法禁止任何叛國、分裂國家、煽動叛亂、顛覆中央人民政府及竊取國家機密的行為，禁止外國的政治性組織或團體在香港特別行政區進行政治活動，禁止香港特別行政區的政治性組織或團體與外國的政治性組織或團體建立聯繫。」

香港《基本法》第 42 條規定了香港居民有遵守香港特別行政區實行的法律的義務。

澳門特別行政區《基本法》也做了同樣規定。

《基本法》的上述規定就十分清楚地把在特別行政區內維護國家的統一與主權的責任賦予了特別行政區，而不僅僅是中央及中央在特別行政區駐軍的責任。該規定要求特別行政區自行立法，在特別行政區自行禁止第 23 條所列舉的那些活動，這也是特別行政區對「一國」應該做出的保證。《基本法》的這個規定，既是對特別行政區的授權，同時也是對特別行政區的一個要求，特別行政區應該在合適的時候制定這方面的法律。中央沒有把有關的全國立法在特別行政區直接實施，表現了對特別行政區自治的尊重。由於根據「一國兩制」和《基本法》的有關規定，《中華人民共和國刑法》不在特別行政區適用，所以特別行政區就應該自行立法禁止上述行為的出現，這既是對中央人民政府、對全國人民負責，也是對特別行政區自身的社會穩定和繁榮、對特別行政區廣大居民負責。

《基本法》第 23 條的規定主要包括以下幾個方面：一是叛國、分裂國家的行為；二是煽動叛亂、顛覆中央人民政府的行為；三是竊取國家機密的行為；四是外國政治性組織或團體在特別行政區進行政治活動並與當地的政治性組織或團體建立聯繫的行為。這些行為都勢必對國家統一和領土主權完整構成威脅，特別行政區都應該立法禁止。如果出現特別行政區政府不能控制的、危及到國家統一或安全的動亂，全國人大常委會有權依據《基本法》第 18 條的規定，決定特別行政區進入緊急狀態，中央人民政府並可據此發佈命令將有關全國性法律在特別行政區實施。而特別行政區政府在必要時也可根據《基本法》第 14 條第 2 款規定向中央人民政府請求駐軍協助維持治安，以幫助特別行政區履行維護國家統一與主權的責任。

特別行政區居民作為中華人民共和國公民，也有責任自覺維護國家的統一與主權，並幫助特別行政區政府履行其法定職責。

綜上所述，特別行政區《基本法》關於中央與特別行政區之間的職權劃分是科學的，是合情合理的。它既沒有故意地把那些本來應該屬於特別行政區高度自治範圍之內的、理應由特別行政區行使的權力「人為地」劃歸中央行使，也沒有故意地把那些本來屬於維護國家統一與主權所必須的、理應由中央行使的權力「人為地」劃歸特別行政區行使，而完全是在「一國兩制」方針政策指導下，根據一國中央政府與地方政府的不同職能，根據事項的性質去劃分二者之間的職權，宜歸中央行使的權力就歸中央，宜歸特別行政區行使的權力就堅決歸特別行政區行使。儘管中央與特別行政區之間的職權劃分已由《基本法》作了明文規定，雙方應各司其職、各負其責，但是這決不是說二者完全是孤立的、機械的，甚至對立的，相反二者應該是合作的、互相配合的。其共同的責任都是在特別行政區內維護國家的統一與主權並促進特別行政區的繁榮與穩定，這二者是不可分割的統一體。

| 註釋 |

1. 王叔文：《香港特別行政區基本法導論》，北京：中共中央黨校出版社，1990，頁 107-108。

2. 王叔文：《香港特別行政區基本法導論》，北京：中共中央黨校出版社，1990，頁 110。

3. 全國人大常委會對特別行政區立法的這種監督實際上是一種特殊的違憲審查。關於這個問題將在後邊的章節詳細加以論述。

4. Miners N., *The Government and Politics of Hong Kong*, Hong Kong: Oxford University Press Hong Kong Ltd., 1994, p.259.

5. Ghai Y., *Hong Kong's New Constitutional Order（Second Edition）*, Hong Kong: Hong Kong University Press, 1999, p.14.

6. 嚴格來說「英國法」（U. K. Law 或 British Law）與「英格蘭法」（English Law）是不同的概念。「英國法」是全英各個地區實行的法律制度的總稱。而「英格蘭法」則是僅僅適用於英格蘭這一個地區的法律。

7. 英國在簽署《羅馬條約》成為歐共體成員國後，有人曾向法院提出控告，認為這樣做就會限制英國議會的至上權威，而使它受制於歐共體的條約。英國上訴法院即以法院無權審查國家簽訂的條約為由而拒絕受理。參見王叔文：《香港特別行政區基本法導論》，北京：中共中央黨校出版社，1990，頁 113。

8. 參見黃進：《區際衝突法研究》，上海：學林出版社，1991，頁 219-255。韓德培、黃進：《制定區際衝突法以解決我國大陸與台灣、香港、澳門的區際法律衝突》，載武漢大學學報社科版，1993（4），頁 54。黃進：《區際法律衝突及其解決——兼論「一國兩制」與中國的區際法律衝突》，載黃炳坤主編：《一國兩制法律問題面面觀》，香港：三聯書店，1989，頁 104。中華人民共和國司法部司法協助局、中國國際私法研究會：《國際司法協助與區際衝突法論文集》，武漢：武漢大學出版社，1989。常征、王光儀：《海峽兩岸關係的法律探討》，成都：四川大學出版社，1992。福建省台灣法研究中心等：《海峽兩岸交往中的法律問題》，廈門：鷺江出版社，1992。曾憲義、郭平坦主編：《海峽兩岸交往中的法律問題》，鄭州：河南人民出版社，1992。王志文：《海峽兩岸法律衝突規範之發展與比較》，載《華岡法粹》，1992（21），頁 171。

9. 香港《基本法》第 150 條，澳門《基本法》第 135 條。

10. 蕭蔚雲：《一國兩制與澳門特別行政區基本法》，北京：北京大學出版社，1993，頁 117。

11. 《人民日報》，1997 年 3 月 15 日。

12. 參見王叔文：《香港特別行政區基本法導論》，北京：中共中央黨校出版社，1990，頁 115。

13. 《關於居住港澳地區的全國人大代表和全國政協委員回內地進出境手續等問題的通知》，1982 年 12 月 9 日國務院辦公廳發佈。

14. 《關於對港澳地區全國人大代表、全國政協委員憑證件給予免驗禮遇的通知》，1986 年 5 月 9 日海關總署發佈。

15.《憲法》第 76 條。

16.《全國人民代表大會組織法》第 41 條。

17.《地方各級人民代表大會和地方各級人民政府組織法》第 32 條。

18.《明報》，美國，2001 年 1 月 10 日。

19.《南華早報》，香港，1998 年 3 月 10 日。

20.《南華早報》，香港，1998 年 3 月 4 日。

21. 參見王叔文：《香港特別行政區基本法導論》，北京：中共中央黨校出版社，1990，頁 117。

22. 參見王叔文：《香港特別行政區基本法導論》，北京：中共中央黨校出版社，1990，頁 116-117。

23. 李道揆：《美國政府和美國政治》，北京：中國社會科學出版社，1990 ，頁 756。

24. 北京大學法律系：《憲法資料選編》，第 5 輯，北京：北京大學出版社，頁 21。

25. 北京大學法律系：《憲法資料選編》，第 5 輯，北京：北京大學出版社，頁 110。

26. 參見王叔文：《香港特別行政區基本法導論》，北京：中共中央黨校出版社，1990，頁 121。

27.《憲法》第 99 條、第 104 條、107 條。

CHAPTER 8

對相關關係的處理

以上的章節對中央與特別行政區的關係、尤其中央與特別行政區各自的職權行使作了詳細分析，其中涉及到的國家政權機關包括全國人大及全國人大常委會、國務院、國家主席、中央軍事委員會與特別行政區的關係。這一章將探討中央人民政府各部門、各省、自治區、直轄市與特別行政區的關係以及特別行政區之間的關係，還有中央與未來台灣特別行政區的關係。其中，中央人民政府各部門、各省、自治區、直轄市與特別行政區的關係，其本身也是中央與特別行政區關係的重要方面，對中央與特別行政區的關係發生一定的影響。正確處理好這些關係，對處理中央與特別行政區的關係是十分重要的。

一｜中央人民政府各部門與特別行政區的關係

一、中央人民政府各部門

中央人民政府各部門是指中央人民政府即國務院所屬的各部、各委員會、各直屬機構和辦事機構。各部、各委員會都是國務院統一領導下的掌管某一方面國家行政工作的中央國家行政機關。部和委員會的法律地位是相同的，只是委員會所負責的事項往往是綜合性的，涉及面較寬，而部往往只涉及某一方面的具體工作。例如國家計劃生育委員會就是一個綜合性的部門，因為實行計劃生育要涉及到許多部門、許多方面，因而國家就設立一個委員會來統籌有關這方面的各種事務。而司法部等各部其業務都非常專門化，僅僅負責某一方面的具體工作。根據中國《憲法》的規定，各部部長、各委員會主任都由國務院總理提名，而由全國人民代表大會或者全國人民代表大會常務委員會批准任命。各部、各委員會實行部長、主任負責制，統一領導本部門、本委員會的全國性工作，並對國務院負責。

國務院機構經過歷次改革，至 2014 年共有 25 個部委。其中部（行、署）有 22 個，即外交部、國防部、教育部、科學技術部、工業和信息化部、公安部、國家安全部、監察部、民政部、司法部、財政部、人力資源和社會保障部、國土資源部、環境保護部、住房和城鄉建設部、交通運輸部、水利部、農業部、商務部、文化部、中國人民銀行和審計署。委員會有 3 個，即國家發展和改革委員會、國家民族事務委員會、國家衛生和計劃生育委員會。另外還有一個部級的國務院辦公廳。[1]

國務院有 15 個直屬機構，這些機構包括海關總署、國家稅務總局、國家工商行政管理總局、國家質量監督檢驗檢疫總局、國家新聞出版廣電總局、國家體育總局、國家安全生產監督管理總局、國家食品藥品監督管理總局、國家統計局、國家林業局、國家知識產權局、國家旅遊局、國家宗教事務局、國務院參事室和國家機關事務管理局。[2]

國務院還有 4 個專門性的部級辦事機構，協助總理處理某一方面的具體事務。這包括國務院僑務辦公室、國務院港澳事務辦公室、國務院法制辦公室和國務院研究室。[3] 國務院港澳事務辦公室是國務院直接管理特別行政區事務的專門機構。國務院台灣事務辦公室與中共中央台灣工作辦公室，是一個機構兩塊牌子，現在列入中共中央直屬機構序列。[4]

國務院還有 13 個直屬部級事業單位，例如新華通訊社、中國科學院、中國社會科學院、中國工程院、國務院發展研究中心、中國證券監督管理委員會和中國保險監督管理委員會。[5] 另外，由國務院部委管理的國家局有 16 個，例如國家測繪地理信息局、國家郵政局、國家文物局、國家外匯管理局。[6] 2001 年 2 月 19 日國家經貿委撤銷其中 9 個直接管理經濟貿易的國家局，例如國家國內貿易局、國家煤炭工業局等，這些局以前都曾經是部。

由此可見中央人民政府的機構是十分龐大的，這主要是和以前實行計劃經濟有關。美國是市場經濟高度發達的國家，現在（2014 年）美國聯邦政府正式的部級機構只有 15 個。[7] 隨着中國市場經濟的發展和行政體制改革的深入，國務院的部門將會進一步調整減少。

二、中央人民政府各部門和省、自治區、直轄市政府的關係

中國《憲法》第 89 條規定國務院行使的職權包括：規定各部和各委員會的任務和職責，統一領導各部和各委員會的工作，並且領導不屬於各部和各委員會的全國性的行政工作；統一領導全國地方各級國家行政機關的工作，規定中央和省、自治區、直轄市的國家行政機

關的職權的具體劃分。

《憲法》第110條還規定，地方各級人民政府對上一級國家行政機關負責並報告工作。全國地方各級人民政府都是國務院統一領導下的國家行政機關，都服從國務院。《地方各級人民代表大會和地方各級人民政府組織法》也作了同樣的規定，其中第57條還規定，省、自治區、直轄市的人民政府的各工作部門受同級人民政府統一領導，並且受國務院主管部門的領導或業務指導。

從這些規定我們可以看出，第一，省、自治區、直轄市人民政府與國務院各部、委在行政級別上是一樣的，都是國務院統一領導下的次一級行政機關，只是二者的職責不同，前者是一級地方政府，主管一個區域，是所謂「塊塊」；後者是一級政府部門，主管一個行業，是所謂「條條」，從法律上說二者沒有隸屬關係，而只有協作關係。第二，省、自治區、直轄市人民政府各業務部門實行雙重領導體制，即既受本級人民政府統一領導，又受國務院主管部門的領導或者業務指導。[8]

三、中央人民政府各部門與特別行政區的關係

中國中央人民政府機構儘管龐大，但是和特別行政區事務發生直接關係的機構卻很少，大部分機構都和特別行政區事務無關。那麼，作為一種省級地方行政區域的特別行政區政府與國務院各部委的關係如何呢？根據《基本法》的規定，中央與特別行政區的關係「是領導與被領導、監督與被監督、授權與被授權的關係」。中央人民政府有權管理與特別行政區有關的自治範圍之外的事務，但是，國務院各部委與特別行政區的關係卻不同於國務院本身與特別行政區的關係，它們雖然都是國務院之下的一級行政機關，但是它們的職責範圍卻不同，國務院各部委是管理全國某一個專業行業的職能部門，而特別行政區政府是國務院之下管理中華人民共和國某一個區域的特別地方政府。根據「一國兩制」原則和《基本法》的規定，它們之間是一種「互不隸屬、互不干預、互相尊重」的關係[9]，而不是領導與被領導的關係，各自只就自己管轄的領域或區域分別直接對國務院負責。

國務院各部委不得干預特別行政區政府的內部事務。它們一般

不在特別行政區設立機構，如果需要在特別行政區設立正式的辦事機構，必須徵得特別行政區政府的同意，並報經中央人民政府即國務院批准。這些機構設立後，也無權干預特別行政區的事務。如果要與特別行政區政府發生一些業務聯繫，也只能通過雙方協商來進行。這些機構及其人員必須遵守特別行政區的法律，必須尊重特別行政區的高度自治權，其違法犯罪行為也要由特別行政區司法部門予以處理。

至於中央人民政府其他各部門（部、委、署、辦）與特別行政區政府各部門（司、局）之間的關係，也不同於中央人民政府各部門與一般的省級人民政府各部門的關係，它們既不發生上下級領導關係，也不發生業務指導關係，相互完全是獨立的系統。特別行政區政府各業務部門不實行雙重領導制，只對特別行政區政府負責，不用對中央政府的相應業務部門匯報工作，它們沒有行政上的隸屬關係，也就是說特別行政區的各級公務人員只對特別行政區政府負責，然後由特別行政區行政長官對中央人民政府和特別行政區負全責。例如國家財政部與特別行政區政府財政司就沒有什麼行政上的隸屬關係，前者無權對後者發號施令。它們分別就自己管轄的領域直接對國務院或特別行政區政府負責。中央人民政府各部門制定和推行的各種政策，對特別行政區政府各部門沒有約束力，特別行政區政府各部門完全根據本地的情況制定自己的政策。

四、中央派駐特別行政區的機構

根據《基本法》的規定，中央人民政府負責特別行政區的外交與防務，因而中央人民政府負責外交與防務職責的外交部與國防部代表國務院對特別行政區行使這兩方面的權力。

外交部內專設有港澳台司，具體貫徹執行中央政府關於港澳台問題的方針政策，並協調處理有關港澳台問題的涉外事務。同時，香港、澳門回歸當日，外交部就分別設立了駐香港特別行政區和澳門特別行政區特派員公署，具體負責處理與兩個特別行政區有關的外交事務。根據香港《基本法》的規定，駐香港特別行政區特派員公署的主要職責包括：第一，處理中央人民政府負責管理的與特別行政區有關的外交事務。第二，協調處理香港特別行政區參加有關國際組織和國際會議事宜；協調處理國際組織和機構在香港特別行政區設立辦事機構問題；協調處理在香港特別行政區舉辦政府間國際會議事宜。第三，處理有關國際公約在香港特別行政區的適用問題；協助辦理須由中央人民政府授權香港特別行政區與外國談判締結的雙邊協定的有關事宜。第四，協調處理外國在香港特別行政區設立領事機構或其他官方、半官方機構的有關事宜。第五，承辦外國國家航空器和外國軍艦訪問香港特別行政區等有關事宜。第六，承辦中央人民政府和外交部交辦的其他事項。根據這些職責要求，外交部駐特別行政區特派員公署設立了若干職能部門。[10]

同樣，外交部駐澳門特別行政區特派員公署既是處理由中央人民政府負責管理的與澳門特別行政區有關的外交事務的機構，也是澳門特別行政區政府就此類外交事務與中央人民政府聯繫的渠道。其職責和外交部駐香港特派員公署的職責基本一樣，包括：處理和協助澳門特別行政區政府處理與澳門有關的外交事務；協調處理外國在澳門特區設立領事機構或其他官方、半官方機構的有關事宜，並辦理有關領事業務；協調處理澳門特別行政區與國際組織、國際會議、國際公約和法律有關的問題，以及其他涉澳外交問題等。駐澳特派員公署下設政策研究室、綜合業務部、領事部和辦公室四個職能部門，具體負責上述相關業務。公署除特派員、副特派員外，各職能部門配備適量的官員。

根據《基本法》規定，中央人民政府負責特別行政區的防務，因此，特別行政區成立之日，國務院國防部和中央軍事委員會就向兩個特別行政區派駐軍隊以執行特別行政區防衛任務。

另外，原來的新華社香港分社和澳門分社也名正言順地正名為中央人民政府駐香港、澳門特別行政區聯絡辦公室，負責外交、國防外其他不屬於特別行政區自治範圍的事務。

外交部特派員公署、特別行政區駐軍和中央人民政府駐特別行政區聯絡辦公室是三個主要的中央駐特別行政區機構，它們與特別行政區政府發生關係，但這也僅僅是協作性的，而且會嚴格限制在《基本法》規定的範圍內，不會干預特別行政區自治範圍內的事務。有關駐特別行政區這三個機構的運作將在後面詳加論述。

二｜一般地方政府與特別行政區政府的關係

中國的一般地方是指內地一般的省、民族自治區和直轄市。它們都是國務院統一領導下的中國最高一級地方行政區域。按照憲法的規定，在領導體制上這些普通地方實行雙重領導，省、自治區和直轄市的人民政府既要受國務院統一領導，對國務院負責，也要受本級人民代表大會及其常務委員會領導，對本級國家權力機關負責。它們之間的關係完全是平等的，互不隸屬，互不干預，是平等協作、互相幫助的關係。

這些地方行政區域與特別行政區的關係是主權國家內部地方與地方之間關係的一種，即中華人民共和國內一般地方與特別地方之間的關係，相互沒有任何行政上的隸屬關係，包括廣東省。雖然在歷史上港澳地區都曾經是廣東省的一部分，而且回歸前港澳地區也有代表參加廣東省人民代表大會及其常務委員會的工作，並作為廣東省代表團的成員出席全國人民代表大會，但這並不意味着香港特別行政區和澳門特別行政區與廣東省有任何隸屬或指導關係，它們在中國行政架構中完全是地位平等的。它們互不隸屬、互不干預，各自分別在自己的管轄區域內推行自己的各項政策，並分別向上直接對國務院負責。任何內地的省、自治區、直轄市均不得干預特別行政區事務。

廣東省由於歷史、地緣因素，與港澳的交往較其他地區頻繁，因此廣東省有關部門同港英、澳葡有關當局很早就訂立有雙邊協議，粵港、粵澳之間並據此建立了聯絡官制度。根據廣東省《聯絡官工作規則》的規定，粵方聯絡官對外代表廣東省有關部門同港英、澳葡有關當局就邊境事務或其他對口業務進行聯繫。聯絡方式以口岸會晤、會談為主，必要時可用書信。聯絡官的任命須經廣東省主管機關批准。聯絡官任命後，其名單由廣東省政府通過新華社香港分社或澳門南光公司正式通知港英或澳葡當局，同時由廣東省公安廳、廣東省武警總隊、廣東海關分署通知邊防檢查站和海關後才能執行任務。會晤是指雙方聯絡官在邊境口岸的互相約見，粵方聯絡官與對方進行會晤，只是轉達廣東省有關部門或聽取對方有關當局的意見、建議，或弄清粵方所要瞭解的情況和問題，不進行談判。會談是指雙方聯絡官或在雙方聯絡官安排下由雙方有關代表直接參與會見並就某些特定問題交換意見、進行協商、交涉，或作工作小結等。舉行或者參加會談均須事先提出會談方案報主管機關批准，重要的會談須報廣東省政府或國務院主管部門批准，然後由聯絡官派遣單位或省主管機關組織實施，事後要向批准的領導機關匯報。聯絡官制度的設立對粵港、粵澳之間解決涉及雙方的許多問題，發揮了很大的作用。[11]

特別行政區成立後，內地各省、自治區、直轄市一般不在特別行政區設立機構，如果內地各省、自治區、直轄市確有需要在特別行政區設立機構，必須徵得特別行政區政府同意並由中央人民政府批准。這主要是指省、自治區、直轄市人民政府在特別行政區設立的正式官方辦事機構。經批准設立的這些機構及其工作人員必須遵守特別行政區的各種法律，其違法犯罪行為也應該由特別行政區司法部門依法處理。

當然，儘管各省、自治區、直轄市與特別行政區互不隸屬、互不干預，是完全平等的地區與地區之間的關係。但是這並不是說它們之間就不能有任何地區協作關係。相反，隨着內地的不斷開放，這種經濟、文化上的地區協作肯定會不斷增加。港澳地區還需要繼續借助內地的資源和勞動力的優勢去發展經濟，從而在國際競爭中立於不敗之地。尤其廣東、福建、海南等省歷史上與港澳地區就有很密切的經濟貿易和文化聯繫，而港澳居民也大都來自這些地區，因此它們與特別行政區的關係會更密切一些。在經濟發展方面，雙方可以互相取長補短，共同進步，共同繁榮。

另外，內地的民間社團與特別行政區的民間社團之間也是相互獨立的。例如特別行政區的教育、科學、技術、文化、體育等方面的民間團體和宗教組織同全國其他地區的相應組織和團體的關係，「也應以互不隸屬、互不干涉、互相尊重的原則」為基礎來處理。[12] 這些民間團體在業務上的聯繫與合作完全是平等的。

與內地和特別行政區關係相關的另外一個問題是，在中國恢復對港澳行使主權並成立特別行政區後，兩地的移民、出入境和邊界控制問題。關於出入境制度，特別行政區居民進入內地仍然來去自由，而且會更加方便。但是，內地居民進入香港特別行政區雖然不用再到英國大使館申請簽證，但仍然要辦理批准手續，仍然不可隨便進出特別行政區。至於內地到特別行政區定居的人數要由中央人民政府主管部門徵求特別行政區政府的意見後確定。這個問題現在看來變得十分嚴重，困擾着特別行政區和中央政府。

特別行政區政府可以在北京設立辦事機構來統一協調、處理內地與特別行政區的各種關係，照顧在內地經商旅行的特別行政區居民。香港特別行政區已經於1999年3月在北京設立了辦事處，其職能是：向中央人民政府、各省市部門和民間團體提供有關香港特別行政區的資料；向香港特別行政區政府匯報內地的最新發展；按香港特別行政區政府的指示，就具體事項和內地相關部門商討；與中央人民政府各部門及各省市駐北京的代表辦事處聯繫；處理與香港特別行政區有關的入境事務；與設於內地的香港特別行政區民間機構聯繫；為往內地公幹的香港特別行政區政府代表團提供後勤支援；為身在內地的香港居民提供實務性協助；為身在內地的外國公民辦理香港入境簽證。[13]

澳門特別行政區經國務院同意，也在北京設立辦事處。根據澳門特別行政區行政會2001年6月28日通過的《設立澳門特別行政區駐北京辦事處》行政法規草案，駐京辦直屬行政長官，其主要職能包括：在澳門特別行政區與中央人民政府及內地的關係上，協助行政長官統籌工作；負責與中央各部門、各省、自治區、直轄市設在北京的辦事機構進行聯絡工作；向內地宣傳澳門特別行政區的社會及文化現狀，發展雙方的旅遊文化交流，特別是推廣以澳門作為目的地的旅遊；根據行政長官的指示，在經貿、旅遊、文化、培訓領域、推動交流與合作等方面，與內地相關部門發展聯絡諮詢及商討工作；為澳門特別行政區提供後勤及信息協助。[14]

至於內地與特別行政區的法律衝突問題，如前所述，既不能適用國際私法的原則來處理，也不能適用國內一般司法管轄原則，必須根據實際情況另行制定中國國內的區際衝突法加以解決。

還有一個相關問題是特別行政區的管轄區域問題。香港回歸前在這個問題上已經有許多說法，有人說1997年後香港的版圖要擴大到深圳，深港兩地的界限就不存在了，二者將融為一體。[15]事實證明，這種認識是錯誤的。因為特別行政區的版圖是根據《基本法》由國務院明文確定的，不能隨便改變。其次，成立特別行政區是有一定歷史原因的，絕對不是說在內地任何一個地方都可以設立特別行政區，因而特別行政區的版圖是不能隨便擴大或縮小的。另外，最重要的一點是，根據「一國兩制」的方針，特別行政區的資本主義與內地的社會主義同時存在於統一的中華人民共和國之內，「你不吃掉我，我也不吃掉你」[16] 如果擴大或縮小特別行政區的版圖，那豈不是違反了這個原則？因而，雖然深圳、珠海是經濟特區，但其性質仍然是社會主義的，而香港和澳門則是實行資本主義的特別行政區，二者的性質是不同的，不可混為一體。因而特別行政區成立後，深圳與香港、珠海與澳門之間仍然有嚴格的管理界線。國務院也已經分別於 1997 年 7 月 1 日和 1999 年 12 月 20 日正式公佈兩個特別行政區的行政區域圖。

可見，在處理中央人民政府各部門、各省、自治區、直轄市與特別行政區的關係上，雙方都要嚴格貫徹執行「一國兩制」、「高度自治」和「港人治港」、「澳人治澳」的原則，嚴格按照特別行政區《基本法》辦事，任何未經《基本法》嚴格授權的部門或者地方政府都不得干預特別行政區的事務。所謂「高度自治」不僅是相對於中央政府來說，其管理權限嚴格限制在《基本法》規定的範圍內，其他一應事項均由特別行政區自行立法管制；而且「高度自治」也是相對於中央政府各部門和內地各省、自治區、直轄市政府來說的，它們在特別行政區事務上沒有發言權，也不應干涉特別行政區政府的任何事務。

兩部特別行政區《基本法》不僅僅是在特別行政區內實行的法律，而且也是全國性的基本法律，中央政府各部門和內地各省、自治區和直轄市也都應該執行，在處理與特別行政區有關的事情時應該嚴格依照《基本法》的規定辦事。

三｜特別行政區與特別行政區之間的關係

香港特別行政區已經於 1997 年 7 月 1 日成立，澳門特別行政區也已經於 1999 年 12 月 20 日成立，如果將來台灣和大陸和平統一，還要成立台灣特別行政區，這樣中國未來將會有三個特別行政區。如何處理這些特別行政區之間的關係，對處理中央與特別行政區的關係、對特別行政區的繁榮與穩定也會發生影響。

回歸前，香港與澳門由於分屬英國和葡萄牙管轄，因而它們之間的關係是以兩個國家的名義由港英政府和澳葡政府按照國際關係的一些原則來處理的。由於地理和歷史因素，港英政府和澳葡政府在關於港澳前途的問題上有一些共同的利益和看法，保持兩地穩定，維持英、葡當局的統治是它們所共同關心的。澳門地小人少，其政治經濟前途基本上維繫於香港，香港繁榮穩定，澳門也同樣受益；香港混亂衰落，澳門也決不會一枝獨秀。因此澳葡政府十分注意學習英國人統治香港的經驗，雙方政治經濟交往十分頻繁。當然兩地在許多問題上也存在一些矛盾，但不至於影響兩地的長遠關係。

回歸後，兩地分別成立了特別行政區，分別直接隸屬於中央人民政府，兩地之間的關係已經發生了根本變化。首先，港澳回歸中國後，兩地之間的關係已經不再帶有國際因素，而成為一個主權國家內部兩個相鄰的地方行政區域之間的關係，有關的國際法原則將不再適用，代之的是中國的有關國內立法以及特別行政區之間的合作協議。其次，雖然兩地的面積、人口、經濟、政治實力、文化差距甚大，但是在中國的憲制架構裡，它們的地位是平等的，都是直接隸屬於中央的一個省級地方行政區域，二者互不隸屬、互不干預，是互相尊重、互相合作的地方與地方之間的關係。但是，它們之間的關係又不同於內地省與省之間的關係，也不同於特別行政區與內地的關係，是中華人民共和國兩個實行資本主義的特別行政區之間的關係，因而在處理特別行政區之間關係時，既要考慮政治因素，又要考慮經濟因素；既要考慮當前因素，又要考慮歷史因素。

澳門特別行政區雖然在政治上、法律上與香港特別行政區地位平等，但是在經濟上仍然主要依賴於香港，而香港也要利用澳門，兩地的經濟交往更加密切。至於兩地之間產生的糾紛，如果是大的原則性的、政治性的，則要由中央出面解決；如果是一般的民間性的法律糾紛，關於法律適用問題的，顯然不能再簡單引用國際私法的原則，這有待兩地協商解決，或者將來制定中國國內區際衝突法時加以解決。

關於台灣與香港、澳門特別行政區的關係，當中英簽署聯合聲明、香港回歸中國已經成為定局時，國民黨仍一直不承認《中英聯合聲明》，後來只承認「香港回歸中華民族」。[17] 香港、澳門特別行政區成立後，有關涉及台灣的問題不是外交事務，但也不是特別行政區本地事務，這應該屬於除了外交、國防之外其他不屬於特別行政區自治範圍的事務，因此其管轄權屬於中央政府。1995 年 6 月 22 日國務院副總理、香港特別行政區籌備委員會預備工作委員會主任委員錢其琛代表國務院宣佈了處理 1997 年後香港特別行政區涉台問題的七項基本原則和政策。作為澳門特別行政區籌備委員會主任委員，錢其琛於 1999 年 1 月 16 日又宣佈了處理 1999 年後澳門涉台問題的七項基本原則和政策。這些基本原則和政策基本上是一樣的，都是根據「一國兩制」的基本國策並遵循「一個中國」的方針，在作了大量的調查和認真研究後，結合港澳的實際情況擬定的，為香港、澳門特別行政區政府處理涉台問題提供了基本依據。

1997 年後香港特別行政區與台灣地區的關係、1999 年後澳門特別行政區與台灣地區的關係，是兩岸關係的特殊組成部分，也是影響中央與特別行政區關係的一個特殊因素。香港、澳門特別行政區成立後涉及台灣的問題，凡屬涉及國家主權和兩岸關係的事務，由中央人民政府安排處理，或由香港、澳門特別行政區政府在中央人民政府的指導下處理。港台、澳台之間的民間交往，香港同胞、澳門同胞和台灣同胞的正當權益應當予以保護。為此，中央人民政府確定的處理 1997 年後香港特別行政區涉及台灣問題、1999 年後澳門特別行政區涉及台灣問題的基本原則和政策包括：

第一，港台、澳台兩地現有的各種民間交往關係，包括經濟文化交流、人員往來等，基本不變。這符合《基本法》規定的港澳原有制度五十年不變的基本精神。第二，鼓勵、歡迎台灣居民和台灣各類資本到香港、澳門從事投資、貿易和其他工商活動。台灣居民和台灣各類資本在香港、澳門的正當權益依法受到保護。第三，根據「一個中國」的原則，香港、澳門特別行政區與台灣地區的空中航線和海上運輸航線，按「地區特殊航線」管理。特別行政區與台灣地區間的海、空航運交通，依雙向互惠原則進行。第四，台灣居民可根據香港、澳門特別行政區法律進出特別行政區，或在當地就學、就業、定居。為方便台灣居民出入特別行政區，中央人民政府就其所持證件等問題作出安排。第五，香港、澳門特別行政區的教育、科學、技術、文化、藝術、體育、專業、醫療衛生、勞工、社會福利、社會工作等方面的民間團體和宗教組織，在互不隸屬、互不干涉和互相尊重的原則基礎上，可與台灣地區的有關民間團體和組織保持和發展關係。第六，香港、澳門特別行政區與台灣地區之間以各種名義進行的官方接觸往來、商談、簽署協議和設立機構，須報請中央人民政府批准，或經中央人民政府具體授權，由特別行政區行政長官批准。第七，台灣在香港、澳門已有的機構及人員可繼續留存，他們在行動上要嚴格遵守《中華人民共和國香港特別行政區基本法》和《中華人民共和國澳門特別行政區基本法》，不得違背「一個中國」的原則，不得從事損害香港和澳門的安定繁榮、發展以及與其註冊性質不符的活動。[18]

可見，中央人民政府確定處理 1997 年後香港涉台問題、1999 年後澳門涉台問題的基本原則和政策的依據是「一個中國」的原則和「一國兩制」的方針。台灣方面在香港、澳門地區的活動只要嚴格遵循「一個中國」的原則，不進行「兩個中國」、「一中一台」等破壞國家統一的活動，一切都可以照常進行。香港、澳門地區由於其特殊的地位，在發展兩岸關係、最終實現國家統一問題上也會發揮獨特的作用。

至於未來台灣地區如果按照「一國兩制」與大陸實現了統一，並成立了特別行政區，「台灣特別行政區」與香港、澳門特別行政區的關係，應該適用解決香港、澳門兩個特別行政區之間關係的原則和方法，當然可以更多地照顧台灣地區的特點。這些都有待於在未來中國的有關立法中加以明確規定。

總之，無論是處理內地各地與特別行政區的關係，還是處理特別行政區與特別行政區之間的關係，一定要法律化、制度化，使之具有可操作性和長期穩定性，這對維護國家統一與主權、對維護特別行政區的繁榮與社會穩定，都是十分重要的。

四｜台灣與其他地區的關係

如前所述，「一國兩制」的方針本來最早是針對台灣地區與大陸統一問題而提出來的，因而運用「一國兩制」的方針解決台灣地區問題是順理成章的，只是這個構想被首先運用於解決香港和澳門問題了。這一方面證明「一國兩制」是切實可行的，具有廣泛的適用性，另一方面也為將來在台灣地區運用「一國兩制」、設立「台灣特別行政區」積累寶貴的經驗。[19]

由於台灣地區特殊的歷史因素和政治因素，因而未來「台灣特別行政區」除了享有香港、澳門特別行政區所享有的各項高度自治權外，它與中央和內地的關係與香港、澳門特別行政區與中央和內地的關係將會有所不同。這主要表現在以下這些方面。

第一，在中央與「台灣特別行政區」的關係上，中央承諾允許台灣地區保留原來的制度。統一後，台灣地區的社會經濟制度不變，生活方式不變。國家將設立「台灣特別行政區」，並賦予它以高度的自治權，擁有行政權、立法權和司法權，包括終審權，而且還可以保留自己的軍隊，其黨、政、軍等系統都由自己管理。中央政府承諾不派軍隊和行政人員駐台，而且在中央政府裡邊還要給台灣留出名額。[20] 中央對台灣地區的各項方針政策將制定成一部「台灣特別行政區基本法」加以法律化，而台灣地區各界愛國人士將廣泛參加制定「台灣特別行政區基本法」，可以充分發表他們對有關問題的各種看法，而他們的意見也將受到充分重視。

在實現國家統一的方式等重大問題上，中央也會充分聽取台灣地區各方面的意見。「在一個中國的前提下，什麼問題都可以談，包括就兩岸正式談判的方式同台灣方面進行討論，找到雙方都認為合適的辦法」。這裡所說的「『在一個中國的前提下，什麼問題都可以談』，當然也包括台灣當局關心的各種問題。」[21] 這就包括了國家統一的方式、中央與「台灣特別行政區」的關係、「台灣特別行政區」享有的高度自治權、台灣人民參與管理全國性事務的權利等問題。可見，在處理台灣問題上，在未來處理中央與台灣特別行政區的關係上，中央不會簡單套用解決港澳問題的模式，而是更加靈活、更加寬容。只要堅持一個中國的根本原則，不搞「兩個中國」、「一中一台」或者各種變相的「台灣獨立」諸如「分裂分治」、「階段性兩個中國」等，台灣當局關心的各種問題都可以通過兩岸談判加以解決。

所以，在未來台灣地區與大陸統一後，在三個特別行政區裡也要分兩種情況，一是港澳兩個特別行政區，它們按照各自的《基本法》處理自己與中央的關係，二是「台灣特別行政區」，其自治權又遠遠大於港澳兩個特別行政區，可以擁有軍隊。這樣在中國未來的國家結構裡，在中央與省級地方關係上，按地方享有權力的大小就要分四個層次：第一個層次是中央與台灣特別行政區的關係；第二個層次是中央與港澳特別行政區的關係；第三個層次是中央與民族自治區的關係；第四個層次是中央與一般省和直轄市的關係。可見，未來「台灣特別行政區」的成立將更加豐富中國中央與省級地方的關係，使中國的國家結構更加豐富多彩。

第二，中央政府各部門、內地各省、自治區、直轄市與「台灣特別行政區」及「台灣特別行政區」政府各部門之間也將是互不隸屬、互不干預的關係，而相互之間的合作也完全是自願協商性質的。

第三，「台灣特別行政區」與香港、澳門兩個特別行政區的關係也應該是互不隸屬、互不干預、互相尊重的協作關係，分別直接對全國中央政府負責。當然，在社會制度方面，它們都屬於資本主義社會，在經濟文化社會制度方面有許多共性，各方面的交往應該更容易、更方便。

同樣地，在未來制定中國區際衝突法時，也應該包括「台灣特別行政區」與內地、「台灣特別行政區」與港澳特別行政區法律衝突的解決，其性質也是統一的中國之內不同法域之間的法律衝突。

| 註釋 |

1. 中國國務院網頁。http://www.gov.cn/gjjg/2005-08/01/content_18608.htm

2. 同上。

3. 同上。

4. 同上。

5. 同上。

6. 同上。

7. 美國聯邦政府的 15 個部門是：國務院（Department of State 實際上應該譯成「外交部」或者「國務部」）、國防部、國土安全部、司法部、內政部、教育部、財政部、商業部、農業部、能源部、運輸部、住房與城市發展部、勞動部、健康與人力資源部、退伍軍人部。另外還有一個總統辦公廳（Executive Office of the President）。

8. 吳家麟：《憲法學》，北京：群眾出版社，1992，頁 318。

9. 蕭蔚雲：《一國兩制與澳門特別行政區基本法》，北京：北京大學出版社，1993，頁 120。

10. 外交部：《香港回歸後在涉港外交方面中央政府做了哪些工作？》，見中華人民共和國外交部主頁，http://www.fmprc.gov.cn/chn/2651.html。

11. 《聯絡官工作規則》，廣東省人民政府，1984 年 12 月 28 日發佈。

12. 王鳳超：《關於中央和香港特別行政區的關係》，載《文匯報》，香港，1995 年 4 月 5 日。

13. 見香港特別行政區政府駐北京辦事處網站：http://www.info.gov.hk/bjo/。

14. 澳門政府網新聞：http://www.macau.gov.mo/index_cn.html. 2001 年 6 月 28 日。

15. 王鳳超：《關於中央和香港特別行政區的關係》，載《文匯報》，香港，1995 年 4 月 5 日。

16. 鄧小平會見美國新澤西州西東大學教授楊力宇時的談話（1983 年 6 月 26 日），載《鄧小平文選》，第 3 卷，北京：人民出版社，1993，頁 30-31。

17. 黃文放：《中國對香港恢復行使主權的決策歷程與執行》，香港：香港浸會大學，1997，頁 80。

18. 錢其琛：《中央人民政府處理「九七」後香港涉台問題的基本原則和政策》，香港特別行政區籌備委員會預備工作委員會第五次全體會議，1995 年 6 月 22 日。《處理「九九」後澳門涉台問題七項基本原則和政策》，載《人民日報》，北京，1999 年 1 月 16 日。

19. 筆者認為，未來「台灣特別行政區」的名稱應該是可以考慮的。為了突出台灣和港澳的不同，台灣也可以不叫做「特別行政區」，而叫做「台灣區」或者其他合適的名稱。

20. 江澤民：《為促進祖國統一大業的完成而繼續奮鬥》（1995 年 1 月 30 日），載《人民日報》，北京，1995 年 2 月 1 日。

21. 同上。

CHAPTER 9

處理中央與特別行政區關係的機構及其實踐

以上幾章具體探討了「一國兩制」的產生和特別行政區的建置、處理中央與特別行政區關係的原則、中央與特別行政區之間的職權劃分以及對與中央和特別行政區關係相關的幾組關係的處理。本章將探討處理中央與特別行政區關係的機構設置及其工作原則和實踐。

根據兩部特別行政區《基本法》的規定，特別行政區直接隸屬於中央，中央參與處理特別行政區事務的機關包括全國人民代表大會及其常務委員會即最高國家權力機關、國務院即最高國家行政機關和中央軍事委員會即最高國家軍事統率機關，這裡分別探討全國人大及其常委會和國務院在處理中央與特別行政區關係中的角色和運作程序、制度。

一｜最高國家權力機關

一、最高國家權力機關的性質

根據中國憲法的規定，在中國一切權力屬於人民，人民行使國家權力的機關是全國人民代表大會和地方各級人民代表大會（第2條）；國家行政機關、審判機關、檢察機關、軍事機關都由人民代表大會產生，對它負責，受它監督（第3條、第62條、第63條、第94條）；全國人民代表大會是最高國家權力機關，它的常設機關是全國人民代表大會常務委員會，在全國人民代表大會閉會期間，行使最高國家權力（第57條、第67條）。這就清楚地表明了中國最高國家權力機關的性質。

國家權力是國家主權的體現和主要內容，主要包括立法權、行政權、武裝力量統率權和司法權。最高國家權力作為國家主權的最高和最終體現，它包括了最高國家立法權、最高國家行政權、最高國家軍事權和最高國家司法權，這些權力是一個完整的整體。最高國家權力在封建社會由君主一人掌握，在現代民主社會則由人民掌握，當然在資本主義國家事實上是由資產階級掌握，而在社會主義國家則由以工人階級為領導的全體人民掌握。而人民不可能人人直接行使自己的最高權力，而只有通過平等選舉產生的最高國家權力機關來行使最高國家權力，在中國就是全國人民代表大會及其常務委員會，因此它們是中國最高國家權力機關及其常設機關。

可見，國家最高權力機關不僅僅有立法職能，當然這是它最重要的職能，而且還有行政職能、武裝力量統率職能、司法職能。從中國憲法規定的全國人大和全國人大常委會的職權上也可以看出這一點，即全國人大組織產生最高國家行政機關、最高國家軍事機關和最高國家司法機關，並分別授予它們最高國家行政權、最高國家軍事權、最高國家司法權，當它們在行使自己的職權時發生任何自己解決不了的問題或相互之間發生權限爭議時，則提請它們共同的最高授權機關即最高國家權力機關全國人民代表大會決定。

這就是說，在中國，不僅一切地方政府的權力是由最高國家權力機關授予的，而且最高國家行政機關和最高國家司法機關以及最高軍事機關的權力也都是由最高國家權力機關授予的。這是最高國家權力和最高國家權力機關的完整的憲法涵義。在中國，全國人民代表大會可以討論政治、經濟、文化、軍事、外交、司法等一切事情，可以討論決定一切國家大事。

當然，最高國家權力機關具有行政職能、軍事職能、司法職能，擁有一切國家最高權力，這決不是說它事必躬親，直接行使這一切國家權力，恰恰相反，它必須組成各種執行機關即行政機關、軍事機關和司法機關來分別行使行政職能、軍事職能和司法職能，以共同履行最高國家權力機關的職責，而只保留有代表性的、根本性的幾種重要權力來直接行使。這些權力包括：（1）最高國家立法權；（2）組織產生國家最高行政機關、軍事機關和司法機關，並分別授予它們相應的國家權力；（3）對這些由自己產生的國家機關的工作行使監督權，包括組織檢查、聽取它們的工作報告、提出質詢等；（4）當這些機關在工作中遇有極其重大的問題出現或新的沒有明確管轄權的事項出現而自己無法決定時，提請最高國家權力機關決定，即對一切重大國務行使最終決定權，這包括了行政上、司法上、軍事上的國家事務，國家最高權力機關的行政職能、軍事職能和司法職能在這些情況下往往得到直接體現；（5）當由自己產生的最高國家機關之間發生職權爭議時，則由最高國家權力機關裁決。中國全國人民代表大會的職能就是綜合性的，涵蓋了上述各方面，它與西方的「三權分立」制度是完全不同的。可見，在中國，不僅國務院是最高國家權力機關的執行機關，嚴格地說，最高國家司法機關和軍事統率機關也都是它的執行機關，只是執行的職能不同罷了。這是一個金字塔式的架構，請參見下圖。

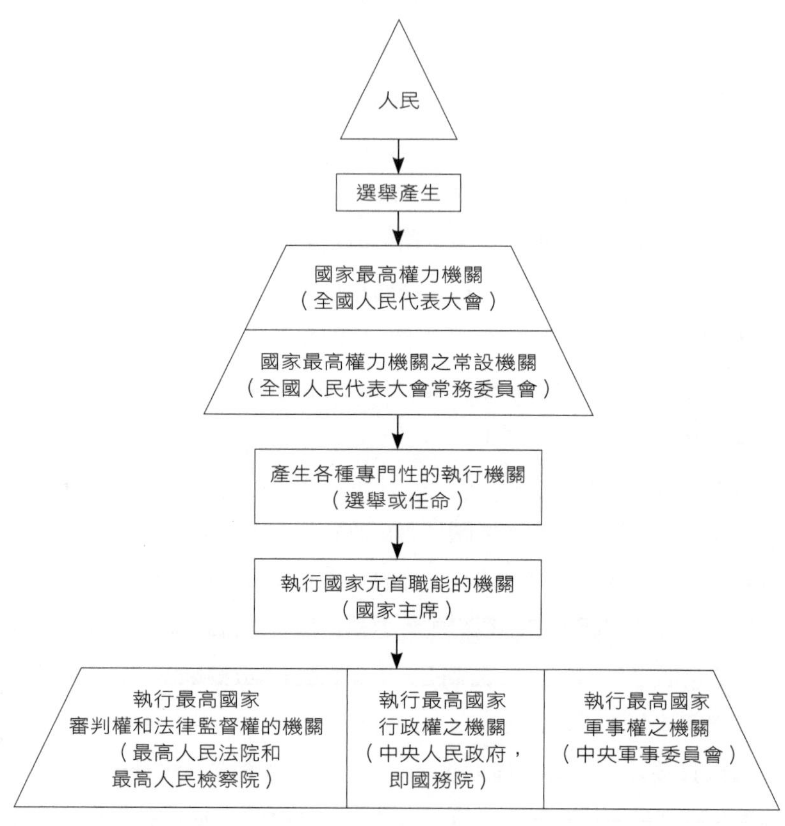

理解了中國憲法上最高國家權力及最高國家權力機關的性質和職能，也就較為容易解釋《基本法》所規定的全國人大及其常務委員會對特別行政區所享有的各種權力。

二、最高國家權力機關對特別行政區所享有的權力

由上面分析可以知道，處理中央與特別行政區關係、決定特別行政區前途命運的首要機關，是最高國家權力機關即全國人大及其常務委員會。這主要體現在：

第一，決定對香港、澳門恢復行使主權，批准中國政府分別與英國、葡萄牙政府就香港、澳門問題所簽訂的國際協議，即中英、中葡聯合聲明。

第二，決定實行「一國兩制」，創立特別行政區建置。

第三，制定、修改、解釋特別行政區《基本法》，規定在特別行政區實行的各種制度，處理中央與特別行政區的關係，確定中央與特別行政區的職權劃分等，授權特別行政區實行高度自治，享有廣泛的自治權。最高國家權力機關對特別行政區的立法還享有一定的違憲審查權。

第四，籌備成立特別行政區。

第五，特別行政區成立後，貫徹實施特別行政區《基本法》，對特別行政區行使高度自治權實施監督，有權決定與特別行政區有關的重大事情，如宣佈戰爭與和平、宣佈緊急狀態等。

這些權力都是國家主權的重要體現，對特別行政區來說是根本性、長遠性的大問題，因而必須由最高國家權力機關親自行使這些權力，而不得授權其他任何機關行使，也就是說必須由全國人民代表大會或全國人大常務委員會的全體會議決定行使。

三、全國人大常委會特別行政區基本法委員會

根據 1982 年 12 月 10 日第五屆人大第一次會議通過的《全國人民代表大會組織法》第 28 條規定：全國人大常務委員會可以根據需要設立工作委員會。工作委員會的主任、副主任和委員由委員長提請常務委員會任免。在特別行政區成立後，最高國家權力機關為了便於行使上述有關權力，決定在其常設機關——全國人大常務委員會之下分別設立香港和澳門特別行政區基本法委員會。根據全國人大 1990 年 4 月 4 日和 1993 年 3 月 31 日的決定，這兩個委員會隸屬於全國人大常務委員會，是其下屬的工作委員會。

因此，基本法委員會的性質是全國人大常委會的一個工作機構，而不是一個權力機構，因而不能代行全國人大常委會的權力，只能就有關問題向全國人大常委會提供意見、建議，供它採納。也可以說這兩個委員會是全國人大常委會就處理特別行政區問題而特設的專門

性諮詢機構。這表明了國家最高權力機關處理特別行政區問題的嚴肅性。

根據全國人大的決定，基本法委員會的任務職責是：就有關《香港特別行政區基本法》第17條、第18條、第158條、第159條，《澳門特別行政區基本法》第17條、第18條、第143條、第144條實施中的問題分別進行研究，並向全國人大常委會提供意見。

據此，基本法委員會的具體任務包括以下四個方面：

一是全國人大常委會在行使對特別行政區自行立法的監督權時，如果認為特別行政區立法機關制定的任何法律不符合《基本法》關於中央管理的事務及中央與特別行政區關係的條款，準備將有關法律發回特別行政區立法機關，在發回前，全國人大常委會要先交基本法委員會研究，聽取該委員會的意見，然後再作出決定。

二是全國人大常委會決定是否將有關國防、外交和其他按照《基本法》規定不屬於特別行政區自治範圍的全國性法律在特別行政區實施，即對《基本法》附件三所列全國性法律作出增減時，要徵詢基本法委員會的意見。

三是特別行政區法院在審理案件時需要對《基本法》關於中央人民政府管理的事務或中央和特別行政區關係的條款進行解釋，而該條款的解釋又影響到案件的判決，在對該案件作出不可上訴的終局判決前，應由特別行政區終審法院提請全國人民代表大會常務委員會對有關條款作出解釋。特別行政區法院在引用該條款時應以全國人大常委會的解釋為準。全國人大常委會在對《基本法》做出解釋前，應徵詢其所屬的基本法委員會的意見。如前所述，中國憲法規定的最高國家權力包含了司法權力，而最高國家權力機關嚴格來說也具有司法職能，儘管正常情況下它並不行使司法權力，但在有必要時它可以直接行使某些司法職能。全國人大常委會解釋《基本法》，以普通法的觀點來看，這是行使司法職能。其實中國最高國家權力機關本來就有這方面的職能。

四是當全國人民代表大會準備接受修改特別行政區《基本法》的議案並準備把該修改議案列入全國人民代表大會的議程前，要先將該修改議案交特別行政區基本法委員會研究並提出意見。

關於基本法委員會的組成，香港特別行政區基本法委員會由 12 人組成，而澳門特別行政區基本法委員會由 10 人組成，其中內地和特別行政區人士各佔一半。由於委員會的主要工作是法律性的，因而組成成員必須包括法律界人士。所有委員均由全國人大常委會任命，任期 5 年。其中香港委員、澳門委員必須由在外國無居留權的特別行政區永久性居民中的中國公民擔任，由特別行政區行政長官、立法會主席和終審法院首席法官聯合提名，由全國人大常委會任命。

這兩個基本法委員會已經分別於 1997 年 7 月 1 日和 1999 年 12 月 20 日成立，並分別擬定了自己的工作細則和工作制度。香港特別行政區基本法委員會已經就有關基本法的解釋問題進行專題研究，並向全國人大常委會提出了意見和建議。由於該委員會是設立在立法機關內部的，其工作程序也就基本上是立法程序。因此，有學者建議將來該委員會的工作程序應該司法化，其性質也應該由一個政治性的機構轉變為一個獨立的司法機關，成為一個真正能夠裁決兩地糾紛的獨立部門。[1] 如果這樣，這將引起一場中國憲法和特別行政區《基本法》的「革命性」變化。

二｜最高國家行政機關

一、國務院

據中國憲法，最高國家行政機關是最高國家權力機關的執行機關，亦即中央人民政府，這就是國務院的性質。[2] 它是最高國家權力機關之下的一個綜合性的全國最高行政管理部門。憲法還規定了國務院的職權，其中包括統一領導全國性的行政工作；統一領導全國地方各級國家行政機關的工作；管理對外事務，同外國締結條約和協定；領導和管理全國國防建設事業；行使全國人大及其常委會授予的其他職權。[3] 因此，國務院在解決港澳特別行政區問題上扮演十分重要的角色，而特別行政區《基本法》也賦予國務院在處理中央與特別行政區關係上以很大的權力。主要包括：

一、以中央政府的名義與英國、葡萄牙談判解決香港、澳門問題並簽訂有關協議，報請全國人大及其常委會批准；

二、執行全國人大及其常委會的有關決定，協助制定特別行政區《基本法》並可提出《基本法》修改議案；協助籌備特別行政區；

三、貫徹執行「一國兩制」和特別行政區《基本法》，統轄特別行政區政府，管理《基本法》規定的由中央人民政府負責管理的事務；

四、負責與特別行政區有關的外交事務，並授權特別行政區依照《基本法》規定自行處理有關對外事務；

五、負責特別行政區的防務，承擔駐軍費用；

六、依照《基本法》有關規定任命特別行政區行政長官和行政機關的主要官員。

可見，國務院在處理特別行政區事務中的職權是十分重要而具體的。這同時也是國務院作為全國中央政府對特別行政區所承擔的責任。

國務院在行使這些職權時，一般要以國務院本身的名義，而不可以國務院內部機構或某一個部的名義，例如最後簽訂中英、中葡聯合聲明，提出《基本法》修改議案，任命特別行政區行政長官和主要官員，都要以中華人民共和國中央人民政府的名義來行使這些權力。至於外交事務，可由外交部在國務院直接領導下處理。而國防事務在組建香港特別行政區駐軍時也是由國務院和中央軍事委員會聯合發出通告並完成的，特別行政區的日常防務則由國防部代表國務院負責。[4]

二、國務院港澳事務辦公室

國務院行使對特別行政區的上述管轄權雖然一般要以國務院的名義進行，但這並不意味着所有有關上述事項的具體工作都要由總理、副總理事必躬親，由國務院全體會議或常務會議通過。國務院總理可以設立專門的辦事機構來協助自己處理這方面的事務。國務院港澳事務辦公室就是這種性質的機關。

根據《國務院組織法》第 11 條的規定，國務院可以根據工作需要和精簡的原則，設立若干辦事機構協助總理辦理專門事項。辦事機構的設立由國務院全體會議或常務會議討論決定，其負責人由總理任免，不屬於國務院組成人員。其職責就是協助國務院總理辦理不屬於任何部、委員會或直屬機構職責範圍內的專門性事項，例如台灣事務不屬於任何部或委員會或直屬機構管轄，因而國務院專設一個台灣事務辦公室負責對台工作。除此之外，國務院還設有港澳事務辦公室、僑務辦公室、特區辦公室、外事辦公室、國務院研究室等專門性辦事機構。

1978 年 8 月 12 日中共中央批轉《關於港澳工作預備會議的報告》。該報告指出：開展港澳工作必須深入調查研究，實事求是，一切工作都要從當地實際情況出發，不能照搬照套內地的做法，要解放思想，大膽放手，多想辦法，加快步伐，為實現中國四個現代化多做貢獻。同時決定成立中央港澳小組，協助中央掌管港澳工作。[5] 國務院港澳事務辦公室也同時成立。

根據 1993 年 3 月 16 日第八屆全國人民代表大會第一次會議批准的國務院機構改革方案和《關於國務院機構設置的通知》（國發［1993］25 號）的規定，國務院港澳事務辦公室是國務院負責歸口管理香港、澳門事務的辦事機構，其主要職責是：

對港澳地區的政治、經濟、文化、社會情況進行調查研究，及時掌握重大動向，為制訂港澳工作的方針、政策、策略提供情況和建議；

制訂在港澳地區貫徹執行「一國兩制」方針的具體政策和措施，促進祖國和平統一；

研究制訂中國政府對香港和澳門恢復行使主權、實現政權順利交接的方針、政策，負責籌備香港和澳門兩個特別行政區的具體事務；

規劃、部署香港和澳門過渡時期的各項工作；

做好實施香港和澳門兩個特別行政區《基本法》的各項工作；

協同外交部掌管與香港、澳門有關的外事工作，指導中英、中葡兩個聯合聯絡小組和土地委員會（小組）的工作；

制訂或審核涉及港澳的法規的政策、措施，協調內地與港澳地區的關係；

制訂內地與港澳地區在政治、經濟、文化、社會等各個領域交往的具體政策，並會同有關部門組織實施；

會同各地區、各部門做好到內地訪問、工作的港澳各界人士的接待工作；

會同有關部門審批各地區、各部門在港澳地區設立機構，審批常駐港澳地區人員，對有關人士出訪港澳地區向國務院提出審批意見；

承辦國務院交辦的其他事項。

根據上述職責，國務院港澳事務辦公室設五個職能司，即秘書行政司、香港政務司、香港經濟司、香港社會文化司、澳門事務司。[6]

可見，國務院港澳事務辦公室是中央人民政府具體處理港澳事務的一個十分重要的綜合性部門。在港澳回歸、特別行政區成立後，它在處理中央與特別行政區關係中也仍然扮演十分重要的角色。港澳辦通過自己的工作可以避免中央政府各部門以及內地各地方政府由於對《基本法》不瞭解而無意中干預特別行政區事務。對於特別行政區政府而言，也需要通過港澳辦進一步瞭解內地。就像國務院港澳事務辦公室主任廖暉所說的，港澳辦的職責是幫助特別行政區政府與中央人民政府各部門及地方機關溝通，做好「守門員」、「聯絡員」和「服務員」的工作，為特別行政區政府和公眾服務。[7]

三、中央人民政府駐特別行政區聯絡辦公室

除國務院港澳事務辦公室外，中央人民政府在港澳地區也設有代表機構，這就是新華社香港分社和新華社澳門分社。

新華社香港分社初設於 1947 年，當時的主要職責是主管中共中央的對外宣傳與聯絡工作。1949 年中華人民共和國成立，中英兩國建交後，它成為中國國家新聞機構新華社的派出機構，同時也是中國中央政府國務院的駐香港代表機構，但是港英政府一直沒有給予它應有的待遇。1972 年《中英聯合公報》發表後，港英政府才逐漸給予它以符合官方代表機構身份的禮遇。中英關於香港問題提出來後，解決香港問題提上了中國政府的議事日程，因此 1983 年新華社香港分社由原來隸屬國務院港澳事務辦公室而改歸直接隸屬國務院領導，行政級別上提了一級，成為正部級機構。[8]

新華社澳門分社成立於 1988 年 9 月，它既是中國國家新聞機構新華社派駐澳門的機構，也是國務院在澳門的代表機構，向國務院反映澳門的情況，承辦國務院交辦的事項。在它成立之前，其職責由澳門南光貿易公司承擔。[9]

這兩個新華社分社在解決港澳問題、制定特別行政區《基本法》

過程中發揮了聯絡港澳、及時反映港澳各界人士的意見和建議的作用。在籌備特別行政區過程中，也發揮了很大的組織協調作用。在中國恢復行使港澳主權後，由於特別行政區政府直轄於國務院，因而這兩個機構的工作性質也發生了很大轉變。為了更好地貫徹「一國兩制」、「港人治港」、「澳人治澳」、高度自治的方針和兩部《基本法》，支持特別行政區政府依照《基本法》施政，保障中央人民政府駐香港、澳門的工作機構按照授權履行職責，有必要對兩個新華分社的名稱、職能做一些調整。

1999年12月28日經國務院第24次常務會議討論通過，自2000年1月18日起，新華通訊社香港分社、新華通訊社澳門分社，分別更名為「中央人民政府駐香港特別行政區聯絡辦公室」和「中央人民政府駐澳門特別行政區聯絡辦公室」。2000年1月15日國務院去函香港、澳門兩個特別行政區政府，正式發佈《關於更改新華通訊社香港分社、澳門分社名稱問題的通知》。

根據《通知》的要求，中央政府駐特別行政區聯絡辦公室的職責有：（1）聯繫外交部駐香港特別行政區特派員公署、外交部駐澳門特別行政區特派員公署和中國人民解放軍駐香港部隊、中國人民解放軍駐澳門部隊。（2）聯繫並協助內地有關部門管理在香港、澳門的中資機構。（3）促進香港、澳門與內地之間的經濟、教育、科學、文化、體育等領域的交流與合作。聯繫香港、澳門社會各界人士，增進內地與香港、澳門之間的交往。反映香港、澳門居民對內地的意見。（4）處理有關涉及台灣的事務。（5）承辦中央人民政府交辦的其他事項。[10]

中央人民政府駐香港、澳門特別行政區聯絡辦公室及其人員，應該嚴格遵守《基本法》和當地的法律，依法履行職責。特別行政區政府也應該為他們提供履行職責所必須的工作便利和豁免。

新華通訊社香港分社和新華通訊社澳門分社更名後，中央人民政府駐特別行政區的機構有：中央人民政府駐特別行政區聯絡辦公室，外交部駐特別行政區特派員公署，中國人民解放軍駐特別行政區部隊。原新華通訊社香港分社和新華通訊社澳門分社承擔的新聞業務，將分別由新華通訊社提請特別行政區政府註冊的新華通訊社香港特別行政區分社、新華通訊社澳門特別行政區分社承擔，特別行政區政府為其註冊和開展工作提供便利。

從上面兩節我們可以看出，在解決港澳回歸問題，處理中央與特別行政區的關係上，最高國家權力機關即全國人大及其常委會是決策機關，而最高國家行政機關即國務院是具體執行機關，二者有非常密切的聯繫。全國人大常委會屬下的兩個特別行政區基本法委員會與國務院港澳事務辦公室在貫徹執行「一國兩制」的方針政策時，應嚴格按照《基本法》的規定處理中央與特別行政區的關係，分工合作，密切聯繫，共同為維護國家主權和統一，為維護特別行政區的繁榮與穩定而努力。

三｜應該遵循的工作原則

全國人民代表大會和全國人民代表大會常務委員會、國務院、全國人大常委會特別行政區基本法委員會、國務院港澳事務辦公室都是中央處理中央與特別行政區相互關係的機構。它們在具體處理中央與特別行政區關係時，儘管具體工作制度由於機構的性質不同而有所不同，例如全國人大及其常委會和其下屬的基本法委員會大多採用開會合議的方式，而國務院及其下屬港澳事務辦公室則大多採用行政性方式、首長負責方式，但是，它們要遵循一些共同的工作原則。這些原則在以上各章都有涉及到，這裡只簡略地作以下概括。

一、遵循「一國兩制」「高度自治」的指導方針

「一國兩制」、「高度自治」是中國解決港澳台問題、實現國家統一的基本國策，也是制定特別行政區基本法，處理中央與特別行政區關係的根本指導思想。因而在涉及到中央與特別行政區關係的每一個具體問題的解決上，我們都要堅定不移不折不扣地貫徹執行「一國兩制」和「高度自治」的方針。「一國」與「兩制」不是對立的，而是相輔相成的，孤立地、片面地強調任何一個方面，都失之偏頗，都沒有抓住「一國兩制」的精髓，在實踐中都要造成失誤和混亂，必須把二者有機結合起來，全面正確地理解運用「一國兩制」的精神。

二、嚴格依法辦事

這裡的「法」是指特別行政區《基本法》。兩部《基本法》都是由中國最高國家權力機關全國人民代表大會根據憲法制定的直接關於特別行政區的全國性基本法律，是「一國兩制」的法律化、制度化、條文化、具體化，因而是處理中央與特別行政區關係的根本大法。無論是全國人大及其常委會或國務院，也無論是基本法委員會或國務院港澳事務辦公室，也不論是特別行政區政府，都必須認真執行《基本法》，嚴格按照《基本法》辦事，如果沒有《基本法》的保障，「一國兩制」也就無從談起，維護國家統一與主權，維護特別行政區的繁榮與穩定也就成為空談。港澳地區尤其香港在國際資本主義競爭中已經形成了良好的法治傳統，因而中央要以泱泱大國的風度，發揚中華民族信守諾言的傳統，排除各種干擾，嚴格地依法辦事，把《基本法》的每一個條款都落到實處。

三、吸收特別行政區參與原則

雖然處理中央與特別行政區關係的主動權在中央，但是中央有關各個機構在處理二者關係時一定要充分吸收港澳人士參與，廣泛聽取各方面意見，尊重特別行政區政府和人民的意見，只有這樣，才可能作出符合實際的決策。其實全國人大在制定特別行政區《基本法》時，就十分廣泛地吸收了港澳各界人士參加起草委員會，除此之外還成立了具有廣泛代表性的《基本法》諮詢委員會，其職責就是收集並向起草委員會反映港澳各界對《基本法》的意見和建議，接受起草委員會的諮詢。這在中國立法史上是空前的。《基本法》本身在規定中央行使權力時，也同時規定了如何吸收特別行政區的參與。而以後國務院港澳事務辦公室又從香港各界人士中聘請了香港事務顧問，新華社香港分社也聘請了區事顧問，其目的都是為了廣泛吸收香港人士的意見。特別行政區基本法委員會其中一半委員來自港澳，同樣也是為了在決策時可以充分吸收特別行政區的參與。全國人大的港澳代表、全國政協的港澳委員在這方面已發揮了而且還將發揮很大的作用。

四、互相尊重、互相支持、共同發展

在處理中央與特別行政區的關係時，還應遵循的另外一個重要的工作原則就是互相尊重、互相支持、共同發展。中央要尊重特別行政區的高度自治，堅決貫徹港人治港、澳人治澳的原則，決不干預特別行政區按照《基本法》屬於其自治範圍內的事項。反過來，特別行政區也要尊重中央統一的權威，自覺維護國家統一和主權完整，尊重中央對按照《基本法》屬於中央管理的事務的管轄權，並給予積極的配合與支持。這樣，雙方在《基本法》的框架下就建立起了良性的互動關係，實行資本主義制度的特別行政區和社會主義的大陸在統一的國家裡和平共處，共同發展，共同為包括特別行政區在內的全中國的長治久安和繁榮穩定，為中華民族在二十一世紀的偉大振興做貢獻。

四 |1997 年後處理中央與特別行政區關係的實踐

中國政府恢復行使對香港澳門的主權以來的實踐證明，「一國兩制」的國策是正確的，兩部《基本法》是可行的，中央和特別行政區都很快適應了自己新的角色，恰當地行使了各自的法定權力，對二者關係的處理也基本上是成功的。

一、回歸後中央對自己法定權力的行使

必須承認，對中國中央政府而言，在「一國兩制」之下如何處理特別行政區事務，是一個全新的挑戰。中國自二十世紀五十年代建立起高度集中的行政管理體制後，中央政府已經習慣於對地方發號施令，用行政的手段來直接管理社會和地方。儘管改革開放後，這種情況已經有所改變，但是由於憲法本身給中央政府規定的職責太多，因此很難讓中央政府不管這麼多事情。[11] 但是，港澳特別行政區成立後，在處理和特別行政區的關係上，中央嚴格依照《基本法》的規定去做，應該說還是很成功的，沒有侵犯特別行政區的高度自治權，沒有干預特別行政區自治範圍內的地方事務。尤其在香港回歸前後，中央為此還發文到全國，要求正確認識中央與特別行政區的特殊關係，消除內地的一些誤解。1996 年中共中央和國務院就聯合發佈了《關於正確

處理內地與香港關係若干問題的通知》，[12] 香港回歸後，中共中央辦公廳、國務院辦公廳聯合發佈《關於印發〈關於香港回歸問題的情況通報〉的通知》，[13] 國務院辦公廳發佈了《關於香港特別行政區中國公民來內地投資有關問題的通知》等，[14] 這些都是具體規範、處理中央與特別行政區關係的重要文件。

❶ | 特別行政區防務

中央按照特別行政區《基本法》和兩部特別行政區《駐軍法》的規定，擔負起了特別行政區的防務。中國人民解放軍香港駐軍和澳門駐軍依法適當地履行着保衛特別行政區的職責，與特別行政區政府建立起了很好的工作關係，特別行政區居民以前對解放軍的恐懼感基本上沒有了。而且在防務方面，特別行政區也不用像以前那樣承擔軍費，可以全心全意發展經濟和文化事業；特別行政區的中國居民雖然也是中國公民，但是卻不用像內地同胞那樣服兵役，因此，可以說在這方面香港、澳門特別行政區及其居民在回歸後得到了更多的好處。

特別行政區駐軍的主要職責是負責特別行政區的防衛。從 1997 年 7 月 1 日開始，駐香港部隊每年都多次對香港的地形、地貌、主要基礎設施等進行勘察，熟悉香港的自然環境，制定重點目標防衛方案和外國艦船、飛機進港處置方案，進行海上、空中巡邏警戒，以及協助特別行政區政府維持社會治安、救助災害等。駐港部隊還重點就可能發生的危機進行強化演練。美國太平洋艦隊司令部在對香港駐軍進行訪問後，認為駐香港解放軍的先進裝備已全部形成戰鬥力。這說明香港駐軍在進駐特別行政區後很短時間內已經形成戰鬥力，可以擔負起保衛特別行政區的使命了。

當然香港各界對駐軍的擔心主要不在駐軍能否承擔起特別行政區的防衛任務，這一點實際上倒沒有什麼擔心的，因為解放軍的戰鬥力是毋庸置疑的。香港居民最擔心的是駐軍會否影響特別行政區居民的生活，全世界也都注視着這支以前和資本主義水火不容的共產黨軍隊能否和資本主義的香港融洽相處，尤其駐軍會不會干預特別行政區的施政，駐軍能否也落實「一國兩制」。儘管有《基本法》和《駐軍法》的保證，特別行政區居民一開始還是不放心。正如一家香港報紙當時所說的，「對於香港市民而言，駐港解放軍就像蒙着面紗神秘地存在着，故一次輕微的汽車碰撞，亦可以成為轟動全城的大新聞。」[15] 一年過後，香港居民對駐港部隊的態度就發生了很大的變化，報紙開始用《港人：解放軍不再可怕》、《港人對解放軍不安感大降》這樣的標題報道駐軍了。

香港《基本法》規定，香港駐軍人員既要遵守全國性法律，還要遵守香港特別行政區的法律，當然還要遵守軍隊的紀律，這在解放軍的歷史上還沒有先例。在香港這樣的法治社會，駐港部隊的衣食住行和訓練都涉及到法律問題，駐軍一直十分嚴格地遵守着這些法律和紀律，大到軍事訓練、出航、出入境和交通，小到部隊在營區打靶，都提前通報特別行政區政府有關部門，並在特別行政區政府的憲報上刊登。駐港部隊一直實行嚴格的封閉式管理，官兵平時都在營區內活動；如果工作需要從一個營區到另一個營區去，必須經過嚴格的審批。駐軍嚴格遵紀守法不僅得到了特別行政區政府和居民的肯定，而且在國際上也有很高的評價。美國國務院亞太事務局 2000 年 4 月 25 日發佈的《美國香港政策法報告》中所說的：「解放軍駐港部隊在很大程度上繼續保持低調，僅象徵性地存在。在順利進駐香港並接管了駐港英軍的軍事設施後，他們便在公眾的眼中消失了……」。

在和特別行政區居民相處上，由於香港市民的政治信念、價值信念、生活方式、生活習慣都與內地人民十分不同，因此，在處理與香港市民的關係上，不能照搬內地的傳統做法，必須建立一種與香港社會和市民習慣相適應的新型的軍民關係。因此駐軍放棄了一些在內地多年一貫的做法，例如為了遵守香港噪音管理法則和照顧港人的生活習慣，駐軍不吹軍號、操練時不高聲喊口令。有些以前在內地解放軍沒有的制度建立起來了，例如新聞發言辦公室制度，每年舉辦一次「軍營開放日」等，這樣使社會及時瞭解駐軍的一些活動，減少駐軍的「神秘」色彩。根據香港一所大學進行的社會調查，民眾對駐軍滿意的程度達到了 71.79%。還有一個團體的調查報告顯示，香港市民關於中央駐港機構落實「一國兩制」情況，對駐軍滿意的人數達到 93%。[16]

澳門駐軍在 1999 年 12 月 20 日進駐澳門特別行政區後，也迅速形成戰鬥力，不僅擔負起特別行政區的防務職責，而且根據澳門《基本法》和澳門《駐軍法》的規定，澳門駐軍協助特別行政區政府維持社會治安和救助災害，與特別行政區政府和人民形成了良好的互動關係，對澳門特別行政區的社會穩定發揮了很大的作用，受到特別行政區政府和人民的肯定。

❷ | 外交事務

特別行政區成立以來，外交部駐香港、澳門兩個特別行政區特派員公署嚴格按照《基本法》辦事，尊重特別行政區的高度自治，與特別行政區政府在「相互尊重、相互信任、相互支持、密切合作」的原則基礎上，沒有干預特別行政區政府對地方事務的處理，與特別行政區政府建立起了良好的合作關係和有效的工作機制，在涉港、涉澳外交工作方面摸索和積累了一些成功的經驗。

香港是國際性的城市，其涉外事務十分複雜繁多。香港回歸以來，外交部駐港特派員公署根據香港《基本法》的有關規定，認真辦理了由中央政府負責管理的大量涉港外交事務，並協助特別行政區政府處理了大量對外事務。在處理有關國際組織和國際協定事務方面，駐港特派員公署依法審查同意了香港特別行政區加入有關國際組織以及同意有關國際組織在香港設立辦事處；協助特別行政區政府制定聯合國制裁法並立法執行聯合國安理會通過的有關制裁決議；協助特別行政區政府官員包括外籍人員多次以中國政府代表團成員的身份出席有關國際會議；授權特別行政區政府自行簽發單獨參加國際會議的全權證書；以中央政府名義為特別行政區政府申辦國際展覽和國際會議，協助特別行政區政府主辦多個政府間國際會議；推動和指導特別行政區政府取消「第一收容港」難民政策。

在條法工作和雙邊領域，駐港特派員公署向特別行政區政府頒發了許多項授權文件，授權特別行政區與有關國家談判和簽署涉及民航、航班過境、投資保護、移交逃犯、移交被判刑人和刑事司法協助等領域的雙邊協定，還一次性授權特別行政區政府與其他國家（不包括未建交國）談判互免簽證協議或做出行政安排；審核了特別行政區政府需報請中央政府核准的多個雙邊協議草簽文本。在多邊領域，公署就多項涉及民用航空、環境保護、勞工等類國際公約適用於香港的問題徵求特別行政區政府的意見；就多項國防外交類國際公約適用香港的問題向特別行政區政府作出了通報和解釋；多次協助特別行政區政府向有關公約機制提交報告或資料；公署還接受並審查了香港與外國開展的眾多刑事和民商事司法協助案件。

以《公民權利和政治權利國際公約》為例，根據香港特別行政區《基本法》的規定，香港回歸後，該《公約》適用香港的有關規定繼續有效。儘管當時中國還不是公約的當事國，但為體現「一國兩制」原則，中國政府仍然參照公約的規定向聯合國人權委員會轉交了香港特別行政區實施公約有關規定情況的報告，報告由香港特別行政區政府自行撰寫。香港特別行政區政府代表團並接受了聯合國人權委員會對報告的審議。這充分表明了中國政府對香港特別行政區人權狀況及特別行政區履行國際公約的高度重視。

從 1997 年到 2001 年，香港特別行政區與多個國家和地區共簽訂了約 60 份具約束力的雙邊協定。此外，回歸前已簽訂的 70 份雙邊協定仍然有效。很多條約的適用範圍僅限於香港，不包括中國內地。除簽訂具有約束力的協定外，香港特別行政區也與其他國家、地區或國際組織簽訂了非約束性的安排。[17]

在領事工作方面，駐港公署處理了中國政府與多個國家簽署在港設領協議，確認了有關總領事和名譽領事的任命；頒發了各類簽證、護照和其他證件。在禮賓工作方面，公署向特別行政區政府轉達重要外賓訪問香港的要求或者過境並給予禮遇的要求或者轉達會見行政長官的要求。同時，向中國駐外使領館通報行政長官和特別行政區政府高級官員出訪要求，中國駐外機構都給予了積極配合。公署還批准外國軍用船舶或者航空器來港的申請。當然公署根據情況也曾拒絕了外國軍艦訪問香港的申請。

在對旅居外國的港人提供領事保護方面，由於仍然有不少港人持有英國政府在香港回歸前簽發的英國公民（海外）護照（即 BNO），有些國家仍然把他們視為英國公民，但是一旦 BNO 持有人在外國遇到麻煩，英國的駐外領事機構又不願意提供保護。對此，外交部駐港特派員公署非常明確指出，根據《中英政府關於香港問題聯合聲明》中方備忘錄有關「所有香港中國同胞，不論其是否持有英國屬土公民護照，都是中國公民」的論述，對持 BNO 護照的香港中國居民，如本人提出要求，中國駐外使領館將盡力為其提供領事保護和服務。據此，駐港特派員公署為在海外遇難港人提供領事保護和救援，與中國有關駐外使領館及特別行政區政府密切合作，共同處理了許多涉港領事案件。在新聞工作方面，駐港特派員公署審批了外國記者到內地進行採訪的請求，還多次審批香港記者隨團採訪中國領導人出訪。[18]

香港特別行政區還以不同的身份參與國際組織和國際會議。對以國家為單位參加的國際組織和國際會議，香港特別行政區政府可派遣代表作為中華人民共和國代表團的成員。香港特別行政區還以「中國香港」的名義，單獨地以正式會員身份參加不以國家為單位參與的國際組織和國際會議。

此外，有相當多的國際組織，都在香港設有辦事處。

駐澳門特別行政區特派員公署自 1999 年 12 月 20 日中國恢復對澳門行使主權時成立以來，按照澳門《基本法》的規定，也處理了大量涉及澳門的外交事務，有力保護了澳門特別行政區和居民的利益。

❸ | 對其他不屬於特別行政區高度自治範圍內事務的處理

根據《基本法》的規定，中央除了負責特別行政區的防務和外交之外，還負責解釋、修改《基本法》，對特別行政區立法機關制定的法律行使備案權和發回重議權，任命特別行政區行政長官和行政機關的主要官員，中央有實施非常狀態的權力等。香港特別行政區成立後，全國人大常委會解釋過四次香港特別行政區《基本法》的條款，儘管有異議，但是總體來看，全國人大常委會沒有超出香港《基本法》授權的範圍，其解釋《基本法》的行為得到了不少香港居民的支持。全國人大常委會對特別行政區立法機關的立法進行例行性的備案審查，迄今沒有返回任何一部特別行政區的立法，這反映出它充分尊重了特別行政區立法權的行使。

國務院對於兩個特別行政區行政長官在當地進行推選產生後，依法進行了任命。對於特別行政區政府上報的特別行政區主要行政官員的任命，國務院也都履行了職責，充分尊重了特別行政區人民和政府的意願。在處理特別行政區涉及台灣事務方面，中央政府也根據「一國兩制」和「一個中國」原則，酌情解決了有關問題。

❹ | 對特別行政區居民在內地投資的保護

中國政府對香港恢復行使主權前後，內地很多地方、很多人以為既然香港重新歸中國管轄了，因此在處理有關涉及香港的問題包括香港居民到內地投資問題上，可以採取與內地居民同樣的政策。因此，內地一些地區為吸引香港中小投資者投資，陸續出台了一些政策，規定香港居民可根據自願的原則申辦個體工商戶或設立私營企業，其經營行業和方式享受內地居民同等待遇，這些內容與中國現行的利用外資有關法律、法規和政策相違背，也與《中共中央、國務院關於正確處理內地與香港關係若干問題的通知》和《中共中央辦公廳、國務院辦公廳關於印發〈關於香港回歸問題的情況通報〉的通知》的基本精神不一致。為此，經國務院批准，1997 年 12 月 22 日國務院辦公廳發佈了《關於香港特別行政區中國公民來內地投資有關問題的通知》，指出中國政府恢復行使香港主權後，香港特別行政區的公司、企業和其他經濟組織或者個人到內地投資，應繼續適用現行有關外商投資企業法律、法規及相應的程序規定。如果內地各地正在研究準備出台或已公佈實行的有關吸引香港中小投資者投資的管理規定與現行法律、法規及相應的程序規定不一致的，應立即停止出台或執行。《通知》還要求今後內地各省、市、自治區、各地方在制定與香港特別行政區有關的地方性法規、規定時，均應徵求國務院有關主管部門的意見，重大事項應報中共中央、國務院批准。中央政府在處理香港居民在內地的投資問題上，及時消除誤解，嚴格執行了「一國兩制」的要求。

❺ | 對特別行政區政府駐北京辦事處的協助

經國務院批准，2000 年 8 月 25 日國務院辦公廳發佈《關於為香港特別行政區政府駐北京辦事處在內地執行公務提供便利等問題的通知》，要求各省、自治區、直轄市人民政府、國務院各部委和各直屬機構，給予香港駐京辦事處提供各種便利，例如未經香港駐京辦負責人或其授權代表的同意，執法人員不得進入香港駐京辦的辦公場所。香港駐京辦辦公場所儲存的檔案、文件及資料，以及存放於附有特定標識的信袋中的檔案、文件及資料在內地及運送途中，執法機關不進行查驗。各口岸海關憑香港駐京辦向海關備案的特定標識予以免驗放行。如遇特殊情況，執法機關需要檢查上述附有特定標識的信袋，須由香港駐京辦負責人或其授權代表陪同或經其同意後方可進行檢查。各級人民政府及其部門不得徵用香港駐京辦的車輛和其他設備、財產。香港駐京辦運進內地的辦公用品、機動交通工具和香港駐京辦主任、副主任運進內地的自用安家物品，經海關審核在合理數量範圍內予以免稅；其他常駐工作人員到任後半年內運進內地的自用安家物品，也可享有上述免稅待遇。香港駐京辦主任、副主任出入內地口岸時，可享有免檢、免驗禮遇。當然也要求香港駐京辦事處遵守內地法律，不得在內地從事商業和其他牟利活動。香港駐京辦運進內地的公用和個人自用物品，未經海關批准不得轉讓。經批准轉讓的物品，應按規定到海關辦理轉讓手續。可以看出中央給予香港駐京辦事處的待遇相當於其他國家大使館的待遇，和內地任何一個省、市、自治區的待遇不可同日而語，充分體現了「一國兩制」的原則。澳門特別行政區政府駐北京辦事處成立後，享有同樣的待遇。從中央對這些涉及特別行政區的具體事務處理上，可以看出中央政府對「一國兩制」、「高度自治」的承諾正在變成現實。

香港中文大學亞太研究所在 2000 年 11 月進行的一項電話民意調查發現，香港市民對回歸後「一國兩制」的實踐頗為肯定，有 45.9%的被訪者表示滿意或者十分滿意香港落實「一國兩制」的情況，表示不滿或者十分不滿的只有 26.6%，顯然滿意的人數遠遠超過不滿的人數。該機構分析香港市民之所以對「一國兩制」的實踐感到滿意，原因主要有下面幾點：一是回歸以來中央政府沒有干預香港內部事務的運作，大大地消除了香港市民回歸前對北京干預香港的強烈憂慮。二是亞洲金融風暴爆發之後，中央政府公開表示強力支持和幫助特別行政區政府穩定香港經濟，也贏得不少市民對它的信任。三是內地經濟對香港日益舉足輕重，一方面增加了市民的民族自豪感，另一方面則減低了他們對內地的抗拒。因此，儘管回歸後存在這樣那樣的問題，但香港居民對「一國兩制」的實踐還是接受的。[19]

二、特別行政區實行高度自治的實踐

香港澳門兩個特別行政區成立後，特別行政區政府根據《基本法》的規定用實際行動實踐了「一國兩制」、「高度自治」。特別行政區政府在自己的自治範圍內，依法自主管理地方事務，大膽行使自治權，保持了特別行政區的民主、法治，經濟發展也維持了良好的勢頭。

在政治民主和自由方面，香港和澳門回歸後，擺脫了一個多世紀的外國人統治，成立了由本地人掌握的自治政府，行政長官和其他主要行政、司法、立法官員由當地的中國公民擔任，這是香港、澳門民主發展史上的一個里程碑，港澳的中國居民終於實現了政治上自己當家做主，在政治民主方面邁出了關鍵的一步。這也是中國地方政府制度發展的一個新的嘗試，為改革內地的地方政府制度提供了一種全新的經驗。以最有指標意義的新聞自由為例，2001 年初香港電台委託香港大學民意研究計劃做「香港人眼中的亞洲傳媒」調查。結果顯示，接近半數的受訪者對香港傳媒整體表現表示滿意，但認為香港新聞傳媒在責任感及公信力方面的表現只是一般，在自由度方面則居亞洲傳媒之首。[20]

在經濟自由方面，國際上不少權威研究評估機構，例如美國傳統基金會（Heritage Foundation）、哈佛國際管理發展研究所（Harvard Institute for International Development）、世界經濟論壇（World Economic Forum）、國際管理發展研究院（International Institute for Management Development）以及經濟學家情報組織（Economist Intelligence Unit）等，都連續多年將香港地區評為全世界經濟最自由的地方。以加拿大費沙爾研究所（Fraser Institute）為例，該研究所在全世界五十多個研究機構支持下，2001 年初發表了 2000 年世界經濟自由報告，香港地區繼續被評為全球經濟最自由的地方。這份年度報告根據政府規模、經濟及法制體系、貨幣政策、價格是否穩定等 21 項指標，為全球 123 個國家及地區評分。撰寫報告的作者表示，個人選擇權、私有財產保障、交易自由是自由經濟的核心，香港地區及新加坡繼續排名第一和第二。在 2001 年的調查中增加了幾個新項目，其中包括一項更廣泛的經濟自由指數和貿易開放指數。經濟自由的主要因素是「個人選擇、私人財產保護和自由交流」。作者收集經濟自由指數資料，再與社會進步的各項指數比較，發現經濟越自由的國家就越少貧窮、經濟成長更快、聯合國人類發展指數的評分也更高。綜合各種因素，報告認為香港地區目前仍然是全世界最自由的經濟體系。[21]

在經濟成就方面，到 2000 年香港人均生產總值達到 187,105 港元。[22] 香港金融管理局 2001 年 4 月 9 日宣佈，截至 2001 年 3 月底，香港的官方外匯儲備資產為 1,146 億美元，相當於香港流通貨幣的八倍左右。香港特別行政區的外匯儲備額在全球排行第三，僅次於日本和中國內地。[23] 當初有人認為香港經濟上的成就是英國人管治的結果，沒有英國的管治，香港將天下大亂。[24] 這個「神話」已經不攻自破，中國人管治下的香港在經濟上比回歸前更加有活力。

在國際上，對「一國兩制」的評價，對中國處理中央與特別行政區的關係，也持十分肯定的態度。2000 年 2 月 9 日美國國會眾議院國際關係委員會亞洲太平洋小組委員會主席 Doug Bereuter 曾經明確指出，香港回歸中國兩年半的情況很大程度上是積極的， 自由資本主義得到了維護，香港並繼續制定實施自己獨立的經濟政策。[25] 即使美國國務院向美國國會提交的年度香港、澳門情況的報告，也都對中國政府貫徹「一國兩制」、「高度自治」、「港人治港」、「澳人治澳」和兩部《基本法》給予充分肯定。在美國國務院 2001 年 2 月 26 日發表的 2000 年度人權報告（第 25 期）中，也不得不承認：「香港的主權於 1997 年 7 月 1 日由英國移交中國（主權轉移）。作為中華人民共和國的一個特別行政區（SAR），香港除防務和外交事務外享有高度自治權，並仍然是一個自由社會，享有受法律保護的各種權利。」「1997 年被派往香港接替英國衛戍部隊的 4,000 人的中國軍隊保持低姿態，沒有執行警察的功能。」「香港是重要的國際貿易和金融中心，是同中國進行貿易和投資的主要門戶。香港有繁榮的自由市場經濟，其運行僅受到政府有限的干預。香港經濟為居民提供高水平的生活，目前正從 1997 年至 1998 年的國際金融危機中得到有力的恢復。人均國內生產總值達到 23523 美元（183483 港元）。」「總體來說，政府尊重居民的人權，法律和司法制度大體上能提供處理侵權個案的有效手段。……雖然法輪功在中國大陸被禁，法輪功在香港仍可合法註冊並大體上仍能繼續自由開展活動。」[26] 儘管美國國務院以干涉中國內政為目的發表這些評論，但是也從一個側面印證了「一國兩制」的成功運行。

對於澳門特別行政區，美國國務院 2001 年 5 月 16 日也公佈了一個所謂的「澳門政策法報告」，也不得不承認澳門在 1999 年 12 月 20 日成為中華人民共和國的一個特別行政區後，一年實踐證明，中國遵守對澳門自治的承諾，澳門由澳門官員管理並根據澳門自己的特點和利益制定政策。澳門繼續是一個自由社會，其居民每天享有基本的公民自由，如集會自由、言論自由、結社自由和向政府請願的自由。澳門新聞媒體的運作不但不受政府干預，而且「自主權移交以來，地方新聞媒體更加暢所欲言，媒體現在要求政府官員更好地承擔責任和提高透明度，而且新聞評論對行政區政府比對原來的葡萄牙殖民政府提出更多的批評」。澳門司法是獨立的，不受政治干預，任命程序公正，終身任職，報酬充足。在許多方面，美國認為澳門是個「越來越願意合作的夥伴」。在知識產權的保護，反洗錢立法，對賭博業的管理，在戰略貿易控制和打擊洗錢活動等方面，澳門都取得了很大的進展。澳門高度自治的程度「是中國尊重其做出的國際承諾的一個重要標誌」。「澳門在中國主權下總體上沿積極方向發展，澳門政府致力於改善澳門經濟，解決持續多年的嚴重犯罪問題並維護特別行政區的自由和獨特的生活方式。」

新加坡內閣資政李光耀 2000 年 12 月在香港中文大學致辭時指出，香港回歸已有三年半，其間並未見北京政府重手干預香港事務，……香港的憲制可於 2007 年檢討，假如香港人能令北京領導層相信，港人願意按中國憲法及基本法辦事，可能有讓香港有一個更具代表性和參與性的政府。……香港要進步，就要制定一套大眾認同的切實可行的努力目標，而這些目標必須在中華人民共和國和香港特別行政區的權力結構的規限之內。[27]這說明國際輿論也十分肯定「一國兩制」在香港的成功實施。

特別行政區高度自治得到國際社會廣泛肯定的另外一個重要指標，就是特別行政區護照在各國的認可程度。冰島、挪威兩國於2001年4月5日正式宣佈給予中華人民共和國香港特別行政區護照免簽待遇，使香港特別行政區護照終於超過英國政府在回歸前給香港居民發放的英國國民（海外）護照（BNO）的免簽國家數，特別行政區護照免簽國達89個，比BNO多三個。日本同日也宣佈將特別行政區護照簽證有效期延至三年。2001年，全港約有一百四十多萬人申領了特別行政區護照。[28]歐盟此前決定予香港特別行政區護照持有人免簽證入境，且不附加任何條件，歐盟也給予澳門特別行政區護照持有人同等待遇。到2001年6月底，已經有91個國家給予中華人民共和國香港特別行政區護照免簽待遇。這是國際社會對「一國兩制」信心的最好表示。

香港回歸前，不少港人都擔心特別行政區政府新簽發的中華人民共和國特別行政區護照未必會被外國特別是歐美國家認可，許多港人為了經商旅行方便，就申請了當年港英當局向港人發放的英國國民海外護照（BNO）。這表明當時人們對「一國兩制」會否成功實施信心不足，對香港回歸後能否繼續保持繁榮穩定存在很大的疑慮，不少港人更是移居海外。然而香港回歸後，香港沒有亂，沒有出現「難民潮」。儘管香港經歷金融風暴的衝擊，但是很快強勁復甦，並繼續保持繁榮穩定。這使國際社會看到了「一國兩制」的巨大成功及其生命力。在香港回歸後不到四年，國際社會對香港特別行政區的接受程度，就已超過1997年前香港作為英國「屬土」的認可度，這不僅說明「一國兩制」的成功落實，而且還表明港人治港、高度自治的體制比港英當局管治時期要好。[29]

香港特別行政區政府2001年初委託一家調查公司就香港形象進行廣泛調查，結果顯示，對於香港回歸後的印象，四成九美國商界認為香港沒有轉變。香港各界領袖普遍認為香港是「亞洲國際都會」和「大陸的重要城市」。但不少人警告說，香港不應讓人視為「僅是大陸其中一個城市」；他們又憂慮政府在進行改革時會損失部分資產，以及「香港逐漸偏離西方社會」。香港當局正致力促進香港的國際都市地位，相信以上調查結果，將有助於特別行政區政府採取相應對策，以進一步提高香港的國際地位。[30]

香港特別行政區政府成立以來，中央政府不干預香港高度自治範圍內的事務，香港仍然維持資本主義的運作，跨國大企業來港設立總部大幅增加，據香港特別行政區政府統計資料顯示，2000 年 6 月 1 日之前，共有 3,001 家外資公司在香港設立了地區總部。2000 年全年香港吸引外資 644 億美元。英國《經濟學人》雜誌一項調查顯示，香港仍是全球跨國公司設立亞太區總部的首選之地。《經濟學人》的「情報機構」在過去兩年時間裡（1999 年至 2000 年），對 8,000 家北美、歐洲和日本跨國企業進行調查。結果，35%的企業家指出，如果他們在亞太區設立企業總部，都會把香港列為首選之地。30%的企業家選擇新加坡，只有 9%的企業家選擇東京。香港的犯罪率持續下降，被稱為是全球最安全的大城市之一，大量移居外地的港人回流，目前移居海外的港人數目連續 6 年下降，創下了 20 年來的最低紀錄。2000 年，港人移居海外的人較上年減少了 7%。這些數據表明，港人對香港的前景充滿信心，也是對「一國兩制」成功實施的肯定。[31]

| **註釋** |

1. 香港法律界曾經有過這樣的建議。

2. 《憲法》第 85 條。

3. 《憲法》第 89 條。

4. 《中華人民共和國國務院公報》，1996（2），1996 年 2 月 12 日。

5. 李默：《新中國大博覽》，廣州：廣東旅遊出版社，1993，頁 863。實際上「文化大革命」前中共中央就有一個港澳工作領導小組，由周恩來直接負責。見黃文放：《中國對香港恢復行使主權的決策歷程與執行》，香港：香港浸會大學，1997，頁 6。

6. 國務院辦公廳秘書局、中央編委辦公室綜合司：《中央政府組織機構》，北京：中國發展出版社，1995，頁 396-399。

7. 香港特別行政區政制事務局局長孫明揚：《中央與特區關係探討》，在「香港是我家，落實基本法」研討會上的致辭，1998 年 4 月 3 日。

8. 李軍：《台港澳百科大辭典》，北京：華齡出版社，1992，頁 612-613。

9. 同上。

10. 《關於更改新華通訊社香港分社、澳門分社名稱問題的通知》，國務院發佈，2000 年 1 月 15 日。

11. 中國《憲法》第一章「總綱」的大部分條款是規定國家的職責的，幾乎每一個條款都有「國家」的字樣，而這裡的「國家」在許多場合是指中央政府的。《憲法》第三章第一節至第四節更是具體規定了中央的各種各樣的權力和職責。如果只進行簡單的機構改革，而不修改憲法，減少政府、主要是中央政府的職責（許多時候實際上是負擔），機構改革很難徹底。原因很簡單，因為那是憲法規定的中央的職責，從法律上說，中央必須行使。例如《憲法》第 89 條第 4、第 5、第 6、第 7 款規定國務院「統一領導全國地方各級國家行政機關的工作，規定中央和省、自治區、直轄市的國家行政機關的職權的具體劃分；編製和執行國民經濟和社會發展計劃和國家預算；領導和管理經濟工作和城鄉建設；領導和管理教育、科學、文化、衛生、體育和計劃生育工作，」這些規定都是強制性規範，是中央必須做的，否則的話，可以說就是失職。因此如果不從憲法上修改這些規定，簡政放權、機構改革很難奏效。

12. 《中共中央國務院關於正確處理內地與香港關係若干問題的通知》，中發［1996］8 號。

13. 《中共中央辦公廳、國務院辦公廳關於印發〈關於香港回歸問題的情況通報〉的通知》，中辦發［1997］8 號。

14. 《關於香港特別行政區中國公民來內地投資有關問題的通知》，國務院辦公廳 1997 年 12 月 22 日發佈。

15. 《信報》，香港，1997 年 7 月 23 日。

16. 參見《南方週末》，2001 年 6 月 28 日。

17. 香港特別行政區政府：《二零零零至二零零一年度大事紀要》，2001 年 6 月 30 日。

18. 上述資料來自外交部：《香港回歸後在涉港外交方面中央政府做了哪些工作？》，見中華人民共和國外交部主頁，http://www.fmprc.gov.cn/chn/2651.html。

19. 《新報》，香港，2000 年 11 月 23 日。

20. 見《人民日報》人民網，2001 年 4 月 10 日。

21. 香港、新加坡、新西蘭、英國、美國、澳大利亞、愛爾蘭、瑞士、盧森堡、荷蘭的經濟自由指數在全世界排名前 10 位。中國大陸排名第 75 名，台灣地區在調查的 123 個國家和地區中名列第 38 名。香港，《明報》，2001 年 4 月 19 日。香港政府網頁：http://www.info.gov.hk/gia/general/200104/20/0420296.htm。

22. 陳方安生：《撫今追昔翹首明天》，載《明報》，香港，2001 年 4 月 19 日。

23. 見新華網 http://news.xinhuanet.com/china/20010410/489556.htm. 2001 年 4 月 10 日。

24. 黃文放：《中國對香港恢復行使主權的決策歷程與執行》，香港，香港浸會大學，1997，頁 9。

25. 見香港政府網頁：自由經濟體系，http://www.freeconomy.org/freeconomy/eng/main.htm。

26. 美國國務院：《2000 年度人權報告》，2001 年 2 月 26 日。網址：http://usinfo.state.gov/regional/ea/mgck/hrhongkong.htm。

27. 李光耀在領取香港中文大學頒發的榮譽法學博士學位典禮上的致辭，見《明報》，香港，2000 年 12 月 7 日。

28. 《文匯報》，香港，2001 年 4 月 6 日。

29. 《文匯報》，香港，2001 年 3 月 16 日。

30. 雅虎新聞，chinese.news.yahoo.com，2001 年 5 月 11 日。

31. 以上資料見《人民日報》，海外版，2001 年 1 月 10 日。新華社，2001 年 6 月 29 日、2001 年 6 月 30 日。

CHAPTER 10

1997 年後有關中央與香港特別行政區關係的個案分析

中國恢復行使香港的主權雖然時間不長，但是已經發生多起有關或者涉及中央與特別行政區關係的問題和案件，例如關於臨時立法會設立的合法性問題、若干「前朝」法律的修訂和廢除問題，法律的適應化問題（將原來法律中的「英皇」或者「官方」字眼和概念由「國家」來取代）問題，新華社香港分社的法律地位問題，新華社香港分社社長受不受《個人資料（私隱）條例》約束問題，胡仙事件等等。在這些案件中，在兩地引起較大反響的是特別行政區臨時立法會的合法性問題、居港權案件、侮辱國旗案、張子強案和李育輝案。產生這些特殊法律問題的一個主要原因是，依據《基本法》的規定兩地各自保留自己的法律和司法制度，「一國兩制」在法律上就成為「一國兩法」，加之香港回歸後兩地日益密切的經貿、民事交往，使得許多法律問題頗為複雜。如果是實行「一國一制」、「一國一法」，也就不存在這些問題了。但是，相比這些法律問題，「一國兩制」是更為根本的，不能因為產生了這麼多這樣那樣的法律難題，而否定「一國兩制」，相反，在處理這些案件和問題的時候，必須依據「一國兩制」和香港《基本法》。對這些案件和問題的處理，也是對「一國兩制」和香港《基本法》的直接考驗；對每一個案件的處理都加深了人們對「一國兩制」和香港《基本法》的認識。

一｜香港特別行政區訴馬維騉案

一、案情

1997 年 7 月 1 日香港特別行政區剛剛成立，立即就有一個特殊的里程碑式的案件檢驗香港《基本法》和「一國兩制」的可行性，這就是香港特別行政區訴馬維騉案。[1] 這宗刑事案件中的三名被告在 1995 年 8 月 11 日被控以串謀妨礙司法公正的普通法罪名，原港英政府在 1997 年 1 月 3 日向法院提交公訴書，法院在 1997 年 6 月 16 日開始審理。這本來是一起簡單的普通法上的刑事犯罪。1997 年 7 月 1 日中國政府恢復行使香港主權，英國的管制已經結束，香港成為中華人民共和國的一個特別行政區，香港的原法統不再存在，香港特別行政區《基本法》開始生效。7 月 3 日新的特別行政區法院重新開始審理此案。但是，被告人的大律師突然要求政府撤銷控罪，理由是原來提交香港高等法院的政府公訴書在中國恢復對香港行使主權後已經自動失效，也就是說特別行政區成立前的犯罪已經不再算數。由於案中涉及的問題關係重大，因此主審法官逕直將這個案件轉交高等法院上訴法庭審理裁決。

本案爭論的焦點問題主要有以下兩個方面，一是新的香港特別行政區「保留」、「採用」香港「原有」法律是否要式行為。二是特別行政區臨時立法會的成立是否合法。

二、「保留」、「採用」香港「原有」法律是否要式行為

儘管香港《基本法》確實規定「香港原有法律，即普通法、衡平法、條例、附屬立法和習慣法，除同本法相牴觸或經香港特別行政區的立法機關作出修改者外，予以保留。」但是這種「保留」必須要由全國人大經過它的常委會或者香港特別行政區的立法機關，採取「主動的」採納行為，明確把這些「原有」法律採納為香港特別行政區的法律才行，或者以前的法律在香港回歸中國之時自動就轉化為新的香港特別行政區的法律？辯方大律師認為根據《基本法》規定，以前的法律要採用為新的特別行政區法律，必須要由全國人大經過它的常委會或者香港特別行政區的立法機關，採取「主動的」採納行為，明確把這些「原有」法律採納為香港特別行政區的法律才行。但是全國人大常委會不但沒有這樣做，反而以和香港《基本法》牴觸為理由，廢除了《英國法律應用條例》（香港法例第 88 章）。而且特別行政區臨時立法會的合法性有疑問，因此普通法在 7 月 1 日香港政權移交後已經不在香港生效了，不再是香港特別行政區法律的一部分，有關控罪由於是回歸前普通法中的罪行，因此在中國恢復對香港行使主權後應該撤銷。

香港政府的控方大律師則認為，根據香港《基本法》，普通法就是香港特別行政區法律的組成部分，不需要再通過特別的採納行動，只需用排除的方法明確宣佈那些不再適用的法律就可以了。因此，無論如何，全國人大常委會確實已經把香港原有的法律採納為香港特別行政區的法律了。

香港政權移交後普通法還存在不存在，這涉及到對香港《基本法》有關條款的解釋。為了解釋《基本法》，可以從《中英聯合聲明》開始分析《基本法》制定的背景，這是香港特別行政區基本規範，即「合法性」（legitimacy）轉移的依據。《中英聯合聲明》和《基本法》的實質就是維持香港回歸前的社會、經濟和法律制度五十年不變，這是政權轉移的關鍵。正如政府資深大律師所言，香港《基本法》第8條，第18條，第19條，第81條，第87條，第160條都已經清楚表明了香港特別行政區應當自動保留香港原有法律和司法制度不變的基本精神。

第8條：香港原有法律，即普通法、衡平法、條例、附屬立法和習慣法，除同本法相牴觸或經香港特別行政區的立法機關做出修改者外，予以保留。

第18（1）條：在香港特別行政區實行的法律為本法以及本法第八條規定的香港原有法律和香港特別行政區立法機關制定的法律。

第19（1）、（2）條：香港特別行政區享有獨立的司法權和終審權。香港特別行政區法院除繼續保持香港原有法律制度和原則對法院審判權所作的限制外，對香港特別行政區所有的案件均有審判權。

第81（2）條：原在香港實行的司法體制，除因設立香港特別行政區終審法院而產生變化外，予以保留。

第87條：香港特別行政區的刑事訴訟和民事訴訟中保留原在香港適用的原則和當事人享有的權利。

第160條：香港特別行政區成立時，香港原有法律除由全國人民代表大會常務委員會宣佈為同本法牴觸者外，採用為香港特別行政區法律，如以後發現有的法律與本法牴觸，可依照本法規定的程序修改或停止生效。在香港原有法律下有效的文件、證件、契約和權利義務，在不牴觸本法的前提下繼續有效，受香港特別行政區的承認和保護。

這些條款中使用的「予以」等字眼明白無誤地說明香港「原有」法律無需任何特別的程序都即可直接在1997年7月1日成為特別行政區的法律，除非那些被全國人大常委會明確廢止的「原有」法律。至於第160條中的「採用」是否意味着要有特別的「採用」程序，控方大律師認為，不能孤立地看這個條款，必須看《基本法》的整體，同時看其他有關條款，《基本法》在這個問題上上下文並沒有矛盾。就這個條文前後本身來看，也已經包含了原有法律應該自然繼續有效的意思，不需要任何特別的程序。如果再看看《中英聯合聲明》的話，就更加清楚了。

1997年2月23日第八屆全國人民代表大會常務委員會第二十四次會議在審議了香港特別行政區籌備委員會關於處理香港原有法律問題的建議後，通過了《關於根據〈中華人民共和國香港特別行政區基本法〉第160條處理香港原有法律的決定》（以下簡稱《決定》），不僅進一步明確香港原有法律，包括普通法、衡平法、條例、附屬立法和習慣法，除同《基本法》牴觸者外，一律自動採用為香港特別行政區法律，而且詳細列舉了香港原有法律中的哪些法律其全部或者一部分牴觸了基本法，全國人大常委會決定不採用為香港特別行政區法律。全國人大常委會做出該《決定》本身就是「採用」香港原有法律的行為，是對香港原有法律進行的一次「違憲審查」。全國人大常委會基於與香港《基本法》牴觸的原因廢除了《英國法律應用條例》，並不影響普通法在香港特別行政區的效力。

三、臨時立法會的合法性問題

關於香港特別行政區臨時立法會的合法性問題，辯方大律師認為，特別行政區臨時立法會於1997年7月1日通過的《香港回歸條例》，把原有法律採用為香港特別行政區法律，並保留待決的法律程序的做法沒有效力，因為臨時立法會不是一個依據香港《基本法》產生的組織，所以根本不是香港特別行政區的立法機關，其所立的法律也就自然無效。

控方大律師認為，1990年全國人大在通過《基本法》的同時，通過《關於香港特別行政區第一屆政府和立法會產生辦法的決定》，其中決定1996年內成立一個全國人大香港特別行政區籌備委員會，由該委員會「負責籌備成立香港特別行政區的有關事宜」。由於英國方面單方面違反協議，中方決定原香港立法局成員不能坐「直通車」過渡到1997，這樣新的香港特別行政區就面臨着沒有立法機構的現實問題，因此1996年3月24日香港特別行政區籌委會決定建立一個臨時立法會，作為特別行政區的臨時立法機構。

1997年3月14日第八屆全國人大在審議了特別行政區籌委會主任委員錢其琛所作的《關於全國人民代表大會香港特別行政區籌備委員會工作報告》，並通過一個決議，批准這個報告。

全國人大在其決議中認為，「全國人民代表大會香港特別行政區籌備委員會成立一年來，為籌建香港特別行政區所做的工作是富有成效的。籌備委員會根據《中華人民共和國香港特別行政區基本法》和全國人大及其常委會的有關決定中關於「一國兩制」、高度自治、「港人治港」的方針，通過了《關於推選委員會產生辦法的原則設想的決議》、《關於設立香港特別行政區臨時立法會的決定》、《關於對〈中華人民共和國國籍法〉在香港特別行政區實施做出解釋的建議》、《關於處理香港原有法律問題的建議》、《關於香港特別行政區第一任行政長官、臨時立法會在1997年6月30日前開展工作的決定》等一系列決定、決議和建議；組建了香港特別行政區第一屆政府推選委員會，主持推選委員會選舉產生了香港特別行政區第一任行政長官和臨時立法會議員，並對與香港政權交接及平穩過渡有關的重大經濟問題、法律問題，以及慶祝香港回歸的有關活動安排等提出了建議和意見，為香港特別行政區的成立和香港的平穩過渡奠定了基礎，並且有利於香港的長期穩定和繁榮發展。會議希望香港特別行政區籌備委員會再接再厲，繼續支持香港特別行政區第一任行政長官的工作，為圓滿完成全國人民代表大會所賦予的任務而努力。[2]

這就清楚說明，成立臨時立法會不僅是特別行政區籌委會職權範圍內的事情，而且已經得到全國人大的確認、認可。從任何一個方面來說，臨時立法會的合法性是毋庸置疑的。

四、法院的判決及評論

特別行政區高等法院上訴法庭經過認真審理，於1997年7月29日做出判決，成為香港特別行政區歷史上第一個重要的憲法性判決。上訴法庭認為，根據香港《基本法》第8條、第18條及第160條的規定，很明顯，在中國恢復對香港行使主權後「原有」的普通法仍然有效。因此，回歸前政府的公訴書並沒有在1997年7月1日中國恢復對香港行使主權後就自動失效。香港《基本法》第8條十分明確指出：「香港原有法律，即普通法、衡平法、條例、附屬立法和習慣法，除同本法相牴觸或經香港特別行政區的立法機關作出修改者外，予以保留。」法官認為，香港《基本法》第8條使用「予以」一詞，表示特別行政區政府毋須作出任何採用程序，在1997年7月1日政權交接之時，香港的原有法律，除同香港《基本法》相牴觸者外，自動採用為香港特別行政區的法律。這是毫無疑問的。

高等法院在判決中認為，《基本法》是具備至少國際、國家及憲法三層面（意義）的獨特文件。「《基本法》不單是國際條約即《中英聯合聲明》下的成果，也是中國全國性法律和香港特別行政區的憲法。《基本法》落實《中英聯合聲明》涵蓋的基本方針政策，重點在於保持香港現行的社會、經濟和法律制度，五十年不變。《基本法》的目標，是保障這些基本方針政策的實施，使香港特別行政區保持穩定繁榮。因此，主權移交後的延續性，是至為重要的。《基本法》是一份獨特文件，既反映兩國所訂條約，也涉及主權國與實行不同制度的自治區的關係，訂明政府不同分支的架構和功能，並羅列公民的權利和責任。由此可見，《基本法》具備至少國際、國家和憲法三個層面的意義。此外，需要注意的是，《基本法》不是由接受普通法訓練的律師所擬定的。《基本法》以中文擬就，也備有法定英文文本。不過如果兩者出現分歧，則以中文文本為準。從上述有關《基本法》的背景和特點可見，要解釋《基本法》條文，殊不容易。」可見，上訴法庭認為，《基本法》嚴格遵守《中英聯合聲明》的精神，其整體意旨是，除了中國恢復對香港行使主權所需的改變外，香港過渡力求平穩，原有制度得以延續。因此，必須通過正式程序才能「保留」、「採納」原有法律這個論點不是《基本法》的原意，法院不予採納。

至於特別行政區臨時立法會的法理地位問題，上訴法庭認為臨時立法會是由全國人大管轄下的特別行政區籌備委員會成立的特別行政區臨時組織，這是中國作為香港的主權國家做出的行為，香港特別行政區法院作為地區法院無權去質疑主權國通過的法律和做出的行為。即使在回歸以前香港法院也不可以審查英國議會或者女王會同樞密院對香港所做出的立法或者行為。根據中國《憲法》全國人大是中國的最高國家權力機關，與全國人大常委會一起行使國家立法權。據此，上訴法庭一致認為，臨時立法會是由香港特別行政區籌備委員會行使全國人大按照中國法律授予的權力依法成立的機構，香港法院作為中國的一個特別行政區的地方法院，無權質疑這一主權國的國家行為以及成立這一組織的背後原因。香港特別行政區法院在本案中可以行使管轄權的事項包括：是否全國人大有任何決議或者決定建立特別行政區籌委會；是否特別行政區籌委會有任何決定或者決議建立特別行政區臨時立法會；特別行政區籌委會是否確實成立了臨時立法會，臨時立法會的成立是否確實依照全國人大和特別行政區籌委會的決定或者決議。只要上述這些事項沒有問題，那就沒有問題。況且，1997 年 3 月 14 日全國人大在審議特別行政區籌委會工作報告後，事實上「決定批准這個報告」，認可了臨時立法會的合法地位，儘管《基本法》上並沒有臨時立法會的設置。

因此，基於上述事實，法院認為，特別行政區臨時立法會是一個根據全國人大有關決定、決議而合法成立的立法機構，臨時立法會通過的法例包括 1997 年 7 月 1 日通過的《香港回歸條例》也就當然具有法律效力。因此，香港回歸前原來提交香港高等法院的政府公訴書在中國恢復對香港行使主權後仍然有效，有關觸犯以前「原有」法律的行為仍然應該追究。

這個「里程碑」式的判決，不僅進一步肯定了普通法在香港的適用性和臨時立法會的合法性，肯定了中國政府作為主權國其國家行為是不可以被地方司法挑戰的。這個判決從政制和法治上來看，其意義在於確立了新的香港特別行政區的法治，肯定了由中國最高國家權力機關確立的香港特別行政區的新法統，而且通過司法間接地進一步肯定了為中國恢復行使香港主權所採取的國家行為的正當性。同時它也向國際社會表明香港特別行政區在回歸中國後，仍然是一個法治健全、司法獨立的文明社會，任何爭議都可以通過司法程序得到和平圓滿解決，包括像本案這樣「敏感」的政治性很強的案件都可以由司法來解決。在中國內地，有關憲法訴訟問題還處在討論階段，但是並沒有因為中國內地沒有這樣的對立法行為進行「抽象」司法審查的制度，新的香港特別行政區就不可以這樣做。這也充分體現了「一國兩制」的要求。

在整個訴訟過程中，儘管面臨對中國最高權力機關的國家行為的司法挑戰，但是無論全國人大、全國人大常委會或者國務院，內地任何一個機構或者個人都沒有干預香港特別行政區法院對案件的審理，沒有給任何訴訟當事人施加任何壓力。新的特別行政區政府也沒有給予法院施加任何壓力，只是嚴格依法在法庭上據理力爭，打「法律戰」，通過司法和平解決問題。這充分體現了中央對落實特別行政區高度自治、港人治港的誠意，說明香港特別行政區享有高度的司法獨立，特別行政區的司法機關不僅獨立於本地政府，而且也獨立於中央。

這個案件還涉及複雜的特別行政區法院的違憲審查權問題，這將在後面一章加以探討。

二｜港人內地所生子女居港權訴訟案及有關憲制問題

一、案件背景

中國內地和香港之間在很長時間是沒有邊境控制的，香港居民可以自由到內地，內地居民也可以自由到香港工作、定居。由於二十世紀五十年代前香港經濟和社會發展的程度並不比內地高很多，因此也沒有很多內地人一定要到香港工作、定居。從五十年代後期開始，由於內地「左」的思想和政策的影響，移居香港的人數不斷增多，兩地這才開始有邊境控制的問題。後來，隨着香港經濟的起飛，使得兩地的經濟差距越來越大，希望移居香港的內地人士越來越多。中國開始對外開放後，兩地經濟貿易交往日益活躍，香港人到內地做生意的人士也不斷增多，其中有些就在內地合法結婚或者非法同居並生子。港人在內地所生子女加上其他種種原因需要移居香港的人士，形成了一個強大的移民潮，對香港社會構成了極大的移民壓力，這一直是內地和香港關係中的一個十分棘手的問題，並最終導致了香港回歸後兩地面對的一個重大的憲法和法律問題（如果不用「危機」字眼的話）。

《中英聯合聲明》附件一已經涉及到這個問題，香港《基本法》對此做了規定，第 22 條第 4 款規定：

「中國其他地區的人進入香港特別行政區須辦理批准手續，其中進入香港特別行政區定居的人數由中央人民政府主管部門徵求香港特別行政區政府的意見後確定。」

香港《基本法》第24條規定：

「香港特別行政區居民，簡稱香港居民，包括永久性居民和非永久性民民。

香港特別行政區永久性居民為：

（一）在香港特別行政區成立以前或以後在香港出生的中國公民；

（二）在香港特別行政區成立以前或以後在香港通常居住連續七年以上的中國公民；

（三）第（一）、（二）兩項所列居民在香港以外所生的中國籍子女；

（四）在香港特別行政區成立以前或以後持有效旅行證件進入香港、在香港通常居住連續七年以上並以香港為永久居住地的非中國籍的人；

（五）在香港特別行政區成立以前或以後第（四）項所列居民在香港所生的未滿二十一週歲的子女；

（六）第（一）至（五）項所列居民以外在香港特別行政區成立以前只在香港有居留權的人。

以上居民在香港特別行政區享有居留權和有資格依照香港特別行政區法律取得載明其居留權的永久性居民身份證。」

《基本法》第22條第4款的規定是明確的，即中國其他地區的居民不管以任何目的、任何原因進入香港特別行政區，都必須在內地辦理批准手續，持合法的證件，這當然既包括短期訪問，更包括永久定居，《基本法》的這個規定從根本上否定了那種認為香港回歸後內地居民就可以自由進出香港的想法。由於希望到香港定居的人數眾多，因此只能由中央政府在徵求香港特別行政區政府的意見後確定一個合理的定居人數和進入香港的時間安排，既不可能滿足所有人到香港定居的要求，也不可能讓所有有資格到港定居的人同一天到達，《基本法》立法的原義無疑是十分善意和清楚的。

問題是《基本法》第 24 條對「永久居民」的定義，其中第二款第一項按照出生地主義規定「在香港特別行政區成立以前或以後在香港出生的中國公民」是香港特別行政區的永久居民，第二項規定「在香港特別行政區成立以前或以後在香港通常居住連續七年以上的中國公民」也是香港永久居民。但是第三項規定上述兩類人「在香港以外所生的中國籍子女」也是香港特別行政區永久居民，這就產生了一個現實問題，即那些在內地出生時父母雙方或者一方還不是香港永久居民，但是後來父母雙方或者一方由於在香港工作等原因取得了香港的永久居民身份，他們是否有居港權，對此《基本法》的規定並不清楚。

在籌備香港特別行政區時，這個問題再一次引起重視，全國人大香港特別行政區籌備委員會第四次全體會議為此在 1996 年 8 月通過了《關於實施〈中華人民共和國香港特別行政區基本法〉第 24 條第 2 款的意見》。該「意見」清楚指出，「《基本法》第 24 條第 2 款第（三）項規定的在香港以外出生的中國籍子女，在本人出生時，其父母雙方或一方須是根據《基本法》第 24 條第 2 款第（一）項或第（二）項已經取得香港永久性居民身份的人。」這就明確排除了那些自己出生時父母任何一方都還不是香港永久居民的內地居民的居港權。全國人大五次會議在 1997 年 3 月 14 日以通過《關於全國人民代表大會香港特別行政區籌備委員會工作報告的決議》的方式對此加以了肯定。

香港特別行政區臨時立法會在香港回歸後據此制定了《1997 年人民入境（修訂）（第2號）條例》和《1997年入境（修訂）（第3號）條例》，規定香港永久性居民在內地所生子女獲得香港永久居留權，必須是在該子女出生時其父母雙方或一方已經是香港永久居民。聲稱擁有香港特別行政區居留權的兒童，必須出示居留權證明書或其他認可的身份證明文件，證明他們擁有居留權，獲得內地公安機關發放的赴港定居單程通行證。該條例的生效日期並追溯至 7 月 1 日。香港特別行政區臨時立法會的這兩項立法根據《基本法》第 17 條的規定已經及時報全國人大常委會備案，全國人大常委會並沒有認為它們違反了《基本法》關於中央管理的事務及中央和香港特別行政區的關係的條款而發回特別行政區，因此，這兩項立法完全是有效的。

二、有關訴訟及其影響

針對香港特別行政區臨時立法會制定的《1997年人民入境（修訂）（第2號）條例》和《1997年入境（修訂）（第3號）條例》，一千多名受影響的兒童的父母認為其違反了《基本法》，立即把香港特別行政區政府告上了法院，要求對這兩項立法進行司法審查，這樣就有了吳嘉玲、吳丹丹訴入境事務處處長案和陳錦雅案以及其他有關案件。[3]1998年1月26日香港特別行政區高等法院原訟法庭行使司法審查權，裁決經臨時立法會修訂的上述《入境條例》規定如果在內地出生時其父母還不是香港永久居民的兒童不享有香港居留權，這牴觸了《基本法》的有關規定，因此否定了修訂後的《入境條例》的法律效力。香港特別行政區政府在敗訴後，由於擔心該判決會導致內地大量移民湧入香港，因此立即上訴到高等法院上訴庭。

同年4月2日上訴庭做出判決，認為香港政府實施的居留權證明書計劃是合法的，父母為香港永久居民的內地兒童包括非婚生子女如果在1997年7月1日前到達香港，則擁有香港居留權。上訴庭推翻了原訟法庭的判決，裁定出生時父母雙方必須有一方已經是香港永久居民的兒童才有資格獲得居港權。這個案件立即又被上訴到香港特別行政區的最高法院，即其終審法院做最後的裁決。

香港特別行政區終審法院經過審理，於1999年1月29日就香港居民在內地所生子女的居留權案件做出了終審判決。該判決宣佈上述《入境條例》的有關規定不符合《基本法》的規定；《基本法》第24條第2款第（三）項所指的香港居民所生子女，是包括在其父或母成為香港永久性居民之前或之後所生的子女，「子女」包括婚生和非婚生子女；《基本法》第22條第4款中對「中國其他地區的人」進入香港的限制不適用於這些人士。關於香港法院的「憲法性管轄權」即司法審查權，該判決指出，香港法院不僅可以審查香港本地立法會通過的法律或者行政機關的行為是否符合香港新的「憲法」即《基本法》，如果發現有不符合的，可以宣佈無效；而且可以審查全國人大或者全國人大常委會的有關立法是否符合《基本法》，如果發現有牴觸之處，同樣可以宣佈無效。

這個判決立即引起內地和香港各界人士的廣泛討論，因為這個判決觸及許多根本性的憲法、法理、倫理乃至社會學問題。內地法律界關心的是判決書中有關香港法院可以審查全國人大或者全國人大常委會立法的論述，認為香港法院無權對國家的最高權力機關實施違憲審查，最高國家權力機關的立法是不可以被任何司法機構挑戰的。[4] 為了化解內地的疑慮，香港特別行政區政府 2 月 24 日去函特別行政區終審法院，要求澄清判決中有關全國人大的論述，認為這是一個憲法性問題。2 月 26 日香港特別行政區終審法院經過一個簡短的聽證，作了補充判決說明，明確指出「特別行政區法院的司法管轄權來自《基本法》。《基本法》第 158 條第 1 款說明《基本法》的解釋權屬於人大常委會。法院在審理案件時，所行使解釋《基本法》的權力來自人大常委會根據第 158（2）及第 158（3）條的授權。」香港終審法院「在 1999 年 1 月 29 日的判詞中，並沒有質疑人大常委會根據第 158 條所具有解釋《基本法》的權力，及如果人大常委會對《基本法》做出解釋時，特別行政區法院必須要以此為依歸。」全國人大及人大常委會依據《基本法》的條文和《基本法》所規定的程序行使任何權力是不能質疑的。

在中國歷史上，確實還沒有任何一個法院包括最高法院或者一個地方機構敢於審查最高國家權力機關制定的法律，這就難怪內地法律界作出那麼激烈的反應。香港特別行政區終審法院的這個補充說明儘管消除了內地法律界的疑慮，化解了一個可能的政治法律衝突，但是在香港本地有關本判決的爭論仍然無法平息。作為敗訴方的香港特別行政區政府對《基本法》有關條款的理解顯然不同於特別行政區終審法院。特別行政區政府主要擔心根據這個判決，內地有資格來港定居的人數一下增加了很多，根據香港特別行政區政府的調查統計表明，依照終審法院的判決，內地新增擁有香港居留權資格的人士至少 167 萬人（其中第一代約 69 萬人；當第一代在香港通常居住連續 7 年以上後，其第二代符合居留權資格的人士約 98 萬人）。香港特別行政區政府的評估顯示，「吸納這些新移民將為香港帶來巨大壓力，香港的土地和社會資源根本無法應付大量新移民在教育、房屋、醫療衛生、社會福利及其他方面的需要。因此而引發的社會問題和後果將會嚴重影響香港的穩定和繁榮，是香港無法承受的。」[5]

三、「人大釋法」

香港特別行政區政府認為，終審法院的有關判決涉及應如何理解《基本法》的原則性問題，而內地居民進入香港的管理辦法還涉及中央與香港特別行政區的關係，因此香港特別行政區政府決定正式請求國務院協助，希望國務院提請全國人大常委會根據《憲法》和《基本法》的有關規定對《基本法》有關條款做出解釋。國務院接受了特別行政區政府的請求，正式以提案的形式向全國人大常委會提出《關於提請解釋〈中華人民共和國香港特別行政區基本法〉第 22 條第 4 款和第 24 條第 2 款第 3 項的議案》。全國人大常委會按照《基本法》的規定，首先徵詢了其所屬的全國人大常委會香港特別行政區基本法委員會的意見，該委員會的 12 名兩地委員對「人大釋法」的方式、方法和內容進行了討論，並向全國人大常委會提出了意見。全國人大常委會 1999 年 6 月 26 日正式審議了國務院的提案，決定根據《憲法》第 67 條第 4 項和香港《基本法》第 158 條第 1 款的規定對香港《基本法》的有關條款做出了立法解釋。

全國人大常委會在「解釋」文中認為，香港特別行政區政府和國務院的議案中提出的問題涉及香港特別行政區終審法院 1999 年 1 月 29 日的判決對《基本法》有關條款的解釋，該有關條款涉及中央管理的事務和中央與香港特別行政區的關係，終審法院在做出判決前沒有依照《基本法》第 158 條第 3 款的規定提請全國人大常委會做出解釋，而終審法院的解釋又不符合立法原意，因此，全國人大常委會特對香港《基本法》第 22 條第 4 款和第 24 條第 2 款第 3 項的規定做出解釋。

該「解釋」明確指出，《基本法》第 22 條第 4 款關於「中國其他地區的人進入香港特別行政區須辦理批准手續」的規定，是指各省、自治區、直轄市的人，包括香港永久性居民在內地所生的中國籍子女，不論以何種事由要求進入香港特別行政區，均須依照國家有關法律、行政法規的規定，向其所在地區的有關機關申請辦理批准手續，並須持有有關機關制發的有效證件方能進入香港特別行政區。否則，任何內地人包括香港永久性居民在內地所生的中國籍子女，進入香港特別行政區，如未按照國家有關法律、行政法規的規定辦理相應的批准手續，就是不合法的。

至於香港《基本法》第 24 條第 2 款前 3 項規定：「香港特別行政區永久性居民為：（一）在香港特別行政區成立以前或以後在香港出生的中國公民；（二）在香港特別行政區成立以前或以後在香港通常居住連續七年以上的中國公民；（三）第（一）、（二）兩項所列居民在香港以外所生的中國籍子女」。其中第（三）項關於「第（一）、（二）兩項所列居民在香港以外所生的中國籍子女」的規定，是指無論本人是在香港特別行政區成立以前或以後出生，在其出生時，其父母雙方或一方須是符合《中華人民共和國香港特別行政區基本法》第 24 條第 2 款第 1 項或第 2 項規定條件的人，即父母雙方或者一方在其出生時必須已經是香港特別行政區的合法永久性居民，不可以是後來取得香港特別行政區永久居民資格的。

全國人大常委會進一步指出，該解釋所闡明的立法原意以及香港《基本法》第 24 條第 2 款其他各項的立法原意，實際上已經體現在 1996 年 8 月 10 日全國人大香港特別行政區籌備委員會第四次全體會議通過的《關於實施〈中華人民共和國香港特別行政區基本法〉第 24 條第 2 款的意見》中，只是沒有引起重視罷了。全國人大常委會對《基本法》兩個條款的進一步解釋最終解決了有關港人內地所生子女的居港權問題。香港特別行政區法院以後在審理有關案件時，如需引用《基本法》有關條款，應該以該解釋為準。[6]

四、「人大釋法」的後續爭論

儘管全國人大常委會解釋香港《基本法》最終解決了居港權的有關法律問題，但是有關訴訟並沒有停止，而且有關爭論仍然非常激烈。這主要體現在以下幾個問題上。

❶ | 憲法和法律解釋制度

中國憲法把憲法和法律的解釋權賦予了全國人大常委會，中國內地實行的是由立法機關解釋憲法和法律的制度，即「立法解釋」制度。立法機關的解釋是最終的權威解釋，不僅一切行政機關和社會團體必須遵守和執行，而且司法機關在處理具體案件時也必須依據有關解釋來判案。根據 1981 年 6 月 10 日第五屆全國人大常委會通過的《關於加強法律解釋工作的決議》，凡關於法律、法令條文本身需要進一步明確界限或作補充規定的，由全國人大常委會進行解釋或用法令加以規定。凡屬於法院審判工作中具體應用法律、法令的問題，由最高人民法院進行解釋。凡屬於檢察院檢察工作中具體應用法律、法令的問題，由最高人民檢察院進行解釋。最高人民法院和最高人民檢察院的解釋如果有原則性的分歧，報請全國人大常委會解釋或決定。這說明最高人民法院如果對法律條文本身有疑問，或者其解釋不同於最高人民檢察院的解釋，應該向全國人大常委會申請進行最終的法律解釋。

《立法法》第 43 條進一步肯定國務院、中央軍事委員會、最高人民法院、最高人民檢察院和全國人民代表大會各專門委員會以及省、自治區、直轄市的人民代表大會常務委員會都可以向全國人大常委會提出進行法律解釋的要求。

可見，在中國內地，司法機關如果在審理案件時遇到法律規定不清楚的情況，應該暫時停止審理，首先向最高人民法院尋求對法律的司法解釋。如果最高人民法院不能清楚解釋有關法律，可以由最高人民法院向全國人大常委會尋求最終的立法解釋。這就是中國的「立法解釋」制度。但是，全國人大常委會解釋法律，並不是代替司法機關審理案件，它只是行使法律的最終解釋權，而非具體案件的最終審判權。在中國內地，人們並沒有因為全國人大常委會行使法律的最終解釋權而認為全國人大常委會侵犯了最高人民法院的司法終審權，因為全國人大常委會並沒有代替最高人民法院來審理案件，只是進行法律的最終解釋，司法上的終審仍然由最高人民法院來進行。

另外，人民法院在審理案件時如果對於如何具體應用法律、法令的問題有疑問，可以提請最高人民法院作出解釋，這種解釋具有法律效力。最高人民法院作出的這種司法解釋，其範圍只限於審判工作中具體應用法律法令的問題，這種解釋不得違背法律法令的原意。相對於立法解釋來說，司法解釋是輔助性的，次要的，前者是主要的。[7] 儘管如此，立法解釋在中國運用得並不多，尤其憲法性的解釋更是鮮有。最高人民法院基於審理一個具體案件的需要而申請全國人大常委會解釋某一個法律條款的情況，還沒有發生過。相反，全國人大常委會對法律的解釋通常是不以具體案件的審理為基礎，它可以主動解釋法律。[8] 這就是立法機關和司法機關的不同之處，立法機關和行政機關一樣，其行使權力是主動的，司法機關則採用「不告不理」的原則，被動行使司法權。如果法律最終解釋權由司法機關行使，那麼同樣會變成「被動解釋」，這就是普通法的法律解釋制度。

在普通法制度下，司法終審權和憲法、法律的最終解釋權都屬於法院。在這種制度下，法律制定出來後，立法機關就不再有發言權，法律的命運就操在法院的手裡。由於實行嚴格的司法獨立，司法機關在處理案件時如果需要解釋法律時，是不會徵求立法機關和行政機關的意見的。如果立法機關對法院的解釋有意見，可以修改乃至廢除或重新制定有關法律，而不會解釋法律。這就是普通法下的法律解釋制度。儘管在英國統治之下，香港法院所享有的法律解釋權十分有限，但是，其基本精神和其他普通法地區的制度是一樣的。基於香港特殊的情況，回歸後這種法律解釋制度被保留下來了。

現在的問題是，香港特別行政區《基本法》是由全國人大制定的，中國又有大陸法的傳統，然而《基本法》的實施卻是在實行普通法的香港特別行政區。在處理《基本法》的解釋問題時，立法者面臨兩難的境地，既要考慮到中國內地的法律解釋制度，又要考慮到香港普通法體制下的法律解釋制度。最後折中的結果就是《基本法》第 158 條的規定，即根據憲法的規定，像中國所有法律一樣，特別行政區《基本法》的解釋權屬於全國人民代表大會常務委員會，這就與內地的法律解釋制度一致起來，體現了「一國」的要求。同時也要保留香港普通法下的法律解釋制度，由全國人大常委會授權香港特別行政區法院在審理案件時解釋《基本法》的條款。但如果要解釋的條款有關中央人民政府管理的事務或中央和香港特別行政區的關係，那麼香港特別行政區法院在對案件做出不可上訴的終局判決前，應由香港特別行政區終審法院提請全國人大常委會對有關條款作出解釋。香港特別行政區法院在引用該條款時，應以全國人大常委會的解釋為準。但在此以前作出的判決不受影響。可見這是精心設計的特別的法律解釋制度，它把內地由立法機關解釋法律的制度和香港由法院解釋法律的制度融合在一起了，從而同時滿足了「一國」和「兩制」的要求。這是一個新的獨特的憲法制度安排。

❷ | 全國人大常委會是否推翻了香港特別行政區終審法院的判決

這是一個廣為流傳的錯誤看法，認為全國人大常委會解釋《基本法》推翻了香港特別行政區終審法院的判決。首先，全國人大常委會對《基本法》的解釋不影響香港特別行政區終審法院 1999 年 1 月 29 日對有關案件判決的訴訟當事人所獲得的香港特別行政區居留權，即這種解釋不影響案件雙方當事人根據判決所取得的權利和義務，不溯及既往，只對將來發生的事有效力，即只對本案訴訟當事人之外的其他任何內地人發生效力，以後任何內地人是否符合香港《基本法》第 24 條第 2 款第 3 項規定的條件赴港定居才需以人大的解釋為準，因此不能說全國人大常委會推翻了香港特別行政區終審法院的原判決。全國人大常委會這樣來處理，沒有簡單地「一刀切」，從一個方面表現了對香港特別行政區司法終審權的尊重。

有些人士認為全國人大常委會解釋《基本法》的行為侵犯了香港特別行政區享有的司法終審權，這種看法也是不對的。如前所述，在普通法制度下，法律的最終解釋權（power of final interpretation）和司法終審權（power of final adjudication）是合在一起的，都由最高（終審）法院行使。但是在中國的法律制度裡，法律的最終解釋權和司法終審權沒有合在一起，不是由一個機構來統一行使的，而是分別由兩個機構來行使。根據中國憲法的規定，法律的最終解釋權由全國人大常委會行使，但是中國的司法終審權是由最高人民法院行使的。[9]

同樣，關於香港《基本法》的解釋問題，如前所述，《基本法》設定的機制是，《基本法》條款的「最終解釋權」屬於全國人大常委會，但其「最終裁判權」屬於香港特別行政區終審法院。把「最終解釋權」和「最終裁判權」分開，既符合中國的法律體制，又是「一國」和「兩制」的結合。正是從這個意義上說，全國人大常委會並沒有干涉特別行政區終審法院的終審權，它不是特別行政區終審法院的「終審法院」，全國人大常委會僅僅行使《基本法》的最終解釋權，並沒有代替特別行政區法院審理案件，最終審判權（終審權）仍然由特別行政區終審法院行使，因此全國人大常委會解釋《基本法》並沒有侵犯香港特別行政區終審法院的司法終審權。全國人大常委會充分認識到保持香港司法獨立的極端重要性，決不會侵犯香港特別行政區《基本法》規定的香港特別行政區的司法終審權。

當然在普通法體制下，法院的判決可以成為先例，法院以後在處理同類案件時要遵循先前的判決，這就是「遵循先例」原則（stare decisis）。但是如果立法機關就案件所涉及的問題制定或修改了法律，改變了法院通過自己的判決就有關問題所確定的規則，那麼法院以後處理同類案件就必須遵守立法機關制定或修改的法律。這也是普通法的原則，即「制定法優於判例法」的原則，立法取代判例的情況可以發生在任何普通法地區和國家。[10] 所以全國人大常委會應國務院的要求對《基本法》作出解釋，無論在大陸法體制下或者普通法體制下，都應該被視為是正常的。

在「一國兩制」、「一國多法」的體制下，中國行使法律的最終解釋權的機構仍然只有一個，即全國人大常委會，但是行使司法最終裁判權的機構目前已經有三個，即設在北京的內地的終審法院——最高人民法院和分別設在香港、澳門的兩個特別行政區終審法院，這三個終審法院相互之間沒有隸屬關係，各自在自己的管轄區域內行使自己的司法終審權。

實際上，法律的最終解釋權和司法終審權由不同機構行使的情況在世界上並不罕見。歐洲大陸各國由於不信奉英美式的「司法優越論」，因此一般都把法律的最終解釋權和司法終審權分開由不同機構行使。在歐洲大陸國家，法律的最終解釋權一般由憲法法院（或者憲法委員會）來行使，而司法終審權則由普通的最高法院來行使。例如在德國，根據德國聯邦憲法的規定，聯邦憲法法院應聯邦政府、各邦政府以及聯邦議會 1/3 議員的要求，有權就聯邦法律、各邦法律是否違反聯邦憲法和法律進行審查；各級法院在審理具體案件時，如果發現所應適用的聯邦或者某一邦的法律違反聯邦憲法，必須將有關法律提請聯邦憲法法院進行審查、裁判，然後再進行案件的審理。[11] 只是各國行使法律最終解釋權的機構名稱不同，有的叫做憲法法院，有的叫做憲法委員會，中國則是由全國人大常委會來行使這項權力，在中國的台灣則是由司法院大法官會議來釋法、釋憲。依據現行的「中華民國憲法」及其司法體制，台灣地區各級法院包括最高法院和最高行政法院在審理案件時，雖然可以解釋一般法律，但是如果發現有法律違憲的情況，或者最高法院和最高行政法院對有關法律的解釋不一致，必須暫時中止審訊，而向司法院大法官會議申請解釋有關憲法條款，對有關法律作出是否違憲的判斷，或者對有爭議的法律作出一個統一解釋，然後再據此進行案件審理。儘管行使法律最終解釋權的機構、名稱不同，但是其道理是一樣的。

❸ | 全國人大常委會解釋基本法行為的性質分析

也許有人會認為，全國人大常委會在這裡不是重新立法或者修改法律，而是解釋法律，然而由立法機關解釋法律的做法不為普通法地區所熟悉，生活在普通法之下的人們對此沒有認識，而且排斥這種法律解釋方法。1902 年英國上議院（實際上是英國的最高法院）審理一個案件，首席大法官霍爾斯伯里爵士主動迴避，因為案件涉及的法律是他起草的。他說：「我多次說過，由負責起草法例的人去解釋法例，實在沒有更糟糕的人選了。起草人免不了混淆他起草法律時的意圖和他事實上採用的文字的涵義。」[12] 由此可見普通法體制對立法者解釋法律的排斥性。

在「人大釋法」之前，確實有香港人士建議人大最好修改《基本法》，進一步明確法律用語，而不要採取解釋法律的方法解決問題。但是修改法律的前提是法律本身有誤，然而《基本法》的有關條款本身並沒有錯誤，因此修改《基本法》成為不可能，只能採取解釋法律的方法。實際上 1996 年和 1998 年全國人大常委會就《國籍法》在香港和澳門特別行政區實施的問題所作出的解釋，就是內地立法解釋很好的例子，但是當時並沒有人對這種立法解釋的內容和方式提出任何異議。[13]

立法解釋問題牽涉到中國的憲制問題。在中國憲法之下，全國人大常委會是國家最高權力機關的常設機關，也是行使國家立法權的機關。在中國的憲法理論中，法律的解釋權是立法權的附屬權力，解釋法律是全國人大常委會作為立法機關的重要職能之一，因此，它解釋法律的行為具有立法的性質，應該被視為一種特殊的立法行為，就像在內地當法律制定出來後，有關機關還要制定具體的實施細則一樣，只不過《基本法》的「實施細則」由全國人大常委會制定罷了，而且不是一次制定完畢，而是分很多次就不同的問題分別制定的。由於憲法和憲法性法律的政治性，使得對憲法或者憲法性法律的解釋不同於對一般法律的解釋，在任何國家這都不是純粹的司法活動。正如凱爾森（H. Kelsen）所言，憲法之解釋，與其認為是純粹的司法行為，毋寧認為是立法行為，還來得正確。[14]

從此次解釋的方式和程序來看，也遵循了全國人大常委會的一般立法程序。國務院依法向全國人大常委會提出要求解釋《基本法》的議案，然後由全國人大常委會委員長會議決定是否接受國務院的議案。委員長會議審議了國務院的議案，認為為了保證《基本法》的實施，由全國人大常委會就《基本法》有關條款進行解釋，是必要和適當的，因此委員長會議決定將國務院的提案提交全國人大常委會全體會議討論。委員長會議於 1999 年 6 月 22 日將議案提交第九屆全國人大常委會第十次會議審議，並作了說明。第九屆全國人大常委會第十次會議經過認真審議，並徵詢全國人大常委會香港特別行政區基本法委員會的意見，於 1999 年 6 月 22 日通過了對《基本法》有關條款的解釋。[15] 因此，從整個過程來看，全國人大常委會解釋《基本法》的行為應視為一種特殊的立法行為。

2000 年 3 月 15 日第九屆全國人民代表大會第三次會議通過的《立法法》也已經明確規定了法律解釋的程序和效力，明確全國人民代表大會常務委員會的法律解釋同法律本身具有同等效力。[16]

❹ | 行政長官可不可以提請國務院要求全國人大常委會解釋《基本法》

香港《基本法》第 158 條只授權特別行政區終審法院在法律規定的事由出現時，應該提請全國人大常委會對《基本法》的有關條款作出解釋，而沒有授權香港特別行政區行政長官這樣做。但縱觀這次解釋《基本法》的整個過程，特別行政區行政長官沒有違反《基本法》的規定。根據《基本法》第 43 條規定，特別行政區行政長官是香港特別行政區的首長，代表香港特別行政區。這就是說，行政長官不僅僅是特別行政區政府行政部門的首長，而且是整個特別行政區的首長，可以代表特別行政區的任何部門。這與內地的地方政府的架構是不同的，內地的省長只是一省政府行政部門的首長，而不可以代表整個省的所有機構。

《基本法》第 43 條同時規定特別行政區行政長官依法對中央人民政府和香港特別行政區負責。第 48 條規定香港特別行政區行政長官行使的職權中包括負責執行《基本法》和依照《基本法》適用於香港特別行政區的其他法律。因此，特別行政區行政長官要向中央人民政府述職，就特別行政區實施《基本法》的情況向中央政府匯報，對中央政府負責。這次就是特別行政區行政長官就特別行政區實施《基本法》過程中發生的重大事項向國務院匯報工作，正如其標題《關於提請中央人民政府協助解決實施〈中華人民共和國香港特別行政區基本法〉有關條款所遇問題的報告》（以下簡稱《報告》）所顯示的，這是正常的匯報工作、尋求中央政府解決自己不能解決的問題的行為。[17] 至於特別行政區政府在《報告》中建議解釋《基本法》，也僅僅是建議，國務院接受不接受這個建議，向不向全國人大常委會提案請求解釋《基本法》，完全由國務院自己決定。因此，行政長官只是正常地向他應該直接負責的中央政府匯報工作。國務院研究了特別行政區行政長官提交的《報告》，認為事關重大，才主動向全國人大常委會提出提請解釋《基本法》有關條款的議案。因此從一定意義上說，這次人大解釋《基本法》是在國務院的請求下，全國人大常委會的主動行為。

嚴格來說，從法律上看，特別行政區行政長官是否建議解釋《基本法》，對人大最終是否解釋《基本法》並不起決定性作用。因為即使沒有特別行政區行政長官的《報告》和建議，沒有任何人或機關的建議，全國人大常委會根據《基本法》第 158 條第 1 款的規定，仍有權主動解釋《基本法》，並不以任何機構或個人是否建議它解釋為前提，因為《基本法》並沒有對全國人大常委會的解釋權設定限制。

全國人大常委會解釋《基本法》也不以法院訴訟的存在為基礎，這一點香港大學的 Yash Ghai 教授做過深入論證研究。[18]

❺ | 對終審判決的補救措施：國外經驗

實際上，由於立法機關、行政機關不同意最高法院的某一個判決而通過立法修改甚至改變最高法院判決的情況，在各國是很常見的。試想，如果一國或者一個地區的最高法院作出一個終審判決，再沒有上訴的機會了，因為這裡已經是最高的、最後的了。假設這個判決確實有問題，而出現這樣的問題不是貪贓枉法或者其他法律之外的因素造成的，是正常的、容許的「司法誤差」，或者大法官確實有自己不同的看法，行政機構、立法機構和法院對同一個問題有不同看法也是很正常的。這種情況在任何國家任何地區都發生過。在這種情況發生時，怎麼辦呢？

我們當然要捍衛司法獨立，不能把最高法院的判決推翻，這是沒有問題的。那麼對以後的事情，還有沒有補救措施，如何採取補救措施呢？作者曾經就這個問題與美國著名憲法學家、杜克（Duke）大學法學院教授 William Van Alstyne 探討這個問題。他說這種情況發生時，通常有兩種補救辦法，一種是最高法院（或者終審法院）再選擇一個同樣或者類似的案件審理，重新做出一個新的判決，從而修正前一個「有問題」的判決。另外一種辦法就是通過議會立法甚至修改憲法，改變最高法院判決所確立的規範，當然立法只能對將來的事情發生效力，不影響原判決的效力。這兩種方式在美國都適用過。[19]

美國最高法院通過新的判決主動糾正以前判決存在的問題或者錯誤的情況是常有的，人們不會指責其他機構干預司法，因為這是最高法院自己意識到問題的存在，或者自己改變了主意。最有名的例子就是在 2000 年美國總統大選中，美國最高法院在 5 名「保守主義」法官主導下，改變自己一貫的保守立場，介入州的選舉事務，撤銷佛羅里達州最高法院的判決，下令終止佛羅里達州的重新人工計票，從而把布殊先生送進了白宮，戈爾先生飲恨佛羅里達，不得不認輸，政治生涯遭受重大挫折。實際上，最高法院在 5 名保守主義法官主導下，以前對州和地方的選舉事務從來是不介入的，認為這些選舉包括各州舉行的聯邦總統的選舉都是州和地方管轄的事務，聯邦機構包括聯邦最高法院都不應介入，州最高法院在這些選舉事務糾紛的處理上就是最高的，是終審法院。另外 4 名自由主義法官以前則一直主張聯邦法院應該可以介入這些選舉。十分有意思的是，在「布殊訴戈爾」這個前所未有的案件中，每一位法官都改變了自己一貫的主張。5 名保守主義法官突然變得十分「自由」，宣佈聯邦有權介入州的選舉事務，而 4 名自由主義法官突然變得非常「保守」，堅持州的選舉不在聯邦最高法院的管轄範圍之內。可見，儘管美國司法和法官在結構上、體制上是獨立的，沒有我們慣常所說的「結構性問題」，或者「體制問題」，但是法官本人受種種影響，還是有自己的政治傾向性，這並影響到法院的判決。這個案件是最高法院通過新判決改變自己舊判決的一個典型例子。

至於美國聯邦行政機構、聯邦國會與最高法院之間「打架」的情況更是不勝枚舉。聯邦行政機構、聯邦國會如果不滿意最高法院的判決，就會毫不客氣地發起修改法律或者制定新的法律，而最高法院如果不滿意國會對法律的修改或者一個新的立法，也會針鋒相對地通過對一個新的案件的審理，在新的判決中宣佈國會新的立法違憲從而無效。這樣要經過幾個回合的較量，最後的解決辦法就是訴諸修憲，讓人民通過修改憲法發言，表達看法，從而最終解決問題。在修憲時，人民可能會支持最高法院，也可能會支持國會和行政機關。通過這種方式來達到「糾正」最高法院「有問題」的判決，行政機關和立法機關要冒着影響司法獨立而受到社會輿論指責的風險。

以著名的焚燒國旗案為例，1989 年美國最高法院在 Texas v. Johnson 一案中，9 名法官以 5 ： 4 通過一個判決，認定 1984 年在共和黨全國大會外抗議的人士焚燒國旗的行為受美國憲法第一條修正案的保護，從而廢除了德克薩斯州的一個保護國旗的立法。最高法院認為，焚燒國旗是明顯的、公開的政治性行為，政府不應該禁止口頭或者非口頭地對某一種觀點的表達，僅僅因為社會大眾發現那種觀點令人厭惡或者反感，即使它和國旗有關。第一修正案從文字上看似乎只保護狹義的言論自由，但是長期以來我們認為它不僅僅保護口頭或者書面言論，還包括其他表現思想自由的形式。德克薩斯州認為禁止焚燒國旗是為了維護和平秩序、保護作為國家以及國家統一象徵的國旗，最高法院駁回了這一訴求。該判決做出後，美國政府十分不悅，立即發起通過了《1989 年國旗保護法》（*Flag Protection Act of 1989*），把故意焚燒國旗、侮辱國旗的行為定為一種罪行。但是 1990 年最高法院在 United States v. Eichman 一案中再次認定焚燒國旗的行為受憲法第一修正案的保護，《1989 年國旗保護法》是違憲的，從而是無效的。[20]

最高法院的這個判決促使美國國會決心提案修改憲法，從憲法上把焚燒、侮辱國旗的行為定為犯罪行為。如果該憲法修正案得到通過，將授權國會批准通過禁止焚燒國旗或任何侮辱國旗的行為的法律。自 1989 年開始美國國會眾議院一直為通過一項禁止焚燒侮辱美國國旗的憲法修正案而努力。2000 年該修正案在眾議院以 305 票對 124 票順利通過後，卻因參院表決時少了 4 票而再次以失敗告終。最近一次是 2001 年 7 月 17 日，國會眾院以 298 票對 125 票批准通過了該修正案，並將此案送交參議院審批。以前的經驗都是參議院拒絕批准這樣的憲法修正案，而使修憲努力夭折。參議院拒絕的理由總是該修正案違背憲法第一修正案關於保護公民言論自由的規定。在美國，一項憲法修正案若要最終生效，必須分別在眾院和參院獲得 2/3 議員的支持，然後需經 50 個州中的 38 個州的批准。可以相信，美國國會為保護國旗而進行的修改憲法的努力還會繼續進行下去。[21]

因此，從這個角度來看「人大釋法」，也就不會覺得這是多麼嚴重的一個問題，儘管它是「釋法」，而非立法或者修改法律，其實質是一樣的，前文已有論述。真理總是要來經過很多次爭辯論證，經過一些時間才能夠真正被認識的。

五、其他有關案例

2001 年 7 月 20 日香港特別行政區終審法院又作出兩個有關內地居民居港權的判決。第一個是裁定內地人在香港特別行政區所生的子女有香港居留權。案中當事人是一個叫做莊豐源的 3 歲男童，他 1997 年 9 月在香港出生，當時他的父母以非移民身份持雙程證到香港短暫停留，在香港產下了莊豐源後，他們由於不是香港永久居民，不得不回到內地，只留下莊豐源由他在香港的祖父照顧，小孩從此一直滯留香港，香港政府 1999 年決定把他遣返內地，於是他的父母親向法院提起了訴訟。在初審及上訴庭審判中，法官判定上訴人勝訴，但香港政府不服，最後上訴到香港特別行政區終審法院。香港終審法院的 5 名法官經審理，駁回特別行政區政府的上訴，維持了香港高等法院上訴庭的原判，一致裁定莊豐源有權在香港居留，並取得香港永久居民身份。[22]

特別行政區終審法院判決的依據是《基本法》第 24 條。《基本法》第 24 條明確規定「香港特別行政區永久性居民為：（一）在香港特別行政區成立以前或以後在香港出生的中國公民」。法官認為，儘管莊豐源出生時其父母都不是香港永久居民，但是都是中國公民，依照第 24 條這並不影響莊豐源的香港居留權，因為第 24 條的條文界定「香港永久居民」的字眼只提到出生地點，並未提到父親或者母親是否必須擁有居留權。終審法院還認為，該條款是特別行政區自治範圍內的事，因此毋須提請人大常委會做出新的法律解釋。

該判決作出後，香港政府表示尊重法院判決。政府發言人認為在「莊豐源案」的判決中，終審法院清楚表明接受全國人大常委會對《基本法》解釋的約束。這個案件已經審結，特別行政區政府接受並會執行有關判決。對於全國人大常委會法制工作委員會的意見，特別行政區政府表示會研究人大法工委的意見，日後處理其他個案時予以仔細考慮。隨後，根據終審法院的這個判決，莊豐源立即取得了居港權和香港永久居民身份。

在中央方面，由於該判決涉及 1999 年 6 月 26 日全國人大常委會《關於〈中華人民共和國香港特別行政區基本法〉第 22 條第 4 款和第 24 條第 2 款第 3 項的解釋》的適用，全國人大常委會法制工作委員會發言人就此發表看法說：「我們注意到 1999 年 6 月 26 日全國人大常委會對香港基本法有關條款作出解釋以來，香港特別行政區法院在涉及居港權的案件的判決中，多次強調全國人大常委會對基本法所作出的解釋對香港特別行政區法院具有約束力，並以此作為對一些案件判決的依據。但是香港特別行政區終審法院 7 月 20 日對莊豐源案的判決，與全國人大常委會的有關解釋不盡一致，我們對此表示關注。」[23]

香港長期以來就一直存在嚴重的內地婦女來港生子問題，在香港回歸前情況極為嚴重，雖然香港回歸後情況有所改善，但是香港政府仍然擔心判決可能會引發更多的內地孕婦偷渡來港分娩，加重香港本地醫療服務、福利、教育的壓力。根據入境事務處的統計數字，1997 年 7 月 1 日至 2001 年 1 月 31 日，在 43 個月內香港出生的中國公民就有多達 1,991 人，有些是合法來港的內地中國公民在港所生子女，有些是非法來港所生子女。香港特別行政區政府表示要和內地公安機關加強合作，防止大規模偷渡來港分娩的情況出現。

在法律層面上，全國人大常委會法工委表示，該判決和 1999 年 6 月 26 日全國人大常委會在《關於〈中華人民共和國香港特別行政區基本法〉第 22 條第 4 款和第 24 條第 2 款第 3 項的解釋》中的解釋不盡一致，該「解釋」指出，香港特別行政區《基本法》第 24 條第 2 款前 3 項規定：香港特別行政區永久性居民為：（1）在香港特別行政區成立以前或以後在香港出生的中國公民；（2）在香港特別行政區成立以前或以後在香港通常居住連續 7 年以上的中國公民；（3）第（1）、（2）兩項所列居民在香港以外所生的中國籍子女。其中第（3）項關於「第（1）、（2）兩項所列居民在香港以外所生的中國籍子女」的規定，是指無論本人是在香港特別行政區成立以前或以後出生，在其出生時，其父母雙方或一方須是符合中華人民共和國香港特別行政區《基本法》第 24 條第 2 款第（1）項或第（2）項規定條件的人。可見，全國人大常委會強調的是子女出生時必須父母雙方或者一方已經是香港永久居民，子女才能取得居港權。看來特別行政區終審法院對此有不同的理解。至於，將來香港特別行政區會否尋求修改《基本法》，從根本上解決這個問題，這就要視特別行政區政府和全國人大常委會的態度而定了。

同一天，在談雅然、陳偉華、謝曉怡訴入境事務處處長一案中，終審法院 5 名大法官以 4 ︰ 1 的比例判決譚雅然、陳偉華及謝曉怡沒有居港權。他們都是香港永久居民通過合法途徑在內地領養的兒童，其父母不服高等法院不給予他們居港權的判決，上訴到終審法院，要求法院根據《基本法》第 24 條確認他們擁有居港權。終審法院經過審理認為，《基本法》第 24 條第 3 款指明「中國公民在香港以外所生的中國籍子女」，其中「所生」指的必須是親生子女，根本不可能把他們解釋為包括領養子女在內，這個規定着眼於出生時間，顯示出這個關係是指親生的關係，而不包括由領養所產生的父母子女關係，因為在出生時有關人士與領養父母還根本沒有任何關係。[24]

2002 年 1 月 10 日，香港特別行政區終審法院為耗時 4 年、曾經引起軒然大波的居港權系列案件劃上了句號。在涉及 5,000 餘人的系列訴訟中，終審法院認定大約 1,000 人可以留在香港，取得居港權，或者有「合理期望」可以留在香港。對於擁有「合理期望」的個案，由香港政府入境處重新審核，運用酌情權處理。其他 4,000 餘人必須回到內地通過法定途徑重新申請來港定居。

從這些判決中可以看出，終審法院對案件的審理是獨立運作的。有些案件政府勝訴，有些則敗訴，終審法院沒有特意討好特別行政區政府或者中央政府。儘管終審法院對《基本法》的理解可能與特別行政區政府以及中央不同，這是很自然的現象。而特別行政區政府和中央如果不同意終審法院的判決，可以尋求解釋《基本法》或者修改《基本法》的有關條款。

三｜侮辱國旗、區旗案

一、基本案情

香港特別行政區訴吳恭劭、利建潤侮辱國旗、區旗案發生在 1998 年 1 月 1 日「香港市民支持愛國民主運動聯合會」組織的一次公開示威活動中。[25] 這次經過批准的示威活動包括一個公眾集會和一個從維多利亞公園到位於下亞厘畢道的香港政府中區政府合署的遊行。遊行進行期間，有人看見兩名答辯人（被告人）沿途揮舞着一面塗污了的中華人民共和國國旗和一面塗污了的香港特別行政區區旗。遊行終結時，他們把兩面旗幟縛在香港中區政府合署的欄杆上，後被警察收走。警方發現這兩面旗幟均被嚴重塗污。國旗的中央被剪掉一個圓形部分，大顆的五角星被人塗上黑色墨水，星形圖案本身更被刺穿，旗幟的背面也有類似的損毀情況。另外，旗幟上的其餘四顆較小的星形圖案，也被人以黑色墨水寫上「恥」字，而在旗幟背面，四顆較小的星形圖案之中位置最低的那一顆被畫上一個黑色交叉。那面特別行政區區旗則被撕去一截，失去了部分紫荊圖案，該圖案更被畫上黑色交叉，其餘四顆紅星中有三顆被畫上黑色交叉，旗幟被人用黑色墨水寫上「恥」字，旗幟上面還有另外一個中文字，由於旗幟被撕毀已不能辨認，旗幟的背面也有類似的損毀情況。遊行期間，兩名答辯人高聲喊叫「建立民主中國」的口號。據報導，第二答辯人曾經對傳媒說，「撕毀及塗污國旗、區旗是表達對非民選執政者的不滿和抗爭行動」。

特別行政區政府因此控告這兩名答辯人兩項侮辱國旗及區旗罪，分別觸犯了《國旗條例》第 7 條及《區旗條例》第 7 條。裁判法院 1998 年 5 月 18 日一審判決兩項罪名成立，兩名答辯人因此向高等法院原訟法庭提出上訴。1998 年 12 月 8 日在雙方共同提出申請之下，該案轉由高等法院上訴法庭審理。上訴法庭於 1999 年 3 月 23 日判決上訴成功，撤銷對兩答辯人的有罪判決。[26] 香港政府繼續上訴到特別行政區終審法院。特別行政區終審法院上訴委員會 1999 年 5 月 20 日裁定受理上訴申請，認為該案涉及有重要的法律問題，即特別行政區《國旗條例》第 7 條和《區旗條例》第 7 條是否違反《基本法》。香港特別行政區終審法院 1999 年 10 月對該案進行了審理，12 月 15 日做出了判決。

二、法院的判決

這個案件不僅涉及許多複雜的人權、憲法和法律問題，而且也觸及中央與特別行政區的關係。首先一個問題是言論自由和發表（表現）自由問題。正如特別行政區終審法院在判決書中所言：「本上訴案的爭議點，是究竟把侮辱國旗和區旗的行為列為刑事罪行的法定條文，是否與發表自由的保障相牴觸。」言論自由和發表（表現）自由無疑是一項基本人權，在香港特別行政區有充分的法律保障。《基本法》第 27 條明確保障香港居民的言論自由，它規定：「香港居民享有言論、新聞、出版的自由，結社、集會、遊行、示威的自由，組織和參加工會、罷工的權利和自由。」《基本法》第39條又規定:「《公民權利和政治權力國際公約》、《經濟、社會與文化權利的國際公約》和國際勞工公約適用於香港的有關規定繼續有效，通過香港特別行政區的法律予以實施。香港居民享有的權利和自由，除依法規定外不得限制，此種限制不得與本條第一款規定牴觸。」因此《公民權利和政治權力國際公約》適用於香港，《香港人權法案條例》也已經將該《條約》納入了香港本地的立法。[27]該《條約》第19條規定了發表(表現)自由:「(一)人人有保持意見不受干預之權利。(二)人人有發表自由之權利;此種權利包括以語言、文字或出版物、藝術或自己選擇之其他方式，不分國界，尋求、接受及傳播各種消息及思想之自由。(三)本條第(二)項所載權利之行使，附有特別責任及義務，故得予以某種限制，但此種限制以經法律規定，且為下列各項所必要者為限—(甲)尊重他人權利或名譽;或(乙)保障國家安全或公共秩序、或公共衛生或風化。」

《公民權利和政治權利國際公約》第19條規定的發表(表現)自由固然適用於香港，問題是這兩個答辯人的行為是否屬於正常行使言論和發表(表現)自由的行為，是否必須以侮辱國旗、區旗的方式才能表達出自己的意見，有沒有觸犯香港立法機關通過的《國旗條例》第7條和《區旗條例》第7條，而這兩個《條例》有沒有違反《基本法》和《公民權利和政治權利國際公約》對言論和發表(表現)自由保護的規定。

根據香港《基本法》第18條和全國人大常委會1997年7月1日的決定，全國人大常委會1990年6月28日通過的《國旗法》屬於要在香港特別行政區實施的全國性法律。該法第19條規定:在公眾場合故意以焚燒、毀損、塗劃、玷污、踐踏等方式侮辱中華人民共和國國旗的，依法追究刑事責任;情節較輕的，參照治安管理處罰條例的處罰規定，由公安機關處以十五日以下拘留。」通過《國旗法》的當天，全國人大常委會通過了《關於懲治侮辱中華人民共和國國旗國徽罪的決定》，規定「在公眾場合故意以焚燒、毀損、塗劃、玷污、踐踏等方式侮辱中華人民共和國國旗、國徽的，處三年以下有期徒刑、拘役、管制或者剝奪政治權利。」新《刑法》第299條並正式規定了這項罪名。

《基本法》第18條還規定，在香港特別行政區實行的全國性法律並不直接在當地實施，而是「由香港特別行政區在當地公佈或立法實施。」據此香港特別行政區臨時立法會制定了《國旗條例》，在香港特別行政區內實施《國旗法》。與本案有關的是《國旗條例》第7條，該條規定：「任何人公開及故意以焚燒、毀損、塗劃、玷污、踐踏等方式侮辱國旗，即屬違法，一經定罪，可處第5級罰款（即50,000元）及監禁3年。」

為了保護特別行政區的區旗，特別行政區立法機關也通過了《區旗條例》，規定區旗及區徽是香港特別行政區的象徵和標誌。每個香港居民和團體都應當尊重和愛護區旗、區徽。其中第7條規定「任何人公開及故意以焚燒、毀損、塗劃、玷污、踐踏等方式侮辱區旗或區徽，即屬犯罪，（a）一經循公訴程序定罪，可處第5級罰款（即50,000元）及監禁3年。及（b）一經循簡易程序定罪，可處第3級罰款（即10,000元）及監禁1年。」

終審法院認為，國旗是一個國家的象徵，代表國家的尊嚴、統一及領土完整。區旗是特別行政區作為「一國兩制」方針下中華人民共和國不可分離部分的獨有的象徵。國旗及區旗對香港特別行政區的固有重要性可見於1997年7月1日子夜來臨的歷史性時刻，在香港舉行的標誌着中華人民共和國恢復對香港行使主權的交接儀式上，以升起國旗及區旗揭開儀式序幕的這項事實。此外，中華人民共和國主席隨後的講話也以此作為開端：「中華人民共和國國旗和中華人民共和國香港特別行政區區旗，已在香港莊嚴升起。」終審法院認為，根據有關案情，案中兩答辯人的行為明顯地構成了以玷污方式侮辱國旗及區旗的罪名。

終審法院認為，發表自由是民主社會的基本自由，也是香港及其他文明社會的制度和生活方式的核心，因此法院對其憲法性的保障必須採納寬鬆的解釋，這種自由應該包括發表大多數人反感或討厭的思想及批評政府機關和官員行為的自由。但是法院認為，通過立法禁止侮辱國旗及區旗並不是對這種發表自由的廣泛限制，而是一個有限度的限制。因為不論有關人士發表了什麼信息，有關立法只是禁止發表的一種形式，即侮辱國旗及區旗這樣一種形式，但並沒有禁止以其他形式去發表同樣信息的自由。即使在國旗及區旗上塗劃讚美的字句而不像通常情況為了傳達抗議的信息而在國旗區旗上亂寫字句，也可能構成這兩個條例第 7 條所指的罪行，即以塗劃方式侮辱國旗及區旗的罪行。因為一條旨在維護具有象徵意義的旗幟的尊嚴而制定的法例，必須全面保護旗幟免遭侮辱。

發表自由的權利並非絕對的，《公民權利和政治權利國際公約》已經明確指出了這一點，它確認行使發表自由的權利須附有特別的責任及義務，故得予以某種限制，此種限制必須是經法律規定，且為下列各項所必要者為限——「（甲）尊重他人權利或名譽；或（乙）保障國家安全或公共秩序、或公共衛生或風化。」

首先，要限制發表自由必須經過法律規定，本案所涉及的兩個法律條文是依法制定的，因此符合這個要求。其次要看這種限制是否為了維護公共秩序（public order 或者 ordre public）。法院認為，就現在香港所處的時間、地點及環境而言，香港在回歸中國後，已經處於新的憲制秩序下。1997 年 7 月 1 日中華人民共和國對香港恢復行使主權，並根據「一國兩制」的方針設立香港特別行政區，香港是中華人民共和國不可分離的部分。在此情況下，保護國旗和區旗都是合法的社會利益所在，均屬公共秩序這個概念所包含之範圍。上述這些合法利益是大眾福祉和整體利益的一部分。所以，這種立法限制是為了維護公共秩序和整體利益。

當然，即使上述合法利益是屬於法律和人權公約規定的公共秩序的範圍，法院還必須探究對發表自由的權利所施加的限制，是否為保障這些屬公共秩序範圍內的合法利益所必須。法院認為，本案所涉及的兩個法律條文將侮辱國旗及區旗列為刑事罪行是對發表自由的權利施加的一種有限度的限制，所要達到的目的是保護作為國家象徵的國旗和作為特別行政區象徵的區旗，從而保護這些旗幟為社會及社區帶來的無可置疑的合法利益。既然立法對發表自由的這些限制是有限度的，這也就通過了「是否必要」的驗證。這些有限度的限制與施加這些限制所欲達到之目的相稱，並沒有超越彼此相稱的範圍。既然國旗和區旗具有特殊的象徵意義，保護它們免受侮辱對達到上述目標也就發揮着重大作用。因此法院認為，有非常充足的理由判定將侮辱國旗及區旗的行為列為刑事罪行，對受保障的發表自由的權利施加限制有充分的理據支持。而其他國家也有制定法律保護國旗並將侮辱國旗或類似的行為列為可處以監禁刑罰的刑事罪行。法院並列舉了國外的一些典型侮辱國旗的案例來進一步論證。這就表明將侮辱國旗的行為列為刑事罪行在其他民主社會也被視為保障公共秩序的必要措施。因此，《國旗條例》第 7 條及《區旗條例》第 7 條是為了保障公共秩序所必要，這兩條法律條文對發表自由的權利施加限制具有充分理據支持，也符合香港的「憲法」。

終審法院在判決書的最後，表示讚賞上訴法庭三位法官維護發表自由的決心，但是之所以判決政府上訴得勝，是因為終審法院認為不能說這兩條被質疑的法例與該項自由互不兼容。兩件事物可以在周邊部分相疊而在本質上於核心部分有基本差異。因此，旗幟、徽號或圖騰這類公平地代表整個群體的象徵，與一份傳達特定信息的陳述之間，在內容和形式上，均存在固有及基本差異；不論該群體是一小撮人或偌大的國家，也不論該特定信息是平淡無奇或具爭議性，情況都是這樣。社會希望保護其象徵物是合乎常情的，而社會是有可能在保護其旗幟及徽號的同時，也能夠維護言論自由的，儘管要做到這點絕非易事。若保護旗幟及徽號的法例明確，且不影響所發表的實質內容，也在發表形式方面僅限於保持旗幟及徽號中立，免涉於政治及傾軋，便有可能達到上述情況。所以法院確認案中兩條保護國旗及區旗免遭公開及故意侮辱的法例符合這些準則，它們完全沒有對人們可以發表的內容施加限制。甚至關於人們可以用何種發表形式這方面，法律所施加的惟一限制只是禁止侮辱一些即使沒有法例禁止人們連做夢也沒想過要侮辱的對象而已，這種限制不會壓制任何思想的表達，不論是政治意見的坦率表達，還是任何其他意見的坦率表達都不會因此而受到抑制。

針對代表第二答辯人的大律師在其具有說服力的陳詞中反問，如果容許施加限制，那麼界限（止境）是什麼？法院認為就是這些限制只能到此為止，因為它們已到了憲法所能容許的極限了。在保護國旗、國徽及區旗、區徽之下，所有在香港的人士根據香港法律都享有平等機會就任何事情暢所欲言，不論話題是否涉及政治，喜歡說什麼，便說什麼，喜歡怎樣說便怎樣說，而且他們也有信心相信這種情況會持續下去。

三、涉及的中央與特別行政區的關係

本案的案情是一個言論自由、發表（表現）自由及其法律限制的問題，關於這個問題，很多國家已經發生過不少這樣的案例，大部分國家也都有這樣的立法，而且各國、各地的基本立場應該說也是基本相同的。[28] 就像終審法院的判決書所表明的那樣，法院確實要盡力保護作為民主基石的言論和發表自由，《基本法》和國際人權公約也都對此加以肯定，這是沒有問題的，實際上香港社會也一直享有這樣的自由權利。但是，同樣地，根據法律包括國際人權公約的要求，法院同樣必須關注公共秩序和社會整體利益，不能顧此失彼，損害社會。這樣的判決理由是完全成立的。本案的特別之處在於，它不僅涉及表現自由和維護公共秩序之間的關係，而且同樣重要的是它還涉及了中央與特別行政區的關係。本案中法院要維護的「公共秩序和社會整體利益」，不僅僅指香港特別行政區本地的公共秩序和社會整體利益，而且也包括整個國家的利益，法官不僅僅要在本地居民的法定表現自由和香港特別行政區本地的公共秩序和社會整體利益之間取得一個平衡，而且還要在本地居民的法定表現自由和整個國家的公共秩序和社會整體利益之間取得一個平衡，而後者在 1997 年香港回歸以前香港的法官是不用考慮的。

正如大法官在判決書中所指出的，就香港所處的時間、地點及環境而言，香港在回歸中國後已經處於新的憲制秩序之下。1997 年 7 月 1 日中華人民共和國對香港恢復行使主權並根據「一國兩制」的方針設立香港特別行政區，香港是中華人民共和國不可分離的部分。在這種情況下，不僅保護區旗免受侮辱是香港特別行政區整體利益所在，而且根據香港本地法律保護國家的國旗免受侮辱，同樣是香港特別行政區整體社會利益所在，也屬於法院要保護的公共秩序這個概念的範圍，是香港特別行政區大眾福祉和整體利益之所在。為了維護這樣的公共秩序和整體利益、保護大眾福祉，對表現自由的行使方式作

出合理的、必需的限制是允許的。香港特別行政區法院的這個判決具有深遠的影響，它說明特別行政區法院在香港回歸後，已經不再把香港本地的整體利益和公共秩序局限在香港本地，而是認識到根據本地法律同時維護整個國家的形象和利益同樣是特別行政區的整體利益所在，是維護特別行政區公共秩序所必需的。認識到整個國家的利益和香港特別行政區本地的利益是一致的，要給予同樣的保護，這對剛剛回歸中國的香港特別行政區的法院來說，這是十分可貴的。在之前的上訴審中，顯然法官沒有認識到這一點。

當然做出這樣的判決，法官要承受很大的壓力，處理這樣敏感的案件本來就不容易，有關言論自由、表現自由及其法律限制的案件歷來是各國、各地法官十分頭痛的。人們對法官根據法律給予言論和表現自由的任何限制，都會持批評的態度，儘管無論本地法律或者國際人權公約都明確指出法官可以這樣做。尤其在這個案件中，如果法官基於保護香港特別行政區的區旗和本地公共利益的理由而對表現自由施加限制，人們可能還不會怎麼責怪法官，這是公眾比較容易理解的。問題是法官在判決中對表現自由施加限制的另外一個重要理由是保護中國的國旗和整個國家的利益，認為這也是香港特別行政區的整體利益所在和維護本地公共秩序所必須的。對此，就不是所有的人都可以理解並接受的了。儘管時間已經跨越了 1997 年，但是人們的心態並沒有完全越過這個時間界限。

香港法官這樣做完全是正確的、自然的。有些時候保護公民的權利自由不受政府侵犯、判決政府敗訴不容易，需要承受很大的壓力，尤其在法治還不完備、司法獨立還沒有充分保障的時候；同樣有些時候，嚴格依法維護社會整體利益和公共秩序、判決政府勝訴、老百姓敗訴，也很不容易，也要承受很大壓力。然而這是沒有辦法的事情，這是法官的職責。對香港特別行政區的法官來說，大法官們不僅要在這二者之間取得一個合理的平衡，而且必須因應香港回歸中國、實施「一國兩制」的現實，依法把整個國家的利益和香港特別行政區本地的利益放在同樣重要的位置上給予切實的保護。認識到全國利益和香港特別行政區利益的一致性、處理好中央與特別行政區的關係不僅僅是特別行政區行政長官、立法機關和行政機關的事情，而且也是特別行政區司法機關的事情，儘管特別行政區司法機關和中央機關沒有直接的關係。在香港這樣嚴格實行法治的社會，很多事情是要通過打官司來進一步明確社會規範、確立行為準則的，這個案件的重要性就在於它為香港特別行政區的司法確立了一個新的「世界觀」。

四 | 張子強案和李育輝案及有關刑事司法管轄權問題

一、案情簡介

張子強及其團伙共 36 人在港澳、廣東從事非法買賣、運輸爆炸物，非法買賣運輸槍支、彈藥，私藏槍支、彈藥，走私武器、彈藥，綁架，搶劫，窩贓一案，於 1998 年 12 月 5 日由廣東省高級人民法院做出終審判決，5 名主犯被依法判處死刑，其他同夥被分別判處無期徒刑或者長期徒刑以及其他附加刑，受到法律的嚴厲制裁，在港澳、全國乃至海外引起強烈反響。

這個所謂的「大富豪」案件案情極其重大，創下了多項內地和香港犯罪史上的紀錄。早在 1991 年 6 月及 1992 年 3 月張子強暗中與內地同黨策劃，在香港使用 AK47 衝鋒槍封街，持槍掃射警員，搶劫觀塘物華街及大埔道 7 家金舖，掠得金飾價值 700 多萬港元，震驚全港。1991 年 7 月 12 日他於啟德機場貨運站外糾結同黨持槍搶劫銀行解款車，掠走 1.7 億港元巨款。他兩個月後落網，被判 18 年有期徒刑，但是 1995 年 6 月卻因證據不足被釋放。在監禁期間他不滿監獄待遇，自此仇恨香港紀律部門和政府。

自 1995 年到 1998 年 3 月，該團伙又在廣州、深圳多次實施殺人搶劫；多次襲擊香港監獄；在香港綁架李姓富豪長子，獲贖金 10.7 億港元；在香港綁架郭姓地產集團主席，獲贖金 7 億港元；並策劃向澳門何姓富豪住宅投擲燃燒彈，因被巡警偵破而失敗；自內地偷運 800 公斤炸藥、2,000 枚雷管及 500 米導火線來港，密謀準備向政府報復及繼續進行恐怖、綁架等犯罪活動；以電話恐嚇香港保安局局長，並在香港策劃掀起一連串炸彈浪潮包括赤柱監獄和綁架當時香港第二高官陳方安生，令市民人心惶惶。這個犯罪團伙所犯罪行的金錢數目之龐大、綁架手段之狂妄令人驚歎。張子強在綁架富豪李公子之後，既不打匿名電話，也不寫恐嚇信，而是親自大搖大擺登上李家豪宅取錢，見到真正的超級富豪後，他開門見山報上名來敲詐金錢，實在狂妄至極。這個犯罪集團還計劃把香港十大富豪輪流綁一遍，令排在香港富豪榜上的豪門人家心驚膽戰，惶惶不可終日。

本案共有 36 名被告，其中張子強等 18 人是香港特別行政區永久性居民，18 人是內地居民。有關罪行的發生地是跨境的，涉及到香港和內地，有些罪行發生在香港，有些發生在廣東；有些犯罪行為部分發生在香港，部分發生在內地；有些犯罪在內地策劃但在香港實施，後果和影響則涉及兩地。本案也有一人分別在兩地觸犯數罪的情況。因此本案涉及複雜的刑事司法管轄權問題，屬於雙重管轄。根據內地和香港的刑法，兩地法院都有司法管轄權，都有權處理。

就在內地法院審理張子強案的同時，廣東汕頭居民李育輝以傳教為名，在香港德福花園誘騙 5 名香港居民喝下有毒藥水，致使 5 人當場死亡，李搶走巨款逃回內地，之後被汕頭警方抓捕歸案，起獲贓款 100 多萬元。之前他一直在內地策劃並準備到香港實施殺人搶劫，在內地購買了毒藥帶到香港。汕頭警方偵查完結後，汕頭市人民檢察院向汕頭市中級人民法院提起公訴，李育輝並被判處死刑。本案也屬於兩地法院都有管轄權的複雜案件。和張子強案件一樣，該案也是香港回歸後涉及兩地關係的一個標誌性案件，如何處理有關的管轄權衝突，是對正確處理中央和特別行政區關係的一個考驗。

二、兩地刑事司法管轄權的衝突

❶ | 中國內地的司法管轄權

這兩個案件到底應不應該由內地法院受理解決，這要看內地有關的法律規定和案件事實。根據 1996 年 3 月修訂的中國《刑事訴訟法》和 1997 年 3 月修訂通過的中國《刑法》，中國處理刑事管轄問題的主要原則是屬地管轄，其次還有屬人管轄原則、保護管轄原則和普遍管轄原則。由於管轄問題的複雜性，任何一個國家和地區都不會採用單一的管轄原則。

《刑事訴訟法》第 24 條確立了犯罪的屬地管轄原則，即「刑事案件由犯罪地的人民法院管轄」，這是世界許多國家和地區實行的一項基本刑事司法管轄原則。關於如何確立「犯罪地」，中國《刑法》第 6 條第 1 款規定「凡在中華人民共和國領域內犯罪的，除法律有特別規定的以外，都適用本法。」該條第 3 款規定「犯罪的行為或者結果有一項發生在中華人民共和國領域內的，就認為是在中華人民共和國領域內犯罪。」根據最高人民法院 1998 年 6 月的一個「司法解釋」確立了以犯罪行為發生地為主、犯罪結果發生地為輔來確定犯罪地的原則，即「犯罪地是指犯罪行為發生地。以非法佔有為目的的財產犯罪，犯罪地包括犯罪行為發生地和犯罪分子實際取得財產的犯罪結果發生地」。[29] 至於對「犯罪行為」的界定，根據中國《刑法》的有關規定，犯罪行為既包括具體實施犯罪的行為，也包括為實施犯罪所採取的預備行為，第 22 條規定「為了犯罪，準備工具、製造條件的，是犯罪預備」。犯罪預備既可以依附於主犯罪行為定罪，也可以單獨定罪科刑。

在張子強案中，張子強等人實施的許多犯罪預備行為發生在內地，例如在廣東非法買賣、運輸爆炸物，非法購買、走私武器彈藥等行為，在廣州、深圳、東莞多次密謀、策劃綁架香港富商，顯然是為在香港實施綁架、爆炸等犯罪做準備的。但是根據內地法律這些行為本身已經構成了獨立的犯罪，內地執法和司法機構已經有管轄權。即使這些行為只是為了在香港實施犯罪而做的準備，根據中國《刑法》的上述規定，仍然可以以預備犯罪的罪名實施管轄。對此，世界大部分國家和地區也都確認了這一原則，即本地法院對發生在本司法管轄區內的犯罪預備行為可以實施管轄，即使犯罪的結果發生在本司法管轄區之外。因此關於本案的管轄權，內地公安機關有偵查權，內地檢察機關有提起公訴權，而內地法院有審判權。

至於李育輝案，儘管犯罪發生地、結果地在香港，但是犯罪的策劃、預備在內地，而且實施犯罪人本人是內地居民，犯罪後又被內地公安機關首先捕獲，因此內地執法、司法機關依法應有管轄權。

❷ | 香港特別行政區的司法管轄權

毫無疑問香港特別行政區的執法、司法機構對這兩個案件有同樣的管轄權。這不僅因為張子強案中的主犯張子強等人是香港特別行政區永久居民，而且本案的主要犯罪行為地是在香港，張子強等搶劫金店、綁架富商等犯罪行為發生在香港。而李育輝案犯罪發生地、結果地都在香港。無論按照屬人管轄原則或者屬地管轄原則，香港特別行政區執法、司法機構依據香港特別行政區的法律對這兩個案件都有毋庸置疑的管轄權。但是，這兩個案件最後都由內地司法機關處理了，內地是否侵犯了香港特別行政區的司法獨立和高度自治權？由於兩地刑法和刑罰不同，內地有死刑，香港則廢除了死刑，由兩地不同的法院根據兩地不同的刑事法律來處理，其結果是十分不同的。儘管這兩個案件的犯罪罪行可謂罪大惡極，情節極其惡劣，結果極為嚴重，但是如果由香港特別行政區行使管轄權，對這些人最嚴厲的懲罰就是判處終身監禁，而不會判處死刑。這是否故意規避香港法律，故意置這些人於死地？由於有這麼多因素在裡邊，使得有關這兩個案件的管轄權問題變得十分複雜。

❸ | 最先受理原則

在出現管轄權衝突，兩個或者兩個以上司法區域都有管轄權的情況下，國際上的慣常做法是採用最先受理原則，由實際最先受理該案件的法院行使管轄權。即任何一個對案件有管轄權的司法機構只要實際最先受理了案件，就可以實際行使管轄權，其他有管轄權的司法區域只能不行使這項權利或者象徵性地行使一下管轄權。該原則的一個好處是能夠及時有效地緝捕疑犯，懲罰犯罪，盡可能減小犯罪的後果，避免犯罪的擴大。因此這是國際公認的一項處理刑事司法管轄權衝突的基本原則。

張子強案件是由廣東警方最先偵破，36 名疑犯也是由廣東警方抓捕歸案的，之後由內地的檢察機關最先提起公訴，內地的法院最先受理。因此內地司法機構審理這個案件符合公認的最先受理和實際控制的管轄原則。本案中，香港特別行政區政府儘管也已經就張子強等人的行為展開了調查，沒有坐視不理，但是根據香港特別行政區的法律還沒有足夠的證據採取強制措施，並向香港特別行政區的法院提起公訴，因此香港特別行政區法院實際上並沒有受理這個案件，因此可以說還沒有實際上的管轄衝突發生。[30]

至於李育輝案，疑犯在作案後逃回內地，使得香港特別行政區警方沒有辦法抓捕疑犯，因此同樣是由內地的公安機關最先偵破案件並逮捕了疑犯。內地的檢察機關最先提起公訴，內地的法院最先受理該案，因此，也符合最先受理的刑事訴訟管轄原則。

由於這兩個案件的巧合，使得一些法律界人士產生了誤解，認為內地有意規避法律，故意採用對自己有利的管轄原則和理論，即當香港人在內地觸犯了內地刑法、或者同時在兩地觸犯了兩地的刑法，內地就採用屬地原則（即以犯罪發生地）和最先受理原則來確定司法管轄權，例如張子強案；而當內地居民在香港觸犯了香港的刑事法律，內地又以屬人原則加最先受理原則來確定司法管轄。這樣就給人一個印象，就是無論港人在內地犯罪或者內地人在香港犯罪，中國內地的司法機關總能找到一個對自己有利的理論、原則取得刑事管轄權。這種看法只看到了表面的偶然的現象，沒有看到問題的實質。

❹ | 兩地刑事司法管轄的衝突和疑犯的移交

兩地刑事司法管轄的衝突主要表現在兩個方面，一是香港居民在內地犯罪問題；二是內地居民在香港犯罪問題。當出現這兩種情況下，如何確定刑事司法管轄權以及相應的疑犯移交問題，是兩地長期以來面臨的一個尖銳的法律問題。

關於第一個問題，如果一個香港永久居民在內地實施了一個完整的犯罪，觸犯了內地的刑法，並被內地警方拘捕，除了他是香港永久居民外，案件沒有其他涉及香港的因素，而且根據香港的法律，他沒有犯罪。正如香港大學法學院陳弘毅教授所言，在這種情況下，內地法院具有完全的管轄權。按照國際司法管轄的慣例，香港特別行政區能夠做的就是要求內地法院嚴格遵守內地的法律和國際人權標準來處理有關案件。[31] 至於在內地法院依法處理之後，香港特別行政區司法機構還要不要處理、如何處理，那是特別行政區自己的事情。

如果是一個香港永久居民在內地實施了一個完整的犯罪，觸犯了內地的刑法，然後他逃回了香港，被香港警方拘捕。在這種情況下，如果根據香港的法律他在內地的罪行也觸犯了香港的刑事法律，根據最先受理原則香港特別行政區法院具有管轄權。內地也可根據有關兩地刑事司法協助的協議（如果有這樣的協議的話），要求將疑犯移交內地處理。如果根據香港特別行政區的法律，疑犯在內地所犯罪行沒有觸犯香港的刑事法律，在香港不是犯罪，在這種情況下，要看兩地的刑事司法協助是如何安排的，一般情況下，雙方按照對等原則，互相有遣返罪犯的義務。

有一些案件中國內地司法機關是沒有司法管轄權的，比如一個香港永久居民在香港實施了一個完整的犯罪行為，犯罪的預備、實施、犯罪的結果都發生在香港，與內地沒有任何關係，在實施犯罪後，他逃到了內地，被內地的公安機關抓獲。在這種情況下，內地是沒有司法管轄的基礎的，內地能夠做的唯一的事情就是將疑犯移交香港警方和司法機構處理。實際上內地和香港警方一直以來就有這樣的合作，即內地把那些在香港犯罪、逃到內地的香港居民移交香港，如果疑犯的罪行和內地沒有關係的話。這是普通的疑犯移交。假設張子強僅僅在香港預備、實施其犯罪活動，其結果也局限於香港，沒有涉及內地的因素，內地警方即使最先抓到了他，也應該把他移交香港警方，因為內地沒有司法管轄權。

現在的問題是根據香港目前的法律，香港警方沒有責任對那些在內地犯罪、逃到香港而其罪行和香港又沒有關係的內地居民移交內地處理，因此兩地在疑犯移交方面是單向的。在香港回歸前，有關兩地引渡、疑犯移交的處理由中英兩國政府按照兩國的有關協議來進行。香港回歸後，兩地還沒有就有關問題擬定協議，只是廣東和香港警方之間有一些個案上的合作。

至於第二個方面內地居民在香港犯罪如何處理，可以先參照中國《刑法》的有關規定。關於中國公民在境外犯罪如何處理，中國《刑法》第 7 條規定：「中華人民共和國公民在中華人民共和國領域外犯本法規定之罪的，適用本法，但是按本法規定的最高刑為三年以下有期徒刑的，可以不予追究。」這說明中國對自己公民在境外犯罪的處理分兩種情況。首先如果該公民在境外的犯罪活動根據中國《刑法》不是犯罪，而該疑犯在犯罪國被抓獲，犯罪地國法院就有完全的管轄權，中國能夠做的就是要求該國法院嚴格遵守該國的法律和國際人權標準來處理有關案件。如果該疑犯在他國犯罪觸犯了他國刑法但其行為沒有觸犯中國《刑法》，而他本人逃回了中國，這種情況就要看雙方有無司法協助或者引渡協議。刑事案件的管轄權和使用的法律是一致的，不可能由中國法院按照犯罪地國的刑法來處理該名疑犯，中國法院只能按照中國《刑法》來處理犯罪和刑罰問題。對中國《刑法》規定不是犯罪的行為，中國法院是無法處理的，只能由犯罪地國法院處理，但是犯罪地國法院能否實際行使管轄權，那就要看該國能否成功引渡疑犯。

第二種情況是，如果該公民在境外的犯罪活動同時也觸犯了中國《刑法》，按照中國《刑法》也是犯罪，中國法院根據屬人原則有管轄權，但是能否行使管轄權還要視情況而定。如果該疑犯犯罪後被犯罪地國逮捕，而且犯罪地國法院已經將其判罪並已經執行了刑罰，該公民在回國後，中國法院仍然可以行使管轄權，仍然可以判罪並處以刑罰，只是由於被告人已經在他國執行了刑罰，因此可以不用再次受罰。但是如果該疑犯在犯罪國沒有被抓獲，而是逃回了中國，在這種情況下如何處理，這也要看雙方有無司法協助或者引渡協議。

然而涉港澳刑事司法管轄問題的複雜性在於，港澳地區並非外國，但是根據《基本法》的規定，中國《刑法》並不在特別行政區實施。因此中國《刑法》的上述規定不可以直接適用於港澳地區。那麼問題如何解決呢？香港大學法律學院院長陳弘毅教授建議，由最高人民法院和最高人民檢察院頒佈一個司法解釋，將中國《刑法》第 6 條和第 7 條的有關規定予以補充，適用於內地居民在香港犯罪的情況。

對於李育輝案管轄問題的處理，內地法院對李育輝案行使司法管轄權主要原因是他的犯罪行為有一部分是在內地完成的，即他策劃、準備犯罪物品等是在內地完成的，而且內地機構最先逮捕了疑犯並受理了此案。假設李育輝的全部犯罪活動包括犯罪的策劃和預備都是在香港完成的，在作案後也沒有逃回內地，而是在香港被香港警方抓獲，除了他自己是內地居民這一點外，沒有任何其他涉及內地的因素。在這種情況下，儘管內地法院根據屬人原則具有管轄權，但是香港法院根據屬地原則和最先受理原則享有優先管轄權，有權審理並對罪犯實施懲罰。如前所述，內地的法院在香港法院審理完案件，罪犯並被懲罰後，如果他回到內地，而根據內地《刑法》他的行為也屬於犯罪，內地法院仍然有權根據內地的《刑法》再次實施管轄權，只是不一定要再次執行刑罰。如果他觸犯香港刑事法律的行為根據內地《刑法》不是犯罪，如果他在犯罪後逃回了內地，被內地警方拘捕，在這種情況下，內地有無司法管轄權呢？顯然，既然根據內地《刑法》其行為不是犯罪，內地法院無法受理，在這種情況下是否將疑犯移交香港特別行政區，要根據對等原則看雙方有關刑事司法協助協議的具體規定如何。

所以，當務之急是兩地有關部門應該根據「一國兩制」的基本方針和香港《基本法》的規定，盡快協商擬定兩地有關移交疑犯和開展刑事司法協助的協議，對有關問題作出規定。需要指出的是，內地司法機關對張子強案和李育輝案行使司法管轄權，不能說侵犯了香港特別行政區的司法獨立和高度自治權。因為這是一個司法程序規則問題，而規則一旦確立，對任何一方都是一樣的。況且在這兩個案件中，內地行使司法管轄權有充分的法律和學理根據。刑事司法管轄權衝突是一個十分複雜的問題，不僅香港澳門和內地之間存在這樣那樣的問題，國家與國家之間也存在許多類似問題，這需要有關各方在平等互惠的原則下協商解決。

五｜特別行政區與內地的民商事司法協助

如果說特別行政區與內地刑事司法協助問題複雜的話，那麼兩地民商事方面的司法協助問題更為複雜。但是與兩地刑事司法協助一樣，兩地民商事司法協助是一個主權國家內部兩個獨立的司法區域之間的合作，雙方均堅持「一國兩制」的基本方針並嚴格按照《基本法》的有關規定，遵循相互協商、互惠互利的原則，相互尊重對方的司法體制和司法獨立，同時要照顧到歷史和現實，參照國際條約的有關規定，堅持既有的成熟的作法，來合理安排有關的民商事司法協助事宜。當然在這些方面，雙方一般不存在大的原則分歧，主要是法律技術和細節問題。

在涉港澳司法方面，內地一直嚴格把涉港澳案件和涉外案件區分開來，不把涉港澳案件視為涉外國案件，因此採取的處理方法方式也就有所不同。1984 年 12 月 6 日最高人民法院在一個「批覆」中明確指出，根據《中華人民共和國國籍法》第 9 條、公安部《關於實施國籍法的內部規定》第 7 點的規定，及中英之間《關於香港問題的聯合聲明》所附的中方備忘錄的精神，持有港英當局所發的「英國屬土公民護照」或澳葡當局所發身份證的港、澳同胞，均為中國公民，不能承認他們具有英國或葡萄牙國籍；他們在內地人民法院起訴、應訴的民事案件，不能作為涉外案件處理。[32] 有關國際司法協助的公約以及中國處理涉外案件的法律因此就不適用於涉港澳的案件。港澳地區與內地民商事司法協助問題主要包括司法文書的送達、仲裁裁決的相互承認與執行、法院判決的相互承認與執行和調查取證的相互配合。

一、民商事司法文書的委託送達

在國際上跨國跨法域司法機構之間相互送達司法文書是很常見的，1965 年通過的《關於向國外送達民事或商事司法文書和司法外文書公約》，即《海牙送達公約》是規範有關國際間司法文書送達的一個主要條約。英國政府 1967 年 11 月加入了該公約，並在 1970 年 7 月將該公約的適用擴展到香港。至於香港和中國內地之間，由於粵港兩地互涉民商事案件很多，因此，為了便於兩地司法機構在這方面的合作，1988 年 7 月 1 日廣東省高級人民法院和香港最高法院就粵港間送達民商事訴訟文書簽訂了一個「粵港協議」，就有關具體事宜做出了 7 條規定，這是規範兩地司法文書送達的一個規範性文件。

1991 年 3 月 2 日第七屆全國人民代表大會常務委員會第 18 次會議決定批准中國加入該公約，自 1992 年 1 月 1 日起對中國生效。1992 年 3 月 4 日，最高人民法院、外交部、司法部聯合發出《關於執行〈關於向國外送達民事或商事司法文書和司法外文書公約〉有關程序的通知》（外發〔1992〕8 號文件）。最高人民法院、外交部和司法部在徵詢了國務院港澳辦公室的意見後，決定香港最高法院和內地人民法院送達司法文書和司法外文書，可以參照最高人民法院、外交部、司法部外發〔1992〕8 號文件的有關規定辦理。因此，香港回歸中國以前，香港和中國內地司法文書的送達主要就是依據《海牙送達公約》來進行的。

香港特別行政區成立後，適用於國與國之間司法文書送達的《海牙送達公約》顯然不能再適用於香港和內地的情況，而粵港間達成的協議不能適應新的需要，而且局限於粵港兩地，兩地司法文書的送達手續複雜、效率低下、週期長，給兩地司法機構和當事人帶來許多不便。因此，兩地急需一個新的解決文書送達的機制和文件。香港《基本法》也已經為此提供了依據，第 95 條規定「香港特別行政區可與全國其他地區的司法機關通過協商依法進行司法方面的聯繫和相互提供協助。」經過兩地有關法律部門的多次協商，並廣泛徵求兩地法律界和有關方面的意見，雙方終於就內地與香港特別行政區法院相互委託送達民商事司法文書問題達成一致意見。1998 年 12 月 30 日最高人民法院審判委員會第 1038 次會議通過了《最高人民法院關於內地與香港特別行政區法院相互委託送達民商事司法文書的安排》（以下簡稱《安排》），以司法解釋的形式公佈協議的內容（法釋［1999］9 號）。而香港特別行政區根據最高人民法院和香港特別行政區代表協商達成的一致意見，同日以修訂特別行政區《高等法院規則》的形式予以公佈。

從這個協商過程和發佈形式來看，香港在回歸後確實享有獨立的司法權，和中國內地仍然屬於兩個不同的、相互獨立的司法區域。

該《安排》中所指的司法文書在內地包括：起訴狀副本、上訴狀副本、授權委託書、傳票、判決書、調解書、裁定書、決定書、通知書、證明書和送達回證；在香港特別行政區則包括：起訴狀副本、上訴狀副本、傳票、狀詞、誓章、判案書、判決書、裁決書、通知書、法庭命令和送達證明。根據該《安排》，內地法院和香港特別行政區法院之間相互委託送達民商事司法文書，均須通過內地各高級人民法院和香港特別行政區高等法院來進行。內地最高人民法院司法文書可以直接委託香港特別行政區高等法院送達。《安排》要求委託方請求送達司法文書，必須出具蓋有其印章的委託書，並須在委託書中說明委託機關的名稱、受送達人的姓名或者名稱、詳細地址及案件的性質。而且委託書應當以中文文本提出。所附司法文書沒有中文文本的，應當提供中文譯本。關於送達期限，根據《安排》，不論司法文書中確定的出庭日期或者期限是否已過，受委託方均應送達。受委託方接到委託書後，應當及時完成送達，最遲不得超過自收到委託書之日起兩個月。送達司法文書後，內地人民法院應當出具一個送達回證，香港特別行政區法院應當出具一個送達證明書。如果受委託方無法送達的，應當在送達回證或者證明書上註明妨礙送達的原因、拒收事由和日期，並及時退回委託書及所附全部文書。

《安排》規定，送達司法文書，應當依照受委託方所在地法律規定的程序進行。受委託方對委託方委託送達的司法文書的內容和後果不負法律責任。委託送達司法文書費用雙方互免。但委託方在委託書中請求以特定送達方式送達所產生的費用，由委託方負擔，如指派專人送達等，這和《民事訴訟法》第 265 條的規定也是一致的。該《安排》還規定，如果有關規定在執行過程中遇有新的問題需要修改，應當通過最高人民法院與香港特別行政區高等法院協商解決。可見《安排》對兩地民商事文書的送達作了較為具體的規定。

香港特別行政區修改《高等法院規則》也把同樣的內容法律化、本地化。因此，在民商事司法文書送達方面內地和香港特別行政區已經有法可依了。

二、仲裁裁決的相互執行

關於中國對外國仲裁裁決的承認和執行，《民事訴訟法》第 269 條已經做了原則規定，即「國外仲裁機構的裁決，需要中華人民共和國人民法院承認和執行的，應當由當事人直接向被執行人住所地或者其財產所在地的中級人民法院申請，人民法院應當依照中華人民共和國締結或者參加的國際條約，或者按照互惠原則辦理。」國際間處理這個問題主要是遵循 1958 年的《紐約公約》。英國是該公約的成員國，並將該公約的效力及於香港。中國 1986 年 12 月加入了該公約。因此，中國內地在香港回歸前處理涉港仲裁裁決的承認和執行問題，基本上依據該公約進行。另外，最高人民法院 1987 年 10 月 19 日通過的《關於審理涉港澳經濟糾紛案件若干問題的解答》也涉及到一些仲裁事項，但是很不全面。香港方面，依據香港《仲裁條例》的規定，《紐約公約》締約國或者加入地區作出的仲裁裁決，可向香港法院要求承認與執行，香港法院審查後認為符合有關法律規定，即可認定其效力並依法執行，否則可以駁回申請。當然，對非《紐約公約》締約國或者地區的仲裁裁決，有關當事人可以採取向香港法院重新起訴的方式要求執行其原裁決。[33]

香港回歸後，《紐約公約》也顯然不再適用於處理兩地仲裁裁決的執行問題。因此，兩地司法和法律部門經過長時間協商，終於達成了一個新的協議。1999 年 6 月 18 日最高人民法院審判委員會第 1069 次會議通過了《關於內地與香港特別行政區相互執行仲裁裁決的安排》，以司法解釋的形式於 2000 年 1 月 24 日公佈了協議的內容（法釋［2000］3 號）。香港特別行政區同時也以修改有關法例的形式公佈了「安排」，在香港特別行政區實施該協議。

根據協議的規定，香港特別行政區法院同意執行內地仲裁機構依據《中華人民共和國仲裁法》所做出的裁決，由於內地仲裁機構很多，依照《中華人民共和國仲裁法》成立的仲裁委員會名單，由國務院法制辦公室經國務院港澳事務辦公室向香港特別行政區提供；內地人民法院同意執行在香港特別行政區按香港特別行政區《仲裁條例》所做出的裁決。具體安排是：在內地或者香港特別行政區做出的仲裁裁決，一方當事人不履行仲裁裁決的，另一方當事人可以向被申請人住所地或者財產所在地的有關法院申請執行。這裡所說的「有關法院」，在內地指被申請人住所地或者財產所在地的中級人民法院，在香港指香港特別行政區高等法院。如果被申請人的住所地或者財產所在地既在內地又在香港的，申請人不得同時分別向兩地有關法院提出申請。只有當一地法院的執行結果不足以償還其債務時，才可以就不足部分向另一地法院申請執行。兩地法院先後執行仲裁裁決的總額，不得超過裁決數額。

申請人向有關法院申請執行在內地或者香港做出的仲裁裁決，應當提交執行申請書、仲裁裁決書和仲裁協議。協議還具體規定了執行申請書應當載明的事項、有關執行的期限、程序、執行費用、可裁定不予執行的事項，例如內地法院認定在內地執行該仲裁裁決違反內地社會公共利益，或者香港特別行政區法院決定在香港執行該仲裁裁決違反香港特別行政區的公共政策，則可不予執行該裁決。協議還規定，協議在執行過程中遇有問題和需要修改的地方，應當通過內地最高人民法院和香港特別行政區政府協商解決。

在兩地相互執行仲裁裁決問題上，現在也已經有法可依了。需要指出的是，這裡僅僅解決了兩地仲裁裁決的相互執行問題。至於「執行」是否包含「承認」對方裁決的意思，則有不同的看法。

三、法院判決的相互承認與執行

香港回歸以前，處理香港和內地法院判決的相互承認與執行問題可以比照中國和英國之間作出的有關安排。但是內地法院對於香港法院的判決基本上是不予承認的。例如 1974 年 5 月在最高人民法院關於港澳離婚案件執行問題給上海市高級人民法院的批覆中，就明確指出，關於錢行儀與吳章明離婚一案，儘管香港法院已經依據香港法律做出了判決，但還應該由上海市法院依據中國內地法律另行審理，另行判決，對香港法院的判決不予承認。[34] 後來逐漸對香港法院的判決進行有限的個案承認。最高人民法院 1991 年 9 月 20 日在對黑龍江省高級人民法院的一個批覆中就指出，中國公民周芳洲向人民法院提出申請，要求承認香港地方法院關於解除英國籍人卓見與其婚姻關係的離婚判決的效力，有管轄權的中級人民法院應予受理。受理後經審查，如該判決不違反我國法律的基本原則和社會公共利益，可裁定承認其法律效力。[35]

香港特別行政區成立後，隨着涉港澳案件的急劇增多，雙方在相互承認法院判決問題上需要更加制度化，否則會導致巨大的人力、物力和財力浪費。僅 1998 年全國法院就受理涉港澳案件 4162 件，比 1997 年上升 39.24%。但是目前香港、澳門和中國內地都還沒有正式就相互承認與執行對方判決達成任何協議或者做出互惠安排。

在中國內地方面，《民事訴訟法》對承認與執行外國法院的判決、裁定做出了規定，但是這些規定顯然不能適用於香港澳門特別行政區，只能參照。《民事訴訟法》第 266 條規定：「人民法院做出的發生法律效力的判決、裁定，如果被執行人或者其財產不在中華人民共和國領域內，當事人請求執行的，可以由當事人直接向有管轄權的外國法院申請承認和執行，也可以由人民法院依照中華人民共和國締結或者參加的國際條約的規定，或者按照互惠原則，請求外國法院承認和執行。」這說明當出現人民法院的判決需要外國承認和執行的情況，當事人首先可以直接到有關國家向有管轄權的外國法院申請承認和執行中國法院的判決或者裁定。這種情況下，如果兩國沒有協議或者互惠安排，靠當事人自己的行為是很難成功的。因此，當事人也可以申請由中國的法院請求外國有關法院承認和執行中國法院的判決或者裁定。這種情況下，如果兩國都加入了有關相互承認法院判決的國際條約或者雙方締結了有關雙邊協議，問題就比較簡單，對方有國際法上的義務執行中國法院的判決。如果沒有這樣的國家條約或者協議，雙方可以基於互惠原則按照個案處理的方法相互承認與執行對方法院判決。

關於中國對外國法院判決的承認和執行問題，《民事訴訟法》第267條規定：「外國法院做出的發生法律效力的判決、裁定，需要中華人民共和國人民法院承認和執行的，可以由當事人直接向中華人民共和國有管轄權的中級人民法院申請承認和執行，也可以由外國法院依照該國與中華人民共和國締結或者參加的國際條約的規定，或者按照互惠原則，請求人民法院承認和執行。」第268條規定：「人民法院對申請或者請求承認和執行的外國法院做出的發生法律效力的判決、裁定，依照中華人民共和國締結或者參加的國際條約，或者按照互惠原則進行審查後，認為不違反中華人民共和國法律的基本原則或者國家主權、安全、社會公共利益的，裁定承認其效力，需要執行的，發出執行令，依照本法的有關規定執行。違反中華人民共和國法律的基本原則或者國家主權、安全、社會公共利益的，不予承認和執行。」這基本上和有關外國承認和執行中國法院的判決、裁定採取對等原則。

在香港方面，對外國法院判決一直採用兩套制度，一是成文法制度，一是普通法制度。所謂「成文法制度」，就是根據香港《外地判決（限制承認及限制執行）條例》、[36]《外地判決（交互強制執行）條例》、[37]《判決（強制執行措施）條例》[38]，採取一個登記程序，由香港法院直接執行有關判決。但是該制度只適用於和香港存在雙邊協定或者有互惠安排的國家和地區。對那些和香港不存在雙邊協定或者互惠安排的國家和地區，只能採取「普通法制度」。這是一個重新在香港法院起訴的程序，即一個在其他司法區域的法院勝訴的當事人可以將自己在該法院的勝訴判決視為當事人之間成立的一種債務，向香港法院重新提起訴訟，法院按照普通法的原則裁定是否對原訴事項有司法管轄權，如果裁定有管轄權，法院就可以將外地法院的判決作為自己判決的附件加以強制執行。這樣通過香港法院重新做出一個判決的形式來承認並執行外地法院的判決。根據《外地判決（交互強制執行）條例》，登記程序優於普通法程序，即如果和香港存在雙邊協定或者有互惠安排，那就逕直登記執行，只有在沒有這樣的安排情況下，才採用重新起訴的方式。[39] 顯然，直接登記的「成文法制度」比「普通法制度」更為簡便和經濟。

應該說，香港對外地法院判決的承認和執行的規定和做法，可以適用於處理內地法院的判決。問題的關鍵是雙方應該盡快協商，如果中國內地可以和那麼多外國達成有關協議、而香港也可以和那麼多外國達成協議並開展良好合作的話，中國內地和香港特別行政區沒有任何理由不達成相互承認、執行法院判決的協議。

還需要指出的是，和刑事司法不同，在民商事領域由一個地方的法院實施司法管轄權，並不意味着適用同一個地方的法律，實施管轄權的法院可以適用另外一個地方的法律作為準據法來審理案件。廣州市中級人民法院經濟審判庭 2000 年 6 月 17 日在審理一宗涉港借款擔保合同糾紛案時，首次適用了香港的有關法例來判案，依法維護了當事人的合法權益。香港美達多財務有限公司於 1996 年、1997 年間分別向「瑞昌」公司貸款 1.26 億港元，「瑞昌」以其在香港一幢 46 層樓宇作為借款抵押，香港聚龍公司及其法定代表人黎君剛、溫美娟提供了不可撤銷的保證。之後「瑞昌」未能依約償付本息。「美達多」為此於 1998 年 3 月向香港特別行政區高等法院起訴，要求上述各方償還其貸款本息，法院裁定同意其請求。但被告仍未能還款，「美達多」遂公開拍賣「瑞昌」抵押物業，但是僅得價款 6,150 萬港元。到 1998 年 12 月，四被告仍欠原告本息共計 8,729 餘萬港元。因四被告在廣州有多處財產，「美達多」則以廣州是可供執行財產地為由向廣州市中級人民法院提起訴訟。廣州中院經審理認為，本案糾紛曾由香港法院審理過，但目前內地與香港尚無司法協定規定香港法院判決可在內地申請承認和執行，且當事人在有關協議中也並未選擇管轄法院，因此原告在權益仍未得到有效保障情況下，向有可供執行財產地的內地法院起訴請求保護合法權益，依照《民事訴訟法》規定，廣州中院對本案具有管轄權；由於各方當事人約定選擇香港法律為合同爭議所適用的法律，參照《民法通則》規定，此案應適用香港法律來審理。為此，廣州中院根據香港特別行政區《放債人條例》規定及香港現行的有關債之擔保的法例，判決原告勝訴，四被告在判決生效之日起 10 日內償還 8,729 餘萬港元本息。[40] 可見，兩地民商事訴訟合作可以是多種形式的。

四、調查取證的合作

跨國跨境民商事訴訟的調查取證是國際司法協助的重要內容。在這方面，香港和中國內地長期以來沒有協議，各自有自己的習慣做法。香港在民商事訴訟中對外調查取證的合作主要是依據 1970 年的海牙《關於從國外獲取民事或商事證據公約》，並據該公約在《高等法院規則》[41] 和《證據條例》[42] 等法律中做出了相應規定。中國內地一直到 1997 年 7 月才加入了這個公約。

我國《民事訴訟法》第 262 條規定：「根據中華人民共和國締結或者參加的國際條約，或者按照互惠原則，人民法院和外國法院可以相互請求，代為送達文書、調查取證以及進行其他訴訟行為。」第 263 條規定：「請求和提供司法協助，應當依照中華人民共和國締結或者參加的國際條約所規定的途徑進行；沒有條約關係的，通過外交途徑進行。外國駐中華人民共和國的使領館可以向該國公民送達文書和調查取證，但不得違反中華人民共和國的法律，並不得採取強制措施。除前款規定的情況外，未經中華人民共和國主管機關准許，任何外國機關或者個人不得在中華人民共和國領域內送達文書、調查取證。」這說明中國和外國開展司法調查取證合作有兩種形式，一是根據中國締結或者參加的國際條約來進行，二是如果雙方有一方沒有參加有關國家條約的，按照互惠原則通過外交途徑來進行。外國駐中國的使領館可以向該國公民調查取證，但不得違反中華人民共和國的法律，並不得採取強制措施。

但是，無論 1970 年的海牙《關於從國外獲取民事或商事證據公約》或者《民事訴訟法》的上述規定，儘管可以參照，都不適用於處理中國內地和香港特別行政區的調查取證合作。前者是一個國際公約，香港和內地不是國與國的關係，因此不適用。而後者，根據香港《基本法》的規定也不屬於在香港實施的全國性法律，因此也不適用。這是在處理涉及兩地的法律問題時經常遇到的一個很尷尬的問題。解決的唯一辦法就是，就像兩地 1998 年達成相互委託送達民商事司法文書的協議和 1999 年達成相互執行仲裁裁決的協議一樣，由雙方基於互利互惠、相互尊重、參照有關國際公約和慣例的原則，平等協商，達成協議，然後，再由各自按照自己的法律制度完成法律程序，實施協議。在調查取證合作上，也應該如此。

| 註釋 |

1. 香港特別行政區訴馬維騉案（Hong Kong SAR v. Ma Wai-Kwan, David, Chan Kok-Wai, Donny and Tam Kim-Yuen），（1997）HKLRD 761。

2. 《人民日報》，1997 年 3 月 15 日。

3. 香港特別行政區高等法院民事上訴 1997 年第 216 號，香港特別行政區終審法院民事上訴 1998 年第 14 號。（1999）1 Hong Kong Law Reports and Digest 315（英文判決書），731（中文判決書）。

4. 當時正在珠海參加澳門特別行政區籌備委員會政務、法律小組會議的內地法律專家 1999 年 2 月 6 日特為此舉行了一個座談會，他們都參加了香港特別行政區《基本法》的起草和香港特別行政區的籌備工作。關於該判決中有關「法院憲法性管轄權」問題，專家指出，「根據憲法的規定，全國人大是最高國家權力機關，人大的立法行為和決定是任何機構都不能挑戰和否定的」，「審查香港法律是否符合基本法是全國人大常委會的權力，不是終審法院的權力」。《就香港特別行政區終審法院的有關判決內地法律界人士發表意見》，見《人民日報》，1999 年 2 月 8 日。內地專家在這裡明確指出，特別行政區法院無權對全國人大及其常委會的立法是否符合《基本法》實施司法審查，但是沒有明確特別行政區法院是否有權對特別行政區自己立法機關的立法，尤其就自治範圍內的事項進行的本地立法是否符合《基本法》實施司法審查，從實踐上看，特別行政區法院一直在對本地立法行使這樣的權力。

5. 董建華：《關於提請中央人民政府協助解決實施〈中華人民共和國香港特別行政區基本法〉有關條款所遇問題的報告》，1999 年 5 月 20 日。

6. 《全國人民代表大會常務委員會關於〈中華人民共和國香港特別行政區基本法〉第 22 條第四款和第 24 條第二款第（三）項的解釋》，載《法制日報》，1999 年 6 月 27 日。

7. 張志銘：《中國的法律解釋體制》，載梁治平：《法律解釋問題》，北京：法律出版社，1998，頁 165。

8. 許崇德：《中國憲法》（修訂本），北京：中國人民大學出版社，1996，頁 210。

9. 《中華人民共和國憲法》第 67 條和 127 條。

10. Wesley-Smith P., *The Sources of Hong Kong Law*, Hong Kong: Hong Kong University Press, 1994, p.33.

11. 李鴻禧：《違憲審查論》，載《國立台灣大學法學叢書》（四十），台北，1990，頁 265。

12. 關淑馨：《立法者是最糟糕的釋法人選》，載《侃侃論法》，香港：香港大律師公會，2001。

13. 1996 年 5 月 15 日第八屆全國人民代表大會常務委員會第十九次會議通過了「關於《中華人民共和國國籍法》在香港特別行政區實施的幾個問題的解釋」。該「解釋」考慮到香港的歷史背景和現實情況，採取靈活辦法，圓滿解決了中國《國籍法》在香港特別行政區適用帶來的難題。1998 年 12 月 29 日第九屆全國人民代表大會常務委員會第六次會議做出《關於國籍法在澳門特別行政區實施的幾個問題的解釋》，對澳門回歸後澳門居民的國籍問題也做出了類似的特別安排。

14. 轉引自李鴻禧：《違憲審查論》，載《國立台灣大學法學叢書》（四十），台北，1990，頁 297。

15.《人民日報》，1999 年 6 月 23 日、1999 年 6 月 27 日。

16.《中華人民共和國立法法》第 47 條。

17.《人民日報》，1999 年 6 月 23 日。

18. 香港大學的 Yash Ghai 教授對此有深入論述，請參見 Ghai Y., *Hong Kong' s New Constitutional Order*, Hong Kong: Hong Kong University Press, 1997, p.193。

19. 2001 年 3 月 28 日筆者在美國杜克大學（Duke University）與 William Van Alstyne 教授的談話。

20. Van Alstyne W. W., *First Amendment: Cases and Materials （Second Edition）*, Westbury, New York: The Foundation Press, Inc, 1995, p.315.

21.《洛杉磯時報》（Los Angeles Times），2001 年 7 月 18 日。

22. 香港入境事務處處長訴莊豐源案，終審法院民事上訴 2000 年第 26 號。

23.《人民日報》，2001 年 7 月 22 日。

24. 談雅然、陳偉華、謝曉怡訴入境事務處處長案，終審法院民事上訴 2000 年第 20 號及第 21 號。後來香港特別行政區政府基於人道主義理由，行使酌情權賦予了談雅然居港權。

25. 香港高等法院裁判法院上訴 1998 年第 563 號，香港特別行政區終審法院刑事上訴 1999 年第 4 號。

26.（1999）1 HKLRD 783，也見（1999）2 HKC 10。

27.《香港法例》第 383 章。

28. 正如前文所述，美國是個例外。但是美國國會自 1989 年以來一直為通過一項禁止焚燒、侮辱美國國旗的憲法修正案，以推翻最高法院在 Texas v. Johnson 和 United States v. Eichman 案件中認為焚燒國旗的行為受美國憲法第 1 條修正案保護的立場。

29.《關於執行〈中華人民共和國刑事訴訟法〉若干問題的解釋》，最高人民法院審判委員會，1998 年 6 月 29 日。

30. 王仲興：《內地為何對香港居民張子強案有刑事管轄權》，載《中國法律》，香港，1999（3），頁 4。

31. 陳弘毅：《回歸後香港與內地法制的互動》，載劉兆佳編：《香港二十一世紀藍圖》，香港：香港中文大學出版社，2000，頁 55。

32.《關於持有港英或澳葡當局所發護照的港、澳同胞在內地人民法院起訴、應訴的民事案件可否作為涉外案件問題的批覆》，最高人民法院 1984 年 12 月 6 日發佈。

33.《香港法例》第 341 章。

34.《關於港澳離婚案件執行問題的批覆》，最高人民法院，1974 年 5 月 17 日。

35.《關於我國公民周芳洲向我國法院申請承認香港地方法院離婚判決效力，我國法院應否受理問題的批覆》，最高人民法院，1991 年 9 月 20 日。

36.《香港法例》第 46 章。

37.《香港法例》第 319 章。

38.《香港法例》第 9 章。

39. 黃繼兒:《香港特別行政區與內地的民商事司法協助》，載《中國法律》，香港，1998（9），頁 16。

40. 中國新聞社，2000 年 5 月 18 日。

41.《香港法例》第 4 章。

42.《香港法例》第 8 章。

CHAPTER 11

違憲審查、法治與國家統一

人們通常把國家統一問題、處理國家整體與組成部分之間的關係問題視為政治問題，似乎與法治沒有什麼關係。的確，這些問題的政治性非常強，很多時候要取決於決策者的政治智慧和遠見。但是，法治在解決國家統一問題上的作用一點都不應低估。儘管僅有法治不足以解決問題，但是如果沒有法治，只有政治，也是解決不了問題的；即使暫時解決了，也不可能長久。法治運用得好，對實現並維護國家的統一和穩定、對處理國家整體和組成部分之間的關係，作用巨大。從某種意義上說，一切政治性的解決方案最終都要落實到法律上去才是最終的、徹底的、一勞永逸的解決方案。

本書以上各章節多次提到法治在中國恢復行使對港澳地區的主權以及處理中央與特別行政區關係中的作用，尤其第五章曾就法治問題做過具體探討。本章將不再泛泛地討論法治問題，其重要性顯然不需再花費更多筆墨去論證了。這裡側重討論法治中的一個問題，即違憲審查問題。為什麼要討論這個問題呢？因為違憲審查是法治的基石，是法治最核心的部分。在中國，人們提起法治，首先想到的是立法。但是，在發達國家和地區，法治決不僅僅是立法，儘管立法者總是想把法律制定得盡可能詳細具體，但是一旦到現實生活中，人們突然就發現，為什麼人類的生活是那樣地豐富多彩，那麼「不聽話」，而由那麼多專家精心擬定的法律總是顯得那麼不夠「超前」、那麼蒼白無力。這是沒有辦法的事情。憲法作為「法律的法律」自然也不例外。這就是為什麼各國的法治和司法制度裡邊，都必須有一個權威的法律解釋機關作為活的「法律代言人」，負責明確法律中含混不清的地方，判斷法律的合憲性，也就是必須有違憲審查制度的原因。

違憲審查的一個主要內容就是依據憲法或者憲法性法律（如《基本法》）解決全國政府（中央政府或者聯邦政府）與區域政府（地方政府）之間的權限糾紛。這個問題解決得好，可以有效地促進、鞏固國家的統一。解決得不好，全國政府和區域政府之間（中央和地方）的關係就會緊張，嚴重者可以導致國家的分裂。所以，一個好的、公平的、有效的憲法性糾紛解決機制對國家的統一至關重要。這就是為什麼這一章用「違憲審查、法治與國家統一」為標題的原因。

對中國的中央和特別行政區的關係而言，情況毫不例外。特別行政區《基本法》已經制定出來，「一國兩制」、高度自治、「港人治港」、「澳人治澳」已經法律化，基本的法律框架、法律設施、法治硬件都有了，剩下的問題就是具體應用了，也就是執法和司法問題，其中主要是司法問題。而司法和法治的最高級形式是違憲審查。因此，現在處理中央與特別行政區關係的核心問題其實就是違憲審查問題，即由誰來解釋《基本法》，當中央和特別行政區出現權限不清、關係不明的情況時，誰有權作出最後決定，誰是最終的裁判者，裁判的標準和程序是什麼。

為什麼不由有關機構制定一個「特別行政區基本法實施細則」之類的文件，直接把《基本法》進一步具體化，這樣就省去了違憲審查的麻煩，豈不更方便？中國內地每制定一部重要法律，國務院或者其他機構都會發佈一個實施細則，或者由最高人民法院發佈一個十分詳細、具體的司法解釋，來進一步明確法律條文的涵義，使法律在法官手中具有可操作性。之所以不能這樣來處理《基本法》，是因為《基本法》主要的實施地區是與內地完全不同的法域。在香港普通法體制下，沒有這樣的做法，普通法法域的最高法院（終審法院）不會在法律生效之前，先對這部法律的條款進行詳細解釋供各級法院適用，它們只在有訴訟的時候才解釋法律，在審理具體案件中來闡述法律條款的精確涵義，看某一個條款有無違反最高法（憲法或者基本法）。法院的這些判例實際上就成為法律的「實施細則」。所以，在普通法之下，法律不僅僅是成文立法，還包括大量有關案例，案例在某種意義上更重要，這就是為什麼普通法區域的「案例報告」（Case Report）在法學院和律師那裡竟變成了「法律報告」（Law Report）！

據此，特別行政區《基本法》的「實施細則」或者「司法解釋」由誰來制定呢？當然不是國務院或者最高人民法院。最高人民法院沒有違憲審查權，中國內地也沒有專門的違憲審查機構（憲法法院），中國憲法和特別行政區《基本法》把這項權力賦予了全國人大常委會和特別行政區終審法院兩個機構，只有這兩個機構系統才有權制定特別行政區《基本法》的「實施細則」或者「司法解釋」。全國人大常委會和特別行政區終審法院各自在自己的法律體系裡運作，前者主要通過違憲審查和解釋《基本法》的方式來履行職責，而特別行政區終審法院則通過審理案件、作出判決的形式來履行解釋《基本法》、實施違憲審查的職責。全國人大常委會對《基本法》行使最終解釋權，特別行政區終審法院對特別行政區所有案件行使最終審判權。因此，和中國其他法律不同，特別行政區《基本法》不再是條文本身和最高人民法院對這些條文所作的一攬子司法解釋，而是由《基本法》的解釋案和許多《基本法》案例來不斷加以明確和豐富的。在普通法下，法治實際上就是靠打官司「打」出來的，很多法律條文必須要經過打官司才能明白其具體涵義，法官或者違憲審查機構在其判決書或者說明書中會告訴我們立法的原義是什麼。所以，研究《基本法》，不僅要研究《基本法》條文本身，更重要的是研究全國人大常委會和特別行政區終審法院對各自違憲審查權的行使，研究那些豐富多彩的解釋和案例。

本章主要探討內地和特別行政區的違憲審查制度問題。特別行政區的法治、特別行政區的前途命運現在可以說緊緊地和中國整個法治進程、整個違憲審查制度的完善聯繫在一起。特別行政區成立幾年的實踐證明，中國違憲審查制度的確立和完善，不僅僅是內地法治建設的核心問題，而且也成為處理中央與特別行政區關係的關鍵。最後一節，還將從一個更廣泛的角度來論證法治和國家統一的一般關係、實現並維繫國家統一的方法等。

一｜中國的違憲審查制度

一、「有限政府」與違憲審查（司法審查）

現代法治確立了兩個基本的制度和原則，一個是在私法上確立了法人制度，即在商業經濟領域把個人的權利和責任限定在一定的範圍，個人只享有有限的權利，同時個人也只承擔有限的風險和責任，這樣就避免當一個公司破產時，導致公司所有人傾家蕩產。這就是股份有限公司制度。這種制度實際上是把經濟權利、商業風險和責任社會化或者叫做民主化，讓更多的人分享權利，同時也讓更多的人分擔責任。正因為個人承擔的風險和責任比以前的無限公司變小了，因此，公司經營管理者的行為就要受到嚴密的監督和制約，這樣就有了一整套的公司法律制度和市場交易法律制度。這就是民商法的使命。

與有限公司制度相對應，現代法治確立的第二個制度，也許是最重要的制度，就是「有限政府」制度。[1] 當人類社會的經濟形態由自然經濟（或者計劃經濟）轉變為市場經濟的時候，政府也必須相應由「無限政府」轉變為「有限政府」，就像經濟上由「無限公司」向「有限公司」轉變一樣。「有限政府」制度有三層涵義。第一是任何政府的權力都必須是有限的，不能是無限的，政府不可以什麼事情都能做，政府不是萬能的。現代政府的權力雖然小了不少，但是他們承擔的責任和政治風險也小了很多，不用整天像封建皇帝那樣提心吊膽，這對政府穩定和政治人物自身有好處。第二，政府的權力不僅是有限的，而且必須要受監督和制約，不允許存在不受約束的政府權力。第三，當政府濫用權力的時候，要有一個法律機制能夠及時發現並加以糾正。為此，許多國家建立了一整套憲法（公法）制度，這其中最重要的就是司法審查制度，或者更廣義地叫做違憲審查制度。規範政府和政治行為主要是憲法的使命。

但是，研究憲法史作者發現有一個非常有趣的現象。每一個國家的立憲者、政治家都認為違憲審查很重要，但是，不知是有意迴避或者無意疏忽，很少有國家在憲法中規定違憲審查權的，甚至在許多國家的憲法文本中根本找不到「違憲審查」的字眼，尤其早期的憲法。但是，每一個國家又都確確實實有違憲審查的制度在運轉。根據何在？憲法慣例！這麼重要的違憲審查制度的確立竟敢是靠所謂的「憲法慣例」！這真是人類政治史、法治史上最具有諷刺意味的事情，保障法治、捍衛法治的最重要的憲法機制，其存在竟敢沒有憲法依據甚至法律依據，嚴格來說還處在「原始的」的「非法」狀態，按照最原始的處理財產所有權的「先佔原則」來決定，誰先佔到了就屬於誰。這是否立憲者有意留下的「法治空白」來檢驗後人的政治智慧和法治覺悟？實在不得而知。以「發明」違憲審查制度的鼻祖美國為例，如果不是美國最高法院 1803 年在那個著名的判決中首先申明司法審查權（即違憲審查權）歸自己所有，搶先填補了立憲者留下的這個奇怪而又難得的空白，很難想像今天的美國最高法院會有這麼大的權威，也很難想像美國會有今天的「三權分立」。美國年輕的最高法院 1803 年的做法很容易使人聯想到早期殖民主義者來到新大陸時，佔領一個地方馬上宣佈這裡是我的了，「外人」不得侵入！但是，人們不得不承認以馬歇爾大法官為首的當時美國最高法院的大智大勇。

這種現象至少說明一個問題，那就是法治的建立不是簡單地進行立法就行了，任何嚴密的立法總是有漏洞的。法治的確立還要靠人的覺悟，尤其「開國者」的政治智慧、遠見卓識、對法治的信仰以及對歷史的高度責任感。同時，對先前確立的慣例和習慣的尊重也是法治的重要組成部分，這是一個法治國國民良好素質的體現。當然，立憲者留下這樣的法治漏洞是十分可怕的，它是建立在假設人人都是聖人的基礎上的。後來各國的立憲者為了避免混亂，一般乾脆明確規定司法審查或者違憲審查權由哪一個機構行使，因為歷史多次證明，人的覺悟往往是不可靠的。這實在是人性的悲哀。要建立「有限政府」，必須確立違憲審查；要確立違憲審查，最好還是要有成文的立法，儘管立法不是萬能的。

在中國漫長的封建社會，封建皇帝和封建政府的權力從來都是無限的，而且是不受任何監督約束的，也沒有什麼法律機制可以防範政府濫用權力，審查政府的行為。皇帝從來就是萬能的，皇帝就是一切。[2] 在很長時間裡，人們對政府的行為是無能為力的，沒有任何法律上的方法可以對政府的行為提出質疑或者挑戰，當自己的權利受到侵害的時候，也沒有任何法律上的救濟可以尋求，「民告官」是異想天開的事情。1949 年新中國成立後，在約束監督政府，建立違憲審查制度方面也進行了許多努力，尤其 1982 年《憲法》做出了一些規定，比如《憲法》第 41 條明確規定：

「中華人民共和國公民對於任何國家機關和國家工作人員，有提出批評和建議的權利；對於任何國家機關和國家工作人員的違法失職行為，有向有關國家機關提出申訴、控告或者檢舉的權利，但是不得捏造或者歪曲事實進行誣告陷害。對於公民的申訴、控告或者檢舉，有關國家機關必須查清事實，負責處理。任何人不得壓制和打擊報復。由於國家機關和國家工作人員侵犯公民權利而受到損失的人，有依照法律規定取得賠償的權利。」

但是長期以來，中國並沒有建立起一套切實可行的憲法和法律機制，使得公民監督、甚至挑戰政府行為的權利得到真正的保障。這一直到 1989 年 4 月 4 日第七屆全國人民代表大會常務委員會通過《中華人民共和國行政訴訟法》才有了一個真正的突破。[3] 這部法律第 2 條明確規定「公民、法人或者其他組織認為行政機關和行政機關工作人員的具體行政行為侵犯其合法權益，有權依照本法向人民法院提起訴訟。」從此，中國公民和法人當自己的權利受到政府侵害的時候，可以根據法律通過法院討一個說法，老百姓可以到法院告官府了。這是一個不小的進步。剛開始，老百姓、政府和法院都「不適應」，一個城市的市長被送上法庭當被告當時還是新聞。今天，「民告官」在中國早不是什麼新聞了，不僅鄉鎮政府、縣政府、市政府被老百姓頻頻地送到法庭的被告席上，而且省政府、國務院的部委乃至地方黨委也有被請到法院去的。[4] 今天中國老百姓的權利意識越來越覺醒，越來越敢和政府在法庭上「較勁」了。中國的法官儘管自己的飯碗仍然由政府控制，但是法官們越來越敢對政府說「不」，判決政府敗訴也不是什麼新鮮事了。《行政訴訟法》的實施，是中國法治進程中的一個重要里程碑。[5]

1994 年 5 月 12 日第八屆全國人民代表大會常務委員會通過《國家賠償法》，其中第 2 條規定「國家機關和國家機關工作人員違法行使職權侵犯公民、法人和其他組織的合法權益造成損害的，受害人有依照本法取得國家賠償的權利。」這對國家機關及公職人員又是一個實質性的監督和約束。

但是，無論《國家賠償法》或者《行政訴訟法》或者目前其他的有關法律，對公民、法人通過司法的途徑挑戰政府的行為都有很大的限制，主要的限制是公民、法人或者社會組織只能對政府的「具體行政行為」尋求司法審查和司法救濟。《行政訴訟法》第 11 條具體列舉了哪些具體行政行為可以被起訴到法院去，第 12 條特別列舉了哪些政府行為是不可以被起訴的，其中第 2 項就是「行政法規、規章或者行政機關制定、發佈的具有普遍約束力的決定、命令」。也就是說公民可以對政府採取的某一個具體的行政措施到法院提出質疑，但是如果對政府制定的規範性文件、對政府的立法行為是不可以尋求司法審查的，中國法學界慣常把這些行為叫做「抽象行政行為」。你可以到法院起訴警察對你的罰款是錯誤的，但是你不可以到法院說警察據以罰款的法律、法規甚至規定是錯的，你不可以要求對這個有問題的法律、法規、規定提出司法審查。你就此提起訴訟，法院是不會受理的。[6]

所以在中國，現在只有有限的司法審查，目前只能對具體的行政行為尋求司法審查，對國家的立法行為不可以由法院來審查其是否違憲、是否合理，是否應該廢除或者保留。那麼，是否國家的「抽象行為」即立法行為就不受任何約束、不受監督呢？不是的，中國憲法規定了一個特別的違憲審查制度。也就是說，中國在法律上把對國家行為的監督分為兩類，一類是對具體行為的監督，二是對抽象的立法行為的監督，二者分別由不同的機構來負責，前者由普通的法院來負責，後者則由違憲審查機構來負責處理。

二、中國負責違憲審查的機構及其權限

中國實行類似英國式議會制的人民代表大會制。在這種制度之下，就像英國的「議會主權」（Sovereignty of the Parliament）一樣，在憲法上中國實行「全國人民代表大會主權」，中國憲法把全國人民代表大會定性為「最高國家權力機關」，最高國家行政機關（即國務院）、最高國家司法機關（即最高人民法院）和最高國家法律監督機關（即最高人民檢察院）都由它產生，對它負責，受它監督。國家元首（即國家主席）也由它選舉產生，全國武裝力量的統帥機關即中央軍事委員會也是由它選舉產生，並對它負責。可見，中國整個國家機構是圍繞全國人民代表大會建立起來的，是以它為中心的。[7]《憲法》還詳細規定了全國人民代表大會及其常設機關——全國人民代表大會常務委員會的其他權力，包括國家立法權、重大國家事務決定權、監督國家其他機構的權力，等等。在這些權力中，其中就有違憲審查權。[8]但是，這並不是說，違憲審查權只能由全國人民代表大會行使，相反，根據中國《憲法》的有關規定，有權實施違憲審查的機構還有一些。2000年3月15日第九屆全國人民代表大會通過的《立法法》在違憲審查制度建設上更進一步，它進一步明確了中國的違憲

審查機構，第 88 條規定：

「改變或者撤銷法律、行政法規、地方性法規、自治條例和單行條例、規章的權限是：

（一）全國人民代表大會有權改變或者撤銷它的常務委員會制定的不適當的法律，有權撤銷全國人民代表大會常務委員會批准的違背憲法和本法第 66 條第 2 款規定的自治條例和單行條例；

（二）全國人民代表大會常務委員會有權撤銷同憲法和法律相牴觸的行政法規，有權撤銷同憲法、法律和行政法規相牴觸的地方性法規，有權撤銷省、自治區、直轄市的人民代表大會常務委員會批准的違背憲法和本法第 66 條第 2 款規定的自治條例和單行條例；

（三）國務院有權改變或者撤銷不適當的部門規章和地方政府規章；

（四）省、自治區、直轄市的人民代表大會有權改變或者撤銷它的常務委員會制定的和批准的不適當的地方性法規；

（五）地方人民代表大會常務委員會有權撤銷本級人民政府制定的不適當的規章；

（六）省、自治區的人民政府有權改變或者撤銷下一級人民政府制定的不適當的規章；

（七）授權機關有權撤銷被授權機關制定的超越授權範圍或者違背授權目的的法規，必要時可以撤銷授權。」

可見，中國的違憲審查制度是多層次、多元的，違憲審查權的行使既有集中的一面，也有分散的一面。根據《憲法》和《立法法》的規定，全國人大、全國人大常委會、地方各級人民代表大會及其常務委員會、甚至國務院和省級地方政府都有一定的違憲審查權，只是他們行使違憲審查權的對象和權力不同。

❶ | 全國人民代表大會的違憲審查權

《憲法》第 62 條規定的全國人民代表大會所享有的權力，其中第 2 項是「監督憲法的實施」，第 11 項權力是「改變或者撤銷全國人民代表大會常務委員會不適當的決定」。這被視為全國人大享有違憲審查權的憲法依據。據此，全國人大的違憲審查可以分為兩個方面，第一個方面就是「監督憲法的實施」，第二個方面就是審查全國人大常委會所做決定的權力。

關於第一個方面，中國學者普遍認為，「監督憲法的實施」的規定就是賦予了全國人民代表大會以違憲審查權。那麼，全國人大可以對哪些機構行使這項權力呢？首先《憲法》明確規定全國人大有權改變或者撤銷全國人大常務委員會不適當的決定，因此全國人大的違憲審查權首先及於全國人大常委會，這沒有問題。但是，全國人大對其他機構例如國務院是否可以行使違憲審查權呢？或者它對其他機構的違憲審查是否要通過全國人大常委會來進行呢？因為《憲法》並沒有規定全國人大可以改變或者撤銷國務院或者其他機構的決定，只是規定其他有關機構要對它負責，受它監督，即《憲法》第3條、第62條、第63條、第67條、第94條、第128條、第133條的相應規定。這裡邊應該包括違憲審查的意思，尤其當和《憲法》的其他有關條款聯繫在一起看的時候，更可以肯定全國人大違憲審查的對象不僅僅是全國人大常委會的立法行為，而且還包括對「一府兩院」和中央軍事委員會實施憲法的情況（包括「抽象行為」和「具體行為」）進行「監督」，「監督」在這裡就有違憲審查的涵義。這就是為什麼每年全國人大開會，「一府兩院」都要向它匯報工作的原因。[9] 至於全國人大如何監督憲法的實施、對違反憲法的行為如何糾舉、如何處理，《憲法》沒有規定。從實際運作來看，全國人大由於自身的限制和其他種種原因，很難對這些機構進行實在的違憲審查，儘管它有這項權力。

關於第二個方面全國人大對全國人大常委會的違憲審查，一般認為《憲法》第62條第11項就是憲法依據，即全國人大有權「改變或者撤銷全國人民代表大會常務委員會不適當的決定」。至於這裡的「不適當」，其涵義可大可小，外延也可以是很寬泛的，既包括不合憲、不合法的決定，也包括不合理的決定。這裡的「決定」既包括全國人大常委會通過的法律，也包括其他一般的決定。因此可以說，全國人大對全國人大常委會的違憲審查權是很廣泛的。

對一個現代的法治國家來說，憲法制定出來後，最重要的權力就是憲法解釋權。而中國《憲法》並沒有把這項重要的權力賦予最高國家權力機關即全國人民代表大會，而是把它賦予了它的常設機構——全國人大常委會（《憲法》第67條第1和第4項）。《憲法》允許全國人民代表大會行使違憲審查權，但是不允許它行使憲法解釋權，對此規定十分令人費解。那麼，作為全國人大常委會的上級機構，全國人大是否可以解釋憲法和法律？如果它不能解釋憲法和法律，當它對全國人大常委會制定的法律、對「一府兩院」行使違憲審查權的時候，遇到需要解釋憲法或者法律的情況，是否應該「請求」它的下級機構全國人大常委會來對憲法或者法律做出一個「權威解釋」，然後再根據這個「權威解釋」對那部懷疑違憲的全國人大常委會的立法或者「一府兩院」的行為做出一個是否違憲的判斷呢？這顯然在邏輯上和實際上都是行不通的。

有人也許會這麼解釋，因為全國人大是最高國家權力機關，是全國人大常委會的上級機構，既然它的下級機構全國人大常委會都有權解釋憲法，那麼按照邏輯推論，全國人大自然也就有憲法解釋權。但是按照法治的基本原則和要求，對任何國家機構，它所能行使的權力必須是《憲法》明文列舉規定的，《憲法》沒有明確授予的權力，都是它不可以行使的。國家權力是不可以用一般的邏輯來「推論」的。對公民的行為而言，法無明文禁止即是許可；但對國家機構而言，法治的要求正好相反，法無明文授權即是禁止。所以，我不認為因為全國人大常委會有憲法解釋權，那麼它的上級機關全國人大就當然地也有憲法解釋權。全國人大固然可以改變或者撤銷全國人民代表大會常務委員會不適當的決定，包括全國人大常委會對某一個法規或者行為作出的違憲審查的決定，但是，這也不意味着全國人大有權解釋憲法。《憲法》的這種安排不是制定《憲法》的人忽視了這個問題，因為很明顯，在規定「監督憲法的實施」的職責時，制憲者就分別明確地把它賦予了全國人大和全國人大常委會兩個機構，「解釋憲法」的權力則只賦予了全國人大常委會。可見，在中國目前的憲法和法制架構下，憲法和法律的解釋權是一項獨立的權力，並不必然和違憲審查權的行使聯繫在一起。

歷史上看，全國人大沒有對其他機構行使過違憲審查權，倒是對自己的立法進行過自我違憲審查。如果要找中國全國人大進行違憲審查的例子的話，就是全國人大對香港、澳門兩部特別行政區《基本法》所作的違憲審查。中國憲法是一部社會主義性質的憲法，它規定了中國社會主義的政治、經濟、文化和社會等各方面的制度。但是，1990年4月4日第七屆全國人大通過的香港特別行政區《基本法》卻規定在香港不實行社會主義的制度和政策，保持原有的資本主義制度和生活方式五十年不變，這明顯地違反了中國《憲法》。因此，一些香港人士擔心將來香港特別行政區《基本法》有可能被提起憲法訴訟，並有可能被宣佈為違憲而被撤銷。鑒於此，第七屆全國人大在通過香港特別行政區《基本法》的同時，通過了一個「決定」，從而解決了香港特別行政區《基本法》是否違憲的問題。該「決定」全文如下：

「第七屆全國人民代表大會第三次會議通過《中華人民共和國香港特別行政區基本法》，包括附件一：《香港特別行政區行政長官的產生辦法》，附件二：《香港特別行政區立法會的產生辦法和表決程序》，附件三：《在香港特別行政區實施的全國性法律》，以及香港特別行政區區旗和區徽圖案。《中華人民共和國憲法》第31條規定：『國家在必要時得設立特別行政區。在特別行政區內實行的制度按照具體情況由全國人民代表大會以法律規定』。香港特別行政區基本法是根據《中華人民共和國憲法》按照香港的具體情況制定的，是符合憲法的。香港特別行政區設立後實行的制度、政策和法律，以香港特別行政區基本法為依據。《中華人民共和國香港特別行政區基本法》自1997年7月1日起實施。」

該「決定」十分簡潔，最重要的是它肯定了香港特別行政區《基本法》是「根據《中華人民共和國憲法》按照香港的具體情況制定的」，因此「是符合憲法的」。至於如何根據《憲法》制定，它引用了《憲法》第31條關於建立特別行政區以及授權全國人大制定特別行政區實行的制度的規定。這實際上就是一次違憲審查，即全國人大在通過香港特別行政區《基本法》時，同時對它進行了違憲審查（或叫合憲審查）。全國人大在審查後認為它是合憲的，沒有違反憲法。這就從根本上排除了將來有人認為香港特別行政區《基本法》違憲，從而提起憲法訴訟的可能。這是在新中國立法史上，全國人大第一次公開對一部法律進行違憲（合憲）審查，並正式做出審查結論。儘管審查的機關、程序、時間、方式、結論的做出等方面都還可進一步討論，但是其開創歷史先河的功績還是值得充分肯定的。[10]

同樣，1993 年 3 月 31 日第八屆全國人民代表大會通過澳門特別行政區《基本法》時，也對它進行了違憲審查，通過了一個同樣的「決定」，解決了其合憲性問題。在中國，香港問題和澳門問題當然是特例。除此之外，中國最高國家權力機關還沒有行使過憲法賦予的違憲審查權。

這兩個違憲審查的實例也以慣例的形式解決了應該由哪一個機構對全國人大自己的立法進行違憲審查的問題。《憲法》只規定了全國人大可以對全國人大常委會的立法進行違憲審查，但是，對全國人大自己的立法由哪個機構進行違憲審查，《憲法》並沒有規定。根據這個慣例，全國人大要負責對自己的立法進行是否違憲的審查，也就是說全國人大違憲審查的對象除了全國人大常委會等，還有它自己。且不管這個安排合理不合理，它已經成為一條不成文的憲法慣例。

❷ | 全國人民代表大會常務委員會的違憲審查權

由於全國人大每年只舉行一次會議，每次會期只有半個月，而且僅有 3,000 名代表，會議任務繁重，很難履行違憲審查的職責，因此《憲法》把違憲審查權主要賦予了全國人大常委會去行使，全國人大常委會才是中國真正的主要違憲審查機構，它擁有完整的違憲審查權，即解釋憲法的權力、監督憲法實施的權力、解釋法律的權力。《憲法》第 67 條規定全國人民代表大會常務委員會的第 1 項職權就是「解釋憲法，監督憲法的實施」，第 4 項是「解釋法律」，第 7 項是「撤銷國務院制定的同憲法、法律相牴觸的行政法規、決定和命令」，第 8 項是「撤銷省、自治區、直轄市國家權力機關制定的同憲法、法律和行政法規相牴觸的地方性法規和決議」。可見，全國人大常委會享有充分的違憲審查權。

第一，全國人大常委會有解釋憲法和憲法性法律的權力。如上所述，這項權力是全國人大常委會的專有權。解釋憲法儘管很重要，但是，全國人大常委會並沒有經常行使這項權力，在這方面能夠找到的事例並不多。學者們經常引用的一個解釋憲法的例子，就是 1983 年 9 月 2 日第六屆全國人大常委會第二次會議通過的《關於國家安全機關行使公安機關的偵查、拘留、預審和執行逮捕的職權的決定》，該「決定」對於《憲法》第 37 條和第 40 條的內容、適用範圍作出了重新解釋說明，賦予了國家安全機關行使公安機關同樣的權力。除此之外，就找不到全國人大常委會直接解釋憲法條款的事例了。

由於中國憲法並不進入訴訟，因此全國人大常委會的解釋不結合具體的案件審理，學者們因此稱之為「抽象解釋」。[11] 目前全國人大常委會對憲法的解釋，既不與法院的案件審理掛鈎，從來鮮有法官在判案中遇到了不明白的憲法問題甚至法律問題向全國人大常委會請求釋憲釋法的，中國還沒有形成這樣的制度。[12] 而且在立法、行政過程中，如果遇到了憲法和法律問題，也還沒有請求釋憲釋法的情況發生。

唯一的例外可能還是香港、澳門。香港特別行政區《基本法》第 158 條規定：「……如香港特別行政區法院在審理案件時需要對本法關於中央人民政府管理的事務或中央和香港特別行政區關係的條款進行解釋，而該條款的解釋又影響到案件的判決，在對該案件作出不可上訴的終局判決前，應由香港特別行政區終審法院請全國人民代表大會常務委員會對有關條款作出解釋。如全國人民代表大會常務委員會作出解釋，香港特別行政區法院在引用該條款時，應以全國人民代表大會常務委員會的解釋為準。但在此以前作出的判決不受影響。」在這種情況下，全國人大常委會對《基本法》的解釋就和具體案件的審理有直接關係了。澳門《基本法》第 143 條也有同樣的規定。由於兩部特別行政區《基本法》是憲法性法律，因此，全國人大常委會對它們的解釋也是憲法性解釋。所以，這在中國法治建設史上又開了一個先河，即全國人大常委會的釋憲行為（包括對憲法性法律的解釋）開始產生司法後果，不再是純「抽象」的了，開始和具體的案件審理有關係了。

全國人大常委會解釋憲法條款本身不多，但是解釋憲法性法律還是有一些的。例如，香港回歸前，英國政府給香港的中國居民頒發了「英國國民（海外）護照」（即BNO），香港特別行政區《基本法》又規定這些中國居民在香港回歸後自然成為中國居民，但是在香港生效的中國《國籍法》又不承認雙重國籍。《國籍法》如何在回歸後的香港實施，就是一個很大的問題。因此1996年5月15日第八屆全國人民代表大會常務委員會通過了《關於〈中華人民共和國國籍法〉在香港特別行政區實施的幾個問題的解釋》。該「解釋」考慮到香港的歷史背景和現實情況，規定所有香港的中國同胞，不論其是否持有「英國屬土公民護照」或者「英國國民（海外）護照」，都是中國公民。自1997年7月1日起，他們仍可繼續使用英國政府簽發的有效旅行證件（包括「英國國民（海外）護照」）去其他國家或地區旅行，但在香港特別行政區和中華人民共和國其他地區不得因持有上述英國旅行證件而享有英國的領事保護的權利。對在外國有居留權的香港特別行政區的中國公民，按照同樣辦法處理其國籍問題。這樣通過法律解釋的方法解決了中國《國籍法》在香港特別行政區適用帶來的難題。全國人大常委會對澳門回歸後澳門居民的國籍問題也作出了類似的特別安排。《國籍法》是憲法性法律，因此對它的解釋也可視為憲法性解釋。

另一個典型的事例就是全國人大常委會於1999年6月26日應國務院的請求，第一次對香港特別行政區《基本法》兩個條款做出的解釋。其起因是香港特別行政區終審法院1999年1月29日就香港居民在內地所生子女的居留權案件所作的判決的內容與香港特別行政區政府對《基本法》有關條款的理解不同。特別行政區政府認為，由於終審法院的有關判決涉及應如何理解《基本法》的原則性問題，而內地居民進入香港的管理辦法還涉及中央與香港特別行政區的關係。因此，特別行政區政府請求國務院提請全國人大常委會根據憲法和《基本法》的有關規定，對《基本法》兩個條款做出解釋。而全國人大常委會在徵詢了其所屬的「香港特別行政區基本法委員會」的意見後，對《基本法》的兩個有關條款做出了解釋，從而解決了港人內地所生子女的居港權問題。但全國人大常委會的解釋不影響香港特別行政政區終審法院 1999 年 1 月 29 日對有關案件判決的訴訟當事人所獲得的香港居留權，即這種解釋不溯及既往，只對將來發生的事情有效力，香港特別行政區法院以後在審理有關案件時，應以全國人大常委會的解釋為準。[13] 這個案件及有關解釋問題已在前一章有詳細論述。

總的來看，全國人大常委會對憲法和憲法性法律的解釋還不是很多，而且基本上是涉及香港和澳門的。

第二，監督憲法實施的權力。由於全國人大常委會是全國人大的常設機構，因此全國人大能夠行使的權力它基本上都可以行使，尤其是在全國人大漫長的閉會期內，全國人大常委會更是可以充分行使最高國家權力，這裡邊包括違憲審查權。但是，如果留意一下，很容易發現憲法規定全國人大和全國人大常委會的違憲審查權時的文字表述是不一樣的。關於前者，《憲法》第 62 條除了籠統規定「監督憲法的實施」之外，就是「改變或者撤銷全國人民代表大會常務委員會不適當的決定」。但是，《憲法》第 67 條規定全國人大常委會的違憲審查權時，除了規定「監督憲法的實施」之外，只指出「撤銷國務院制定的同憲法、法律相牴觸的行政法規、決定和命令」和「撤銷省、自治區、直轄市國家權力機關制定的同憲法、法律和行政法規相牴觸的地方性法規和決議」。「不適當的決定」和「同憲法、法律相牴觸」的涵義顯然是不同的，如前所述，「不適當」不僅包括「同憲法、法律相牴觸」，而且還可以包括「不合理的」。因此，全國人大常委會對國務院和省、自治區、直轄市的違憲審查權的行使，限定在是否「同憲法、法律相牴觸」方面，也就是說只進行法律性審查，只看有無違反憲法和法律，對事實問題是否可以審查，憲法並沒有規定。對全國人大，憲法則規定既可以進行法律審查，也可以審查事實的合理性。

但是，就全國人大和全國人大常委會進行違憲審查的對象來看，顯然全國人大常委會的審查範圍就廣得多。《憲法》第 67 條第 8 項規定，全國人大常委會有權「撤銷省、自治區、直轄市國家權力機關制定的同憲法、法律和行政法規相牴觸的地方性法規和決議」，也就是說全國人大常委會的違憲審查權不僅僅是橫向地對「一府兩院」，而且也是縱向的，可以審查省、自治區、直轄市國家權力機關制定的地方性法規是否合憲。從這個意義上說，全國人大常委會的違憲審查權比全國人大的還要大。可見，中國憲法主要把違憲審查的權力和責任賦予了全國人大常委會，而非全國人大自身。

對於國務院的違憲審查，憲法把這項職責既賦予了全國人大，也賦予了全國人大常委會。全國人大和全國人大常委會在這個方面在憲法上有一定的分工，即全國人大負責一般的監督，例如每年一次審議政府工作報告，全國人大常委會負責「撤銷國務院制定的同憲法、法律相牴觸的行政法規、決定和命令」，也就是說負責審查國務院的「抽象行政行為」是否合憲。至於全國人大可不可以審查國務院的「抽象行政行為」，這應該是不可以的，因為憲法並沒有明確授權它這麼做，它就不可以越俎代庖。同樣，全國人大也不可以審查省、自治區、直轄市國家權力機關制定的地方性法規是否合憲，這是全國人大常委會的職責。當然，全國人大可以使用自己的違憲審查權對全國人大常委會違憲審查的行為進行違憲審查，而且憲法授予了它充分的權力這樣做。

和全國人大一樣，儘管全國人大常委會有這麼大的違憲審查權，但是它也幾乎沒有行使過這項權力，對於「一府兩院」它通常也只進行一般性的監督，沒有針對某一個具體的事情進行違憲審查的，對地方立法的憲法性審查也是一樣的。那麼，是否說「一府兩院」和各省、直轄市、自治區都那麼「循規蹈矩」、沒有違憲情況發生呢？很顯然這不可能。發現有違憲的情況怎麼辦呢？通常是內部協調解決，全國人大常委會一般會要求有關機關自行糾正自己的違憲行為，給它們保留一個「面子」。這就是為什麼看不到全國人大或者全國人大常委會大張旗鼓的、公開地審查國務院或者地方權力機關制定的法規是否違憲，聽取各方的辯論，並鄭重其事地作出一個是否違憲的判斷（或者判決）。在目前中國的政治和法律文化上，這種情況似乎還不大可能出現。

第三，全國人大常委會還有解釋法律的權力。法律的解釋權和違憲審查權有密切的聯繫。在對一部法律進行違憲審查時，肯定涉及到對法律的解釋。中國憲法除了把憲法和憲法性法律的解釋權賦予全國人大常委會之外，也把一般法律的解釋權賦予了全國人大常委會。中國大陸實行的是由立法機關解釋法律的制度，即「立法解釋」制度。

立法機關的解釋是最終的權威解釋，不僅一切行政機關和社會團體必須遵守和執行，而且司法機關在處理具體案件時也必須依據有關解釋來判案。此外，如前所述，人民法院在審理案件時，如果對於如何具體應用法律、法令的問題有疑問，可以提請最高人民法院作出解釋，這種解釋也有法律效力，但是最高人民法院作出的這種司法解釋的範圍只限於審判工作中具體應用法律法令的問題，這種解釋不得違背法律法令的原意。相對於立法解釋來說，司法解釋只是輔助性的。

《立法法》進一步肯定了全國人大常委會的法律解釋權。其中第42條規定當法律的規定需要進一步明確具體含義的，或者法律制定後出現新的情況，需要明確適用法律依據的，可由全國人大常委會解釋。國務院、中央軍事委員會、最高人民法院、最高人民檢察院和全國人大各專門委員會以及省、自治區、直轄市的人民代表大會常務委員會可以向全國人大常委會提出法律解釋的要求，這裡沒有規定公民尤其訴訟當事人是否可以提出解釋法律的要求。法律解釋的程序基本上和立法程序是一樣的。《立法法》還規定全國人大常委會的法律解釋同法律具有同等效力。到目前（2002年）為止，全國人大常委會對普通法律的解釋儘管有一些，但是涉及對某一部法律的合憲性進行審查的還沒有。當然這種解釋通常也不涉及具體案件的審理。

❸ | 地方各級人大及其常務委員會的違憲審查權

嚴格來說，只有全國人大和全國人大常委會才有違憲審查權，但是根據憲法和法律的規定，地方各級人大及其常務委員會也享有一定的違憲審查權，可以就有關涉及憲法的問題作出具有法律約束力的判斷。《憲法》第99條規定，地方各級人大有權改變或者撤銷本級人大常務委員會不適當的決定，例如一個省的人民代表大會有權審查它的常設機構省人大常委會制定的某一地方性法規是否合法合憲，如果發現它「不適當」，可以改變或者撤銷它。這裡的「不適當」就包括了違憲性「不適當」，即省人大常委會制定的地方法規違反憲法的規定。《憲法》104條還規定，縣級以上的地方各級人大常務委員會（以下簡稱「地方人大常委會」）有權監督本級人民政府、人民法院和人民檢察院的工作；有權審查並撤銷本級人民政府的不適當的決定和命令，例如省的人大常委會有權審查省政府制定的地方政府規章；地方人大常委會還有權審查下一級人民代表大會的不適當的決議，例如省人大常委會有權審查一個省轄市人民代表大會制定的該市的地方法規。同樣這裡的「不適當」也包括了違憲性「不適當」，地方人大常委會對它監督的對象的行為同樣可以進行違憲審查。《立法法》第88條第4和5款也作了同樣的規定。地方人大及其常委會的這些權力和全國人大及全國人大常委會違憲審查權在性質上是一樣的，都屬於違憲審查權，只不過這是在地方層次上進行的。近些年來，和全國人大常委會形成鮮明對比，地方人大常委會在行使違憲審查權方面十分活躍，對地方政府的監督逐漸形成了制度。

❹ | 其他機構的違憲審查權問題

1. 國務院的違憲審查權問題

從法理上講，國務院作為國家的最高行政機關，不應該有違憲審查權，因為違憲審查從本質上講屬於一種特殊的、獨立的司法活動，違憲審查權也是司法權之一種，行政機關既不應該有司法權，就更不應該有作為最重要的司法權的違憲審查權。但是中國《憲法》第89條規定國務院行使的職權中，包括「改變或者撤銷各部、各委員會發佈的不適當的命令、指示和規章」以及「改變或者撤銷地方各級國家行政機關的不適當的決定和命令」。國務院的這項權力嚴格來說不屬於違憲審查的範疇，只能算是行政機關內部對自己的「抽象行政行為」進行的自我監督和審查，其性質仍然是行政行為，不是違憲審查行為或者司法行為。《立法法》第88條第6項規定的「省、自治區的人民政府有權改變或者撤銷下一級人民政府制定的不適當的規章」，其性質是一樣的。行政機構的自我審查和監督，也可以主動糾正一些違憲的事情，但是行政機構制定的規則以及對這些規則的自我審查，其最終的合憲性仍要由全國人大常委會甚至全國人大來決定。

2. 法院的違憲審查權問題

中國《憲法》本身並沒有肯定或者否定法院的違憲審查權，正如美國憲法文本並沒有肯定或者否定美國最高法院有司法審查權一樣。但是，最高人民法院 1955 年自己的一個司法解釋排除了這個可能性，從此中國的法院包括最高人民法院與憲法實施也就徹底劃清了界限。[14] 儘管不斷有人因自己的憲法權利被侵犯而向法院尋求司法救濟，但是法院通常會將這些案件拒之門外，法官在審理案件時，也總是要竭力避免出現憲法問題。也有一些大膽的法官，在不得已情況下引用憲法判案的情況，但是都沒有涉及到違憲審查問題。[15]

1999 年 4 月 29 日第九屆全國人大常委會通過的《行政複議法》在這方面有一點突破，其中第 7 條規定，公民、法人或者其他組織在對具體行政行為申請行政複議時，如果認為該具體行政行為所依據的某個「規定」不合法，可以一併向行政複議機關申請對該「規定」進行審查，這些「規定」包括國務院部門的規定、縣級以上地方各級人民政府及其工作部門的規定和鄉、鎮人民政府的規定。其第 5 條還規定，如果申請人對行政複議的決定不服，可以依照《行政訴訟法》向人民法院提起行政訴訟。這就意味着法院不僅可以審查具體行政行為，而且還可以審查這些具體行政行為所依據的「規定」是否成立，這就突破了法院不可以審查抽象行政行為的限制，應該肯定這是一個進步。[16] 當然國務院各部、委員會的規章和地方人民政府規章都不在可以被申請複議並被司法審查之列，更遑論法規和法律。

1998 年發生的一個案件反證了法院不能行使違憲審查權。甘肅省酒泉地區中級人民法院的一位法官 1998 年 12 月 15 日在審理一起消費者權益保護的行政訴訟案件中，認定甘肅省人大常委會制定的地方法規《甘肅省產品質量監督管理條例》不符合兩部全國性的法律即《產品質量法》和《行政處罰法》，因此拒絕按照甘肅省人大常委會制定的這個地方條例判案，實際上是中止了這個地方法規的效力。這在新中國歷史上，第一次一個法院法官獨立對國家的立法行為行使這樣的司法審查，並判定其是否合法（指更高級的法律），是否應該適用。

該判決做出後，甘肅省人大常委會 1999 年 8 月 17 日專門召開主任會議聽取了案件情況，認為酒泉地區中級人民法院的判決書「嚴重侵犯了憲法和地方組織法賦予地方人大及其常委會的立法權，超越審判權限，沒有正確領會法律、法規，違法判決直接損害了地方性法規的嚴肅性，影響了社會主義法制的統一」，並認定「這是一起全國罕見的審判機關在審判中的嚴重違法事件」。甘肅省人大提出，根據有關法律，審判機關在審理案件過程中，如果認為某一地方性法規與法律、行政法規、地方性法規有牴觸或矛盾，應當向省人大常委會報告，也可以向上級審判機關逐級上報請示，直至向全國人大常委會報告，而絕不允許擅自越權裁決或對法規本身作隨意解釋。因此甘肅省人大認為，對於該案，酒泉中院只應對有關行政機關的具體行政行為的合法性進行審理和判決，而絕不能對法規本身作隨意性批評解釋，更不能認定其無效，因此要求甘肅省高級人民法院提審此案並撤銷酒泉地區中院判決書。甘肅省高級人民法院隨後重審此案，撤銷了酒泉地區中級人民法院原來的行政判決書。[17]

本案中，法官的勇氣確實可嘉，但是筆者還是同意甘肅省人大常委會的意見。因為按照目前的憲法和法律規定，當事人或者法官對一個法律、行政法規或者地方性法規、規章的合憲性、合法性、合理性有疑問，應該請求人大來決定，而不是法院自己。不管這個制度合理不合理，它是憲法規定，是法律，在改變之前，誰都應該遵守它。這是法治的基本原則。問題是法官如何向人大提出釋法乃至釋憲的要求，遵循什麼樣的程序，這還沒有明確的規定和先例。遇到這種情況，法官可以先中止審理，像省人大常委會所說的那樣，請求人大「釋法」，再根據人大的解釋審理案件，試試這條路能否走得通。如果走得通，這也將開創一個先例，即把人大「釋法」、人大對違憲審查權的行使與法院對具體案件的審理掛起鈎來。

法院不僅不能審查人大的立法，而且對政府制定的規章，包括地方政府制定的規章也是無權審查的，只能變換一種方式間接行使這個權力。2001 年 12 月北京市法院的一個判決就是法院實施另外一種司法審查的事例。

在司機周某訴北京市公安交通管理局朝陽交警支隊一案中，北京市交通管理局朝陽交警支隊 2001 年 3 月 12 日對原告駕車闖紅燈作出罰款 200 元的公安管理處罰決定，其所依據的是北京市人民政府 1997 年 12 月 9 日通過的《北京市道路交通管理規定》，該地方政府規章第 38 條規定對駕車闖紅燈這樣的交通違章可以處 200 元以上

500 元以下的罰款。但是，1994 年 5 月 12 日第八屆全國人民代表大會常務委員會通過的《中華人民共和國治安管理處罰條例》第 28 條規定，駕駛機動車違反交通標誌、信號指示的，處 5 元以下罰款或者警告。

一審法院認為，被告依法對交通違章行為享有處罰權，但是這必須在法律規定的範圍內進行。《中華人民共和國治安管理處罰條例》第 28 條已經規定駕駛機動車違反交通標誌、信號指示的，處 5 元以下罰款或者警告，《中華人民共和國行政處罰法》又規定，直轄市人民政府可以在法律、法規規定的範圍內做出具體規定。被告對原告進行處罰的依據是《北京市道路交通管理規定》第 38 條，而「《北京市道路交通管理規定》係北京市政府制定的規章，該規章規定的對駕駛機動車違反信號指示的違章行為的處罰顯然已超越了《中華人民共和國治安管理處罰條例》規定的處罰幅度，故被告依據該政府規章對原告進行處罰，屬適用法律錯誤」。 法院最終認定交管部門的處罰決定違法，判決交警支隊敗訴。二審法院也維持了原判。[18] 在這個案件中，法院由於沒有憲法性案件的管轄權，不能對任何立法包括行政立法實施抽象的司法審查，因此儘管地方規章明顯違反了全國性法律，甚至違憲，但是法院仍不能宣佈地方規章無效，只能巧妙地避開地方規章的合法性、合憲性問題，只宣佈依據該地方規章所做出的具體行政行為無效。法院儘管實際上行使了對地方立法的抽象司法審查，但是法院不能這麼說出來，更不能表現在判決書中，否則就會導致上文所述甘肅酒泉法院所遇到的同樣的窘況。[19]

根據中國的憲法體制和違憲審查制度，法院非但不能審查人大和政府的任何立法行為，沒有違憲審查權，相反人大可以監督法院的司法活動，甚至對法院進行個案監督。儘管全國人大常委會制定全國性的個案監督的規定，暫時擱置，但是地方人大卻紛紛在進行這方面的嘗試，有些甚至已經制定了有關的地方法規，例如浙江省第九屆人大常委會 2000 年 12 月 28 日就通過了《浙江省各級人民代表大會常務委員會監督司法機關工作條例》。法院方面也多次主動表示接受人大的監督審查。首先最高人民法院 1998 年 12 月 24 日就發佈了《關於人民法院接受人民代表大會及其常務委員會監督的若干意見》，其中第 7 項規定「人大及其常委會對人民法院已審結的重大案件或者在當地有重大影響的案件，通過法定監督程序要求人民法院審查的，人民法院應當認真進行審查；對確屬錯判的案件，應當按照法定審判監督程序予以糾正；對裁判並無不當的，應當書面報告結果和理由。」2000 年 12 月 29 日最高人民法院又發佈了《關於加強與人大代表聯絡工作的決定》，以更好配合人大對法院的監督。

可見，在目前的體制下，法院對行政行為雖然有一定的司法審查權，但是在違憲審查上卻沒有任何角色，相反法院成為違憲審查的對象。根據憲法，人大確實可以監督法院，甚至對法院實施違憲審查，尤其在目前司法腐敗很嚴重的情況下。但是，如果人大要對法院進行個案監督，不是不可，但必須先修改《憲法》，明確人大有司法功能。否則，通過一個普通立法授權人大進行個案監督，那就是違憲，因為《憲法》並沒有授權人大干預法院對具體案件的審理，只是授權它對法院進行一般的監督。

值得留意的是，2001 年 6 月 28 日最高人民法院審判委員會通過的一個司法解釋，第一次運用憲法處理一個侵犯教育權的訴訟，指出：「根據本案事實，陳曉琪等以侵犯姓名權的手段，侵犯了齊玉苓依據憲法規定所享有的受教育的基本權利，並造成了具體的損害後果，應承擔相應的民事責任。」[20] 最高人民法院民一庭庭長黃松有說，我國公民依照憲法規定享有的基本權利有相當一部分在司法實踐中長期處於「睡眠」或「半睡眠」狀態，公民的受教育權利就是這樣一種在憲法上有明確規定而又沒有具體化為普通法律規範上的權利。該《批覆》首次打破「沉默」，鮮明地指出，公民在憲法上所享有的基本權利，即使沒有轉化為普通法律規範上的權利，在受到侵害時也應當得到保護。該司法解釋以憲法名義保護公民所享有的受教育基本權利，此舉堪稱開創了憲法司法化的先例。在中國的司法實踐中，並沒有將憲法作為直接的法律依據在法律文書中援引。黃松有說，這使憲法在我國法律適用過程中面臨尷尬處境，一方面它在我國法律體系中居於根本大法地位，具有最高的法律效力；另一方面，它的很大部分內容在司法實踐中被長期「虛置」，沒有產生實際的法律效力。而如果憲法規定的內容不能在司法領域得到貫徹落實，就不能保障公民在憲法上所享有的基本權利的實現，也不能真正進入法治社會。[21]

應該說，這是一個十分難能可貴的司法解釋，這有可能成為一個里程碑式的司法活動，它表明公民的憲法權利可以通過普通的訴訟程序獲得保障，開創了法院直接運用憲法保護公民基本權利之先河。儘管目前中國法院還沒有違憲審查權，但是這並不意味着法院就應該對侵犯公民憲法權利的案件熟視無睹，無所作為，法院完全可以就像這次最高人民法院處理這個案件一樣，從可以做的事情做起，逐漸確立法院在憲法問題上一定的管轄權。

由此可以得出結論，在目前，中國的違憲審查權自上而下是由人民代表大會及其常務委員會行使的。全國人大是最高的違憲審查機構，全國人大常委會是主要的違憲審查機構，地方各級人大及其常委會在自己的轄區對各自的監督對象的行為行使違憲審查權，但是最終的違憲審查權由全國人大及其常委會行使。在普通法之下各級法院都可以行使違憲審查權，但最終的違憲審查權由最高法院行使，中國的違憲審查制度只是把「法院」換成了「人大」，並由司法程序換成了「準立法程序」。中國的立法機關不僅僅立法，而且負責違憲審查。這也許就是為什麼中國的全國人大不僅僅是立法機關而是國家的「最高權力機關」的含義吧。

三、中國違憲審查的程序和原則

中國憲法本身在違憲審查的程序方面完全沒有規定，一直到《立法法》才有了一些程序性規定。首先，關於提出違憲審查的主體（即「原告」）方面，《立法法》第 90 條第 1 款規定了哪些機構可以提出違憲審查的要求，這包括「國務院、中央軍事委員會、最高人民法院、最高人民檢察院和各省、自治區、直轄市的人民代表大會常務委員會認為行政法規、地方性法規、自治條例和單行條例同憲法或者法律相牴觸的，可以向全國人民代表大會常務委員會書面提出進行審查的要求」，既然是「要求」，那就比較有力一些，不可以隨便拒絕。

《立法法》比較有突破性的是，第 90 條第 2 款同時規定：「其他國家機關和社會團體、企業事業組織以及公民認為行政法規、地方性法規、自治條例和單行條例同憲法或者法律相牴觸的，可以向全國人民代表大會常務委員會書面提出進行審查的建議，由常務委員會工作機構進行研究，必要時，送有關的專門委員會進行審查、提出意見。」這樣就賦予了一般的社會團體和公民個人以提出違憲審查的「建議」權，儘管只是建議，而且「必要時」才能真正進入審查程序。而這條規定把審查的對象限於法規、條例，對公民可否「起訴」法律和政府規章，沒有規定，因此其局限性是顯而易見的。但這畢竟在中國憲法史上是第一次使普通的公民和違憲審查聯繫在一起了。在提出違憲審查的主體方面，《立法法》邁出了一小步，但卻是關鍵的一步。

全國人大常委會受理這些違憲審查的「要求」或者「建議」後，由常委會的工作機構分送到有關的專門委員會先進行審查。如果這些專門委員會在審查中認為行政法規、地方性法規、自治條例和單行條例同憲法或者法律相牴觸的，可以向制定機關提出書面審查意見；也可以由法律委員會與有關的專門委員會召開聯合審查會議，要求制定機關到會說明情況，再向制定機關提出書面審查意見。制定機關必須在兩個月內提出是否修改的意見，並向全國人大法律委員會和有關的專門委員會反饋。全國人大法律委員會和有關的專門委員會審查後如果認為有關行政法規、地方性法規、自治條例和單行條例同憲法或者法律確實相牴觸，但是制定機關又不予修改的，可以向委員長會議提出書面審查意見和予以撤銷的議案，由委員長會議決定是否提請常務委員會會議審議決定。這些規定看似簡單，實際上也是不小的進步，因為它畢竟提供了一個解決違憲審查的基本線索和程序。據瞭解，已經有公民向全國人大常委會提出了要求對法規、條例進行審查的建議，已經有人在嘗試這項新的權利，希望成為中國的馬伯里。[22] 關鍵是要盡快啟動這個程序。

《立法法》第五章「適用與備案」較為具體地規定了審查法律、法規、規章的原則，規定了憲法、法律、法規、規章的效力等級。首先，關於法律的效力等級，憲法具有最高的法律效力，一切法律、行政法規、地方性法規、自治條例和單行條例、規章都不得同憲法相牴觸。其次是法律，法律的效力高於行政法規、地方性法規、規章。行政法規的效力又高於地方性法規和規章。然後是地方性法規，其效力高於本級和下級地方政府規章。而省、自治區的人民政府制定的規章的效力高於本行政區域內的較大的市的人民政府制定的規章。但是，實行民族區域自治的地方制定的自治條例和單行條例如果依法對法律、行政法規、地方性法規作變通規定的，在本自治地方適用自治條例和單行條例的規定。經濟特區法規根據授權對法律、行政法規、地方性法規作變通規定的，在本經濟特區適用經濟特區法規的規定。國務院各部委制定的部門規章之間、部門規章與地方政府制定的地方規章之間具有同等效力，在各自的權限範圍內施行。

其次，關於法律、法規、規章之間衝突的解決，如果法律之間有矛盾，對同一事項有不同的規定，那麼由全國人民代表大會常務委員會裁決。如果國務院制定的行政法規之間對同一事項的規定不一致，由國務院裁決。如果地方性法規、規章之間不一致時，同一機關制定的新舊特別規定不一致的話，由制定機關裁決；地方性法規與部門規章之間對同一事項的規定不一致的，國務院認為應當適用地方性法規的，應當決定適用地方性法規的規定；如認為應當適用部門規章的，應當提請全國人民代表大會常務委員會裁決。部門規章之間、部門規章與地方政府規章之間對同一事項的規定不一致時，由國務院裁決。根據人大授權制定的法規與法律規定不一致時，由全國人民代表大會常務委員會裁決。如果同一機關制定的法律、法規、條例和規章，特別規定與一般規定不一致的，適用特別規定；新的規定與舊的規定不一致的，適用新的規定。但任何法律、法規、條例和規章均不得溯及既往，除非為了更好地保護公民、法人和其他組織的權利和利益而作了特別規定。

《立法法》還規定，任何機關立法不得超越自己的權限，不得違背法定程序；下位法不得違反上位法的規定。為了盡量避免由於法律規定的含混不清導致社會無所遵循，《立法法》規定規章之間對同一事項的規定不一致的，應裁決改變或者撤銷一方的規定；規章的規定被認為不適當的，應當予以改變或者撤銷。所有這些規定，確實有很大的進步。但是運行如何，還有待實踐檢驗。

四、中國違憲審查制度的特點和問題

在英美普通法制度下，違憲審查由一般的法院進行；在歐洲大陸法系下，違憲審查則由專門的憲法法院負責。由以上分析可以看出，中國憲法和法制確立了一個特別的違憲審查制度，違憲審查權既不像普通法制度下那樣由一般法院行使，也不像歐洲大陸法系那樣由專門的憲法法院（委員會）行使，而是自上而下統一由全國人大及其常委會和地方人大及其常委會負責，其中主要的是由全國人大和全國人大常委會行使。因此，客觀地說，中國現在已經有一個初步的、可以操作的違憲審查機制。說中國完全沒有違憲審查制度是不公平的。中國的違憲審查制度是建立在「全國人民代表大會主權」的理論基礎之上的，即人民的權力是統一的，不可以分割的，全國人大代表了全國人民的意志和利益，是國家的最高權力機關，因此，如果由另一個獨立的機構來審查它的立法是否違憲是不合適的。理論上是可以講得通的，但是在實際運作中，這種違憲審查制度存在許多問題。

第一，由於違憲審查的機構複雜、多元，一件事往往兩個甚至兩個以上的機構都有權管，實際上導致誰都不管，因此違憲審查不落實。例如對省、自治區、直轄市人大常委會地方立法的審查，全國人大常委會和省、自治區、直轄市的人大都有違憲審查權。對省級人民政府制定的地方規章，國務院和省級人大常委會也都有違憲審查權。在這麼多機構中，實際上又沒有一個專門的有力的機構真正擔負起責任，因此建立一個專門的違憲審查機構勢在必行。

第二，憲法和法律的解釋權在有些時候與違憲審查權分立，最典型的就是全國人大有違憲審查權，但是沒有憲法和法律的解釋權。這在實踐上可能會出現十分尷尬的情況，前文已經有論述。

第三，最要害的一點是，違憲審查本來主要就是針對法律、法規是否合乎憲法進行審查的，即違憲審查的對象不僅僅是行政機關，更非司法機關，而恰恰就是立法機關，審查國家正式的立法是否合憲。目前中國憲法設定的違憲審查制度恰恰是由立法機關主導的，只是增加了立法機關的一個功能，然而這正好造成了直接的利益衝突。全國人大及其常委會作為立法機關對自己制定的法律進行解釋並審查，自己來判斷其是否合憲；地方人大也同樣自己立法，自己解釋，自己審查，這樣就把自己變成自己的法官。儘管不排除人大確實能夠秉公判斷，公正解釋憲法和行使違憲審查權，但是作為制度設計，一定要建立在萬一人大做不到公正無私的時候怎麼辦，一定要在制度上避免出現利益衝突，而不能在制度設計上就是矛盾的。

第四，違憲審查的程序不完善。《立法法》儘管在建立違憲審查程序方面作出了一些努力，但是仍然很不夠。由於中國的違憲審查是由立法機關進行的，因此違憲審查程序實際上套用了立法的程序，把違憲審查的「要求」或者「建議」視為向人大提出的特殊的議案來處理。但是，違憲審查的程序本質上是一種特殊的司法程序，而不應該是立法程序。在普通法制度下，違憲審查就是法院的司法審查，其程序就是司法程序。在大陸法系國家，雖然有獨立的憲法法院，但是也採用司法程序來進行違憲審查。[23]

第五，目前當地方法院在審理案件過程中遇到需要對法律進行解釋的時候，通常的做法是向最高人民法院尋求「司法解釋」，而不是向地方人大常委會或者高一級的人大尋求「立法解釋」。在這種情況下，按照目前的違憲審查體制，如果最高人民法院解釋不了，不能解決問題，或者不「屬於法院審判工作中具體應用法律、法令的問題」，而是「法律的規定需要進一步明確具體含義的」或者「法律制定後出現新的情況，需要明確適用法律依據的」，[24]或者最高人民法院的解釋和最高人民檢察院的解釋不同，最高人民法院應該尋求全國人大常委會對有關法律進行最後的「立法解釋」。同樣，按照目前的違憲審查機制，由於法院沒有違憲審查權，如果法官在審理案件中發現有關法規、法律違憲的情況，應該中止審判，向全國人大常委會請求進行違憲審查，然後根據違憲審查的結論，再進行案件審理。但是，如前所述，迄今為止幾乎還沒有發生過一次為外界所知的、最高人民法院基於審理案件的需要而向全國人大常委會申請解釋法律條款的事例；至於法院在判案中遇到了不明白的憲法問題向全國人大常委會請求「釋憲」或者進行違憲審查的情況，還沒有發生過。這不意味着法院沒有碰到過違憲的法律法規，或者不清楚的憲法和法律問題，只是還沒有形成由全國人大常委會解決「釋法」、「釋憲」和違憲審查的習慣，儘管憲法明確作了這樣規定。長期以來人們已經形成了法院不處理憲法問題，而全國人大常委會又不處理具體案件問題的深刻印象。

與此相關，在觀念認識上，許多人仍然把違憲審查視為立法機關的職能，視為立法活動。然而，違憲審查應該是一種特殊的司法活動，是一國最重要的司法活動，因為它要「司」的是最重要的「法」，一國的根本大法——憲法。因此，觀念必須要改變，否則任何改革都是不可能的。

五、完善中國違憲審查制度的思考

基於以上分析，可以看出，問題的關鍵還是要成立一個專門的、獨立的違憲審查機構。中國憲法學者就這個問題已經討論了許多年，官方也曾表示可以考慮。1988 年 3 月 31 日全國人大常委會副委員長陳丕顯代表全國人大常委會向全國人大作工作報告時，即正式提出「需要認真總結這幾年來開展監督工作的經驗，建立監督工作的專門機構，制定監督工作條例對監督的內容和範圍、監督的程序和方式做出更加明確的規定，使監督工作逐步制度化、規範化。而監督問題的根本解決，則有待於政治體制改革的深化。」[25] 但是這個問題至今沒有解決。隨着中國改革開放的不斷深入，社會利益不斷多元化，由於機構與機構之間的職權不清、中央與地方之間的權限劃分不具體而導致的法律衝突會日益嚴重，目前的解決機制很難應付社會發展的需要。

同時，香港、澳門的回歸使中央與地方的關係出現了新的情況，不適宜使用處理內地中央與地方關係的機制來解決中央與特別行政區之間出現的爭議。全國人大設立的兩個特別行政區基本法委員會從一定意義上說，實際上就是特殊的違憲審查機構，即判斷是否違反特別行政區「小憲法」——特別行政區《基本法》的機構。但是，這兩個委員會只是全國人大常委會的工作機構，不是權力機構，只可提諮詢意見，不可以做決定。而且由於是設立在全國人大裡邊，因此從性質上講，仍然是立法機構的一部分，沒有司法的性質，其工作程序也不是司法程序。再有，這兩個委員會只負責監督實施特別行政區《基本法》，而不負責整個國家的憲法。

關於如何建立一個違憲審查機構，學者們的建議很多，不外有這麼幾種情況。一是像歐陸國家一樣，建立一個獨立於其他一切機構包括全國人大的憲法法院；二是像英美法系一樣，賦予現在的最高人民法院以違憲審查權。三是在全國人大常委會之下建立一個憲法委員會（或者叫做法院）；四是在全國人大之下設立一個憲法委員會（或者叫做法院）。[26]

關於前兩個設想，都需要觸動中國現行的政治體制，成本較大，阻力也較大，需要時間又較長。第三個設想解決不了問題，實際上現在全國人大常委會已經有這樣類似的機構。因此第四個方案較為合適。首先，它符合中國現在的根本政治制度即人民代表大會制，符合現在的憲法體制，全國人大仍然是最高的國家權力機關。這樣就避免了由於大規模修憲而導致的社會不安，阻力也較小。

首先，中國憲法確立了「全國人民代表大會主權」的基本原則，人民代表大會制度是國家的基本政治制度。因此，全國人民代表大會作為國家的最高權力機關，其權力不僅僅是立法，而且還應包括行政和司法，「最高國家權力」從學理上分析應該包括一切國家權力。但是全國人大並非親自行使所有這些權力，例如行政權，就由它設立的一個最高行政機關即國務院來行使，司法權由它設立的法院來行使。它自己保留了最重要的立法權、違憲審查權等等。如果在全國人大之下成立一個憲法法院（constitutional court）或者憲法委員會（constitutional council），實際上就是由全國人大另外設立一個機構來專司其實施憲法的事務，就像設立國務院負責國家行政事務一樣。因此，在政治上和憲法上，這和目前的體制是一致的，人民代表大會制度得到了堅持。

這個憲法法院或者委員會雖然由全國人大產生，但是法官必須終身或者長期任職，而且要有充分的物質保障，在工作上能夠獨立於其他任何機構包括全國人大，因為它也要審查全國人大的立法是否符合憲法。有人說既然設在全國人大之下，就很難獨立判案。其實，關鍵還是要從法律上、物質上、任期上提供切實的保障，這些條件具備了，設在什麼機構之下是沒有關係的。例如英國議會實際上是英國的最高權力機關，從理論上說它也可以行使所有國家權力，而且至今英國的司法終審權仍然由英國議會行使，英國議會上院的主要職責實際上就是行使司法終審權。只不過別的國家叫做最高法院或者憲法法院，英國叫做貴族院（House of Lords）罷了，別的國家把它獨立出來，英國則把它留在議會裡。但是，留在議會裡邊並沒有影響它獨立辦案。所以關鍵不是名的問題，不是放在什麼地方，主要還是看能否提供切實的各種保障，而且培育出適當的憲政文化和法律文化。

如果有了這麼一個獨立的憲法法院（委員會），全國人大和全國人大常委會就可以專司立法和監督職責。它們的立法只要沒有其他機構或者人士提出異議，要求進行違憲審查，就推定是合憲的。同時，目前全國人大常委會設立的兩個特別行政區基本法委員會也可以撤銷了，對所有法律的違憲審查均由這個機構負責。中央（其中包括全國人大及其常委會）與特別行政區如果出現權限劃分不清的情況，由一個獨立的憲法法院來解決，這是公平合理的，而且在國際上也完全符合法治的原則，更有利於「一國兩制」的實施。同時對台灣也更加有說服力，讓台灣看到將來國家完全統一後，台灣和大陸之間出現的權力糾紛，不是由大陸政治機構單方面裁決的，而是由一個獨立的違憲審查機構來裁決的，這樣就解除了許多台灣人士的後顧之憂。當然，將來統一後國家的憲法法院法官應該來自大陸、台灣和港、澳特別行政區，由兩岸三地傑出的法學家和法官組成。這一點對實現國家的最終統一是十分重要的。

目前，作為過渡，首先要公開正式明確全國人大和全國人大常委會也是中國的違憲審查機構，是中國的「憲法法院」或者「憲法委員會」，受理《立法法》規定的各機構、社會組織和公民個人提出的違憲審查的「要求」或者「建議」。既然不允許人民法院行使違憲審查權，那麼就要明確人民法院在審理案件時碰到要「釋法」、「釋憲」或者進行違憲審查的情況，必須先中止審判，立即通過一定的程序提交全國人大或者全國人大常委會履行「憲法法院」違憲審查和法律解釋的職責。如果兩部特別行政區《基本法》要求特別行政區的「最高法院」把全國人大和全國人大常委會作為自己的違憲審查機構的話，那就沒有任何理由不要求內地的各級法院包括最高人民法院這樣做。這樣，明確了中國也有違憲審查機構，可以進一步理順國家機構之間的關係，彌補中國法治上的一大不足。將來條件成熟的情況下，可以再把全國人大和全國人大常委會進行違憲審查的職能獨立出來，成立專門的違憲審查機構。

建立健全中國的違憲審查制度在今天具有特別的意義和緊迫性。首先，中國加入 WTO（世界貿易組織）後，馬上就面臨着如何處理憲法性案件的現實問題。假設外國人在一起訴訟中認為中國的某一部法律或者法規、規章違憲，或者違反了世貿規則，從而要求法院對這部法律進行審查，我們的法院將如何回答？如果法院不能審理這些案件，律師把這些案件按照《立法法》第 90 條的規定提交給全國人大常委會，到全國人大常委會打官司，那又將如何應對？

還有一點，中國現在法治不強，其中一個主要方面就是立法違法，立法無法無天。為什麼那些部門和地方敢於通過立法，合法地高舉部門保護主義和地方保護主義的大旗不倒，為什麼打擊部門保護主義和地方保護主義一直得不到好的效果？主要原因就是因為這些「保護主義」都有合法的保護傘，都是合法的。「法」從何而來？來自部門立法和地方立法。立法違法可以說是「亂源」，其惡性比一般的違法犯罪，甚至比一般的職務犯罪更嚴重，影響更惡劣。所以，由獨立的法院或者違憲審查機構來切實對立法實施審查監督，已經是擺在我們面前的迫切任務了。

二｜「一國兩制」下特別行政區的違憲審查制度

上一節論述了中國內地的違憲審查制度，從中可以看出，按照目前中國的憲法架構，儘管沒有足夠明確的憲法和法律界定，中國真正完全享有違憲審查權的機構是全國人大常委會。正如本章開頭所指出的，根據中國憲法的規定和特別行政區的實際情況，《基本法》把「制定」特別行政區《基本法》「實施細則」或者「司法解釋」的權力賦予了全國人大常委會和特別行政區終審法院，也就是說，在特別行政區享有違憲審查權的主體有兩個，一是全國人大常委會，二是特別行政區的法院，這兩個機構都負有監督《基本法》在特別行政區實施的職責，是特別行政區共同的違憲審查機構，這也是「一國」和「兩制」相結合的一個範例。這一節專門探討全國人大常委會和特別行政區法院對各自有關《基本法》的違憲審查權的行使問題。[27]

一、「一國兩制」下全國人大常委會對特別行政區立法的違憲審查

從上一節的分析來看，全國人大常委會不僅有權對國家「一府兩院」的行為實施違憲審查，而且可以對省級地方人大的立法實施違憲審查。同樣，全國人大常委會對於特別行政區的立法也享有違憲審查權，這包括對香港、澳門原有法律的審查和對特別行政區立法機關制定的新法律享有一定的違憲審查權。全國人大常委會對於特別行政區法律和特別行政區新的立法享有違憲審查權，不僅有憲法根據，它本來就是中國的違憲審查機構，而且在特別行政區《基本法》上有充分的授權和規定。這主要表現在以下三個方面。

❶ | 全國人大常委會對特別行政區立法的備案審查權

兩部特別行政區《基本法》都規定，特別行政區享有立法權。但是特別行政區的立法機關制定的法律須報全國人民代表大會常務委員會備案。這種備案儘管不影響特別行政區法律的生效，但是如果全國人民代表大會常務委員會認為特別行政區立法機關制定的任何法律不符合基本法關於中央管理的事務及中央和特別行政區的關係的條款，可將有關法律發回特別行政區，但不作修改。在發回之前，全國人民代表大會常務委員會需徵求其所屬的特別行政區基本法委員會的意見。經全國人民代表大會常務委員會發回的法律立即失效。該法律的失效，除特別行政區的法律另有規定外，無溯及力。[28]《基本法》的這條規定實際上就是賦予全國人大常委會通過備案的方式有限度地對特別行政區立法行使違憲審查權，儘管迄今全國人大常委會還沒有行使過這項權力。

關於這個問題，《基本法》實際上確立了一種特殊的備案制度。通常的「備案」沒有「批准」的含義。但是，既然全國人大常委會可以將它認為不符合《基本法》有關條款的特別行政區立法發回特別行政區，也就是拒絕備案，那麼在發回之前，全國人大常委會必須對準備備案的法律是否符合《基本法》的有關條款做出一個判斷，這種「判斷」可以說就是一種特殊的違「憲」審查。因此，全國人大常委會對特別行政區立法享有一定的違「憲」審查權，當然這裡的「憲」是指

特別行政區《基本法》中有關中央管理的事務及中央和特別行政區的關係的條款。對特別行政區依據《基本法》就其自治範圍內的事項進行的立法，只要不涉及有關中央管理的事務及中央和特別行政區的關係的條款，全國人大常委會只進行一般備案。這種特殊的備案制度的設計是頗費思量的。

在內地，各省、直轄市和自治區的立法也要報全國人大常委會備案，如果全國人大常委會認為某省的某項地方立法違反憲法，根據《憲法》第 67 條的規定，可以直接撤銷該項省的立法，而不是發回。在內地，全國人大常委會對一般的地方立法和國務院的行政立法享有完全的違憲審查權。

❷ | 全國人大常委會享有的特別行政區基本法的解釋權

憲法和法律的解釋權儘管和違憲審查權有區別，但是毫無疑問，憲法和法律解釋權是違憲審查權的重要內容，它的行使會極大地影響到違憲審查的進行和結果。香港《基本法》第 158 條和澳門《基本法》第 143 條規定「本法的解釋權屬於全國人民代表大會常務委員會」，這實際上進一步肯定了全國人大常委會對特別行政區享有違憲審查權。有關這個問題在前文已經有充分論述，請參見本書第十章第二節。

❸ | 全國人大常委會對特別行政區原有法律的違憲審查

香港《基本法》第 160 條規定「香港特別行政區成立時，香港原有法律除由全國人民代表大會常務委員會宣佈為同本法牴觸者外，採用為香港特別行政區法律，如以後發現有的法律與本法牴觸，可依照本法規定的程序修改或停止生效。」這條規定更是授權全國人大常委會在特別行政區成立時先行對特別行政區成立前的原有法律進行審查，審查的唯一標準就是特別行政區《基本法》，發現有和《基本法》牴觸的，就宣佈為無效，其他的得以全部採納為特別行政區的法律，這就是非常典型的違憲審查。全國人大常委會據此開展了史無前例的違憲審查，這也可能是憲法史上最大規模的一次違憲審查，審查法律之多、之複雜前所未有。

香港回歸前的法律體系十分複雜，其憲制性法律是《英皇制誥》和《皇室訓令》，在此之下的法律至少包括五大類，第一，不計其數的、適合於香港的英國的普通法和衡平法；第二，英國國會制定的適用於香港的成文法律，回歸前已由原來的 70 項減少為 29 項；第三，香港本地的法院判例法，自 1905 年開始編輯《香港判例彙編》起，有 200 餘冊；第四，香港本地制定的條例和附屬立法，共 36 卷《香港法例》，近 3 萬頁，其中條例 640 多章，附屬立法 1,160 多項；第五，清朝的一些習慣法。另外港英當局在香港回歸前根據《香港人權法案條例》加緊修改了許多法律，希望中國能夠在香港回歸後保持不變。可見，要對這麼多複雜的法律逐件逐條逐項對照《基本法》的規定進行違憲審查，而且大部分法律是英文的，其工程之浩大，可以想見。[29]

因此，早在 1992 年初有關部門就已經開始組織力量審查香港原有法律。1993 年 7 月全國人大常委會香港特別行政區籌備委員會預備工作委員會（簡稱「預委會」）成立，下設法律小組，負責全部研究、審查香港原有法律，提出處理意見。經過兩年半的艱苦工作，到 1995 年底法律專題小組已經研究審查了香港原有的所有成文法例。1996 年 1 月全國人大香港特別行政區籌備委員會（簡稱「籌委會」）正式成立後，新成立的籌委會法律小組又對預委會法律專題小組的建議進行了反覆、深入、慎重的研究。「最後，委員們達成了一個共識，即對所有牴觸基本法的情況，都必須作出適當處理。但在處理時應把握一個基本原則，即保持香港現行法律基本不變。在具體處理方法上，可針對牴觸基本法各種情況的不同特點，採取不同的（處理）方式。」[30]

根據法律小組的意見，特別行政區籌委會正式向全國人大常委會提出了《關於處理香港原有法律問題的建議》，對香港原有法律中存在的牴觸基本法的各種情況提出了具體的處理建議。1997 年 2 月 23 日第八屆全國人民代表大會常務委員會第 24 次會議在審議了香港特別行政區籌委會提出的《建議》後，通過了《關於根據〈中華人民共和國香港特別行政區基本法〉第 160 條處理香港原有法律的決定》（以下簡稱《決定》），詳細規定了對香港原有的各種法律包括普通法、衡平法、條例、附屬立法和習慣法的處理方法。這是對香港原有法律進行的一次全面的「違憲審查」。

該《決定》首先肯定，「香港原有法律，包括普通法、衡平法、條例、附屬立法和習慣法，除同《基本法》牴觸者外，採用為香港特別行政區法律」。然後再分門別類對香港原有法律作出了不同的區分，並採取了不同的處理方法。第一種情況是列於《決定》附件一的部分香港原有條例及附屬立法被確認牴觸了《基本法》，因此決定不採用為香港特別行政區法律。這些法例和附屬立法共有 14 部，例如《英國法律應用條例》（香港法例第 88 章）、《皇家香港軍團條例》（香港法例第 199 章）、《立法局（選舉規定）條例》（香港法例第 381 章），主要是那些體現英國對香港的殖民統治以及為實施「三違反」政改方案而制定的關於香港政府三級架構選舉安排的條例及其附屬立法。[31]

第二種情況是香港原有條例及附屬立法中，有部分條款被確認牴觸了《基本法》，因此牴觸的部分條款不採用為香港特別行政區法律，而其他部分加以保留。香港許多條例和附屬立法都屬於這種情況。因此，為了不影響香港原有法律的完整性，《決定》第 4 條特別規定：「採用為香港特別行政區法律的香港原有法律，自 1997 年 7 月 1 日起，在適用時，應作出必要的變更、適應、限制或例外，以符合中華人民共和國對香港恢復行使主權後香港的地位和《基本法》的有關規定。」這包括《人民入境條例》（香港法例第 115 章）、《香港人權法案條例》（香港法例第 383 章，以下簡稱《人權法案》）、《個人資料（私隱）條例》（香港法例第 486 章）、1992 年 7 月 17 日以後對《社團條例》（香港法例第 151 章）的重大修改、1995 年 7 月 27 日以後對《公安條例》（香港法例第 245 章）的重大修改。

另外，針對存在的一些共性問題，《決定》規定了具體的處理原則。原有的條例或附屬立法如果是與香港特別行政區有關的外交事務，如與在香港特別行政區實施的全國性法律不一致，應以全國性法律為準，並符合中央人民政府享有的國際權利和承擔的國際義務；任何給予英國或英聯邦其他國家或地區特權待遇的規定，不予保留，但有關香港與英國或英聯邦其他國家或地區之間互惠性規定，不在此限；有關英國駐香港軍隊的權利、豁免及義務的規定，凡不牴觸《基本法》和《駐軍法》的規定者，予以保留，適用於中華人民共和國中央人民政府派駐香港特別行政區的軍隊；有關英文的法律效力高於中文的規定，應解釋為中文和英文都是正式語文；在條款中引用的英國法律的規定，如不損害中華人民共和國的主權和不牴觸《基本法》的規定，在香港特別行政區對其做出修改前，作為過渡安排，可繼續參照適用。

第三種情況是，香港幾乎每一部原有條例和附屬立法都有一些牴觸《基本法》的名詞或者詞句，例如使用「女王陛下」等字眼，針對這種情況，《決定》採取了替代原則來解決這種廣泛存在的現象。「替代」的具體規定如下：

第一，任何提及「女王陛下」、「王室」、「英國政府」及「國務大臣」等相類似名稱或詞句的條款，該等名稱或詞句應相應地解釋為中央或中國的其他主管機關，其他情況下應解釋為香港特別行政區政府。

第二，任何提及「女王會同樞密院」或「樞密院」的條款，這些名稱或詞句應解釋為香港特別行政區終審法院或者其他有關的中國中央機構。

第三，任何冠以「皇家」的政府機構或半官方機構的名稱應刪去「皇家」字樣，並解釋為香港特別行政區相應的機構。

第四，任何「本殖民地」的名稱應解釋為香港特別行政區。

第五，任何「最高法院」及「高等法院」等名稱或詞句應相應地解釋為高等法院及高等法院原訟法庭。

第六，任何「總督」、「總督會同行政局」、「布政司」、「律政司」、「首席按察司」、「政務司」、「憲制事務司」、「海關總監」及「按察司」等名稱或詞句應相應地解釋為香港特別行政區行政長官、行政長官會同行政會議、政務司長、律政司長、終審法院首席法官或高等法院首席法官、民政事務局局長、政制事務局局長、海關關長及高等法院法官。

第七，在香港原有法律中文文本中，任何有關立法局、司法機關或行政機關及其人員的名稱或詞句應相應地依照《基本法》的有關規定進行解釋和適用。

第八，任何提及「中華人民共和國」和「中國」等相類似名稱或詞句的條款，應解釋為包括台灣、香港和澳門在內的中華人民共和國；任何單獨或同時提及大陸、台灣、香港和澳門的名稱或詞句的條款，應相應地將其解釋為中華人民共和國的一個組成部分。

第九，任何提及「外國」等相類似名稱或詞句的條款，應解釋為中華人民共和國以外的任何國家或地區，或者根據該項法律或條款的內容解釋為「香港特別行政區以外的任何地方」；任何提及「外籍人士」等相類似名稱或詞句的條款，應解釋為中華人民共和國公民以外的任何人士。

第十，任何提及「本條例的條文不影響亦不得視為影響女王陛下、其儲君或其繼位人的權利」的規定，應解釋為「本條例的條文不影響亦不得視為影響中央或香港特別行政區政府根據《基本法》和其他法律的規定所享有的權利」。

為了避免漏審情況的出現，《決定》最後還規定，採用為香港特別行政區法律的香港原有法律，如以後發現與《基本法》相牴觸的，可依照《基本法》規定的程序修改或停止生效。

這是一次對香港原有法律根據《基本法》進行的全面性違憲審查，規模巨大，影響深遠。在這個過程中，對絕大部分法律的審查和修改是沒有爭議的，因為大部分審查和修改都是技術性的，原有法律的實體內容並沒有修改，因此並沒有引起社會法律上權利義務關係的實質性變化。

爭論比較激烈的問題是處理港英政府在後過渡期制定並被故意抬高的《人權法案》和《個人資料（私隱）條例》。1991 年 6 月港英政府不顧中方的反對制定了《人權法案》，其中第 2 條第（3）款有關該條例的解釋及應用目的的規定，第 3 條有關「對先前法例的影響」和第 4 條有關「日後的法例的釋義」的規定，使《人權法案》凌駕於香港其他法律之上。《個人資料（私隱）條例》第 3 條第（2）款也有該條例具有凌駕地位的規定。港英政府企圖使這兩個條例凌駕於特別行政區《基本法》之上，把它們變成以後在特別行政區中高於《基本法》的憲制性法律文件，成為以後特別行政區法院進行司法審查的依據。之後港英政府並根據這些新的「憲制性」條例在香港回歸前「先下手為強」，通過立法局對 40 多部香港「原有」法律進行大面積、大幅度「緊急」修改，這其中包括《社團條例》和《公安條例》。這實際上是港英當局對香港原有法律先進行了一次「違憲審查」，只是這裡的「憲」是《人權法案》和《個人資料（私隱）條例》。

那麼，港英政府能否為以後的香港特別行政區制定具有凌駕地位的基本法律規範呢？毫無疑問，在香港回歸中國之前，港英政府可以這樣做（儘管許多時候它破壞了中英達成的有關協議和諒解），它還有權制定香港的憲制性規範，作為香港法院進行司法審查（違憲審查）的依據。但是 1997 年 7 月 1 日之後香港憲制性規範的制定權屬於中國，違憲審查的依據應該由中國來規定，港英政府單方面制定的具有凌駕地位的憲制性法律自然無效，全國人大常委會和特別行政區法院進行特別行政區的違憲審查只能依據全國人大制定的特別行政區《基本法》。道理很簡單，香港回歸已經使香港的基本規範發生了根本性變化。[32] 因此全國人大常委會中止這兩個法例的有關條款是應該的，這是一個對中國主權的基本尊重問題。

還有一個問題是，《基本法》規定的香港「原有法律基本不變」的「原有」到底指的是什麼時間。港英政府在長達一百多年對香港的統治中沒有給香港人民多少自由，但是卻在香港回歸中國前幾年開始單方面依據《人權法案》大規模修改原有法律，然後作為新的「原有法律」逼迫中國接受，中國方面當然不同意。因此，全國人大常委會在審查中認為這些條例中新修改的條款不採用為特別行政區的法律。顯然，中方認為「原有」是 1984 年中英簽訂《聯合聲明》的時候，最遲不能超過 1990 年《基本法》通過的時間，而英方顯然認為「原有」是指 1997 年 7 月 1 日之前。

正如香港特別行政區籌備委員會主任委員錢其琛 1997 年 3 月 10 日在第八屆全國人大第五次會議上所作的「全國人民代表大會香港特別行政區籌備委員會工作報告」中所說的，「根據基本法和全國人大關於基本法的決定，只有基本法才能具有凌駕於香港其他法律以上的地位。而《香港人權法案條例》包含有該法具有凌駕地位的條款，是牴觸基本法的。不僅如此，港英根據該條例的凌駕地位，單方面對香港原有法律作出大面積、大幅度的修改。英方的這種行為，違反了中英聯合聲明及基本法中關於『現行的法律基本不變』的規定。」[33]

但是中方在處理這個問題時十分慎重，並沒有一刀切，完全廢除這些和《基本法》有衝突的條例，而是規定這兩個條例總體上仍可採用為香港特別行政區的法律，只是將其中涉及其凌駕地位的條款予以刪除。由於《人權法案》的凌駕條款，港英當局 1992 年 7 月 17 日以後對《社團條例》的重大修改和 1995 年 7 月 27 日以後對《公安條例》的重大修改，自然也必須廢除。為了避免出現特別行政區成立時產生法律空白，因此決定由特別行政區政府自行制定新的法例來代替。至於制定什麼樣的法例來代替，那是特別行政區政府自己的事情，所以，「廢除」不一定是必須「還原」原來的規定。可見，中國政府在處理這些問題時，既堅持原則，又有很大的靈活性。

還有一個問題是，如何根據《基本法》來審查、處理香港原有的不成文法，即普通法、衡平法和習慣法。《決定》中有關處理香港原有法律的「替代」原則儘管同樣適用於香港原有法律中的這些不成文法，[34] 但是這些只涉及名稱和詞語的變化，不涉及法律實體內容的變化。對於實體性審查，籌委會法律小組認為：「根據普通法解釋法律的原則，1997 年 7 月 1 日基本法實施後，這些法律中與基本法相牴觸的法律原則和慣例當然失效，將來特別行政區法院在審理案件時，如適用這些法律，應根據基本法的規定作出符合基本法的解釋和判決。因此，有關香港原有法律中的普通法、衡平法和習慣法可以在司法實踐中通過新的判例使之符合基本法，不需要一一審查。」[35] 這種處理方法實際上賦予了特別行政區法院通過司法活動對這些法律進行是否違反基本法的審查權，這符合普通法、衡平法的基本原則，讓法院通過以後的判例來修改以前的判例，從而發展法律。至於 1997 年後，香港特別行政區法院對英國和其他普通法國家和地區的法院判決，仍然可以借鑒參考。總體來說，香港特別行政區法院要根據特別行政區的情況逐漸形成一套自己的判例法。

在這次前所未有的特殊的違憲審查中，全國人大常委會實事求是，採取了相當寬容的態度，恰當處理了香港原有法律的過渡，既改變了香港的法統，確立了新的「基本規範」和法律秩序，又沒有對香港原有的法律體系「傷筋動骨」，對香港社會造成動盪，實現了香港政權和法制的平穩過渡。對一些有爭議的問題，全國人大常委會在處理時既堅持原則，又有很大的靈活性，十分寬容，體現了中央恪守聯合聲明和基本法，貫徹「一國兩制」、「港人治港」和高度自治的決心和誠意。[36]

正如香港大學法律學院院長陳弘毅教授所言：「總括來說，『九七』過渡對香港原有法律的衝擊可說是輕微的，無論在民商事、刑事、公法、甚至是人權方面，香港原有法律都可算是——正如《聯合聲明》所言——『基本不變』，香港特別行政區法律對各個人和法人的權益的保護，將一如既往。」[37] 因此這可以說是一次成功的違憲審查。

同樣，在全國人大澳門特別行政區籌備委員會的協助下，1999 年 10 月 31 日第九屆全國人民代表大會常務委員會第十二次會議全面系統地對澳門原有法律依照澳門《基本法》進行了違憲審查，通過了《關於根據〈中華人民共和國澳門特別行政區基本法〉第一百四十五條處理澳門原有法律的決定》，分門別類地對澳門原有法律進行了審查處理。共有 12 部澳門原有法律、法令、行政法規和規範性文件被認定牴觸《基本法》，因此不採用為澳門特別行政區法律。有 3 部法律、法令也被認定牴觸了《基本法》，不採用為澳門特別行政區法律，但澳門特別行政區在制定新的法律前，可按《基本法》規定的原則和參照原有做法處理有關事務。18 部澳門原有法律、法令中的部分條款被認定牴觸《基本法》，不採用為澳門特別行政區法律，其他條款繼續適用。其他大部分法律、法令雖然沒有牴觸《基本法》，但是其中使用的一些名稱或詞句應該改變，《決定》規定了這些名詞詞句的替換原則。《決定》還要求對採用為澳門特別行政區法律的澳門原有法律，自特別行政區成立之日起，在適用時應作出必要的變更、適應、限制或例外，以符合中國對澳門恢復行使主權後澳門的地位和《基本法》的有關規定，還要符合其他一些規定的原則。採用為澳門特別行政區法律的澳門原有法律，如以後發現與《基本法》相牴觸者，可依照《基本法》的規定和法定程序修改或停止生效。對澳門原有法律的審查，也沒有對澳門原有的法律體系造成根本的影響，符合《基本法》規定的澳門原有法律基本不變的原則。這也是一次成功的違憲審查。

儘管香港澳門的原有法律不是特別行政區立法機關制定的，但是既然要採用為特別行政區的法律，作為特別行政區違憲審查機關的全國人大常委會當然有權對這些法律、法令、文件進行全面的違憲審查。全國人大常委會對香港澳門原有法律進行的這種集中時間、集中人力物力、全面系統的審查，在特別行政區成立後，就轉變為對特別行政區立法機關的立法進行日常的備案審查了。

另外，對於特別行政區行政機關的行政，全國人大常委會能否實施違憲審查呢？對於特別行政區行政機關的行政行為，《基本法》只規定特別行政區行政長官依照《基本法》的規定對中央人民政府和香港特別行政區負責。[38] 從實踐的情況來看，特別行政區行政長官定期向國務院總理進行述職，這可以視為「對中央人民政府負責」的一個具體表現形式。《基本法》沒有規定特別行政區行政長官和行政機構要對全國人大常委會負責，因此，可以說全國人大常委會對特別行政區行政機構的行政行為沒有直接的違憲審查權。

還有一個問題是，既然全國人大常委會對特別行政區享有違憲審查權，那麼，作為全國人大常委會的上級機關的全國人大是否也是特別行政區的違憲審查機關呢？[39] 第一節已經論證了在中國憲法和政治體制中，全國人大無疑享有違憲審查權，而且是最高的，儘管全國人大違憲審查的對象主要是全國人大常委會和自己的立法。[40] 如前所述，迄今為止全國人大進行違憲審查的例子就是它於 1990 年和 1993 年分別對香港、澳門兩部特別行政區《基本法》所作的是否違反《憲法》的審查。除此之外，中國最高國家權力機關還沒有行使過違憲審查權。既然兩部特別行政區《基本法》都把對特別行政區實施違憲審查的職責賦予於了全國人大常委會，因此，一般情況下全國人大不會對特別行政區直接行使違憲審查權，而要通過對全國人大常委會的行為，包括全國人大常委會的立法、法律解釋和對特別行政區立法的備案審查行為進行違憲審查，來間接地對特別行政區進行監督。

二、「一國兩制」下特別行政區法院的違憲審查權

❶ | 特別行政區法院實施違憲審查的依據

關於特別行政區法院的違憲審查權問題，還有不少爭議。這個問題在制定《基本法》時沒有引起足夠的重視，因此，《基本法》沒有明確規定特別行政區的違憲審查制度問題，更沒有明確特別行政區法院可否行使違憲審查權（司法審查權）。不過，既然特別行政區《基本法》第 11 條規定「香港特別行政區立法機關制定的任何法律，均不得同本法相抵觸。」這就說明《基本法》是特別行政區的最高法律規範，在特別行政區具有真正的凌駕地位和最高法律效力，特別行政區的其他一切立法不得違反《基本法》。這就為建立特別行政區的違憲審查機制提供了憲法性基礎，因為必須要有一個機構來判斷特別行政區的立法有無違反《基本法》，而這就是違憲審查。

那麼特別行政區由哪一個機關來判斷特別行政區立法是否違反《基本法》呢？如前所述，全國人大常委會固然是一個，但它不是唯一的，也不是經常性行使這項權力的機關。有學者認為，全國人大常委會固然是特別行政區的違憲審查機構，但是「全國人大常委會根據基本法第 17 條所能審查的法律，只限於香港特別行政區立法機關所制定的某部分法律，即那些與基本法中關於中央管理的事務及中央與香港特別行政區的關係的條款有衝突的香港法律。至於香港特別行政區立法機關所制定的其他法律，如與上述條款以外的基本法的條款有衝突的話，全國人大常委會應是沒有權力審查的。那麼這些法律由哪一個憲制機關審查呢？……若中央政府的機關不擁有此類法律的違憲審查的權力，那麼理應由香港特別行政區的機關擁有了。」由香港特別行政區的立法機關擁有這項權力顯然不是《基本法》制定者的原意，否則《基本法》第 11 條不會規定特別行政區立法機關制定的法律不得違反基本法，而且立法機關如果發現自己以前的立法違憲，完全可以用修改法律或者重新制定新的法律的方法來加以糾正，而不用採取違憲審查的方法。[41]

《基本法》第 8 條規定，「香港原有法律，即普通法、衡平法、條例、附屬立法和習慣法，除同本法相抵觸或經香港特別行政區的立法機關做出修改者外，予以保留。」第 81 條又規定，「原在香港實

行的司法體制，除因設立香港特別行政區終審法院而產生變化外，予以保留」。在回歸前，在普通法體制下，香港已經形成了由普通司法機關即法院負責違憲審查的制度，即司法審查（Judicial Review）制度。在這種制度下，香港法院享有違憲審查權。回歸後，根據《基本法》的這個規定，這種司法審查制度被自然保留下來。[42]《基本法》第 80 條還規定，「香港特別行政區各級法院是香港特別行政區的司法機關，行使香港特別行政區的審判權。」「司法」的「法」當然首先包括特別行政區根本法，即《基本法》，特別行政區各級法院負有監督實施《基本法》的職責。加之《基本法》第 158 條賦予了香港特別行政區法院在審理案件時對特別行政區《基本法》的條款進行解釋的權力。因此，由特別行政區法院同時在特別行政區實施違憲審查就是順理成章的了。從各方面來看，香港特別行政區的法院在香港回歸後應該繼續享有違憲審查權，特別行政區法院行使違憲審查權可以找到一定的《基本法》依據。

不僅如此，有學者認為，特別行政區法院的司法審查（違憲審查）空間與以前相比，還有一些擴大。這是因為：首先，香港在歷史上第一次獲得了司法終審權，司法終審權通常是和違憲審查聯繫在一起的，享有司法終審權的法院一般都有違憲審查權。[43] 如果沒有司法審查權（違憲審查權），司法終審權是毫無意義的。[44] 香港以前的終審法院是英國的樞密院司法委員會，該委員會有權在審理香港的上訴案件中對港督會同立法局制定的香港本地法律進行是否違反了《英皇制誥》和《皇室訓令》的憲法性審查，並廢除那些違憲的當地立法。香港回歸後，它已經被香港特別行政區的終審法院所代替。這個變化在香港是根本性的，隨着香港特別行政區司法終審權的獲得，它也獲得了相應的違憲審查權。

其次，《基本法》關於人權保護的許多條款，「均有可能在訴訟中被援引作為要求法院審判某個法律規範違反基本法和無效的依據」，這在以前香港的憲制中是不存在的。「從這個角度看，《基本法》的實施，有可能導致香港法院對立法的司法審查權的擴大和提升。」[45]

再次，和香港原來權力高度集中於港督個人的政治體制相比，香港特別行政區的政治體制更多地採用了分權的原則，特別行政區立法、行政和司法之間的分權較為明顯，這樣就為特別行政區司法機關介入解決立法和行政機構之間的糾紛以及其他政治性爭議提供了更多的機會。[46]

另外，陳弘毅教授認為：「基本法是比《英皇制誥》更全面和具體的憲法性文件，成為了香港社會未來發展的宏偉藍圖和總體規劃。香港特別行政區法院在根據《基本法》行使違憲審查權時，扮演的角色便是《基本法》實施的權威性的監護者，這是一個莊嚴和神聖的任務，可謂任重道遠。」[47] 當然一部完整的憲法性法律更加有利於法院來實施，花了近五年時間精心制定的《基本法》在違憲審查方面當然比《英皇制誥》更有優越性。

因此，香港特別行政區法院「在基本法下的（司法）審查範圍比原有制度廣泛。它是一個更有規範性的制度，（基本法）有很多對權利和自由的保障。它比《英皇制誥》更具規範性，尤其是有關經濟和社會政策的問題。有關財政政策、教育、職業組織、宗教自由、民航、公務人員退休金保障、知識產權的保護——只舉幾個例子——都可以是憲法問題，」都可能要進行憲法性審查。「現在的趨勢是擴大司法管轄權，法院可以管轄任何包括憲法解釋在內的問題，即使它不能非常明確地處理。」[48] 陳弘毅教授認為：「1997 年後的香港法院有寬闊的空間去發展香港的法律，以至建立一個以《基本法》和『一國兩制』、港人『高度自治』為基礎的法理體系。……香港法院所需要的不單是豐富的專業法律知識和明晰案情事實的能力，還要有高度的政治智能。」[49] 這是對特別行政區法院面臨挑戰的最好描述。

❷ | 特別行政區法院開展違憲審查的實踐

香港回歸中國後的實踐證明，香港特別行政區法院已經確實多次行使這項權力，在有關訴訟中對香港特別行政區本地的立法和行政行為，實施是否違反《基本法》的違憲審查，有些判決還涉及到中國憲法問題。特別行政區法院通過對這些有關《基本法》的訴訟案件的審理，開始「逐步建立對《基本法》條文的解釋，使它的意義和適用範圍能更加清晰。」這些案件包括，香港特別行政區訴馬維案（有關

《基本法》規定的香港原有法律的保留以及臨時立法會的合法性問題）、[50]香港海外公務員協會訴香港特別行政區行政長官案（有關《基本法》第48條第七款「法定程序」的定義問題）、[51]詹培忠訴立法會主席案（有關《基本法》第79條第（六）項，解除立法會議員資格無須等待上訴完畢問題）、[52]香港海外公務員協會訴公務員事務局局長案（有關合約公務員轉為長俸制時須符合一定的中文語文要求並未違反《基本法》第100條規定問題）、[53]有關翁坤利及其他人案（關於《移交被判刑人士條例》第十條第一款符合《基本法》第153條問題）、[54]陳華訴坑口鄉事委員會及謝群生訴八鄉鄉事委員會案（關於《基本法》第40條有關新界原居民的合法傳統權益的解釋、《基本法》第26條香港永久性居民選舉權的解釋問題）、[55]張文慧訴社會福利署署長案（《社會工作者註冊條例》規定社會工作者必須註冊符合《基本法》第144條及第145條問題）、[56]Agrila Limited 訴差餉物業估價署署長案（關於《基本法》第121條中「應課差餉租值」的含意不僅限於該詞在《差餉條例》中的意義問題）、[57]有關黃仲祺及陳樹英案（關於《1999年提供市政服務（重組）條例》符合《基本法》第68條第（三）款、第97條、第98條和第160條及附件二的問題）、[58]香港特別行政區訴吳恭劭、利建潤侮辱國旗區旗案（對國旗區旗的保護和表達自由關係問題）等。[59]

另外，香港特別行政區法院在審理港人內地所生子女居港權的系列訴訟案中，也對特別行政區的立法行使了違憲審查權。這些案件涉及《基本法》第24條對香港特別行政區永久居民的定義、第22條關於內地居民赴港定居的手續、《基本法》第39條關於《公民權利和政治權利國際公約》的規定以及全國人大常委會對《基本法》的解釋的效力等問題。在這些案件的審理中，特別行政區各級法院已經多次對特別行政區的立法和行政行為實施了司法審查。如前所述，儘管對其中的一些問題有很大的爭議，但是作為新成立的特別行政區法院，在香港回歸後，確實有一個如何與新的憲政體制磨合的問題，這需要時間和耐心，畢竟「一國兩法」是新鮮事物，誰也不敢說一開始就知道怎樣做。無論如何，香港特別行政區法院行使特別行政區的違憲審查權已經成為一個必須正視的現實，現在的關鍵是如何處理好特別行政區法院和全國人大常委會在行使特別行政區的違憲審查權方面的關係。從另外一個方面來看，通過特別行政區法院對《基本法》的解釋，《基本法》的許多條款的含義明確了，這體現了由司法機關解釋憲法和法律的特點和優點。

這些案例重要的包括陳錦雅等訴入境事務處處長案，[60] 吳嘉玲、吳丹丹訴入境事務處處長案、徐權能訴入境事務處處長案、入境事務處處長訴張麗華案、[61] 呂尚君及顏秀英訴入境事務處處長、[62] 入境事務處處長訴劉港榕等案，[63] 等等。2001 年 7 月 20 日香港特別行政區終審法院又做出三個重要判決，即談雅然、陳偉華、謝曉怡訴入境事務處處長案（香港永久居民通過合法途徑在內地領養的兒童符不符合《基本法》第 24 條關於特別行政區永久居民的定義），[64] 入境事務處處長訴莊豐源案（父母不是香港永久居民的中國公民本人在香港出生符不符合《基本法》第 24 條關於特別行政區永久居民的條件）、[65] Fateh Muhammad 訴人事登記處處長案（《基本法》第 24 條第二款第（四）項中通常居住連續七年不包括在香港服刑的時間），[66] 等等。

上述有些案件已經在本書第十一章進行了研究分析。由此可以看出，香港特別行政區法院已經負起解釋《基本法》、監督《基本法》在特別行政區實施的責任。通過特別行政區法院的司法活動，《基本法》的許多條款的含義進一步明確了，《基本法》得到了豐富和發展。特別行政區法院、主要是終審法院通過這些判決，正在制定「《基本法》實施細則」，這些判決和全國人大常委會對《基本法》的解釋以及《基本法》文本，才構成了《基本法》的全部。研究《基本法》，不僅要研究《基本法》文本本身，而且要研究全國人大常委會對《基本法》的解釋案以及特別行政區法院行使違憲審查權所做出的判決。這對習慣於依賴成文立法的內地法律工作者來說，也是一個全新的挑戰。

至於澳門，原來在葡萄牙的管制之下，只有一審法院（初級法院），上訴案件要由葡萄牙法院直接受理。而有關法律的合憲性審查案件，則只能向葡萄牙的憲法法院提出，[67] 澳門本地是沒有違憲審查權的。由於澳門的情況與香港有很大不同，香港以前已經有司法審查的歷史和經驗，有完整的司法系統，澳門以前則沒有嚴格意義上的司法審查（即對政府抽象行為的憲法性審查），甚至連完整的司法系統也是在回歸前不久建立起來的。[68] 因此，澳門特別行政區司法機關也沒有對特別行政區立法行使過違憲審查權。

三、全國人大常委會和特別行政區法院在違憲審查問題上的互動

特別行政區法院如果行使違憲審查權，如何處理它和全國人大常委會違憲審查權之間的關係呢？對於內地和特別行政區兩種不同的違憲審查制度，坦率地說，雙方對對方的認識都不夠。在內地的人士看來，由法院來宣佈立法機關通過的法律違憲，從而無效，這是不可思議的事情，因為在民主體制下，由任命而產生的法官怎麼可以推翻民選機關的決定呢？這是生活在大陸法傳統之下的人們無法理解的。然而，這在普通法區域卻是正常現象。同樣，在香港人士看來，由最高國家權力機關（立法機關）來審查法律和行為是否違憲，這也是不可思議的，因為同一個機構怎麼可以審查自己的決定是否合理合憲呢？普通法有一個諺語，一個人不可以做自己的法官。然而，在內地，在人民代表大會制度之下，這又是符合體制的，是正常的。如果兩地都在各自的範圍內行使自己的違憲審查權或司法審查權，處理自己司法區域內的憲法性案件，也不會產生什麼問題。問題是當出現涉及兩地的憲法性案件和基本法案件時，應該如何處理？

第一個問題，在普通法下，法院可以審查立法機關通過的法律。但全國人大及其常委會是否也是特別行政區的最高國家權力機關？這應該是沒有疑問的，而且中國的最高權力機關也是特別行政區的立法機關，有權為特別行政區立法。那麼，特別行政區法院可否審查全國人大及其常委會通過的法律有無違反《基本法》呢？

答案是不可以。首先，回歸前香港的法院就對英國國會的立法無權實施違憲審查，即使在原來普通法體制下這也是不可能的。[69] 回歸後，儘管香港法院的違憲審查的範圍有所擴大，但是全國人大及其常委會通過的法律和決定應排除在其違憲審查的範圍之外，這項限制應該視為《基本法》第 19 條規定的「香港原有法律制度和原則對法

院審判權所作的限制」。其次，中國的最高權力機關為特別行政區立法的行為是一種國家行為，是代表國家行使主權的行為。而根據香港《基本法》第19條的規定，香港特別行政區法院對國防、外交等國家行為無管轄權。既然根本無管轄權，違憲審查也就不存在。所以，從根本上來說，特別行政區法院對全國人大及其常委會的立法包括法律解釋都不可以實施違憲審查。如果特別行政區法院在審理案件中遇有涉及包括國家立法等的國家行為的事實問題，根據《基本法》第19條的規定，應取得行政長官就該等問題發出的證明文件，上述文件對法院有約束力。而行政長官在發出證明文件前，必須取得中央人民政府的證明書。

那麼，如果全國人大及其常委會針對特別行政區的立法包括法律解釋，違反了憲法或者《基本法》，怎麼辦？這是許多人擔心的。如果出現這樣的情況，應該通過中國內地的違憲審查機制來解決，即由中國內地的違憲審查機關來處理。正如在第一節中所討論的，按照中國憲法的規定，目前有權對全國人大常委會的行為實施違憲審查的機構是全國人大。因此，如果全國人大常委會對特別行政區立法的違憲審查有問題，如果全國人大常委會對基本法的解釋違反了「一國兩制」、「高度自治」、「港人治港」的立法原則，那麼補救的辦法就是請求全國人大撤銷全國人大常委會的有關決定。如果全國人大的有關決定是錯的，根據目前的憲法規定，沒有什麼辦法可以糾正，就像前文所言，只能靠全國人大自己自我糾正。這就是目前憲法規定的解決機制。至於它合理不合理、可行不可行，那是另外一個問題。如果內地的違憲審查制度現在還不夠健全，那應該盡快健全內地的違憲審查制度、健全內地的法治，而不能以此為藉口剝奪中央應有的違憲審查權。所以整個國家的法治建設的進程、整個國家違憲審查制度的完善直接影響到特別行政區的法治和社會發展。

實際上按照目前的憲法體制，就像上一節所分析的那樣，內地各省、自治區和直轄市的違憲審查機構——它們的人大和人大常委會對上一級立法機關的立法即全國人大及其常委會的立法也是不可以進行違憲審查的，更不用說最高人民法院對全國人大的立法進行違憲審查了。在這個問題上，特別行政區《基本法》並沒有什麼特別之處，它沒有給予特別行政區特別的待遇，和內地一般地方是一樣的，即中央保留了最後的違憲審查權，儘管它可能不怎麼使用這個權力。

當然，這樣說並沒有否定特別行政區法院對全國人大及其常委會的有關立法行使解釋權。特別行政區法院既然有權解釋《基本法》，那麼對人大有關特別行政區的其他立法當然就更可以解釋了。如果發現這些立法有違反《基本法》的情況，按照目前的解決機制，特別行政區法院應該先暫時中止審判，請求全國人大常委會對懷疑違憲的人大法律進行解釋或者違憲審查，然後按照人大的解釋或者審查結論再進行案件審理，如果由於違反《基本法》而要廢除人大的某一個立法，只能由人大自己來進行。至於將來如何發展變化，這就取決於內地法治的進程如何了。

第二個問題，全國人大及其常委會有權對特別行政區立法機關的立法進行審查，那麼它可否對特別行政區法院的判決實行違憲審查呢？根據《基本法》的規定，特別行政區享有獨立的司法權和終審權，如前所述，全國人大及其常委會不是特別行政區的「終審法院」或者「最高法院」，不會對特別行政區法院在其法定管轄權範圍內進行的判決實行違憲審查。全國人大常委會根據《基本法》規定享有的基本法解釋權，並不是一種司法權或者終審權，而是立法權的附屬權力，具有立法的性質。因此，全國人大常委會解釋基本法的行為屬於立法行為，而非司法行為。在法理上「解釋」和「裁判」或者「審理」是不同的概念。全國人大常委會並不具體審理案件，只是說明法律條款的具體含義。根據《基本法》規定，審理案件的權力屬於特別行政區法院。如果特別行政區法院的判決有違憲的情況，應該通過特別行政區自己的司法機制和違憲審查機制來加以糾正解決。如果內地對特別行政區法院的有關判決不滿意，可以尋求人大解釋《基本法》甚至通過法定程序修改《基本法》，但是不能代替特別行政區法院來審理案件。

在內地，關於人大及其常委會可否對內地法院的判決實施「個案監督」問題，還有很大爭議。全國人大常委會準備起草一個監督法院審判工作的細則，但是據瞭解，全國人大常委會不會直接辦理或審批具體案件，只是督促法院依法自行糾正、處理有關案件。[70] 不能因為內地法院現在判案質量比較低甚至有腐敗行為，就由人大代替法院審理案件，因為這樣就會損害另外一個重要的憲法原則，即法院獨立審判原則，而且不利於樹立法院的權威和威信。法院判案質量不高，應該通過提高法官素質、改革審判制度來解決，而不可以因噎廢食，顧此失彼，結果得不償失。

有人認為，英國國會上議院也有司法功能，以此說明中國的全國人大常委會應該也可以進行一定的司法活動。還有，憲法規定全國人大及其常委會是中國的最高權力機關，[71]「最高權力」應該包括司法權。這兩個說法在目前中國的憲法結構下，都是不能成立的。首先英國上議院在英國憲法上的定性就具有司法功能，實際上就是英國法院的重要組成部分，這是歷史形成的，不是可以隨便「學」得到的。[72]但是中國不是兩院制國家，全國人大及其常委會在中國憲法上的定性也不具有司法功能，因此不可能進行司法活動。至於「最高權力」，一種理解就是指《憲法》第 62 條和第 67 條列舉的各項權力，不包括司法權。「最高權力」就是「最高的權力」，而且僅僅是「最高的權力」，不是「所有的權力」，不可以代替其他國家機構行使各自的憲法權力。如果一定要使全國人大及其常委會像英國國會上議院那樣行使司法權，這也是可以的，但是必須首先修改《憲法》，擴大全國人大及其常委會的職權，把司法權包括到第 62 條和第 67 條裡邊。這樣全國人大及其常委會就成為中國實際的憲法法院或者最高法院，其運作方式程序等都要相應發生變化。

如果在內地全國人大常委會都不會對內地法院的判決直接實施違憲審查的話，那麼對實行「高度自治」的特別行政區的法院的判決，全國人大常委會就更不應該直接行使違憲審查權了。

假設將來全國人大常委會在行使違憲審查權時，採用司法程序，甚至明確它就是中國的憲法法院，或者將來在全國人大之下另設一個憲法法院或者委員會，獨立負責違憲審查，中國實現了法治，這是否意味着將來特別行政區的司法終審權就要「上交」全國人大常委會或者憲法法院呢？這不可能，因為特別行政區的司法終審權不僅受《基本法》的保護，而且受兩個《聯合聲明》的保護。即使將來中國實現了法治，違憲審查制度完善了，全國違憲審查機構所享有的權力仍然是《基本法》規定了的那些（即解釋基本法、對特別行政區立法的備案審查），司法終審權仍然屬於特別行政區。

第三個問題是兩種不同違憲審查制度的磨合。在香港政府入境事務處處長訴劉港榕等人一案的判決中，特別行政區終審法院非常任法官梅師賢爵士（Sir Anthony Mason）指出，根據《基本法》，特別行政區繼續適用普通法及普通法司法制度。通過全國性法律將普通法制度納入中國憲法的大框架之下是「一國兩制」原則的一個基本內容。而特別行政區的法院及中國的有關機構必須有一個連接點。在一個全國都實行普通法的國家，一般會是由地方法院與全國憲法法庭或全國最高法院來銜接。但我們不僅涉及兩種不同的制度，而且是兩種不同的法律體系。在「一國兩制」的原則下，《基本法》第 158 條提供了非常不同的銜接方法，這是因為第 158 條（與中國《憲法》第 67 條第 4 款相符）將《基本法》的解釋權賦予全國人大常委會而非最高人民法院，再由全國人大常委會授權特別行政區法院在審理案件時對《基本法》關於特別行政區自治範圍內的條款自行解釋。在普通法體系中，法律的解釋包括《憲法》的解釋，是由法院在審理案件時處理的。但在中國，根據中國《憲法》第 67 條第 4 款，全國人大常委會有權解釋法律，因為中國《憲法》並沒有採用普通法下那樣的分權概念，根據中國《憲法》第 57 條，全國人大是最高國家權力機關而全國人大常委會是它的常設機關。全國人大常委會解釋法律的職權顯然是不在審理案件時行使的。故此《基本法》第 158 條中提及的「審理案件」一詞，明確表明特別行政區法院享有的解釋權是限於審理案件的時候，與人大常委會根據中國《憲法》第 67 條第 4 款及《基本法》第 158 條第 1 款所享有的一般及自主的解釋權不一樣。[73] 可見中國內地的法律解釋制度、違憲審查制度對普通法下的法官和律師是如何的陌生。

以 1999 年「人大釋法」問題為例，特別行政區《基本法》沒有把《基本法》的最終解釋權賦予特別行政區終審法院，而特別行政區終審法院也不享有《基本法》的最終違「憲」審查權，根據《憲法》和《基本法》，那些確實是全國人大常委會的權力。香港特別行政區終審法院在審理那些居港權案件時，應該提請全國人大常委會解釋

《基本法》，但是卻沒有能這樣做。這說明新的特別行政區法院需要一段時間認識瞭解內地的憲法和法律制度，需要時間來逐漸適應「一國兩制」下新的政治法律環境。

特別行政區終審法院作為特別行政區的「最高法院」，它必須對特別行政區的法治和司法獨立負責，要盡量減少向全國人大常委會提請「釋法」。當然全國人大常委會也不希望過多解釋《基本法》，尤其不能干預特別行政區終審法院的獨立司法權，以避免給人以特別行政區法院事事向北京請示的印象，影響特別行政區司法的國際威望。其次，作為一個普通法下的司法機構，要求特別行政區終審法院向一個立法機構（儘管中國《憲法》把全國人大定位為最高國家權力機關）請求解釋法律（儘管是憲法性法律），確實非同小可，這是非常艱難的一步。難就難在全國人大常委會是一個立法機構，而非明確的違憲審查機構或者司法機構，在中國內地還沒有明確全國人大常委會是中國的違憲審查機構的情況下，在內地的最高人民法院還從來沒有正式公開向全國人大常委會申請過解釋憲法和法律的情況下，要求一個新成立的特別行政區終審法院這麼做，其難度是可想而知的。[74] 筆者對特別行政區終審法院 5 名大法官對法治的執着、堅定是毫不懷疑的，他們都是執業多年、有很深專業知識、為人誠實正直、有崇高社會威望的人。他們對中國的忠誠（儘管有的是非中國公民）、對香港特別行政區的熱愛也是毫無疑問的，他們真心擁護中國的統一，希望通過自己的秉公執法為香港創造良好的營商環境，保持香港良好的國際信譽。如果確實有需要、萬不得已非得請求全國人大常委會協助不可，他們是不會迴避的，他們對自己的專業和特別行政區的繁榮有足夠的責任感。問題的關鍵是中國內地的法治還遠遠不夠健全，甚至基本的、重要的法治機構還沒有完全設立。以目前內地的法律機構和機制來處理特別行政區事務，確實差強人意。正像有學者指出的，如果《基本法》規定由最高人民法院行使《基本法》的最終解釋權，特別行政區法律界和國際社會比較容易接受這樣的安排，特別行政區終審法院也比較方便向最高人民法院申請解釋《基本法》。

再假設中國內地的最高人民法院有違憲審查權或者有一個獨立的憲法法院（委員會）行使違憲審查權，而且非常獨立，那麼當中英、中葡談判時，特別行政區並不一定要享有司法終審權，完全可以由最高人民法院或者憲法法院（委員會）統一處理有關的憲法性案件（當然這種情況下，特別行政區應該派一定的本地法律界人士到最高人民法院或者憲法法院當大法官）。因為，即使在美國那樣實行聯邦制的國家，司法終審權也是由聯邦最高法院行使的，而不是各州的最高法院。[75] 人們可以說這樣做是中央政府實施「一國兩制」誠意和決心的表示。當然，對中國在港澳地區實施「一國兩制」的誠意和決心，是無人懷疑的，沒有一個中國的領導人希望香港、澳門回歸中國後比以前差。實際上授予特別行政區司法終審權的一個客觀原因是，內地的法治還不健全，司法獨立還沒有完全確立，因此只能自動放棄司法終審權，破天荒地實行一個國家，多種司法制度並存，在全世界獨一無二地在一個國家建立了最少三個終審法院。[76]

即便如此，假設明確全國人大和全國人大常委會是中國的違憲審查機構，而且有完整可行的違憲審查程序和解釋憲法和法律的程序，也有很多先前的內地案例可引，特別行政區終審法院在向全國人大常委會請求解釋《基本法》的時候，也好對外界交代，特別行政區法律界和社會人士也比較容易接受，因為這就是中國的現行體制。關鍵是內地並沒有明確把全國人大或者全國人大常委會定性為違憲審查機構，儘管憲法明確全國人大常委會可以解釋法律，但是我們不得不承認一個事實，在香港澳門回歸事務出現以前，全國人大常委會可以說幾乎沒有解釋過即使是內地的任何一部法律，如前所述，迄今全國人大常委會解釋法律的例子幾乎都和香港澳門事務有關係。而且一直到 2000 年制定了《立法法》，才在釋法程序方面做了一些規定，以前可以說無章可循的。在這種情況下，如何要求特別行政區終審法院十分高興自然地向一個立法機構請求「釋法」，儘管它是最高國家權力機關？

所以，這兩種不同的法律觀、兩種不同的違憲審查制度需要一段很長時間才可以磨合。對於特別行政區法院來說，違憲審查權的行使遠遠比回歸前的法院活躍，決定事項的重要程度遠比以前的大，範圍也比以前的廣得多。但是，「我們不可以簡單地說，法院的違憲審查權的範圍越大便越是好事，或者說法院在行使違憲審查權時越多否決立法或行政的措施便越是好事。違憲審查權往往導致法院介入處理一些具有爭議性的社會公共政策問題，在個人權利和社會整體利益之間、在不同的相互矛盾的權益或價值觀念之間進行協調。法院需要學習怎樣適度地行使違憲審查權這種鋒利的武器，並在包括立法、行政和司法的整個政治和法律體制中找尋法院作為司法機關和憲法性法律的監護者的恰當位置。」[77] 特別行政區法院現在可以說正在尋找在特別行政區新的憲制架構下、在複雜的內地和特別行政區的政治法律制度中自己的合適的位置。這種定位通常不是立法所能解決的，必須要在違憲審查的實踐中逐漸地摸索才能找到。

同樣地，對於特別行政區的「上級」違憲審查機構即全國人大常委會來說，《基本法》對全國人大常委會及全國人大違憲審查權的行使，並沒有很多直接限制。在由普通司法機關或者專門憲法法院負責違憲審查的體制下，由於違憲審查從性質上說是司法活動，因此，通常都是被動的，採取「不告不理」原則，要結合具體案件的審理。但是在中國由立法機關負責違憲審查的體制下，這一原則並不適用。從理論上說，人大可以根據情況主動對自己的立法、對中央政府的行為、對特別行政區的立法和行政有無違反《基本法》，實施違憲審查。但是，人大對特別行政區違憲審查權的行使還是要遵循一些基本原則的。

這些原則包括：第一，人大對特別行政區違憲審查的標準是《基本法》，尤其是《基本法》關於中央管轄事項和中央與特別行政區關係的條款，而不是中國《憲法》。

第二，既然《基本法》規定人大對《基本法》的修改都不得同中央對特別行政區「既定的基本方針政策」相牴觸，[78] 這實際上是《基本法》不可以修改的條款，那麼人大對特別行政區的違憲審查也必須符合中央對特別行政區的這些「既定的基本方針政策」。這些「既定的基本方針政策」就是「一國兩制」，「港人治港」，「澳人治澳」和高度自治，這些是人大進行違憲審查應該遵循的底線。

第三，儘管人大可以主動行使對特別行政區的違憲審查權，但是人大還是應該非常慎重地使用這項權力，盡量少用這個權力，而且應該被動一點，有告才理。

第四，人大行使違憲審查權，不能代替特別行政區立法機關的工作，如果特別行政區的立法被宣佈為違「憲」，應該由特別行政區立法機關自行重新立法，而不是由中央代行特別行政區立法。

第五，儘管人大對特別行政區的違憲審查是立法機關的一種活動，主要適用立法的程序，但是今後應該考慮採取一種「準司法」程序，因為畢竟違憲審查從性質上講是一種司法活動。而且今後應該加強全國人大常委會特別行政區基本法委員會的作用，人大在作出決定之前，要認真聽取該委員會的意見。該委員會的運作應該更加規範化，例如就有關問題舉行聽證等。

第六，全國人大常委會對特別行政區實施違憲審查的範圍，主要是針對特別行政區立法中涉及到《基本法》有關中央管轄的事項和中央與特別行政區關係的條款的內容，但應該不限於這些，也就是說它的違憲審查權是全面的。不過，對特別行政區在其自治範圍內的立法，全國人大常委會一般是不會行使違憲審查權的，這主要是特別行政區法院的職責。

可見，全國人大常委會在這個問題上也有一個重新定位的問題，畢竟特別行政區不同於內地一般的省、市、自治區，人大如何在實行「一國兩制」的情況下，扮演好《基本法》的監護者角色，做到既不失職，又不越權，既維護國家的整體利益，又充分尊重、保障特別行政區的司法獨立和司法終審權，恰到好處地行使自己的權力，這也是一個全新的課題。內地尤其應該盡快完善自己的法律解釋制度和違憲審查制度，這既是內地法治發展自身的需要，也是處理中央與特別行政區關係、實現並維護國家統一的需要。

無論在任何國家和地區，違憲審查都是至關重要的，可以說是法治社會最高最後的撒手鐧，違憲審查機構是國家權力運用和公民權利行使的最權威的調控者，也是一切最重要糾紛的最後的裁判者，是憲法的最有力的保護者和最高最後發言者，是現代政治法律文明進步的主要標誌。因此中國必須盡快完善違憲審查制度，這既是內地法治發展自身的需要，也是處理中央與特別行政區關係、實現並維護國家統一的需要。

三｜法治與國家的統一

國土和人民是國家不可缺少的組成因素，國家必須有國土和人民，這是再簡單不過的政治常識。如何取得國土、如何實現並保持國家的長期統一，這是古今中外所有國家及其領導人面臨的共同的永恆主題，沒有一個領導人願意成為亡國之君，被子孫後代唾棄。人類迄今的歷史，大多數戰爭是由於國土之爭、統獨之爭引起的。為了實現國家的統一、維護國家的統一，古今中外的領導人可以說臥薪嘗膽，殫精竭慮，想出過許許多多辦法。儘管理想是一樣的，但是，效果則十分不同。有些較為容易就實現了統一，而且維持很久；有些兵戎相見多年，卻仍然不見「九州同」。研究古今中外的歷史，主要有兩種辦法實現並維持國家的統一。一種就是古代中國帝王使用的「中華世界秩序原理」，另外就是近現代西方利用法治理論維護國家統一的經驗。這是兩種截然不同的世界觀和方法論，但是達到的實際效果很難分出伯仲。

前面探討了違憲審查，從中可以看出，把國家法治的完善、違憲審查制度的確立提高到實現並維護國家統一需要的高度，這實不為過。中國法制的變革、法治建設的進程不僅是內地的事情，而且直接影響到特別行政區的繁榮穩定以及中央與特別行政區的關係。香港、澳門已經實現了與中國的統一，台灣與大陸的統一也是一個時間問題。在追求國家統一的同時，中國內地不僅需要在政治上，而且必須在法治方面做好充分的準備，要不斷完善法治基礎設施，使中國的法治能夠適應統一的需要，不斷擴大其包容性和獨立性。否則，將來就會有許多類似情況出現，例如由於自己沒有違憲審查制度和獨立的違憲審查機構，不得不再次放棄違憲審查權。而且由於沒有獨立的違憲審查機構，會使台灣人士覺得如果將來兩岸統一，沒有一個獨立的仲裁機構來裁決兩岸之間發生的糾紛，那將會給統一增加人為阻力。儘管特別行政區實行「一國兩制」，「各自為政」，但肯定還會有許多涉及兩地的糾紛，總是要對兩地的憲法性法律進行解釋的。因此，中國內地必須盡快建立健全的違憲審查制度，確立獨立的違憲審查機構，並真正開始嚴肅的違憲審查實踐，真正確立法治，這樣中國大陸才更有吸引力，凝聚力；在與台灣當局進行統一談判的時候，才更有自信，才有更多的籌碼，不至於放棄更多的權力；這樣，香港、澳門特別行政區對自己的高度自治才更有信心，在處理「釋法」事務時才更加自然、更加名正言順。最重要的是，只有在這種情況下，人們才真正覺得中國已經確立了法治，中國是一個法治國家了。由於沒有獨立的違憲審查機構，人們始終覺得中國的法治還沒有確立，儘管這些年已經有很大的進步。

這裡對比一下中國古代和現代西方兩種不同的維護國家統一的哲學和方法，從中可以看出法治對一個現代國家而言，在實現並維護國家統一中發揮的獨特作用。

一、「中華世界秩序原理」

中國古代封建王朝一般採用懷柔綏靖政策來實現、維護王朝的統一，封建皇帝對各民族採取一種極其寬鬆的開放態度，基本實行民族平等，不歧視少數民族，而且不斷對他們施以小恩小惠，使他們不斷感到大家庭的溫暖和好處。例如，中國唐代的著名國王唐太宗為了安撫西藏，公元 641 年將自己的女兒文成公主遠嫁給藏族吐蕃王松贊干布，來換取和平以及西藏對中原宗主地位的承認。這樣就不難解釋為什麼中國古代沒有任何先進的通訊工具，卻能夠建立起龐大的帝國，並維持很長時間。這些古代帝王建立、維持這樣的大國，必須要有非常高的親和力和凝聚力乃至個人魅力，可以使萬里之遙的邊疆少數民族忠心耿耿，頂禮膜拜。這是一種無為而治的方法。這也可以說是人治的方法，因為它確實就是靠對個人或者一家一姓的效忠來實現並維持統一的。當這個人或者這個姓氏不再是國王了，那麼這個國家也就不存在了。

1911 年 10 月辛亥革命爆發後，各省紛紛宣佈獨立，11 月 30 日蒙古王公喇嘛在俄國支持下，先假稱要帶兵進京勤王[79]，然而又很快宣佈獨立，其主要理由就是「蒙人從前只與滿洲大清皇室聯合，固未曾與中華帝國聯合。現在滿洲皇室既倒，則蒙古之臣屬關係亦隨之消滅」，蒙人「惟與清廷有血統之關係，故二百數十年來，列為藩屬，相親相愛。今一旦撤銷清廷，是蒙古與中國已斷絕關係。」[80] 儘管當時蒙古獨立實際的原因就是俄國的支持，但是滿清朝政府已被推翻，蒙人只效忠清室，不效忠漢人，確是一個很冠冕堂皇的藉口。可見，在封建社會，維護國家的統一，很大程度上靠血統或者說「正統」關係。

台灣學者把中國古代維持大一統的原理總結為「中華世界帝國」的「中華世界秩序原理」，它包括「名分秩序論」、「奉正朔論」和「封貢體制論」三個理論。所謂的「名分秩序論」，是指中國傳統的世界秩序觀建立在禮治主義之上，而西方現代的國際秩序觀建立在法治主義之上。二者的區別是，「禮者禁於將然之前，法者禁於已然之後」。禮治，首先要定名分，建秩序。「名分」即「名義、職分」。名分定則倫常生，秩序立則倫常行。因此，定名分，首在正名，名既正始可依名定分，然後依分求序，有序則一切井然可治。根據這個理論，「中華世界帝國」建立起了宗藩封建階層秩序體制，並由此確立宗藩間的主從關係、朝聘序列、兵力多寡、爵位上下、文書體例以及藩邦間的關係等等。

1868 年日本明治維新後，日本政府在給朝鮮國王的信中使用「皇」、「敕」這些只有「中華世界帝國」皇帝才可以使用的字眼，朝鮮政府斥其「違格」、「礙眼」，憤怒地退回日本國書，從而釀成日韓嚴重對立。[81]1882 年朝鮮兵變，日本出兵。清朝政府也立即以「為屬邦正亂」為名出兵，並逮捕大院君到北京受審，罪名是無視中國皇帝對朝鮮國王的冊封，所謂「欺王實輕皇帝也」。這就是典型的原有名分被打破而導致的舊秩序的紊亂。學者指出，如果依照現代國際法觀點來看，日本國書使用的字眼並沒有特別的問題，國與國應該是對等的。但是，依據「名分秩序論」，這是斷然不可的。中國皇帝冊封朝鮮國王，朝鮮國王根據「王權帝授論」統治其邦國，中國皇帝因此過問屬藩內政，是應有之義。這種統治理論在中國古代一直在發揮作用，這顯然和現代國際法的理論是不同的。[82]

所謂奉正朔論，是指恭行天朝皇帝所定記有年號之曆書，以表示臣服中華皇帝。中國歷朝歷代之初，都要復位正朔，顯示新皇帝奉天承運，改故用新，確立了新的法統，屬藩必須在禮部或者理藩院監督下跟着改變曆書。在西方看來，日曆不過是日常計算日期的普通用品，怎麼也不會和國家的統一分裂聯繫在一起。然而這在中國古代也是維持大一統帝國的重要方法。[83] 其中一個例子就是，1878 年 9 月中國藩屬琉球特使致函駐日美國、法國、荷蘭三國公使譴責日本，聲明琉球與美法荷「立約，係用大清國年號文字，今若大清國封貢之事不能照舊舉行，則前約幾同廢紙」。[84]

所謂封貢體制論，是指中國既然與周邊諸王國構成一個統一的「中華世界帝國」，與他們分別締結宗藩關係，因此，為了突顯他們之間的宗藩關係和君臣上下關係，必須實行階層性封貢體制，用來規範宗藩間的隸屬關係。也就是說，中國皇帝對那些被其認定可以成為邦國「資格」的四夷藩屬，冊封其首長為「國王」，邦國也就成為「王國」，榮升為「中華世界帝國」之一員，可以參加「大家庭」的活動，其存在取得了合法性和正統性，自己國家也有了安全保障。冊封除了頒發詔敕外，皇帝還要頒賜「鍍金銀印」，這象徵着權力的合法性、權威性，冊封後才可以真正定名分。皇帝對受冊封的國王們也擁有懲罰和廢立之權。冊封之後，就要朝貢。《大清會典》詳細規定了朝貢的各種要求，包括貢使的級別及其隨員人數、時間、覲見皇帝的禮節等等。皇帝對藩屬的朝貢，基於儒家「厚往薄來」的精神，必賞以豐厚的「回賜」，並恩賜藩屬免稅的朝貢貿易待遇，即以貿易犒賞朝貢，培養和周邊藩屬的連帶感、凝聚感和共同體意識。[85] 朝貢絕對不僅僅是表示效忠皇帝的一種禮節，而且還是貿易活動，是特殊的「外交」活動，也是中華帝國的重要的內政活動。

中國古代就是靠「中華世界秩序原理」、靠一種「準血緣」關係來長期維持一個統一的大帝國。如果說這裡邊有「法」的因素的話，那就是中國式的「自然法」，而非近現代的「硬件」法律設施。

二、近代西方建立在憲法和法治基礎之上的國家統一觀

「中華世界秩序原理」只是中國古代維護國家統一的理論，很難適用於其他西方國家，也很難運用於今天的中國。近代西方也有疆域廣闊的國家建立，這些國家一般來說是建立在一個雙方或者多方認可的「契約」基礎之上的，靠完善的制度和法治來實現並保持國家的統一。這是一種現代的實現統一、維持統一的方法。

以美國為例，美國領土面積約963萬平方公里（其中陸地約916萬平方公里，水域約47萬平方公里）。根據美國商務部人口普查局2000年進行美國人口普查的結果，全美國總人口是約2.8億人。作為一個移民國家，可能沒有一個國家比美國更複雜，人口組成高度多元。在這些人口中，美國白色人種佔人口的75.1%，非裔黑色人種佔12.3%，亞裔佔3.6%，土著印第安人和阿拉斯加人佔0.9%，其他人種佔5.5%，兩個以上血統人口佔2.4%。美國全國西裔或者拉丁裔已經佔人口總數的12.5%，超過了非裔黑色人口的數量，成為最大的少數民族。美國2.8億人口中有11%的人出生於外國。在1990年到2000年間，有1,330多萬新移民來到美國，使在美國的外國出生的人口數量超過了3,050萬，即每1,000個人中就有3.5個移民。[86]美國複雜的人口組成中，由於來自不同的國家和背景，因此他們沒有統一的文化，沒有統一的信仰和政治理念。據統計，美國人中約有56%人口信仰基督教，28%信仰羅馬天主教，2%信仰猶太教，沒有信仰的佔10%。美國人甚至沒有共同的語言，移民在很多場合、尤其是在家庭，許多不使用英語，「各說各話」，少數民族成年人的英語水平有限。[87]

這可能是人類歷史上最複雜的國家，國民組成之多元、複雜實屬罕見，能夠把這樣一個非單一民族的國家維繫在一起，如果沒有良好的機制，是不可能的。儘管美國是一個十分年輕的國家，但是200多年來，它卻產生了極大的吸引力，不斷吸引其他地區加入這個新的共同體，現在已經達到50個成員，而且還有不斷擴大之勢。例如加勒比海島國波多黎各很可能會成為美國的第51個州，根據波多黎各以前舉行的多次沒有約束力的投票結果來看，大多人贊成維持現狀或者完全成為美國的一個州，支持獨立的人一直很少。在1998年12月的投票中，50.3%贊成維持現狀，46.5%贊成成為美國的一個州，只有2.5%贊成獨立（1993年為4.4%）。[88] 2012年波多黎各公投中，更有61%投票者表示同意成為美國的一個州，但仍要等美國國會通過。美國立國迄今（至2013年）237年，國體十分穩固穩定，沒有任何分裂分治的可能。美國不僅僅領域廣闊，有很強的凝聚力，而且是當今世界獨一無二的霸主。何以會有這樣一個國家的出現，而且長盛不衰，能夠長期維持國家的統一呢？這主要歸功於它的憲法和法治以及獨特的聯邦主義。

美國的憲法及其確立的聯邦制既滿足了人民對國家歸屬的自然需要，又不用犧牲太多個人的自由和權利。國民有州和聯邦雙重身份，州和聯邦之間通過憲法有明確的權力劃分，如果出現爭議，由一個獨立的司法機構從中不偏不倚地加以解決，而且很多時候法院傾向保護各州的利益，因此各州都很放心成為聯邦的一員，不覺得委屈或者作出很大的犧牲。美國憲法也明確拒絕已經加入聯邦的各州脫離聯邦。對美國的長治久安和繁榮穩定，美國憲法實在功不可沒。當然美國的聯邦制及其司法制度也經過了一個曲折的發展過程，經歷過許多嚴峻的考驗。美國十九世紀六十年代的南北戰爭是對美式聯邦主義的一次嚴峻的血與火的考驗，美國人民用鮮血和生命捍衛了國家的統一，毫不含糊地否定了任何分裂國家的企圖。南北戰爭後，美國再也沒有出現過鬧獨立的問題，美式聯邦主義開始走向成熟。

2000 年 12 月 12 日深夜 10 時，在寒冷的冬天裡，美國全國人民在自己的家裡守候在電視機旁邊，以複雜的心情聆聽最高法院 9 位大法官對自己國家命運的裁決，使人感覺到法治的力量。經過 36 天的「激戰」，在和自己的律師團認真研究了最高法院厚厚的、複雜的判決書後，次日晚上 9 時民主黨總統候選人戈爾發表了情真意切的認輸演說，表示儘管他非常不同意最高法院的判決，但是他接受它，為了人民的統一和民主的加強，他主動認輸，並要和新的總統一起盡快治癒由於激烈的大選而對國家造成的分裂和傷害，他並呼籲自己的支持者要讓自己對國家的熱愛戰勝失望，要緊密團結在新總統的領導下，因為「這裡是美國」，激烈的競爭之後應該重新團結起來，現在是承認把美國人民團結在一起的力量大於把美國人民分開的力量的時候，國家的利益高於一切。在 2000 年美國總統大選中，作為美國最有權威的裁決聯邦和州之間糾紛的機構，聯邦最高法院斷然介入總統大選，使得這個全世界權力最大的法院的威信受到沉重打擊，成為整個大選「最大的輸家」，美國司法至上的傳統受到質疑。但是從另外一個側面我們可以看出，法治和司法獨立的好處在於一切糾紛包括政治糾紛都可以通過司法的渠道和平地解決，不使用暴力就可以解決權力更替問題。如果在有些第三世界國家，如果出現這種情況早已經是戰火連天，國家陷入四分五裂了。

如果把美國維繫國家統一、處理整體與組成部分之間的關係也概括一下的話，那就是：

第一是民主主義，即一切權力的正統性、合法性來自選民，合法選舉出來的政府不容被非法推翻。當 1997 年至 1998 年美國國會試圖彈劾克林頓總統時，他的一個主要辯護觀點就是他是美國人民兩次公平選舉產生的總統，而國會無權否決美國人民的意願。

第二是聯邦主義，所謂聯邦主義就是均權主義，即把國家權力根據性質的不同分配給不同層次的政府分別行使，這種權力劃分通過一個剛性憲法固定下來，要修改憲法必須得到聯邦和各州雙方的同意。關於聯邦制在前文已有較多論述。

第三就是司法至上，聯邦和各組成部分之間的一切糾紛都可以通過獨立的司法系統來公平合理地得到解決，聯邦司法系統成為憲法和國家的守護神，這就是憲政和法治的精髓所在。非常清楚，沒有美國憲法和法治，就沒有了美國這個國家。這個社會、這個國家完全建構在憲法和法治之上。以致有美國人抱怨，美國除了法律，什麼都沒有。儘管美國也有公民教育、愛國教育，試圖在建立共同文化、共同理想和追求上作出一些努力，但是維繫美國這個國家存在的不是靠這些「軟件」，在美國這樣高度多元化的國家是不可能統一思想的，歷屆美國政府似乎也從來沒有想過要統一全民的思想。維繫美國存在的就是美國憲法、法治和獨立的司法這些「硬件」，這與中國古代的「名分秩序論」、「奉正朔論」和「封貢體制論」正好形成鮮明對比，古代中國主要是靠「軟件」來維繫國家的統一，當然也有「硬件」，例如對地方官員的任命或者冊封，但是主要還是靠「軟件」。中國可以沒有憲法和法律而存在，但是美國卻一刻也不能沒有憲法。沒有憲法和法治，也就沒有美國。

上述兩種理論、兩種制度都可以維持國家的長期統一，第一種方法是努力創造一種血緣或者「準血緣」關係，創造一個大家庭，把全國維繫在一個屋簷下。第二種方式是靠平等協商產生的憲法和法治把各個組成部分維繫在一起。第一種方法的缺點是，其自身幾乎沒有更新機制，因此時間久了，容易藏污納垢，自我倒閉，因此封建王朝往往隨着封建國家機器的老化而結束。這種制度不是敗在懷柔政策本身，這種政策本身如果運用得當，是沒有問題的，是可行的。問題出在中國封建王朝政制本身有致命缺點。對第二種方法，現在實在看不出有任何辦法「破壞」它，如果有人想這麼做的話。實在看不出像美國這樣的國家何時會陷於內憂外患之中，陷入一些地方鬧獨立的情形，這簡直是不可能的。儘管聯邦和州有時也會有一些尖銳的矛盾衝突，但是由於有一個健全的司法解決機制，因此問題總能夠和平解決，不至於到大動干戈，兵戎相見的程度。

至於由強人靠強權來維持的統一，是很容易出問題的。因為在物理學上，這樣的單極機構是一種不穩定的結構，很容易搖擺不定，不知何時就無法運轉了。單腳凳是沒有辦法站立的，只有力量（對國家來說就是權力）平均分佈，才可能穩定。國家權力如果太過於集中於一頭，例如中央，這個國家就是頭重腳輕，很容易倒下來。國家權力如果太過於集中於地方，這個國家也就岌岌可危了。因此，國家的權力過分集中，無論集中在中央或者地方，對國家都不是福音。就像國際社會如果只有一個超級霸權，世界就很難太平一樣，一個權力過分集中的國家通常很難穩定下來。這些國家必須調整自己的國家結構，調整國家的權力分佈，並使之法律化、制度化，真正確立憲政和法治，建立起一套良好的解決糾紛的司法機制，這樣才能真正政通人和，長治久安。對於現代國家來說，幾乎別無選擇，只能靠牢固的法治這樣的硬件才能實現、維繫國家的統一，依靠法治規則來解決國家整體與局部出現的矛盾和糾紛。

| **註釋** |

1.「有限公司」的英文為「Company Limited」，相應地這裡把「有限政府」翻譯為「Government Limited」。如果每一個政府都可以在自己的正式名稱後邊加上一個「Ltd.」，就像股份有限公司的商號後加上「Ltd.」一樣，這樣可以更好地提醒政府，政府的權力是有限的，是要受約束的。

2. 中國自清代末年開始引進西方的法律，一直到 1949 年以前，曾經建立了現代股份有限公司制度，1949 年新政府成立後，這種制度就不再存在了。1977 年「文化大革命」結束後，中國開始改革開放，現代的公司制度才開始建立，現在仍然在完善過程中。但是，在建立有限政府方面，中國始終沒有很大進步。

3.《行政訴訟法》1990 年 10 月 1 日起開始施行。此前，根據 1982 年 3 月 8 日全國人大常委會制定的《民事訴訟法（試行）》第 3 條第 2 款的規定，即「法律規定由人民法院審理的行政案件適用本法」，公民和組織不服行政機關的處理可以向法院起訴。據此有 130 多個法律和行政法規以及大量的地方法規賦予了公民起訴政府具體行政行為的權力。但是在《行政訴訟法》生效前，行政訴訟並沒有形成一套完整的制度，法院受理的行政案件也不多。

4.《鄉黨委成被告，盜伐林木案引出罕見訴訟》，載《檢察日報》，北京，2002 年 4 月 11 日。

5. 1990 年《行政訴訟法》剛剛開始實施，全國法院全年共受理行政案件 13,006 件。《行政訴訟法》實施後，行政案件上升幅度很大。2000 年全國地方法院一共審理並判決了 86,000 多件行政訴訟案件。蕭揚：《最高人民法院工作報告》，載《人民日報》，北京，2001 年 3 月 21 日。

6. 羅豪才：《中國司法審查制度》，北京：北京大學出版社，1993，頁 23。Judicial Review 中國內地一般翻譯為「司法審查」，香港和台灣大多翻譯為「司法覆核」。

7. 中國憲法實際上實行的是人民主權（sovereignty of the people），《憲法》第 2 條明文規定「中華人民共和國的一切權力屬於人民」。但是，《憲法》第 62 條規定的全國人民代表大會行使的職權中，其最後一項是「應當由最高國家權力機關行使的其他職權」，由誰來判定還有哪些權力是「應當由最高國家權力機關行使的其他職權」，《憲法》沒有規定。以前兩部《憲法》的這一項更是規定全國人大行使它認為應該行使的其他職權。這就是說，《憲法》賦予了全國人大沒有任何限制的權力，把人民的代表機關和人民本身混為一談了。真正擁有所有權力的應該是人民，就像《憲法》第 2 條規定的那樣，人民的代表機關無論如何其權力都應該是有限的。

8. 蔡定劍：《中國人民代表大會制度》，北京：法律出版社，1998，頁 267。

9.「一府兩院」指中央人民政府即國務院和最高人民法院、最高人民檢察院。實際上，《憲法》只要求國務院向全國人大報告工作，並沒有要求「兩高」（或者叫「兩院」）這樣做，參見《憲法》第 92 條、第 128 條、第 133 條。

10. 中國《憲法》第 31 條對全國人大的授權十分廣泛，可以說沒有任何限制。因為這個授權授予了全國人大制定與中國《憲法》規定的國家根本制度相牴觸的制度在中國的某一個區域實施。實際上，第 31 條不是必須有的，因為既然《憲法》第 62 條第 15 項規定全國人大有權行使「應當由最高國家權力機關行使的其他職權」，因此，全國人大完全可以根據這一款的規定來制定和憲法的基本原則不一致的制度和法律。這和英國的議會主權有相似之處。在英國，議會可以制定或者不制定任何法律，包括制定限制議會主權的法律，例如 1972 年英國議會通過的《歐洲共同體法》（*European Communities Act 1972*），承認羅馬條約和歐洲共同體的法律效力高於自己制定的國內法，在與共同體的關係上取消了自己的最高性。因此，一位大法官就斷言，沒有一個議會能約束未來議會的行動。O. Hood Phillips, *Constitutional and Administrative Law （Seventh Edition）*, London: Sweet & Maxwell Ltd., 1987, p.61。龔祥瑞：《比較憲法與行政法》，北京：法律出版社，1985，頁 60。

11. 許崇德：《中國憲法（修訂本）》，北京：中國人民大學出版社，1996，頁 210。

12. 最高人民法院因為和最高人民檢察院等機構的看法不一致，曾經就新《刑法》第 93 條第 2 款規定的「其他依照法律從事公務的人員」的含義，請求全國人大常委會進行立法解釋，2000 年 4 月 29 日第九屆全國人民代表大會常務委員會第 15 次會議通過了一個決定，對《刑法》第 93 條第 2 款規定的「其他依照法律從事公務的人員」的含義進行了解釋。但是這次罕見的立法解釋儘管是由最高人民法院等機構主動提出的，但是最後「外在的」的表現形式仍然是全國人大常委會的主動行為，即由全國人大常委會委員長會議委託全國人大常委會法制工作委員會提案解釋法律，而不是由最高人民法院直接向全國人大常委會提出解釋法律條款含義的議案，儘管最高人民法院和全國人大常委會之間肯定會有內部的文件來往。

13. 《法制日報》，1999 年 6 月 27 日。

14. 1955 年 7 月 30 日最高人民法院研字第 11298 號對當時新疆省高級人民法院曾經作過一個批覆。該「批覆」認為憲法在刑事方面並不規定如何論罪科刑的問題，因此，「在刑事判決中，憲法不宜引為論罪科刑的依據」。當時的最高人民法院沒有指出理由，只是說憲法是國家的根本法，也是一切法律的「母法」，並引用了劉少奇委員長論述憲法重要性的話。但是，該「批覆」並沒有說在民事的、經濟的和行政的等判決中不可以引用憲法，也沒有說在刑事訴訟中不可以適用憲法，只是說在刑事判決中不宜引用憲法作為論罪科刑的依據。再者，在刑事訴訟活動中「不宜」引用憲法，也沒有完全排除引用憲法的可能性。國務院法制局信息中心：《中國法律法規全庫》「司法解釋庫」，北京：中國檢察出版社，1998。

15. 實際上涉及憲法的普通訴訟現在越來越多，人民法院也有引用憲法判案的情況。參見杜融訴沈涯夫、牟春霖誹謗案，張連起、張國莉訴張學珍損害賠償糾紛案，王發英訴劉真及《女子文學》等四家雜誌侵害名譽權糾紛案，錢某訴屈臣氏日用品有限責任公司侵犯人格尊嚴和名譽權案。國務院法制局信息中心：《中國法律法規全庫》「司法解釋庫」，北京：中國檢察出版社，1998。筆者曾在《我國憲法可否進入訴訟》一文中，分析了這五個案例。見《法商研究》，1999 年第 5 期。又見中國人民大學書報資料中心複印報刊資料《憲法學、行政法學》，2000 年第 1 期。周偉：《有關中國憲法適用憲法基本權利條款的審判研究》，載《中國法與比較法研究（*Journal of Chinese Law and Comparative Law*）》，香港，1997—1998，Volume 3，Number 2。

16. 王利明：《司法改革研究》，北京：法律出版社，2000，頁 294。

17. 《法院廢了人大法規？》，載《中國經濟時報》，2000 年 9 月 5 日、2000 年 10 月 24 日。

18. 周某訴北京市交通管理局朝陽交警支隊機動隊，北京市朝陽區人民法院行政判決書，（2001）朝行初字第 35 號。北京市第二中級人民法院行政判決書，（2001）二中行終字第 116 號。

19. 李峰、楊文學、周華公：《城市出台「土規定」 闖紅燈該罰 5 元還是 200 元？》，載《大眾日報》，2001 年 12 月 22 日。也見《京華時報》，2001 年 12 月 15 日。

20. 《最高人民法院關於以侵犯姓名權的手段侵犯憲法保護的公民受教育的基本權利是否應承擔民事責任的批覆》，法釋（2001）25 號，2001 年 6 月 28 日最高人民法院審判委員會第 1183 次會議通過，2001 年 8 月 13 日起施行。

21. 崔麗：《以憲法名義保護受教育權——冒名官司引出司法解釋》，載《中國青年報》，2001 年 8 月 15 日。

22. 馬伯里是 1803 年美國確立司法審查制度的馬伯里訴麥迪遜一案（Marbury v. Madison）的原告。

23. 劉慶瑞：《比較憲法》，台北：三民書局，1993 年第 6 版，頁 276、320。

24. 《立法法》第 42 條。

25. 《人民日報》，1988 年 4 月 19 日。

26. 參見胡錦光：《中國憲法的司法適用性探討》，載《中國人民大學學報》，1997（5）。苗連營：《關於設立憲法監督專責機構的設想》，載《法商研究》，1998（4）。包萬超：《設立憲法委員會和最高法院違憲審查庭並行的複合審查制》，載《法學》，1998（4）。

27. 這裡「違憲審查」中的「憲」是指特別行政區《基本法》，實際上是指對違反《基本法》的行為的審查。為了敘述的方便，作者借用「違憲審查」這個被普遍接受的概念。

28. 香港特別行政區《基本法》第 17 條和澳門《基本法》第 17 條。

29. 希文：《香港法律發展史上的里程碑——淺談全國人大常委會關於香港原有法律處理問題的決定》，載《中國法律》，香港，1997（2），頁 12。

30. 希文：《香港法律發展史上的里程碑——淺談全國人大常委會關於香港原有法律處理問題的決定》，載《中國法律》，香港，1997（2），頁 13。

31. 「三違反」政改方案是指港英政府在 1992 年後違反《中英聯合聲明》、違反《基本法》和中英兩國外長在 1990 年通過互換信件所達成的諒解，單方面推行的香港政制改革方案。

32. 陳弘毅：《香港回歸的法學反思》，載《法學家》，1997（5），頁 51-55。

33. 《人民日報》，1997 年 3 月 11 日。

34. 希文：《香港法律發展史上的里程碑——淺談全國人大常委會關於香港原有法律處理問題的決定》，載《中國法律》，香港，1997（2），頁 14。

35. 希文：《香港法律發展史上的里程碑——淺談全國人大常委會關於香港原有法律處理問題的決定》，載《中國法律》，香港，1997（2），頁 13。

36. 曾育文：《以寬容態度處理香港原有法律》，載《大公報》，香港，1997 年 2 月 5 日。

37. 陳弘毅：《香港回歸的法學反思》，載《法學家》，1997（5），頁 59。

38. 香港《基本法》第 43 條。

39. 當然這裡的「憲」指的是特別行政區《基本法》。

40. 《憲法》第 62 條。

41. 戴耀廷：《憲法性法律》，載陳弘毅等：《香港法概論》，香港：三聯書店，1999，頁

117-118。

42. 陳弘毅：《論香港特別行政區法院的違憲審查權》，載《中外法學》，1998（5），頁12。

43. 正如在前文所探討的，中國內地是一個例外，最高人民法院是中國內地的終審法院，但是它卻不享有違憲審查權，違憲審查權由另外一個機構即全國人大及其常務委員會行使。

44. Wacks R., "The Judicial Function", In Wacks ed, *The Future of the Law in Hong Kong*, Hong Kong: Oxford University Press, 1989, p.133.

45. 陳弘毅：《香港回歸的法學反思》，載《法學家》，1997（5），頁61。

46. 同上

47. 陳弘毅：《論香港特別行政區法院的違憲審查權》，載《中外法學》，1998（5），頁18。

48. Yash G., *Hong Kong's New Constitutional Order*, Hong Kong: Hong Kong University Press, 1999, p.306.

49. 陳弘毅：《香港回歸的法學反思》，載《法學家》，1997（5），頁61。

50. （1997）Hong Kong Law Reports and Digest 761;（1997）Hong Kong Cases 315.

51. （1998）1 HKLRD 615.

52. （1998）2 HKLRD 552.

53. HCAL No. 9 of 1998.

54. （1999）3 HKLRD 316.

55. 137 & 139/1999, CACV 278 & 279/1999.

56. HCAL 25/1999.

57. CACV 107/1999.

58. HCAL 151/1999.

59. （1999）1 HKLRD 783.

60. （1999）1 HKLRD 304.

61. （1999）1 HKLRD 315, 339I-340J.

62. （1998）1 HKLRD 265.

63. FACV Nos 10 and 11 of 1999.

64. 終審法院民事上訴 2000 年第 20、21 號。

65. 終審法院民事上訴 2000 年第 26 號。

66. 終審法院民事上訴 2000 年第 24 號。

67. 趙秉志、高德志：《澳門法律問題》，北京：中國人民公安大學出版社，1997，頁 16-17。

68. 蕭蔚雲：《一國兩制與澳門特別行政區基本法》，北京：北京大學出版社，1993，頁 232。

69. Chen A. H. Y., "The Court of Final Appeal's Ruling in the 'Illegal Migrant' Children Case: Congressional Supremacy and Judicial Review", In *Law Working Paper Series Paper No 24*, Faculty of Law, the University of Hong Kong, March 1999.

70. 全國人大內務司法委員會 1999 年 8 月 24 日向第九屆全國人大常委會第十一次會議提請審議了全國人大常委會關於對審判、檢察工作中重大違法案件實施監督規定的草案。見《光明日報》，1999 年 8 月 25 日。

71. 《憲法》第 57 條。

72. Ward R., *English Legal System*, London: Butterworths, 1998, p.166.

73. FACV Nos 10 and 11 of 1999.

74. 關於這個問題，前文已經有所論述。最高人民法院儘管內部和全國人大常委會「溝通」很多，但是見諸報端、公開請求全國人大常委會解釋憲法和法律的情況還沒有。

75. 據說中英談判時，英國方面原來並沒有料到中國會授予未來的香港特別行政區以司法終審權，中國方面主動表示要把司法終審權賦予香港特別行政區。

76. 中國是目前世界上唯一一個有三個終審法院的國家 ，即設在北京的內地的最高人民法院、香港特別行政區終審法院和澳門特別行政區終審法院。另外，台灣的「司法院大法官會議」是台灣現行的「憲法法院」，亦即台灣的「終審法院」。因此，中國一個國家現在實際上有四個終審法院。

77. 陳弘毅：《論香港特別行政區法院的違憲審查權》，載《中外法學》，1998（5），頁 18。

78. 香港《基本法》第 159 條，澳門《基本法》第 144 條。

79. 喇嘛當時假稱：「我喀爾喀四部蒙眾，受大清恩惠二百餘年，不忍坐視，我佛哲布尊丹巴呼圖克圖，已傳檄徵調四盟騎兵四千名，進京保護大清皇帝，請即日按照人數，發給糧餉槍械，以便啟行，是否照准，限本日三小時內，明白批示。」陳崇祖：《外蒙近世史》第 1 篇，台北：文海出版社，1965，頁 10。然而，蒙古哲布尊丹巴呼圖克圖很快於 1911 年 12 月 28 日就舉行了登極典禮，啟用自己的國號，建立了蒙古中央政府。

80. 袁世凱政府成立後，一直不承認外蒙獨立。1915 年 6 月 7 日中俄蒙三方簽訂了《中俄蒙協約》22 條。中國被迫捨實取名，俄國捨名求實。外蒙承認中國宗主權，中俄承認外蒙自治，為中國領土之一部分。外蒙無權和他國訂立國際條約，外蒙古博克多哲布尊丹巴呼圖克圖名號，受大中華民國大總統冊封，外蒙公事文件上用中華民國年曆，並兼用蒙古干支紀年。中俄兩國在外蒙駐軍、駐官數量相等。1916 年 6 月 1 日中央政府根據《中俄蒙協約》隆重舉行了對蒙古博克多哲布尊丹巴呼圖克圖的冊封儀式，外蒙取消獨立。但是外蒙實際上已經獨立，或者說成為俄羅斯的附庸國。張啟雄：《外蒙主權歸屬交涉 1911—1916》，台北：中央研究院近代史研究所，1995，頁 39-262。

81.《朝鮮外交事務書（日本案）》一，第 8 號文書，漢城：成進文化社，1980。

82. 張啟雄：《外蒙主權歸屬交涉 1911—1916》，台北：中央研究院近代史研究所，1995，頁 12-14。

83. 張啟雄：《外蒙主權歸屬交涉 1911—1916》，台北：中央研究院近代史研究所，1995，頁 14-16。

84. 松田道之編：《在東京琉球藩吏私稟在日本外國公使書》，《琉球處分》中卷，東京：本邦書籍株式會社，1981，頁 424。

85. 張啟雄：《外蒙主權歸屬交涉 1911—1916》，台北：中央研究院近代史研究所，1995，頁 16-19。

86. U.S. Census Bureau, Census 2000 Redistricting（Public Law 94 － 171）Summary File, Tables PL 1 and PL 2. http://www.census.gov/prod/2001pubs/c2kbr01-1.pdf.

87.《僑報》，美國，2001 年 8 月 7 日。

88. 加勒比海島國波多黎各是美國的屬地，1952 年制定了憲法，經美國國會批准後生效。該憲法規定波多黎各實行地方自治，同時保留和美國的緊密聯繫，獲得美國自由聯邦的地位（commonwealth associated with the US），由美國提供安全防衛。波多黎各人是美國公民，參加美國軍隊和選舉的初選，但是不能參加總統大選；在美國國會眾議院有一個代表，但是沒有投票權。波多黎各內部一直以來主要的爭論就是，或者維持現狀，或者完全加入美國成為美國的第 51 個州，或者完全獨立。波多黎各面積 8,897 平方公里，人口約 390 萬，1999 年國民生產總值 380 多億美元，人均國民生產總值約 9,800 美元。如果加入美國，面積將是美國倒數第三個小州，比特拉華州和羅德島州略大；人口將是美國第 23 個州。波多黎各能否舉行有約束力的全民投票決定自己的前途，這要由美國聯邦政府來決定是否授予它自決權。美國聯邦眾議院 1998 年 3 月以 209 對 208 票通過一個法案（「856 號決議」），允許波多黎各人自決，但是這個法案還必須由聯邦參議院通過，並由美國總統簽署才能生效。波多黎各在聯邦眾議院唯一的代表在決定自己民族和國家前途的投票中，仍然是沒有投票權。根據美國憲法，各州不得自由脫離聯邦。

後記

新問題和幾點感言

本書雖然完成了，但是還有許多新的問題需要研究。而且隨着對這個課題的深入探討，筆者對普通法和大陸法的一些深層次理論問題，有了新的看法，這裡作為「後記」寫出來，與讀者分享。

一｜層出不窮的新問題

就在本書寫作過程中，中國內地和香港特別行政區之間不斷有各種各樣棘手的事情發生，社會發展不斷地在考驗着「一國兩制」，考驗着兩地中國人的政治智慧。其中一個焦點問題是法輪功。中央政府 1999 年已經明確把法輪功認定為邪教組織而加以取締，作為特別行政區的香港是否應該和中央保持一致，也取締法輪功呢？法輪功學員能否在特別行政區繼續練功？這確實是拋給特別行政區政府的一塊「燙手山芋」。儘管香港特別行政區行政長官明確表示贊同中央政府對法輪功的定性，把它描述為邪教，但是特別行政區政府並沒有取締它，法輪功在香港活動並沒有受到政府禁止，法輪功學員仍然可以在特別行政區公開修煉，並可以繼續進行遊行和示威，不受特別行政區政府的干預。有關法輪功的文章、廣告仍然經常見諸報端。特別行政區政府也多次表示不準備以立法方式取締法輪功。

從特別行政區政府處理法輪功的方法方式來看，特別行政區確實嚴格按照「一國兩制」的原則辦事，從香港特別行政區的實際情況出發，實事求是處理問題。從這件事情上，我們看到特別行政區政府確實信守法治原則，嚴格按照特別行政區的法律辦事，任何活動只要沒有觸犯特別行政區的法律，特別行政區政府就不會干預。但是一旦觸犯了法律，政府絕對不會袖手旁觀。這是國際上的慣例，一切問題都通過法治加以解決。作為政府，特別行政區應該密切關注法輪功在本地的動態，因為它畢竟是被中央認定為非法的邪教組織，並造成了極大的國內外影響。「如果政府就此事裝聾扮啞，便是不負責任。」[1]

儘管特別行政區政府沒有正式宣佈法輪功為邪教，沒有取締它，但是特別行政區政府確實有責任向市民提出警告或者勸告，向他們表明自己的憂慮。這是任何一個地方的政府都會做、也必須做的事情。因此，香港特首對法輪功發表自己的看法，是正常的、積極的。如果市民不聽勸告，仍然練功，市民就要對自己的行為負責任；如果這裡邊有任何刑事犯罪問題，政府應該就事論事去查處。這就是典型的法治處理辦法。這樣做體現了「一國兩制」原則，遵守了法治，尊重了基本人權。中央政府在特別行政區處理這個事件過程中，沒有干預特別行政區政府的施政，恪守「一國兩制」、「港人治港」的原則精神，理解特別行政區的處境，充分相信港人能夠治理好香港，能夠處理好這件事情，為正確處理中央與特別行政區的關係樹立了良好的先例。

另外一起引起國際影響的事件就是李少民回港任教事件。李少民是美籍華人，在香港城市大學任教。2001 年 7 月他在北京被人民法院判處間諜罪成立，之後被驅逐出境。基於「一國兩制」的考慮，特別行政區政府允許李少民回到香港。但是特別行政區入境處官員在機場向他宣讀了一段聲明：「我們根據工作簽證條件批准你入境。我們現在提醒你，你在香港居留期間不得做任何與你工作簽證不符合的事或違反工作簽證的條件，否則工作簽證會隨時被取消」，「我們又提醒你，我們不希望你或任何人士，在香港做任何違反香港利益的事，否則我們會隨時取消你的簽證」。李少民也在「同意」的文件上簽了字。[2]這就是允許他重新入境的條件。2001 年 8 月 3 日香港城市大學並決定准許李少民繼續在城市大學任教。香港城市大學有關負責人表示，這個決定完全是校方自己的決定，沒有考慮任何政治因素，只是以學術來考慮。特別行政區政府表示尊重學術自由，但是不會容許任何人在香港進行間諜活動，因為這樣會損害香港和國家的利益。

被內地司法機關判處間諜罪並驅逐出境的人，能否繼續在中國的一個特別行政區工作，而且是在大學任教呢？這些問題是起草《基本法》時人們無法預料的。這裡有兩個問題：一是依據《基本法》，中國《刑法》不在特別行政區實施，內地的罪名和特別行政區的不一樣，但是問題的關鍵是，當事人觸犯的是間諜罪，而《基本法》規定特別行政區也有責任維護國家的統一與安全（《基本法》第 23 條），讓被中國判處間諜罪的人繼續在中國的一所大學任教（儘管是在中國的特別行政區），是否適當。二是「驅逐出境」中的「境」到底是指「國境」或者「邊境」，特別行政區應該不應該包括在「境」內。

在「一國兩制」之下，內地和香港特別行政區分屬兩個不同的司法管轄區，內地《刑法》在特別行政區並無效力，「法域」和「行政區域」還是有分別的。特別行政區政府這樣處理這件事情，有一定的《基本法》依據。當然特別行政區政府的做法也遭到了一些人士的批評，認為即使是「一國兩制」也不能讓這樣的人入境，而且是在大學任教。

美國對特別行政區政府的處理方法表示了歡迎。之後不久，美國政府就向國會提交了一年一度的香港報告，表示中國政府繼續履行「一國兩制」的承諾，尊重香港特別行政區的高度自治。香港政府繼續維護市民的基本公民權益，保障言論和集會自由，而法治得以延續，公務員隊伍也繼續維持中立。香港繼續是亞洲最自由的城市之一。

從這件事情的處理來看，特別行政區的出入境控制屬於特別行政區自治範圍內的事情，而特別行政區機構聘用人員的制度也是由這些機構自主決定的，中央政府既沒有干預特別行政區的自治，也沒有干預特別行政區任何機構聘用人員的政策，即使是像處理這樣敏感的政治性很強的個案。但是，特別行政區也應該自覺維護國家的統一和安全，這是特別行政區對國家應盡的責任。可以相信，像這樣涉及兩地關係的敏感問題，將來還會不斷出現。中央和特別行政區都已經取得了一些處理這種棘手問題的經驗，只要恪守「一國兩制」，按照《基本法》辦事，將來無論遇到什麼樣的問題，終究都會找到解決方法的。

二｜普通法的治理哲學

最近研讀普通法的一些著作，對普通法產生了一些新的認識，普通法決不僅僅是一種法律制度，而是一套治理國家和社會的哲學。

法治是治理國家的一種現代方式。提起這種新的治國之道，我們首先聯想到立法，即由立法機關制定大量的法律，用「法網」把社會生活的每一個方面都給「網上」，這好像就是法治了，就放心了。然而，生活之樹是長青的，任何完備的法律、任何最及時的立法在日新月異的社會生活面前，都會顯得十分過時、落伍，因此，必須得有人解釋法律才行。尤其對憲法性法律，要求有很高的穩定性，不可能經常修改，因此由一個特定機關不斷地對成文立法進行闡述發揮就是不可避免的。那麼，由哪個機關來解釋憲法和法律呢？不同的法律制度對此有不同的規定，但是在任何法律制度下，法院都起碼是其中一個解釋法律的機關。然而在普通法之下，法院的角色絕不僅僅限於解釋已經制定好了的成文立法，法院還有更重要的用途，即法官通過判案可以被動創造法律規範，這才是普通法的精髓所在。

普通法對社會發展出現的任何新生事物所採取的基本態度是，任何事情在剛出現的時候，先保留一段看似「無法無天」的狀態，先讓社會自我規制，如果社會能夠自我「搞定」，國家就不再立法干預了。因為任何事情如果一出現就立即立法，肯定會限制社會的發展。任何立法，無論如何寬鬆的立法，都會對人的創造力的充分發揮、對社會的充分發展構成一定的限制，對社會帶來一定的「硬傷」。所以，在普通法看來，不是立法越多越好，相反立法太多可能阻礙社會的發展。因此最好先不要立法，讓社會大膽地試、大膽地闖，一直往前走。

普通法的治理邏輯是，先假定一切都是可以做的、是合法的。法無明文規定者不犯法、不為罪。如果沒有人對你的行為提出異議，那就說明你這樣做是可以被接受的，因而是合法的。但是，如果「出事」了、發生問題了，有人對你的行為提出異議，到法院去挑戰你的行為，那麼就要由法官來審理並決定你這樣做到底行不行，到底是否合「法」，這個時候才由法官出面告訴你在這件事情上「法律」是什麼，這個時候才有「法律」問題，才有國家出面的問題，否則國家會一直不出面。在普通法制度下，沒有什麼案件是法院不可以受理的，也沒有什麼案件是法官不可以判決的。普通法法院一般不會因為沒有成文法律依據而將一個案件拒之門外，因為那是不負責任的。像中國這樣通過法律設定法院的受案範圍，而法院也可隨意決定什麼案件可以不受理從而將一些「麻煩」拒之門外，這在普通法看來，是不可思議的。

所以，在普通法的環境下，法治不等於立法，相反，法治主要是指司法，而司法相比立法和行政的一個主要特性是被動性，即「不告不理」。在普通法的語境下談論法治，首先想到的是法官的獨立和高標準的司法，而非立法機關大量的立法，更非行政機關大量的「行政立法」（相反這些可能正是法治要「治」的重點對象）。社會管制一定要考慮社會成本，要盡可能減小社會成本，減少社會為人定規範付出的代價，最好讓社會形成自己的發展規範和機制。採取立法行動往往打擊一大片，而司法只針對個案，採取個案處理的方式來管制社會是相對較為經濟的方法。由司法而非立法或者行政來「主管」社會，就是代價最小的一種社會治理。

但是，普通法下的這種「法治主義」不是無政府主義，而是要「積極地」不干預，無為而治，不輕易「打擾」，不強制中斷社會的正常發展進程，但是要有合理的政府規制。政府對任何事情當然可以立法，如果它認為必要的話。只不過任何政府的立法不得有追溯力，不得溯及既往，對人民在法律生效以前的行為沒有效力。而且，當社會出現新的事物時，如果政府想先下手為強，先管理，政府可以立法，制定「法律」規範，但是政府的立法是否合理，法律是否具有正當性，這要由獨立的法院來最終決定。無論是立法機關制定的正式法律，或者行政機關的行政性法規，都不是最後的、最權威的規範，這些「人定」的法律規範還要接受法官的審查，人民有權利到法官那裡訴說政府的立法是如何滑稽、沒用、甚至非「法」，要求法官廢除這些立法。政府當然可以爭辯，說這樣立法是為了社會整體利益，如何科學合理。最後要看法官如何判斷了。

法官如何作出判斷呢？其標準是什麼？標準就是憲法或者憲制性法律，例如特別行政區的《基本法》。這就是司法審查或者違憲審查的來歷。可見，法官是政府和人民之間的仲裁者，仲裁的最高標準是由人民制定的根本法，即憲法。在普通法下，法官的最高職責是捍衛憲法，而不是法律。什麼是法治？我們常說，法治主要是為着治「官」，而「官」由立法官、行政官和司法官組成。從某種意義上說，法治主要就是「治」立法、「治」行政，即由獨立的司法官根據憲法和常識來「治」立法官和行政官。因此，普通法的治理觀念是，法治（rule of law）就是法官之治（rule of judge），是被動之治，是個案之治，並非立法之治，主動之治，全面之治。法律的主要目的是保護人民，而非打擊罪犯。寧可漏掉一萬個不法之徒，不可冤枉一個無辜百姓。[3]政府是監控者，而非社會發展的主導者、領導者，人民才是社會的主人，是主導者。法官是法律的源泉，是是非標準的最後裁判者、制訂者。

這樣治理國家和社會的好處是：第一，讓社會獲得充分的發育、發展，把人的潛力充分地挖掘出來，社會得到最充分的「膨脹」，這樣就形成一個大社會、小政府的格局，社會的自我管理能力特別強。其假設的前提條件是，社會不需要「父母官」，人民比政府聰明，憑自己的良知和教育，人民知道如何管理自己；而不是政府比老百姓聰明，老百姓好像永遠都長不大，事事需要政府管治「教育」才行。第二，在這種治理模式下，由於政府不輕易立法干預，社會的發展發育是自然的、正常的，「人為的」痕跡較少。無政府主義的一個立論就是，無論政府的任何管治干預、國家的任何事先立法都是對社會正常發展的粗暴干預，而政府干預太多，社會就難於成長，就不可能長成參天大樹。正如農民使用大量農藥種植蔬菜一樣，由於大量使用農藥，蔬菜固然沒有了病蟲害，十分蔥綠「健康」，但是很多營養也就失去了，損失其實很大，而且還會危害食用這些蔬菜的人的健康，這就因噎廢食、弄巧成拙了。社會發展也是一樣的，普通法的邏輯是，應該盡可能按照社會發展運動的自在規律讓它自然地成長。不戰而屈人之兵，無為而治，才是最好的治理。再次，在這種治理模式下，社會的發展比較平衡、平穩。這裡說的「平衡」，是指社會和政府之間的平衡。如果政府對社會干預太多，肯定導致政府機構膨脹，形成大政府、小社會，頭重腳輕，導致不平衡。普通法、衡平法的真諦就是通過一個獨立的司法系統，使社會和政府處於一個平等、平衡的狀態。而且由於這樣可以使社會平穩發展，社會的發展是充分的、正常的、平衡的，因此就是平穩的，較少衝突。這樣就可以取得國家的長治久安，國泰民安。

還有，這種積極不干預的法治管理模式，可以盡可能地消除社會的不平等，促進社會正義。新的事情出現時，由於政府不參與競爭，因此新的機會對所有社會成員都是平等的。加之政府通常不預先立法干預，這樣不可能產生人為的特權。即使發生了糾紛和問題，也由獨立的法官來居中解決，可以不偏不倚。這樣就盡可能消除了產生嚴重社會不公的可能。因為實際上很多社會的不公正，其實都是由於政府的過多干預才產生的，而不是社會自發形成的，問題往往就出在政府本身。就好像人人都在社會的汪洋大海中游泳，大家都是平等的，自由競爭。但是如果政府也下去游泳了，或者政府干預游泳活動過多，那就會導致很多不公問題的產生。因此，普通法的理念就是，在這種情況下，政府只需在岸邊監督，如果有人體力不支，需要救濟，政府這個時候才出面救濟；如果有人仗着自己的技術好、力量大，想獨霸一方，形成壟斷，造成了不公正，那麼在岸邊負有監督職責的政府就要干預，就要反對壟斷或者不平等交易。這才是實行市場經濟情況下政府應該扮演的角色。

這看似很寬鬆的一種治理方法，但是一旦你觸犯了法律，而法官也認可國家的立法是「合法」的，那麼其處罰是很嚴格的。例如在普通法之下，犯法就是犯罪，任何違法行為不管大小，都要「過堂」，都要由法官來解決。中國把違法和犯罪當成兩個不同的概念，比如偷盜、貪污、受賄，如果數目小就不視為犯罪，可以不經過法官而逕直給予行政處分或者不處分。但是在普通法下，偷盜、貪污、盜竊哪怕是一分錢，也是犯罪，也要追究，也要交法官處理。從性質上說，貪污一分錢和貪污一億在性質上是一樣的。這就是為什麼香港曾經有因為偷竊五元錢而被治罪的。犯法到一定程度才是犯罪，這在普通法看來過於寬鬆。

這樣看來，在普通法國家或者地區，最「有權」的不是民選政府官員或者議員，而是法官。情況確實是這樣。這樣一種社會治理模式，是以司法為中心的模式，實行的是「司法至上主義」，法官是體制的核心，法官可以廢除政府的所謂立「法」，法官可以通過判決「制定」真正權威的「法」。[4]這種社會治理方式看起來很奇怪，讓一群沒有民意基礎的法官來治理，好像不民主。這實際上是一種精英治理模式，類似於亞里士多德的「哲學王」治理模式，即挑選一些社會的長者、智者、真正懂「法」（而非「法律」）的人來判斷是非，對重大事情、重大的憲法問題作出最後決定，而非那些受民意支配、常常衝動的、非理性的民選官員和議員。

這種情況下，選擇什麼樣的法官就顯得相當重要。法官是法的化身，是一切社會糾紛的最高、最後的權威裁判者。法官應該是人間精英，法官應該是神，永遠不會犯任何錯誤，人民實在承擔不了法官犯的任何錯誤。有兩個非常有趣的「造神」現象，在人治下，人們把最高行政長官當成神，對他（她）的一切都充滿了好奇。而在法治下，人們把法官當成「神」那樣地去崇拜，法官自我也覺得是神，整天把自己封閉起來，似乎不食人間煙火。筆者就曾經親自經歷過，香港的法官一次聚餐發現有記者在場，就要求先「清場」，把老記們請出去才肯入座，筆者問為什麼，他們說那樣不雅，怎麼可以讓「凡人」看見法官大人是如何吃飯呢？那太影響形象了。這就難怪法官不願意接受記者採訪，而香港的記者偶然見到首席大法官李國能週末到戶外訓練營「度假」，和一群中學生打籃球，大法官笑逐顏開。記者對此十分好奇，馬上當成新聞加以報導，因為好不容易捕捉到大法官「青春活潑的神態」[5]。法官打球可以成為新聞，這足見社會公眾對法官的崇拜心理。

對法官提出這麼苛刻的要求，是因為社會對法官的寄託太多、太沉重，人民的身家性命、財產、一切一切都操在法官的手中，國家和社會的命運可能由他們來決定。所以，選擇法官的條件除了要求是法律精英，要懂最根本的大「法」、要公正無私外，還要求法官是道德精英，是智者，是長者，這可能是人類最原始的由長老掌管部落重大事務的一種現代變形吧！法官要是長者，行政官和議員則可以年輕一點。[6] 實際上，把民選政府官員、民選議會和由社會精英獨立操作的司法機關有機結合起來，就做到了既是民主的，又是法治的、科學的、理性的，這可能是較為理想的治理模式。

實行普通法（判例法），不僅要求法官的素質水平高，而且人民的素質也要普遍達到一定的程度才可以。因為很多社會規範要由人民自發形成，法官要尊重人民的慣例，如果人民普遍的教育程度不高，素質不好，社會可能就亂套了，這樣就很難實行法律自治了。

在這裡，筆者不是建議中國全盤採取普通法制度，那是不可能的。但是加深對普通法基本精神的理解，深入探討普通法的治理哲學，對如何正確處理中央與特別行政區的關係、對在發展市場經濟條件下如何正確處理政府與社會的關係有益，對中國正在進行的法制改革乃至政治體制改革都是有啟發的。但是如果能夠發展出一套具有中國特色的判例法，對中國完善法治，肯定不是壞事。以判例法為主要特點的普通法制度一個鮮明的優點是，在遵循先例的原則下，可以避免同類案件反覆發生，避免不同法院對同樣的案件又作出不同的判決。在中國，我們常常見到許多案件反覆發生，例如法院判決政府的某一項罰款是違法的，應該退還給公民甲，有關政府部門執行判決，退錢給公民甲。但是由於法院的判決沒有先例的效力，因此，政府據以罰款的「規定」依然有效，在公民乙碰到同樣事情的時候，政府同樣罰款，同樣的官司就可能在法院無限重複，不同的法官作出的判決又可能完全不同。這絕對不是一個法治狀態。因此，在條件成熟的時候，應該發展中國自己的判例法。

三｜再論中國的國家結構形式

如果要問中國的國家結構形式是什麼，你可能會不假思索地說「單一制」。如果進一步問你為什麼，你肯定會說這是中國《憲法》規定的。但是，如果打開中國《憲法》文本，你會吃驚地發現中國《憲法》實際上並沒有「中國實行單一制」的規定，甚至連「單一制」這幾個字都找不到。在 1982 年 11 月 26 日憲法修改委員會副主任委員彭真所作的《關於中華人民共和國憲法修改草案的報告》中也沒有提及中國的國家結構形式是什麼。因此，可以說中國《憲法》文本本身並沒有明確規定中國實行什麼樣的國家結構形式。長期以來人們說中國是一個單一制國家，中國憲法學教科書也連篇累牘地論證中國為什麼實行單一制及其種種優點，而且生硬地堅持說，馬克思主義歷來傾向於條件許可的情況下盡可能地要實行單一制。這些其實都是不準確的。且不說以前不少社會主義國家實行聯邦制，而蘇聯更是實行複雜的超級聯邦制，關鍵是中國《憲法》本身並沒有明確規定實行什麼樣的國家結構形式。

中國的憲法學者長期以來引用《憲法》序言中「中華人民共和國是全國各族人民共同締造的統一的多民族國家」這句話來作為中國實行單一制的憲法依據。其實這句話並不足以說明中國的國家結構形式，只是表明了中國的民族狀況。重要的是，任何一個完整意義上的國家（包括聯邦制國家）都是統一的，而且很多國家是多民族的。例如，美國、俄羅斯等也是統一的國家，而且是非常多民族的，它們的民族數量遠比中國的多，情況遠比中國的複雜，我們難道能說這些國家因為實行了聯邦制它們就不是「統一的國家」了嗎？顯然，這些國家不僅是統一的國家，而且是非常統一的國家，它們對分裂國家的行為決不手軟，美國不惜以南北戰爭來維護國家統一，俄羅斯重兵打擊車臣分裂主義，就是明證。所以，長期以來我們把「國家統一」等同於單一制，似乎國家要統一，就只能實行單一制；一個國家如果實行聯邦制，那就不統一了，這顯然是不成立的。如果對中國來說這是一個正確的命題的話，即如果中國實行聯邦制，可能會導致分裂，但是我們不能把這個命題普遍化，認為任何一個國家都是如此；對任何一個國家來說都是聯邦制比單一制好，這種看法也是錯誤的。

所以，中國憲法序言規定中國是一個「統一的多民族國家」，並不足以說明中國實行什麼樣的結構形式，嚴格地說《憲法》本身並沒有明確中國的結構形式是什麼。這不是立憲者的疏忽，參加起草1982年中國《憲法》的，有許多是知名憲法學家，他們當然知道國家結構的份量和重要性。在這個重要問題上憲法不作明確規定，也許是立憲者想為未來發展預留足夠的空間，使中國的國家結構保有一定的彈性。例如《憲法》第31條規定的特別行政區設置，實際上是授予了全國人民代表大會無限的創造新制度的權力，它只規定國家在必要時可以設立特別行政區，至於在特別行政區實行什麼樣的制度，那完全由全國人大去盡情發揮，沒有設定任何限制。《憲法》第62條規定全國人大的各項權力的最後一項是全國人大有權行使「應當由最高國家權力機關行使的其他職權」，這也是一項十分廣泛籠統的授權，全國人大可以利用憲法的這一條款在國家結構等方面廣泛創新。

在本書正文中，曾提到筆者並不懷疑中國實行的是地道的單一制國家結構形式，只是其憲法依據不是《憲法》序言中關於「統一的多民族國家」的規定，而要通過《憲法》關於中央國家機構和地方國家機構之間職權的具體劃分來尋找間接的依據，這在前文已經有所論述。在這裡重新提出這個問題，意思是說，儘管中國是一個單一制國家，但是《憲法》本身其實是為國家結構形式的改革預留了充分的空間。為了發展社會主義市場經濟，為了適應中國加入世界貿易組織後中央與地方關係面臨的新情況，尤其為了實現國家的最終統一，為了正確處理中央與特別行政區的關係，我們不應故步自封，墨守成規，而應該在「一國兩制」方針指導下，實事求是，勇於創新。任何有利於解決中國當今面臨的統一問題的方法，我們都應該大膽地論證，大膽地設想，最終一定會找出、或者「發明」出適合中國國情、能夠解決中國統一問題的方式和方法。

最後，談一下世貿組織（WTO）和「一國」及「兩制」的關係。在中國加入世貿組織之前，港澳台投資者在中國內地享有一定的優於外國人的待遇，這是很正常的，因為港澳台和內地是「一國」，外國人對此完全可以理解。港澳台同胞因此能感受到「一國」的好處，從而增加國家的凝聚力，在國際上也有助於形成「一個中國」的印象。現在中國加入了世貿組織後，港澳台投資者卻不得不享受外國人的待遇，我們把自己的骨肉同胞當成外國人，這樣只能增加離心力，而且在國際上可能加強中國不統一的印象，這樣做也不符合中國的《憲法》和法律。比方內地堅持港澳台的中國居民在法律上是中國公民，為什麼同樣是中國公民卻不允許他們參加中國的司法考試，不允許在內地執業呢？在司法資格考試中我們並沒有對中國公民有任何特別限制呀！[7] 我們如果先開放法律服務市場給港澳台律師，在國際上也是可以得到諒解的。中國是一個國家，四個獨立關稅區，四個獨立的 WTO 成員資格，歐盟 15 個獨立的國家可以是一個 WTO 成員資格，這對我們是一個極大的諷刺！筆者在此呼籲，在對外開放前，一定要先對內開放。如果實在不得不先對「外」開放，那也應該通過適當的安排先對港澳台開放，讓他們感受到「一個中國」有自己切實的利益在裡邊，是實實在在的，而不是空洞的政治口號，就像朱總理說的，這是讓步給自己人。真誠希望中國人能夠用我們的智慧在處理國家的統一問題上，在處理 WTO 問題上創造出雙贏、多贏的局面。

| 註釋 |

1. 時香港特別行政區律政司司長梁愛詩：《法治和人權—— 回歸四週年》，2001 年 7 月 5 日在「香港日本文化協會」舉行的午餐聚會上的致辭。

2. 《人民網》，香港，2001 年 8 月 13 日。

3. 前南斯拉夫戰犯國際法庭法官劉大群先生，曾經對普通法和中國法的觀念有過精彩的對比。以刑法為例，儘管任何刑法都有打擊犯罪、保護人民兩種功能，但是他認為普通法的刑法首先着重保護人民，中國刑法強調的首先是打擊敵人，而這兩種觀念在實際中產生兩種不同的司法實踐。2001 年 12 月 20 日劉大群法官在清華大學的演講。

4. 儘管英國實行普通法，但是由於英國奉行「議會主權」，因此議會是最高的，法官只能忠實執行議會的立法。但是，隨着英國加入歐洲聯盟，這種情況已經發生變化，議會至上已經受到動搖。參見 Ghai Y., *Hong Kong's New Constitutional Order*, Hong Kong: Hong Kong University Press, 1999, p.305。

5. 《明報》，香港，2002 年 1 月 19 日。

6. 當 1991 年美國總統布殊提名年僅 43 歲的非裔律師 Clarence Thomas 為美國最高法院大法官時，就遭到社會強烈的批評。除了其他種種原因外，批評者其中一個觀點就是他太年輕，經驗不夠，不足以擔當如此大任。

7. 根據最高人民法院、最高人民檢察院和司法部 2001 年 10 月 31 日聯合發佈的《國家司法考試實施辦法（試行）》第 13 條的規定，報名參加國家司法考試者應具備的資格是：（1）具有中華人民共和國國籍；（2）擁護《中華人民共和國憲法》，享有選舉權和被選舉權；（3）具有完全民事行為能力；（4）符合《法官法》、《檢察官法》和《律師法》規定的學歷、專業條件；（5）品行良好。

鳴謝

在本書漫長的寫作過程中，我得到許多師友的幫助與支持，沒有他們的關懷與幫助，很難設想這本書會寫成什麼樣子。我首先要感謝我的博士生導師、中國人民大學的許崇德教授和師母陳雍女士，這些年來先生和師母從學業到生活各方面所給予的無微不至的關懷，令我終生難忘。本書正源於我的博士論文。我還要感謝香港大學法律學院的韋利文教授（Raymond Wacks）和他的太太韋翩儀大律師（Penelope Wacks），在許崇德教授安排下，是他們邀請我到港大學習，並為我提供各種便利。最近聽說韋利文教授要離開香港，令我十分難過。他那淵博的知識、他的幽默、瀟灑永遠留在我的記憶裡。我還特別感謝香港大學法律學院院長陳弘毅教授。陳弘毅教授是香港法學界中的傑出代表，他的治學與他的為人一樣嚴謹，我無數次向他討教各種各樣的問題，他總是耐心地向我解答。香港大學以及香港、澳門法律界的許多其他朋友也都向我提供過無私的幫助，對他們，我都非常感激。

我 1995 年正式到清華大學工作後，我的博士論文和本書的寫作也就帶到了清華大學。這期間清華大學的領導和法學院的同仁也都給予了許多慷慨的幫助。尤其清華大學法學院允許我參加中美富布萊特高訪項目，到哈佛大學法學院進行一年的學術休假，使我有一個完整的時間可以補充、修改、完善書稿，否則，不知這本書又要拖到何時。我還得到了清華大學「985 重點研究課題」的資助，在此我向校院領導和同仁們表示深深的感謝。

最後，我要感謝我的妻子建雯、我的父母和岳父母，沒有他們一貫的支持與鼓勵，那些浩如煙海的資料和零亂的思想也不可能在今天成書。我的父親在 2000 年初春離開了人間，令我萬分悲哀，我十分懷念他！

謹把這本書獻給親愛的父親。

2002 年 5 月 1 日於

清華大學法學院明理樓

參考文獻

1·毛澤東：《論十大關係》，載《毛澤東選集》，北京：人民出版社，1956。

2·《鄧小平文選》第3卷，北京：人民出版社，1993。

3·《鄧小平論祖國統一》，北京：團結出版社，1995。

4·《鄧小平論香港問題》，香港：三聯書店，1993。

5·《鄧小平論民主法制建設》，北京：法律出版社，1994。

6·王叔文：《香港特別行政區基本法導論》，北京：中共中央黨校出版社，1990。

7·蕭蔚雲：《一國兩制與香港基本法律制度》，北京：北京大學出版社，1990。

8·蕭蔚雲：《一國兩制與澳門特別行政區基本法》，北京：北京大學出版社，1993。

9·蕭蔚雲：《香港基本法與一國兩制的偉大實踐》，深圳：海天出版社，1993。

10·許崇德：《港澳基本法教程》，北京：中國人民大學出版社，1994。

11·周毅之：《香港與一國兩制》，北京：中國社會科學出版社，1988。

12·徐克思：《香港：獨特的政制架構》，北京：中國人民大學出版社，1994。

13·張增強：《香港法制教程》，廣州：暨南大學出版社，1993。

14·董立坤：《香港法的理論與實踐》，北京：法律出版社，1990。

15·《基本法——創造性的傑作》，北京：人民日報出版社，1991。

16·楊靜輝、李祥琴：《港澳基本法比較》，北京：北京大學出版社，1997。

17·黃裔：《香港問題和一國兩制》，北京：大地出版社，1990。

18·中央社會主義學院：《一個國家，兩種制度——理論與實踐文獻資料選編》，北京：書目文獻出版社，1987。

19．黃濤：《一個國家，兩種制度》（五輯），北京：中國文史出版社，1988。

20．《瞭望》週刊海外編輯部：《「一國兩制」與祖國統一》，北京：新華出版社，1988。

21．程林勝：《鄧小平一國兩制思想研究》，瀋陽：遼寧人民出版社，1992。

22．藍天主編：《「一國兩制」法律問題研究（總卷）》，北京：法律出版社，1997。

23．吳家麟：《憲法學》，北京：群眾出版社，1993。

24．許崇德：《憲法學》，北京：中國人民大學出版社，1989。

25．許崇德：《各國地方制度》，北京：中國檢察出版社，1993。

26．王叔文：《民主憲政十年》，北京：紅旗出版社，1993。

27．蔡定劍：《中國人民代表大會制度》，北京：法律出版社，1998。

28．董成美、王振民：《民主的真與假》，成都：西南財經大學出版社，1994。

29．鄒永賢：《國家學說史》，福州：福建人民出版社，1987。

30．李永春、羅健：《十一屆三中全會以來政治體制改革的理論與實踐》，北京：春秋出版社，1987。

31．洪承華等：《中華人民共和國政治體制沿革大事記（1949—1978）》，北京：春秋出版社，1987。

32．梓木等：《民主的構思》，北京：光明日報出版社，1989。

33．沈寶祥：《特區與中國特色的社會主義道路》，北京：中央黨校出版社，1993。

34．丁中柱：《論國家行政管理的科學化》，北京：群眾出版社，1987。

35．譚健、楊百揆：《政府管理體制改革研究》，北京：春秋出版社，1987。

36．《錢端升學術論著自選集》，北京：北京師範學院出版社，1991。

37· 程超澤：《走出山坳的中國》，深圳：海天出版社，1995。

38· 辛向陽、倪健中等：《東西論衡——天平上的中國》，北京：中國社會科學出版社，1995。

39· 張文顯：《政治與法治——中國政治體制改革與法制建設的理論思考》，吉林：吉林大學出版社，1994。

40· 葛劍雄：《統一與分裂》，北京：三聯書店，1992。

41· 王鍾翰：《中華民族史》，北京：中國社會科學出版社，1994。

42· 桑玉成、周羅庚：《改革向前推進的一個標誌——建立與經濟發展相適應的政治體制》，上海：上海人民出版社，1994。

43· 趙寶煦：《政治學概論》，北京：北京大學出版社，1982。

44· 辛向陽等：《南北春秋——中國會不會走向分裂》，北京：中國社會科學出版社，1995。

45· 王鐵崖：《國際法》，北京：法律出版社，1981。

46· 《憲法資料選料》（第1—5輯），北京：北京大學出版社，1982。

47· 史衛民：《大一統》，北京：三聯書店，1994。

48· 陳連開：《中國·華夷·蕃漢·中華·中華民族》，載費孝通等：《中華民族多元一體格局》，北京：中央民族學院出版社，1989。

49· 夏東元：《洋務運動史》，上海：華東師範大學出版社，1992。

50· 魏禮群：《合理劃分中央與地方經濟管理權限》，載《經濟工作通訊》，1994（13）。

51· 陳雲生：《民族區域自治簡說》，遼寧：遼寧大學出版社，1985。

52· 安作璋：《中國史簡編》，濟南：山東教育出版社，1986。

53· 王希良：《中華人民共和國史》，西安：陝西師範大學出版社，1990。

54· 張國福：《中華民國法制簡史》，北京：北京大學出版社，1986。

55· 蔣碧昆：《中國近代憲政憲法史略》，北京：法律出版社，

1988。
56．方立文：《民族區域自治法概論》，烏魯木齊：新疆人民出版社，1986。
57．刁田丁：《中國地方國家機構研究》，北京：群眾出版社，1985。
58．刁田丁：《中國地方國家機構概要》，北京：法律出版社，1989。
59．浦興祖：《當代中國政治制度》，上海：上海人民出版社，1990。
60．萬文國：《地方人大的理論與實踐》，武漢：武漢出版社，1990。
61．陸天虹、何華輝：《地方政權與人民代表》，北京：群眾出版社，1985。
62．《地方政權研究》編書組：《地方政權研究》，北京：群眾出版社，1986。
63．張天倫：《中國機構的沿革》，北京：中國經濟出版社，1988。
64．錢其智：《機構改革新論》，北京：勞動人事出版社，1988。
65．陳嘉陵：《地方政府手冊》，武漢：武漢工業大學出版社，1989。
66．張爾駒主編：《中國民族區域自治的理論和實踐》，北京：中國社會科學出版社，1988。
67．王行：《論地方國家權力機關建設》，廣西：廣西師範大學出版社，1990。
68．黃進、黃風：《區際司法協助研究》，北京：中國政法大學出版社，1993。
69．黃進：《區際司法協助的理論與實務》，武漢：武漢大學出版社，1994。
70．黃進：《區際衝突法研究》，上海：學林出版社，1991。
71．曹沛霖：《外國政治制度》，北京：高等教育出版社，1992。
72．李道揆：《美國政府和美國政治》，北京：中國社會科學出版社，

1990。

73· 羅豪才、吳擷英：《資本主義國家的憲法和政治制度》，北京：北京大學出版社，1983。

74· 岳麟章：《當代西方政治思潮》，西安：陝西人民教育出版社，1988。

75· 張曄：《資本主義國家政治制度及其比較》，北京：旅遊教育出版社，1989。

76· 他石：《瑞士聯邦 700 年》，北京：中國國際廣播出版社，1990。

77· 馮特君：《當代世界政治經濟與國際關係》，2 版，北京：中國人民大學出版社，1993。

78· 《德國統一縱橫》，北京：世界知識出版社，1992。

79· 程漢大：《英國政治制度史》，北京：中國社會科學出版社，1995。

80· 傑弗里·帕克著，李亦鳴譯：《二十世紀的西方地理政治思想》，北京：中國人民解放軍出版社，1992。

81· ［奧］凱爾森著，沈宗靈譯：《法與國家的一般理論》，北京：中國大百科全書出版社，1996。

82· ［英］哈特著，張文顯等譯：《法律的概念》，北京：中國大百科全書出版社，1996。

83· 管歐：《地方自治概要》，台北：立民書局股份有限公司，1983。

84· 江繼五：《地方自治與選舉》，台北：大中國圖書公司，1984。

85· 塞繆爾·P·亨廷頓著，王冠華譯：《變化社會中的政治秩序》，北京：三聯書店，1989。

86·《論中央——地方關係：中國制度轉型中一個軸心問題》，倫敦：牛津大學出版社，1995。

87· 松村岐夫著，孫新譯：《地方自治》，北京：經濟日報出版社，1989。

88· 錢穆：《中國歷代政治得失》，台北：東大圖書有限公司，

1990。

89· 惠爾（K. C. Wheare）：《聯邦政府》，香港：商務印書館，1991。

90· 陳弘毅：《香港法律與香港政治》，香港：廣角鏡出版社，1990。

91· 陳弘毅：《香港法制與基本法》，香港：廣角鏡出版社，1986。

92· 陳弘毅、陳文敏：《人權與法治——香港過渡期的挑戰》，香港：廣角鏡出版社，1987。

93· 陳弘毅：《「一國兩制」概念及其在香港、澳門及台灣之適用》，香港大學法律學院與澳門公法與比較法研究會研討會，1994 年 12 月。

94· 陳弘毅：《從法律觀點看九七過渡對港台關係的影響》，載《華岡法粹》第 23 期抽印本，1995 年 10 月。

95· 陳弘毅：《香港過渡期研究的範式初探》，香港公開進修學院研討會，1995 年 12 月。

96· 黃文放：《中國對香港恢復行使主權的決策歷程與執行》，香港：香港浸會大學，1997。

97· 鍾士元：《香港回歸歷程》，香港：中文大學出版社，2001。

98· 胡國亨：《到富強之路》，香港：香港經濟學社，1993。

99· 余繩武、劉存寬：《十九世紀的香港》，香港：麒麟書業，1994。

100· ［英］斯當東著，葉篤義譯：《英使謁見乾隆紀實》，香港：三聯書店，1994。

101· 史良：《香港政制縱橫談》，香港：三聯書店，1988。

102· 沈樂平：《香港未來與基本法》，香港：香港出版集團有限公司，1994。

103· 《基本法面面觀》（論文集），香港：金陵出版社，1984。

104· 港人協會：《香港法律 18 講》，香港：商務印書館，1987。

105· Valerie A. Penlington 著，黎季明譯：《香港法制、憲政、

司法》，香港：商務印書館，1992。

106． 梁福麟：《探測香港過渡前後》，香港：廣角鏡出版社，1994。

107． 梁福麟：《97後中港新面貌》，香港：廣角鏡出版社，1995。

108． 太平山學會：《過渡時期的香港政制與法制》，香港：百姓半月刊出版公司，1984。

109． 《基本法的誕生》，香港：文匯出版社編印，1990。

110． 李昌道、龔曉航：《基本法透視》，香港：中華書局，1990。

111． 容川：《基本法——香港未來的勾畫》（論文集），香港：金陵出版公司，1986。

112． 陳惠芬：《中英香港問題紀事》，1994。

113． 黃仁宇：《近代中國的出路》，香港：中華書局，1995。

114． 劉兆德：《過渡期香港政治》，香港：廣角鏡出版社，1993。

115． 李明：《變遷中的香港政治和社會》，香港：商務印書館，1987。

116． 《過渡期的香港 1992》，香港：一國兩制經濟研究中心，1993。

117． 鄧開頌：《澳門歷史》，澳門：澳門歷史學會，1995。

118． 鄧開頌、黃啟臣：《澳門史料彙編（1553—1986）》，廣州：廣東人民出版社，1991。

119． 米健：《澳門法律》，澳門：澳門大學澳門研究中心、澳門基金會，1994。

120． 楊允中：《澳門與現代經濟增長》，澳門：澳門經濟學會，1992。

121． 楊允中：《澳門與澳門基本法》，澳門：澳門基金會，1994。

122． 楊建新：《一國兩制與台灣前途》，北京：華文出版社，1989。

123· 孫淑：《台灣政治制度》，南京：南京大學出版社，1993。

124· 李家泉、郭相枝：《回顧與展望——論海峽兩岸關係》，北京：時事出版社，1989。

125· 陳光中：《海峽兩岸法學研究文集》，北京：海峽兩岸法學學術研討會籌備辦公室，1993。

126· 盛辛民：《海峽兩岸法律制度比較·憲法》，廈門：廈門大學出版社，1993。

127· 閻建國、梁玉霞：《最新涉外涉台港澳法律顧問大全》，北京：北京廣播學院出版社，1992。

128· 李達：《一國兩制與台灣》，香港：廣角鏡出版社，1987。

129· 李達：《美台關係與中國統一》，香港：廣角鏡出版社，1987。

130· 張啟雄：《外蒙主權歸屬交涉 1911—1916》，台灣：中央研究院近代史研究所，1995。

131· 楊奇：《香港概論》，香港：三聯書店，1993。

132· 李澤沛：《香港法律大全》，北京：法律出版社。1992。

133· 李宗鍔：《香港日用法律大全（共六冊）》，香港：商務印書館，1995。

134· 姚棟華、歐陽柏權：《英漢、漢英香港法律詞彙》，香港：商務印書館，1992。

135· 王文祥：《港澳手冊》，北京：中國展望出版社，1991。

136· 《澳門法律學刊》，第 1-4 期。

137· Wesley-Smith P., *Constitutional & Administrative Law in Hong Kong*, Hong Kong: China & Hong Kong Studies Ltd.,1988.

138· Wesley-Smith P., Albert Chen H. Y., *The Basic Law and Hong Kong's Future*, Hong Kong: Butterworths, 1988.

139· Wesley-Wmith P. ed, *Hong Kong's Basic Law: Problems and Prospects*, Hong Kong: Hong Kong University, Faculty of Law, 1990.

140· Wesley-Smith P. ed, *Hong Kong's Transition: Problems

and Prospects, Hong Kong: Hong Kong University, Faculty of Law, 1993.

141・ Ghai Y., *Hong Kong's Constitutional Order—The Resumption of Chinese Sovereignty and the Basic Law (Second Edition)*, Hong Kong: Hong Kong University Press, 1999.

142・ Wacks R., *China, Hong Kong and 1997, Essays in Legal History*, Hong Kong: Hong Kong University Press, 1993.

143・ Wesley-Smith P., *The Sources of Hong Kong Law*, Hong Kong: Hong Kong University Press, 1994.

144・ Miners N., *The Government and Politics of Hong Kong*, Hong Kong: Oxford University Press, 1991.

145・ Davis M. C., *Constitutional Confrontation in Hong Kong*, Hong Kong: The Macmillan Press Ltd., 1989.

146・ Clark D., McCoy G., *Hong Kong Administrative Law (Second Edition)*, Hong Kong: Butterworths Asia, 1993.

147・ Siu-kai L., Hsin-chi K., *The Ethos of the Hong Kong Chinese*, Hong Kong: The Chinese University Press, 1988.

148・ Endacott G. B., *Government and People in Hong Kong 1841-1962, A Constitutional History*, Hong Kong: Hong Kong University Press, 1964.

149・ Wacks R., *The Future of the Law in Hong Kong*, Hong Kong: Oxford University Press, 1989.

150・ Hong Kong Government, *Legal System in Hong Kong*, Hong Kong: The Government Printer, 1991.

151・ Penlington, Valerie Ann, *Law in Hong Kong, An Introduction*, Hong Kong: Federal Publications Ltd., 1993.

152・ Wesley-Smith P., *An Introduction to the Hong Kong Legal System*, Hong Kong: Oxford University Press, 1993.

153・ Norton-Kyshe, William J., *The History and the Laws and Courts of Hong Kong from the Earliest Period to 1898*, Hong Kong: Vetch and Lee, 1971.

154・ Wacks R., *The Law in Hong Kong 1969-1989*, Hong Kong: Oxford University Press, 1989.

155・ Wacks R., *Civil Liberties in Hong Kong*, Hong Kong: Oxford University Press, 1988.

156・ Traver H., Vagg J., *Crime and Justice in Hong Kong*, Hong Kong: Oxford University Press, 1991.

157・ Sayer G. R., *Hong Kong 1862-1919, Years of Discretion (Second Impression)*, Hong Kong: Hong Kong University Press, 1985.

158・ Byrnes A., Chan J., *Public Law and Human Rights, A Hong Kong Sourcebook*, Hong Kong: Butterworths Asia, 1993.

159・ Shum C., *General Principles of Hong Kong Law*, Hong Kong: Longman Hong Kong, 1994.

160・ Duff P., etc., *Juries: A Hong Kong Perspective*, Hong Kong: Hong Kong University Press, 1992.

161・ Pomerantz-Zhang L., *Wu Tingfang (1842-1922), Reform and Modernization in Modern Chinese History*, Hong Kong: Hong Kong University Press,1992.

162・ McGurn W., *Basic Law, Basic Questions*, Hong Kong: Review Publishing Co. Ltd., 1988.

163・ Chan M. K., Clark David J., *The Hong Kong Basic Law: Blueprint for "Stability and Prosperity" under Chinese Sovereignty?* New York: M. E. Sharpe Inc., 1991.

164・ Chiba M., *Asian Indigenous Law: In Interaction with Received Law*, London: KP1, 1986.

165・ Evans, Emrys D. M., *Common Law in a Chinese Setting: The Kernel of the Nut? An Inaugural Lecture delivered on Oct 27, 1970*, Hong Kong: Publication Centre of Asian Studies, Hong Kong University, 1971.

166・ Hsu, Fong-chung B., *The Common Law in Chinese Context*, Hong Kong: Hong Kong University Press, 1992.

167 · Scott I., *Political Change and the Crisis of Legitimacy in Hong Kong*, Hong Kong: Oxford University Press, 1989.

168 · *Federalism & Decentralization: Constitutional Problems of Territorial Decentralization in Federal and Centralized States*, Fribourg: Editions Universitaires, 1987.

169 · Rholdes R. A. W., *Control and Power in Central-Local Government Relations*, Westmead: Gower, 1982.

170 · Wright D., *Understanding Intergovernmental Relations*, North Scituate: Duxbury Press, 1978.

171 · Deutsch K., *The Nerves of Government: Models of Political Communication and Control*, New York: Free Press, 1966.

172 · Elazer D., "The Shaping of Intergovernmental Relations in the Twentieth Century." *The Annals*, Vol 359（May）.

173 · Hanf K., Scharpf F., *Interorganizational Policy Making: Limits to Coordination and Central Control*, London and Beverly Hills: Sage Publications, 1980.

174. Johannes Chan H. L. F., Ghai Y. ed, *Hong Kong's Constitutional Debate: Conflict over Interpretation*, Hong Kong: Hong Kong University, 2000.

175· *Laws of Hong Kong*, Hong Kong: Hong Kong Government.

176· *Hong Kong Law Reports*, Hong Kong: Hong Kong Government.

177· *District Court Law Reports*, Hong Kong: Hong Kong Government.

178 · *Hong Kong Hansard（Official Report of Leg Co. Proceedings）*, Hong Kong: Hong Kong Government.

179 · *Hong Kong Government Gazette*, Hong Kong: Hong Kong Government.

180 · *Hong Kong Journal（1980-1994）*, Hong Kong: Hong Kong Journal Ltd.

附錄 I　條約、法律和決定

一、綜合類

1·《中華人民共和國憲法》，第五屆全國人民代表大會第五次會議，1982 年 12 月 4 日

2·《國務院辦公廳關於居住港澳地區的全國人大代表和全國政協委員回內地進出境手續等問題的通知》，國務院辦公廳，1982 年 12 月 9 日

3·《民政部關於發佈〈華僑同國內公民、港澳同胞同內地公民之間辦理婚姻登記的幾項規定〉的通知》，民政部，1983 年 3 月 10 日

4·《國務院批轉國務院港澳辦公室、國務院僑務辦公室關於對港澳同胞回內地定居及在內地眷屬的管理工作分工問題的請示的通知》，國務院，1984 年 12 月 24 日

5·《聯絡官工作規則》，廣東省人民政府，1984 年 12 月 28 日

6·《國務院辦公廳關於地圖上如何標繪香港、澳門地區的通知》，國務院辦公廳，1985 年 5 月 4 日

7·《國務院關於深圳、珠海經濟特區邊防管理若干問題的規定》，國務院，1985 年 8 月 31 日

8·《關於對港澳地區全國人大代表、全國政協委員憑證件給予免驗禮遇的通知》，海關總署，1986 年 5 月 9 日

9·《關於對進出境港澳旅客統一使用「回鄉證」辦理海關手續的通知》，海關總署，1986 年 5 月 21 日

10·《中國公民因私事往來香港地區或者澳門地區的暫行管理辦法》，國務院 1986 年 12 月 3 日批准，公安部 1986 年 12 月 25 日公佈

11·《公安部關於執行中國公民往來港澳地區暫行管理辦法若干問題的說明》，公安部，1987 年 2 月 19 日

12·《最高人民法院關於審理涉港澳經濟糾紛案件若干問題的解答》，最高人民法院，1987 年 10 月 19 日

13·《民政部婚姻司談港澳同胞、台灣居民及華僑收養子女的條件和登記程序》，民政部，1992 年 5 月 1 日

14·《內地居民赴港澳地區定居審批管理工作規範》，公安部，1997年5月17日

15·《國務院辦公廳關於印發國務院港澳事務辦公室職能配置內設機構和人員編制規定的通知》，國務院辦公廳，1998年6月18日

16·《國務院關於更改新華通訊社香港分社、澳門分社名稱問題的通知》，國務院，2000年1月15日

二、香港部分

1·《中華人民共和國政府和大不列顛及北愛爾蘭聯合王國政府關於香港問題的聯合聲明》，中華人民共和國政府和大不列顛及北愛爾蘭聯合王國政府1984年12月19日簽署

2·《關於批准〈中華人民共和國政府和大不列顛及北愛爾蘭聯合王國政府關於香港問題的聯合聲明〉的決定》，第六屆全國人民代表大會第三次會議，1985年4月10日

3·《關於成立中華人民共和國香港特別行政區基本法起草委員會的決定》，第六屆全國人民代表大會第三次會議，1985年4月10日

4·《最高人民法院關於廣東省高級人民法院與香港最高法院相互協助送達民商事訴訟文書初步協議的批覆》，最高人民法院，1986年1月3日

5·《最高人民法院辦公廳關於轉發司法部〈關於港九工會聯合會更換印章事的通知〉的通知》，最高人民法院，1987年8月15日

6·《關於各級人民法院與港方簽訂有關法律事務協議的須先報經最高人民法院審查批准的通知》，最高人民法院，1988年8月25日

7·《中華人民共和國香港特別行政區基本法》，第七屆全國人民代表大會第三次會議，1990年4月4日

8·《關於〈中華人民共和國香港特別行政區基本法〉的決定》，第七屆全國人民代表大會第三次會議，1990年4月4日

9·《關於批准香港特別行政區基本法起草委員會關於設立全國人大常委會香港特別行政區基本法委員會的建議的決定》，第七屆全國人民代表大會第三次會議，1990年4月4日

10·《關於設立香港特別行政區的決定》，第七屆全國人民代表大

會第三次會議，1990 年 4 月 4 日

11．《關於香港特別行政區第一屆政府和立法會產生辦法的決定》，第七屆全國人民代表大會第三次會議，1990 年 4 月 4 日

12．《關於〈中華人民共和國香港特別行政區基本法〉英文本的決定》，第七屆全國人民代表大會第三次會議，1990 年 4 月 4 日

13．《最高人民法院辦公廳關於「送達公約」適用於香港的通知》，最高人民法院，1992 年 7 月 15 日

14．《國務院港澳辦、國家教委等六個部門關於印發〈關於在外國的中國公民應聘到香港私人機構工作問題的若干規定〉的通知》，國家教育委員會，1992 年 10 月 9 日

15．《關於授權全國人民代表大會常務委員會設立香港特別行政區籌備委員會的準備工作機構的決定》，第八屆全國人民代表大會第一次會議，1993 年 3 月 31 日

16．《關於設立全國人大常委會香港特別行政區籌備委員會預備工作委員會的決定》，第八屆全國人民代表大會常務委員會第二次會議，1993 年 7 月 2 日

17．《關於鄭耀棠等 32 名全國人大代表所提議案的決定》，第八屆全國人民代表大會常務委員會第九次會議，1994 年 8 月 31 日

18．《中國委託公證人（香港）管理辦法》，司法部，1995 年 2 月 22 日

19．《關於設立香港特別行政區臨時立法會的決定》，全國人民代表大會香港特別行政區籌備委員會第二次全體會議，1996 年 3 月 24 日

20．《關於〈中華人民共和國國籍法〉在香港特別行政區實施的幾個問題的解釋》，全國人大常委會，1996 年 5 月 15 日

21．《香港特別行政區第一屆政府推選委員會的具體產生辦法》，全國人民代表大會香港特別行政區籌備委員會第四次全體會議，1996 年 8 月 10 日

22．《關於實施〈中華人民共和國香港特別行政區基本法〉第二十四條第二款的意見》，全國人民代表大會香港特別行政區籌備委員會第四次全體會議，1996 年 8 月 10 日

23·《香港特別行政區第一任行政長官人選的產生辦法》，香港特別行政區籌委會第五次會議，1996 年 10 月 5 日

24·《香港特別行政區臨時立法會的產生辦法》，香港特別行政區籌委會第五次會議，1996 年 10 月 5 日

25·《國務院任命令第 207 號》，國務院，1996 年 12 月 16 日

26·《中華人民共和國香港特別行政區駐軍法》，第八屆全國人民代表大會常務委員會第二十三次會議，1996 年 12 月 30 日

27·《中共中央、國務院關於正確處理內地與香港關係若干問題的通知》，中發（1996）8 號

28·《關於根據〈中華人民共和國香港特別行政區基本法〉第一百六十條處理香港原有法律的決定》，第八屆全國人民代表大會常務委員會第二十四次會議，1997 年 2 月 23 日

29·《香港特別行政區選舉第九屆全國人民代表大會代表的辦法》，第八屆全國人民代表大會第五次會議，1997 年 3 月 14 日

30·《香港特別行政區行政區域圖》，國務院第 56 次常務會議，1997 年 5 月 7 日

31·《國務院關於在香港特別行政區同時升掛使用國旗區旗的規定》，國務院第 58 次常務會議，1997 年 6 月 5 日

32·《國務院授權香港特別行政區政府接收原香港政府資產的決定》，國務院第 59 次常務會議 1997 年 6 月 26 日通過，國務院 1997 年 6 月 28 日發佈

33·《中國人民解放軍駐香港部隊進駐香港特別行政區的命令》，中央軍委主席江澤民，1997 年 6 月 30 日

34·《關於〈中華人民共和國香港特別行政區基本法〉附件三所列全國性法律增減的決定》，第八屆全國人民代表大會常務委員會第二十六次會議，1997 年 7 月 1 日

35·《全國人民代表大會常務委員會關於批准〈全國人民代表大會香港特別行政區籌備委員會工作情況的報告〉和全國人民代表大會香港特別行政區籌備委員會結束工作的建議的決定》，第八屆全國人民代表大會常務委員會第二十六次會議，1997 年 7 月 3 日

36·《中共中央辦公廳、國務院辦公廳關於印發〈關於香港回歸問

題的情況通報〉的通知》，中辦發（1997）8 號

37·《國務院關於香港特別行政區簡稱及在全國行政區劃中排列順序的通知》，國務院，1997 年 12 月 15 日

38·《關於香港特別行政區中國公民來內地投資有關問題的通知》，國務院辦公廳，1997 年 12 月 22 日

39·《關於內地與香港特別行政區法院相互委託送達民商事司法文書的安排》，最高人民法院審判委員會第 1038 次會議，1998 年 12 月 30 日

40·《最高人民法院關於內地與香港特別行政區相互執行仲裁裁決的安排》，最高人民法院審判委員會第 1069 次會議，1999 年 6 月 18 日

41·《關於〈中華人民共和國香港特別行政區基本法〉第二十二條第四款和第二十四條第二款第（三）項的解釋》，第九屆全國人民代表大會常務委員會第十次會議，1999 年 6 月 26 日

42·《國務院辦公廳關於為香港特別行政區政府駐北京辦事處在內地執行公務提供便利等問題的通知》，國務院辦公廳，2000 年 8 月 25 日

三、澳門部分

1·《關於授權全國人民代表大會常務委員會審議批准〈中華人民共和國政府和葡萄牙共和國政府關於澳門問題的聯合聲明〉的決定》，第六屆全國人民代表大會第五次會議，1987 年 4 月 11 日

2·《中華人民共和國政府和葡萄牙共和國政府關於澳門問題的聯合聲明》，中華人民共和國政府和葡萄牙共和國政府 1987 年 4 月 13 日簽署

3·《關於成立中華人民共和國澳門特別行政區基本法起草委員會的決定》，第七屆全國人民代表大會第一次會議，1988 年 4 月 13 日

4·《中華人民共和國澳門特別行政區基本法》，第八屆全國人民代表大會第一次會議，1993 年 3 月 31 日

5·《關於〈中華人民共和國澳門特別行政區基本法〉的決定》，第八屆全國人民代表大會第一次會議，1993 年 3 月 31 日

6·《關於設立中華人民共和國澳門特別行政區的決定》，第八屆全國人民代表大會第一次會議，1993 年 3 月 31 日

7·《關於批准澳門特別行政區基本法起草委員會關於設立全國人民代表大會常務委員會澳門特別行政區基本法委員會的建議的決定》，第八屆全國人民代表大會第一次會議，1993 年 3 月 31 日

8·《關於澳門特別行政區基本法葡萄牙文本的決定》，第八屆全國人民代表大會常務委員會第二次會議，1993 年 7 月 2 日

9·《關於內地與澳門相互承認民事登記證明文件及公證文書事的覆函》，司法部、民政部，1994 年 4 月 23 日

10·《關於實施〈中華人民共和國澳門特別行政區基本法〉第二十四條第二款的意見》，全國人民代表大會澳門特別行政區籌備委員會第五次全體會議，1999 年 1 月 16 日

11·《中華人民共和國澳門特別行政區第一任行政長官人選的產生辦法》，全國人民代表大會澳門特別行政區籌備委員會第五次全體會議，1999 年 1 月 16 日

12·《中華人民共和國澳門特別行政區區旗、區徽使用暫行辦法》，全國人民代表大會澳門特別行政區籌備委員會第五次全體會議，1999 年 1 月 16 日

13·《關於澳門特區第一屆政府有關機構和主要官員職位設置的意見》，全國人民代表大會澳門特別行政區籌備委員會第六次全體會議，1999 年 3 月 2 日

14·《澳門特別行政區第九屆全國人民代表大會代表的產生辦法》，第九屆全國人民代表大會第二次會議，1999 年 3 月 15 日

15·《關於設立推薦法官的獨立委員會的決定》，全國人民代表大會澳門特別行政區籌備委員會第七次全體會議，1999 年 4 月 10 日

16·《關於澳門特別行政區公共機構的徽記、印章、旗幟問題的決定》，全國人民代表大會澳門特別行政區籌備委員會第七次全體會議，1999 年 4 月 10 日

17·《國務院任命令第 264 號》，國務院，1999 年 5 月 20 日

18·《澳門特別行政區駐軍法》，第九屆全國人民代表大會常務委員會第十次會議，1999 年 6 月 28 日

19·《關於澳門特別行政區第一任行政長官在 1999 年 12 月 19 日前開展工作的決定》，全國人民代表大會澳門特別行政區籌備委員會第九次全體會議，1999 年 7 月 3 日

20·《澳門特別行政區司法機關具體產生辦法》，全國人民代表大會澳門特別行政區籌備委員會第九次全體會議，1999 年 7 月 3 日

21·《關於澳門特別行政區有關人員就職宣誓事宜的決定》，全國人民代表大會澳門特別行政區籌備委員會第九次全體會議，1999 年 7 月 3 日

22·《關於根據〈中華人民共和國澳門特別行政區基本法〉第一百四十五條處理澳門原有法律的決定》，第九屆全國人民代表大會常務委員會第十二次會議，1999 年 10 月 31 日

23·《澳門特別行政區行政區域範圍文字表述》，國務院第 23 次常務會議，1999 年 12 月 7 日

24·《國務院關於授權澳門特別行政區政府接收原澳門政府資產的決定》，國務院，1999 年 12 月 18 日

25·《中國人民解放軍駐澳門部隊進駐澳門特別行政區的命令》，中央軍委主席江澤民，1999 年 12 月 19 日

26·《關於增加〈中華人民共和國澳門特別行政區基本法〉附件三所列全國性法律的決定》，第九屆全國人民代表大會常務委員會第十三次會議，1999 年 12 月 20 日

27·《全國人民代表大會常務委員會關於批准〈全國人民代表大會澳門特別行政區籌備委員會工作情況的報告〉和全國人民代表大會澳門特別行政區籌備委員會結束工作的建議的決定》，全國人民代表大會常務委員會，1999 年 12 月 25 日

附錄 II　司法解釋和案例

一、內地司法解釋和案例

1．《關於住在香港和澳門的我國同胞不能以華僑看待等問題的批覆》（黃琴芳與尹凱宜離婚案），1958 年 2 月 12 日

2．《關於公證文件上不得寫香港「殖民地」字樣的函》（陳瓊贊和陳夢華的公證英文本案），1965 年 12 月 5 日

3．《關於港澳離婚案件執行問題的批覆》（吳章明訴錢行儀離婚案），1974 年 5 月 17 日

4．《關於持有港英或澳葡當局所發護照的港、澳同胞在內地人民法院起訴、應訴的民事案件可否作為涉外案件問題的批覆》，1984 年 12 月 6 日

5．《關於我國公民周芳洲向我國法院申請承認香港地方法院離婚判決效力，我國法院應否受理問題的批覆》（周芳洲訴（英國）卓見離婚案），最高人民法院 1991 年 9 月 20 日

6．張子強等非法買賣、運輸爆炸物、搶劫、綁架、走私武器、彈藥、非法買賣、運輸槍支、彈藥、私藏槍支、彈藥上訴案，最高人民法院，1998 年 12 月 4 日

二、香港案例

1．香港特別行政區訴馬維案，［1997］HKLRD 761, 772I—773B

2．張麗華訴入境事務處處長（Cheung Lai Wah v Director of Immigration），［1997］HKLRD 1081, 1091 J—1092A

3．詹培忠訴立法會主席案，［1998］2 HKLRD 552

4．香港海外公務員協會訴香港特區行政長官案，［1998］1 HKLRD 615

5．香港海外公務員協會訴公務員事務局局長案，HCAL No. 9 of 1998

6．呂尚君及顏秀英訴入境事務處處長（Lui Sheung Kwan & Others v Director of Immigration），［1998］1 HKLRD 265

7．陳錦雅訴入境事務處處長（Chan Kam Nga v The Director

of Immigration），［1999］1 HKLRD 304

8· 有關翁坤利及其他人（Re Yung Kwan Lee & Others），［1999］3 HKLRD 316

9· 陳華訴坑口鄉事委員會（Chan Wah v Hang Hau Rural Committee），CACV 137 & 139/1999

10· 謝群生訴八鄉鄉事委員會（Tse Kwan Sang v Pat Heung Rural Committee），CACV 278 & 279/1999

11· 人事登記處處長訴人事登記審裁處及 Fateh Muhammad（Commissioner for Registration v The Registration of Persons Tribunal and Fateh Muhammad），［1999］3 HKLRD 199

12· 張文慧訴社會福利署署長（Cheung Man Wai Florence v The Director of Social Welfare），HCAL 25/1999

13· Agrila Limited 訴差餉物業估價署署長（Agrila Limited v Commissioner of Rating and Valuation），CACV 107/99

14· 莊豐源訴入境事務處處長（Master Chong Fung Yuen v Director of Immigration），HCAL 67/1999

15· 有關黃仲祺及陳樹英（Re Wong Chung Ki & Chan Shu Ying），HCAL 151/1999

16· 吳嘉玲、吳丹丹訴入境事務處處長（Ng Ka Ling v Director of Immigration），［1999］1 HKLRD 315, 339I—340J

17· 香港特區訴吳恭劭及利建潤（HKSAR v Ng Kung Siu & Lee Kin Yun），［1999］3 HKLRD 907

18· 謝曉怡訴入境事務處處長（Xie Xiaoyi v Director of Immigration），CACV 301/99

19· 劉港榕訴入境事務處處長（Lau Kong Yung & Others v The Director of Immigration），［1999］3 HKLRD 778

20· 香港入境事務處處長對莊豐源一案，終院民事上訴 2000 年第 26 號

21· 談雅然、陳偉華、謝曉怡對入境事務處處長一案，終院民事上訴 2000 年第 20 號及第 21 號

附錄III　條約、法律和決定選錄

一、中華人民共和國香港特別行政區基本法

（一九九〇年四月四日第七屆全國人民代表大會第三次會議通過）

目錄

序言

香港自古以來就是中國的領土，一八四〇年鴉片戰爭以後被英國佔領。一九八四年十二月十九日，中英兩國政府簽署了關於香港問題的聯合聲明，確認中華人民共和國政府於一九九七年七月一日恢復對香港行使主權，從而實現了長期以來中國人民收回香港的共同願望。

為了維護國家的統一和領土完整，保持香港的繁榮和穩定，並考慮到香港的歷史和現實情況，國家決定，在對香港恢復行使主權時，根據中華人民共和國憲法第三十一條的規定，設立香港特別行政區，並按照「一個國家，兩種制度」的方針，不在香港實行社會主義的制度和政策。國家對香港的基本方針政策，已由中國政府在中英聯合聲明中予以闡明。

根據中華人民共和國憲法，全國人民代表大會特制定中華人民共和國香港特別行政區基本法，規定香港特別行政區實行的制度，以保障國家對香港的基本方針政策的實施。

第一章　總則

第一條　香港特別行政區是中華人民共和國不可分離的部分。

第二條　全國人民代表大會授權香港特別行政區依照本法的規定實行高度自治，享有行政管理權、立法權、獨立的司法權和終審權。

第三條　香港特別行政區的行政機關和立法機關由香港永久性居民依照本法有關規定組成。

第四條　香港特別行政區依法保障香港特別行政區居民和其他人的權利和自由。

第五條　香港特別行政區不實行社會主義制度和政策，保持原有的資本主義制度和生活方式，五十年不變。

第六條　香港特別行政區依法保護私有財產權。

第七條　香港特別行政區境內的土地和自然資源屬於國家所有，由香港特別行政區政府負責管理、使用、開發、出租或批給個人、法人或團體使用或開發，其收入全歸香港特別行政區政府支配。

第八條　香港原有法律，即普通法、衡平法、條例、附屬立法和習慣法，除同本法相牴觸或經香港特別行政區的立法機關作出修改者外，予以保留。

第九條　香港特別行政區的行政機關、立法機關和司法機關，除使用中文外，還可使用英文，英文也是正式語文。

第十條　香港特別行政區除懸掛中華人民共和國國旗和國徽外，還可使用香港特別行政區區旗和區徽。

香港特別行政區的區旗是五星花蕊的紫荊花紅旗。

香港特別行政區的區徽，中間是五星花蕊的紫荊花，周圍寫有「中華人民共和國香港特別行政區」和英文「香港」。

第十一條　根據中華人民共和國憲法第三十一條，香港特別行政區的制度和政策，包括社會、經濟制度，有關保障居民的基本權利和自由的制度，行政管理、立法和司法方面的制度，以及有關政策，均以本法的規定為依據。

香港特別行政區立法機關制定的任何法律，均不得同本法相牴觸。

第二章　中央和香港特別行政區的關係

第十二條　香港特別行政區是中華人民共和國的一個享有高度自治權的地方行政區域，直轄於中央人民政府。

第十三條　中央人民政府負責管理與香港特別行政區有關的外交事務。

中華人民共和國外交部在香港設立機構處理外交事務。

中華人民共和國授權香港特別行政區依照本法自行處理有關的對外事務。

第十四條　中央人民政府負責管理香港特別行政區的防務。

香港特別行政區政府負責維持香港特別行政區的社會治安。

中央人民政府派駐香港特別行政區負責防務的軍隊不干預香港特別行政區的地方事務。香港特別行政區政府在必要時，可向中央人民政府請求駐軍協助維持社會治安和救助災害。

駐軍人員除須遵守全國性的法律外，還須遵守香港特別行政區的法律。

駐軍費用由中央人民政府負擔。

第十五條　中央人民政府依照本法第四章的規定任命香港特別行政區

行政長官和行政機關的主要官員。

第十六條　香港特別行政區享有行政管理權，依照本法的有關規定自行處理香港特別行政區的行政事務。

第十七條　香港特別行政區享有立法權。

香港特別行政區的立法機關制定的法律須報全國人民代表大會常務委員會備案。備案不影響該法律的生效。

全國人民代表大會常務委員會在徵詢其所屬的香港特別行政區基本法委員會後，如認為香港特別行政區立法機關制定的任何法律不符合本法關於中央管理的事務及中央和香港特別行政區的關係的條款，可將有關法律發回，但不作修改。經全國人民代表大會常務委員會發回的法律立即失效。該法律的失效，除香港特別行政區的法律另有規定外，無溯及力。

第十八條　在香港特別行政區實行的法律為本法以及本法第八條規定的香港原有法律和香港特別行政區立法機關制定的法律。

全國性法律除列於本法附件三者外，不在香港特別行政區實施。凡列於本法附件三之法律，由香港特別行政區在當地公佈或立法實施。

全國人民代表大會常務委員會在徵詢其所屬的香港特別行政區基本法委員會和香港特別行政區政府的意見後，可對列於本法附件三的法律作出增減，任何列入附件三的法律，限於有關國防、外交和其他按本法規定不屬於香港特別行政區自治範圍的法律。

全國人民代表大會常務委員會決定宣佈戰爭狀態或因香港特別行政區內發生香港特別行政區政府不能控制的危及國家統一或安全的動亂而決定香港特別行政區進入緊急狀態，中央人民政府可發佈命令將有關全國性法律在香港特別行政區實施。

第十九條　香港特別行政區享有獨立的司法權和終審權。

香港特別行政區法院除繼續保持香港原有法律制度和原則對法院審判權所作的限制外，對香港特別行政區所有的案件均有審判權。

香港特別行政區法院對國防、外交等國家行為無管轄權。香港特別行政區法院在審理案件中遇有涉及國防、外交等國家行為的事實問題，應取得行政長官就該等問題發出的證明文件，上述文件對法院有約束力。行政長官在發出證明文件前，須取得中央人民政府的證明書。

第二十條　香港特別行政區可享有全國人民代表大會和全國人民代表大會常務委員會及中央人民政府授予的其他權力。

第二十一條　香港特別行政區居民中的中國公民依法參與國家事務的管理。

根據全國人民代表大會確定的名額和代表產生辦法，由香港特別行政區居民中的中國公民在香港選出香港特別行政區的全國人民代表大會代表，參加最高國家權力機關的工作。

第二十二條　中央人民政府所屬各部門、各省、自治區、直轄市均不得干預香港特別行政區根據本法自行管理的事務。

中央各部門、各省、自治區、直轄市如需在香港特別行政區設立機構，須徵得香港特別行政區政府同意並經中央人民政府批准。

中央各部門、各省、自治區、直轄市在香港特別行政區設立的一切機構及其人員均須遵守香港特別行政區的法律。

中國其他地區的人進入香港特別行政區須辦理批准手續，其中進入香港特別行政區定居的人數由中央人民政府主管部門徵求香港特別行政區政府的意見後確定。

香港特別行政區可在北京設立辦事機構。

第二十三條　香港特別行政區應自行立法禁止任何叛國、分裂國家、煽動叛亂、顛覆中央人民政府及竊取國家機密的行為，禁止外國的政治性組織或團體在香港特別行政區進行政治活動，禁止香港特別行政區的政治性組織或團體與外國的政治性組織或團體建立聯繫。

第三章　居民的基本權利和義務

第二十四條　香港特別行政區居民，簡稱香港居民，包括永久性居民和非永久性居民。

香港特別行政區永久性居民為：

（一）在香港特別行政區成立以前或以後在香港出生的中國公民；

（二）在香港特別行政區成立以前或以後在香港通常居住連續七年以上的中國公民；

（三）第（一）、（二）兩項所列居民在香港以外所生的中國籍子女；

（四）在香港特別行政區成立以前或以後持有效旅行證件進入香港、

在香港通常居住連續七年以上並以香港為永久居住地的非中國籍的人；

（五）在香港特別行政區成立以前或以後第（四）項所列居民在香港所生的未滿二十一週歲的子女；

（六）第（一）至（五）項所列居民以外在香港特別行政區成立以前只在香港有居留權的人。

以上居民在香港特別行政區享有居留權和有資格依照香港特別行政區法律取得載明其居留權的永久性居民身份證。

香港特別行政區非永久性居民為：有資格依照香港特別行政區法律取得香港居民身份證，但沒有居留權的人。

第二十五條　香港居民在法律面前一律平等。

第二十六條　香港特別行政區永久性居民依法享有選舉權和被選舉權。

第二十七條　香港居民享有言論、新聞、出版的自由，結社、集會、遊行、示威的自由，組織和參加工會、罷工的權利和自由。

第二十八條　香港居民的人身自由不受侵犯。

香港居民不受任意或非法逮捕、拘留、監禁。禁止任意或非法搜查居民的身體、剝奪或限制居民的人身自由。禁止對居民施行酷刑、任意或非法剝奪居民的生命。

第二十九條　香港居民的住宅和其他房屋不受侵犯。禁止任意或非法搜查、侵入居民的住宅和其他房屋。

第三十條　香港居民的通訊自由和通訊秘密受法律的保護。除因公共安全和追查刑事犯罪的需要，由有關機關依照法律程序對通訊進行檢查外，任何部門或個人不得以任何理由侵犯居民的通訊自由和通訊秘密。

第三十一條　香港居民有在香港特別行政區境內遷徙的自由，有移居其他國家和地區的自由。香港居民有旅行和出入境的自由。有效旅行證件的持有人，除非受到法律制止，可自由離開香港特別行政區，無需特別批准。

第三十二條　香港居民有信仰的自由。

香港居民有宗教信仰的自由，有公開傳教和舉行、參加宗教活動的自由。

第三十三條　香港居民有選擇職業的自由。

第三十四條　香港居民有進行學術研究、文學藝術創作和其他文化活動的自由。

第三十五條　香港居民有權得到秘密法律諮詢、向法院提起訴訟、選擇律師及時保護自己的合法權益或在法庭上為其代理和獲得司法補救。

香港居民有權對行政部門和行政人員的行為向法院提起訴訟。

第三十六條　香港居民有依法享受社會福利的權利。勞工的福利待遇和退休保障受法律保護。

第三十七條　香港居民的婚姻自由和自願生育的權利受法律保護。

第三十八條　香港居民享有香港特別行政區法律保障的其他權利和自由。

第三十九條　《公民權利和政治權利國際公約》、《經濟、社會與文化權利的國際公約》和國際勞工公約適用於香港的有關規定繼續有效，通過香港特別行政區的法律予以實施。

香港居民享有的權利和自由，除依法規定外不得限制，此種限制不得與本條第一款規定牴觸。

第四十條　「新界」原居民的合法傳統權益受香港特別行政區的保護。

第四十一條　在香港特別行政區境內的香港居民以外的其他人，依法享有本章規定的香港居民的權利和自由。

第四十二條　香港居民和在香港的其他人有遵守香港特別行政區實行的法律的義務。

第四章　政治體制

第一節　行政長官

第四十三條　香港特別行政區行政長官是香港特別行政區的首長，代表香港特別行政區。

香港特別行政區行政長官依照本法的規定對中央人民政府和香港特別行政區負責。

第四十四條　香港特別行政區行政長官由年滿四十週歲，在香港通常居住連續滿二十年並在外國無居留權的香港特別行政區永久性居民中的中國公民擔任。

第四十五條　香港特別行政區行政長官在當地通過選舉或協商產生，由中央人民政府任命。

行政長官的產生辦法根據香港特別行政區的實際情況和循序漸進的原則而規定，最終達至由一個有廣泛代表性的提名委員會按民主程序提名後普選產生的目標。

行政長官產生的具體辦法由附件一《香港特別行政區行政長官的產生辦法》規定。

第四十六條　香港特別行政區行政長官任期五年，可連任一次。

第四十七條　香港特別行政區行政長官必須廉潔奉公、盡忠職守。

行政長官就任時應向香港特別行政區終審法院首席法官申報財產，記錄在案。

第四十八條　香港特別行政區行政長官行使下列職權：

（一）領導香港特別行政區政府；

（二）負責執行本法和依照本法適用於香港特別行政區的其他法律；

（三）簽署立法會通過的法案，公佈法律；

簽署立法會通過的財政預算案，將財政預算、決算報中央人民政府備案；

（四）決定政府政策和發佈行政命令；

（五）提名並報請中央人民政府任命下列主要官員：各司司長、副司長，各局局長，廉政專員，審計署署長，警務處處長，入境事務處處長，海關關長；建議中央人民政府免除上述官員職務；

（六）依照法定程序任免各級法院法官；

（七）依照法定程序任免公職人員；

（八）執行中央人民政府就本法規定的有關事務發出的指令；

（九）代表香港特別行政區政府處理中央授權的對外事務和其他事務；

（十）批准向立法會提出有關財政收入或支出的動議；

（十一）根據安全和重大公共利益的考慮，決定政府官員或其他負責政府公務的人員是否向立法會或其屬下的委員會作證和提供證據；

（十二）赦免或減輕刑事罪犯的刑罰；

（十三）處理請願、申訴事項。

第四十九條　香港特別行政區行政長官如認為立法會通過的法案不符合香港特別行政區的整體利益，可在三個月內將法案發回立法會重議，立法會如以不少於全體議員三分之二多數再次通過原案，行政長官必須在一個月內簽署公佈或按本法第五十條的規定處理。

第五十條　香港特別行政區行政長官如拒絕簽署立法會再次通過的法案或立法會拒絕通過政府提出的財政預算案或其他重要法案，經協商仍不能取得一致意見，行政長官可解散立法會。

行政長官在解散立法會前，須徵詢行政會議的意見。行政長官在其一任任期內只能解散立法會一次。

第五十一條　香港特別行政區立法會如拒絕批准政府提出的財政預算案，行政長官可向立法會申請臨時撥款。如果由於立法會已被解散而不能批准撥款，行政長官可在選出新的立法會前的一段時期內，按上一財政年度的開支標準，批准臨時短期撥款。

第五十二條　香港特別行政區行政長官如有下列情況之一者必須辭職：

（一）因嚴重疾病或其他原因無力履行職務；

（二）因兩次拒絕簽署立法會通過的法案而解散立法會，重選的立法會仍以全體議員三分之二多數通過所爭議的原案，而行政長官仍拒絕簽署；

（三）因立法會拒絕通過財政預算案或其他重要法案而解散立法會，重選的立法會繼續拒絕通過所爭議的原案。

第五十三條　香港特別行政區行政長官短期不能履行職務時，由政務司長、財政司長、律政司長依次臨時代理其職務。

行政長官缺位時，應在六個月內依本法第四十五條的規定產生新的行政長官。行政長官缺位期間的職務代理，依照上款規定辦理。

第五十四條　香港特別行政區行政會議是協助行政長官決策的機構。

第五十五條　香港特別行政區行政會議的成員由行政長官從行政機關的主要官員、立法會議員和社會人士中委任，其任免由行政長官決定。行政會議成員的任期應不超過委任他的行政長官的任期。

香港特別行政區行政會議成員由在外國無居留權的香港特別行政區永久性居民中的中國公民擔任。

行政長官認為必要時可邀請有關人士列席會議。

第五十六條　香港特別行政區行政會議由行政長官主持。

行政長官在作出重要決策、向立法會提交法案、制定附屬法規和解散立法會前，須徵詢行政會議的意見，但人事任免、紀律制裁和緊急情況下採取的措施除外。

行政長官如不採納行政會議多數成員的意見，應將具體理由記錄在案。

第五十七條　香港特別行政區設立廉政公署，獨立工作，對行政長官負責。

第五十八條　香港特別行政區設立審計署，獨立工作，對行政長官負責。

第二節　行政機關

第五十九條　香港特別行政區政府是香港特別行政區行政機關。

第六十條　香港特別行政區政府的首長是香港特別行政區行政長官。

香港特別行政區政府設政務司、財政司、律政司和各局、處、署。

第六十一條　香港特別行政區的主要官員由在香港通常居住連續滿十五年並在外國無居留權的香港特別行政區永久性居民中的中國公民擔任。

第六十二條　香港特別行政區政府行使下列職權：

（一）制定並執行政策；

（二）管理各項行政事務；

（三）辦理本法規定的中央人民政府授權的對外事務；

（四）編制並提出財政預算、決算；

（五）擬定並提出法案、議案、附屬法規；

（六）委派官員列席立法會並代表政府發言。

第六十三條　香港特別行政區律政司主管刑事檢察工作，不受任何干涉。

第六十四條　香港特別行政區政府必須遵守法律，對香港特別行政區立法會負責：執行立法會通過並已生效的法律；定期向立法會作施政報告；答覆立法會議員的質詢；徵稅和公共開支須經立法會批准。

第六十五條　原由行政機關設立諮詢組織的制度繼續保留。

第三節　立法機關

第六十六條　香港特別行政區立法會是香港特別行政區的立法機關。

第六十七條　香港特別行政區立法會由在外國無居留權的香港特別行政區永久性居民中的中國公民組成。但非中國籍的香港特別行政區永久性居民和在外國有居留權的香港特別行政區永久性居民也可以當選為香港特別行政區立法會議員，其所佔比例不得超過立法會全體議員的百分之二十。

第六十八條　香港特別行政區立法會由選舉產生。

立法會的產生辦法根據香港特別行政區的實際情況和循序漸進的原則而規定，最終達至全部議員由普選產生的目標。

立法會產生的具體辦法和法案、議案的表決程序由附件二《香港特別行政區立法會的產生辦法和表決程序》規定。

第六十九條　香港特別行政區立法會除第一屆任期為兩年外，每屆任期四年。

第七十條　香港特別行政區立法會如經行政長官依本法規定解散，須於三個月內依本法第六十八條的規定，重行選舉產生。

第七十一條　香港特別行政區立法會主席由立法會議員互選產生。

香港特別行政區立法會主席由年滿四十週歲，在香港通常居住連續滿二十年並在外國無居留權的香港特別行政區永久性居民中的中國公民擔任。

第七十二條　香港特別行政區立法會主席行使下列職權：

（一）主持會議；

（二）決定議程，政府提出的議案須優先列入議程；

（三）決定開會時間；

（四）在休會期間可召開特別會議；

（五）應行政長官的要求召開緊急會議；

（六）立法會議事規則所規定的其他職權。

第七十三條　香港特別行政區立法會行使下列職權：

（一）根據本法規定並依照法定程序制定、修改和廢除法律；

（二）根據政府的提案，審核、通過財政預算；

（三）批准稅收和公共開支；

（四）聽取行政長官的施政報告並進行辯論；

（五）對政府的工作提出質詢；

（六）就任何有關公共利益問題進行辯論；

（七）同意終審法院法官和高等法院首席法官的任免；

（八）接受香港居民申訴並作出處理；

（九）如立法會全體議員的四分之一聯合動議，指控行政長官有嚴重違法或瀆職行為而不辭職，經立法會通過進行調查，立法會可委託終審法院首席法官負責組成獨立的調查委員會，並擔任主席。調查委員會負責進行調查，並向立法會提出報告。如該調查委員會認為有足夠證據構成上述指控，立法會以全體議員三分之二多數通過，可提出彈劾案，報請中央人民政府決定；

（十）在行使上述各項職權時，如有需要，可傳召有關人士出席作證和提供證據。

第七十四條　香港特別行政區立法會議員根據本法規定並依照法定程序提出法律草案，凡不涉及公共開支或政治體制或政府運作者，可由立法會議員個別或聯名提出。凡涉及政府政策者，在提出前必須得到行政長官的書面同意。

第七十五條　香港特別行政區立法會舉行會議的法定人數為不少於全體議員的二分之一。

立法會議事規則由立法會自行制定，但不得與本法相牴觸。

第七十六條　香港特別行政區立法會通過的法案，須經行政長官簽署、公佈，方能生效。

第七十七條　香港特別行政區立法會議員在立法會的會議上發言，不受法律追究。

第七十八條　香港特別行政區立法會議員在出席會議時和赴會途中不受逮捕。

第七十九條　香港特別行政區立法會議員如有下列情況之一，由立法會主席宣告其喪失立法會議員的資格：

（一）因嚴重疾病或其他情況無力履行職務；

（二）未得到立法會主席的同意，連續三個月不出席會議而無合理解釋者；

（三）喪失和放棄香港特別行政區永久性居民的身份；

（四）接受政府的委任而出任公務人員；

（五）破產或經法庭裁定償還債務而不履行；

（六）在香港特別行政區區內或區外被判犯有刑事罪行，判處監禁一個月以上，並經立法會出席會議的議員三分之二通過解除其職務；

（七）行為不檢或違反誓言而經立法會出席會議的議員三分之二通過譴責。

第四節　司法機關

第八十條　香港特別行政區各級法院是香港特別行政區的司法機關，行使香港特別行政區的審判權。

第八十一條　香港特別行政區設立終審法院、高等法院、區域法院、裁判署法庭和其他專門法庭。高等法院設上訴法庭和原訟法庭。

原在香港實行的司法體制，除因設立香港特別行政區終審法院而產生變化外，予以保留。

第八十二條　香港特別行政區的終審權屬於香港特別行政區終審法院。終審法院可根據需要邀請其他普通法適用地區的法官參加審判。

第八十三條　香港特別行政區各級法院的組織和職權由法律規定。

第八十四條　香港特別行政區法院依照本法第十八條所規定的適用於香港特別行政區的法律審判案件，其他普通法適用地區的司法判例可作參考。

第八十五條　香港特別行政區法院獨立進行審判，不受任何干涉，司法人員履行審判職責的行為不受法律追究。

第八十六條　原在香港實行的陪審制度的原則予以保留。

第八十七條　香港特別行政區的刑事訴訟和民事訴訟中保留原在香港適用的原則和當事人享有的權利。

任何人在被合法拘捕後，享有盡早接受司法機關公正審判的權利，未經司法機關判罪之前均假定無罪。

第八十八條　香港特別行政區法院的法官，根據當地法官和法律界及其他方面知名人士組成的獨立委員會推薦，由行政長官任命。

第八十九條　香港特別行政區法院的法官只有在無力履行職責或行為不檢的情況下，行政長官才可根據終審法院首席法官任命的不少於三名當地法官組成的審議庭的建議，予以免職。

香港特別行政區終審法院的首席法官只有在無力履行職責或行為不檢的情況下，行政長官才可任命不少於五名當地法官組成的審議庭進行審議，並可根據其建議，依照本法規定的程序，予以免職。

第九十條　香港特別行政區終審法院和高等法院的首席法官，應由在外國無居留權的香港特別行政區永久性居民中的中國公民擔任。

除本法第八十八條和第八十九條規定的程序外，香港特別行政區終審法院的法官和高等法院首席法官的任命或免職，還須由行政長官徵得立法會同意，並報全國人民代表大會常務委員會備案。

第九十一條　香港特別行政區法官以外的其他司法人員原有的任免制度繼續保持。

第九十二條　香港特別行政區的法官和其他司法人員，應根據其本人的司法和專業才能選用，並可從其他普通法適用地區聘用。

第九十三條　香港特別行政區成立前在香港任職的法官和其他司法人員均可留用，其年資予以保留，薪金、津貼、福利待遇和服務條件不低於原來的標準。

對退休或符合規定離職的法官和其他司法人員，包括香港特別行政區成立前已退休或離職者，不論其所屬國籍或居住地點，香港特別行政區政府按不低於原來的標準，向他們或其家屬支付應得的退休金、酬金、津貼和福利費。

第九十四條　香港特別行政區政府可參照原在香港實行的辦法，作出有關當地和外來的律師在香港特別行政區工作和執業的規定。

第九十五條　香港特別行政區可與全國其他地區的司法機關通過協商依法進行司法方面的聯繫和相互提供協助。

第九十六條　在中央人民政府協助或授權下，香港特別行政區政府可與外國就司法互助關係作出適當安排。

第五節　區域組織

第九十七條　香港特別行政區可設立非政權性的區域組織，接受香港特別行政區政府就有關地區管理和其他事務的諮詢，或負責提供文化、康樂、環境衛生等服務。

第九十八條　區域組織的職權和組成方法由法律規定。

第六節　公務人員

第九十九條　在香港特別行政區政府各部門任職的公務人員必須是香港特別行政區永久性居民。本法第一百零一條對外籍公務人員另有規定者或法律規定某一職級以下者不在此限。

公務人員必須盡忠職守，對香港特別行政區政府負責。

第一百條　香港特別行政區成立前在香港政府各部門，包括警察部門任職的公務人員均可留用，其年資予以保留，薪金、津貼、福利待遇和服務條件不低於原來的標準。

第一百零一條　香港特別行政區政府可任用原香港公務人員中的或持有香港特別行政區永久性居民身份證的英籍和其他外籍人士擔任政府部門的各級公務人員，但下列各職級的官員必須由在外國無居留權的香港特別行政區永久性居民中的中國公民擔任：各司司長、副司長，各局局長，廉政專員，審計署署長，警務處處長，入境事務處處長，海關關長。

香港特別行政區政府還可聘請英籍和其他外籍人士擔任政府部門的顧問，必要時並可從香港特別行政區以外聘請合格人員擔任政府部門的專門和技術職務。上述外籍人士只能以個人身份受聘，對香港特別行政區政府負責。

第一百零二條　對退休或符合規定離職的公務人員，包括香港特別行政區成立前退休或符合規定離職的公務人員，不論其所屬國籍或居住地點，香港特別行政區政府按不低於原來的標準向他們或其家屬支付應得的退休金、酬金、津貼和福利費。

第一百零三條　公務人員應根據其本人的資格、經驗和才能予以任用和提升，香港原有關於公務人員的招聘、僱用、考核、紀律、培訓和管理的制度，包括負責公務人員的任用、薪金、服務條件的專門機構，除有關給予外籍人員特權待遇的規定外，予以保留。

第一百零四條　香港特別行政區行政長官、主要官員、行政會議成員、立法會議員、各級法院法官和其他司法人員在就職時必須依法宣誓擁護中華人民共和國香港特別行政區基本法，效忠中華人民共和國香港特別行政區。

第五章　經濟

第一節　財政、金融、貿易和工商業

第一百零五條　香港特別行政區依法保護私人和法人財產的取得、使用、處置和繼承的權利，以及依法徵用私人和法人財產時被徵用財產的所有人得到補償的權利。

徵用財產的補償應相當於該財產當時的實際價值，可自由兌換，不得無故遲延支付。

企業所有權和外來投資均受法律保護。

第一百零六條　香港特別行政區保持財政獨立。

香港特別行政區的財政收入全部用於自身需要，不上繳中央人民政府。

中央人民政府不在香港特別行政區徵稅。

第一百零七條　香港特別行政區的財政預算以量入為出為原則，力求收支平衡，避免赤字，並與本地生產總值的增長率相適應。

第一百零八條　香港特別行政區實行獨立的稅收制度。

香港特別行政區參照原在香港實行的低稅政策，自行立法規定稅種、稅率、稅收寬免和其他稅務事項。

第一百零九條　香港特別行政區政府提供適當的經濟和法律環境，以保持香港和國際金融中心地位。

第一百一十條　香港特別行政區的貨幣金融制度由法律規定。

香港特別行政區政府自行制定貨幣金融政策，保障金融企業和金融市場的經營自由，並依法進行管理和監督。

第一百一十一條　港元為香港特別行政區法定貨幣，繼續流通。

港幣的發行權屬於香港特別行政區政府。港幣的發行須有百分之百的準備金。港幣的發行制度和準備金制度，由法律規定。

香港特別行政區政府，在確知港幣的發行基礎健全和發行安排符合保持港幣穩定的目的的條件下，可授權指定銀行根據法定權限發行或繼續發行港幣。

第一百一十二條　香港特別行政區不實行外匯管制政策。港幣自由兌換。繼續開放外匯、黃金、證券、期貨等市場。

香港特別行政區政府保障資金的流動和進出自由。

第一百一十三條　香港特別行政區的外匯基金，由香港特別行政區政府管理和支配，主要用於調節港元匯價。

第一百一十四條　香港特別行政區保持自由港地位，除法律另有規定外，不徵收關稅。

第一百一十五條　香港特別行政區實行自由貿易政策，保障貨物、無形財產和資本的流動自由。

第一百一十六條　香港特別行政區為單獨的關稅地區。

香港特別行政區可以「中國香港」的名義參加《關稅和貿易總協定》、關於國際紡織品貿易安排等有關國際組織和國際貿易協定，包括優惠貿易安排。

香港特別行政區所取得的和以前取得仍繼續有效的出口配額、關稅優惠和達成的其他類似安排，全由香港特別行政區享有。

第一百一十七條　香港特別行政區根據當時的產地規則，可對產品簽發產地來源證。

第一百一十八條　香港特別行政區政府提供經濟和法律環境，鼓勵各項投資、技術進步並開發新興產業。

第一百一十九條　香港特別行政區政府制定適當政策，促進和協調製造業、商業、旅遊業、房地產業、運輸業、公用事業、服務性行業、漁農業等各行業的發展，並注意環境保護。

第二節　土地契約

第一百二十條　香港特別行政區成立以前已批出、決定、或續期的超越一九九七年六月三十日年期的所有土地契約和與土地契約有關的一切權利，均按香港特別行政區的法律繼續予以承認和保護。

第一百二十一條　從一九八五年五月二十七日至一九九七年六月三十日期間批出的，或原沒有續期權利而獲得續期的，超出一九九七年六月三十日年期而不超過二〇四七年六月三十日的一切土地契約，承租人從一九九七年七月一日起不補地價，但需每年繳納相當於當日該土地應課差餉租值百分之三的租金。此後，隨應課差餉租值的改變而調整租金。

第一百二十二條　原舊批約地段、鄉村屋地、丁屋地和類似的農村土地，如該土地在一九八四年六月三十日的承租人，或在該日以後批出的丁屋地承租人，其父系為一八九八年在香港的原有鄉村居民，只要該土地的承租人仍為該人或其合法父系繼承人，原定租金維持不變。

第一百二十三條　香港特別行政區成立以後滿期而沒有續期權利的土地契約，由香港特別行政區自行制定法律和政策處理。

第三節　航運

第一百二十四條　香港特別行政區保持原在香港實行的航運經營和管理體制，包括有關海員的管理制度。

香港特別行政區政府自行規定在航運方面的具體職能和責任。

第一百二十五條　香港特別行政區經中央人民政府授權繼續進行船舶登記，並根據香港特別行政區的法律以「中國香港」的名義頒發有關證件。

第一百二十六條　除外國軍用船隻進入香港特別行政區須經中央人民政府特別許可外，其他船舶可根據香港特別行政區法律進出其港口。

第一百二十七條　香港特別行政區的私營航運及與航運有關的企業和私營集裝箱碼頭，可繼續自由經營。

第四節　民用航空

第一百二十八條　香港特別行政區政府應提供條件和採取措施，以保持香港的國際和區域航空中心的地位。

第一百二十九條　香港特別行政區繼續實行原在香港實行的民用航空管理制度，並按中央人民政府關於飛機國籍標誌和登記標誌的規定，設置自己的飛機登記冊。

外國國家航空器進入香港特別行政區須經中央人民政府特別許可。

第一百三十條　香港特別行政區自行負責民用航空的日常業務和技術管理，包括機場管理，在香港特別行政區飛行情報區內提供空中交通服務，和履行國際民用航空組織的區域性航行規劃程序所規定的其他職責。

第一百三十一條　中央人民政府經同香港特別行政區政府磋商作出安排，為在香港特別行政區註冊並以香港為主要營業地的航空公司和中華人民共和國的其他航空公司，提供香港特別行政區和中華人民共和國其他地區之間的往返航班。

第一百三十二條　凡涉及中華人民共和國其他地區同其他國家和地區的往返並經停香港特別行政區的航班，和涉及香港特別行政區同其他國家和地區的往返並經停中華人民共和國其他地區航班的民用航空運輸協定，由中央人民政府簽訂。

中央人民政府在簽訂本條第一款所指民用航空運輸協定時，應考慮香港特別行政區的特殊情況和經濟利益，並同香港特別行政區政府磋商。

中央人民政府在同外國政府商談有關本條第一款所指航班的安排時，香港特別行政區政府的代表可作為中華人民共和國政府代表團的成員參加。

第一百三十三條　香港特別行政區政府經中央人民政府具體授權可：

（一）續簽或修改原有的民用航空運輸協定和協議；

（二）談判簽訂新的民用航空運輸協定，為在香港特別行政區註冊並以香港為主要營業地的航空公司提供航線，以及過境和技術停降權利；

（三）同沒有簽訂民用航空運輸協定的外國或地區談判簽訂臨時協議。

不涉及往返、經停中國內地而只往返、經停香港的定期航班，均由本條所指的民用航空運輸協定或臨時協議予以規定。

第一百三十四條　中央人民政府授權香港特別行政區政府：

（一）同其他當局商談並簽訂有關執行本法第一百三十三條所指民用

航空運輸協定和臨時協議的各項安排；

（二）對在香港特別行政區註冊並以香港為主要營業地的航空公司簽發執照；

（三）依照本法第一百三十三條所指民用航空運輸協定和臨時協議指定航空公司；

（四）對外國航空公司除往返、經停中國內地的航班以外的其他航班簽發許可證。

第一百三十五條　香港特別行政區成立前在香港註冊並以香港為主要營業地的航空公司和與民用航空有關的行業，可繼續經營。

第六章　教育、科學、文化、體育、宗教、勞工和社會服務

第一百三十六條　香港特別行政區政府在原有教育制度的基礎上，自行制定有關教育的發展和改進的政策，包括教育體制和管理、教學語言、經費分配、考試制度、學位制度和承認學歷等政策。

社會團體和私人可依法在香港特別行政區興辦各種教育事業。

第一百三十七條　各類院校均可保留其自主性並享有學術自由，可繼續從香港特別行政區以外招聘教職員和選用教材。宗教組織所辦的學校可繼續提供宗教教育，包括開設宗教課程。

學生享有選擇院校和在香港特別行政區以外求學的自由。

第一百三十八條　香港特別行政區政府自行制定發展中西醫藥和促進醫療衛生服務的政策。社會團體和私人可依法提供各種醫療衛生服務。

第一百三十九條　香港特別行政區政府自行制定科學技術政策，以法律保護科學技術的研究成果、專利和發明創造。

香港特別行政區政府自行確定適用於香港的各類科學、技術標準和規格。

第一百四十條　香港特別行政區政府自行制定文化政策，以法律保護作者在文學藝術創作中所獲得的成果和合法權益。

第一百四十一條　香港特別行政區政府不限制宗教信仰自由，不干預宗教組織的內部事務，不限制與香港特別行政區法律沒有牴觸的宗教活動。

宗教組織依法享有財產的取得、使用、處置、繼承以及接受資助的權利。財產方面的原有權益仍予保持和保護。

宗教組織可按原有辦法繼續興辦宗教院校、其他學校、醫院和福利機構以及提供其他社會服務。

香港特別行政區的宗教組織和教徒可與其他地方的宗教組織和教徒保持和發展關係。

第一百四十二條　香港特別行政區政府在保留原有的專業制度的基礎上，自行制定有關評審各種專業的執業資格的辦法。

在香港特別行政區成立前已取得專業和執業資格者，可依據有關規定和專業守則保留原有的資格。

香港特別行政區政府繼續承認在特別行政區成立前已承認的專業和專業團體，所承認的專業團體可自行審核和頒授專業資格。

香港特別行政區政府可根據社會發展需要並諮詢有關方面的意見，承認新的專業和專業團體。

第一百四十三條　香港特別行政區政府自行制定體育政策。民間體育團體可依法繼續存在和發展。

第一百四十四條　香港特別行政區政府保持原在香港實行的對教育、醫療衛生、文化、藝術、康樂、體育、社會福利、社會工作等方面的民間團體機構的資助政策。原在香港各資助機構任職的人員均可根據原有制度繼續受聘。

第一百四十五條　香港特別行政區政府在原有社會福利制度的基礎上，根據經濟條件和社會需要，自行制定其發展、改進的政策。

第一百四十六條　香港特別行政區從事社會服務的志願團體在不牴觸法律的情況下可自行決定其服務方式。

第一百四十七條　香港特別行政區自行制定有關勞工的法律和政策。

第一百四十八條　香港特別行政區的教育、科學、技術、文化、藝術、體育、專業、醫療衛生、勞工、社會福利、社會工作等方面的民間團體和宗教組織同內地相應的團體和組織的關係，應以互不隸屬、互不干涉和互相尊重的原則為基礎。

第一百四十九條　香港特別行政區的教育、科學、技術、文化、藝術、體育、專業、醫療衛生、勞工、社會福利、社會工作等方面的民間團體和宗教組織可同世界各國、各地區及國際的有關團體和組織保持和發展關係，各該團體和組織可根據需要冠用「中國香港」的名義，參與有關活動。

第七章　對外事務

第一百五十條　香港特別行政區政府的代表，可作為中華人民共和國政府代表團的成員，參加由中央人民政府進行的同香港特別行政區直接有關的外交談判。

第一百五十一條　香港特別行政區可在經濟、貿易、金融、航運、通訊、旅遊、文化、體育等領域以「中國香港」的名義，單獨地同世界各國、各地區及有關國際組織保持和發展關係，簽訂和履行有關協議。

第一百五十二條　對以國家為單位參加的、同香港特別行政區有關的、適當領域的國際組織和國際會議，香港特別行政區政府可派遣代表作為中華人民共和國代表團的成員或以中央人民政府和上述有關國際組織或國際會議允許的身份參加，並以「中國香港」的名義發表意見。

香港特別行政區可以「中國香港」的名義參加不以國家為單位參加的國際組織和國際會議。

對中華人民共和國已參加而香港也以某種形式參加了的國際組織，中央人民政府將採取必要措施使香港特別行政區以適當形式繼續保持在這些組織中的地位。

對中華人民共和國尚未參加而香港已以某種形式參加的國際組織，中央人民政府將根據需要使香港特別行政區以適當形式繼續參加這些組織。

第一百五十三條　中華人民共和國締結的國際協議，中央人民政府可根據香港特別行政區的情況和需要，在徵詢香港特別行政區政府的意見後，決定是否適用於香港特別行政區。

中華人民共和國尚未參加但已適用於香港的國際協議仍可繼續適用。中央人民政府根據需要授權或協助香港特別行政區政府作出適當安排，使其他有關國際協議適用於香港特別行政區。

第一百五十四條　中央人民政府授權香港特別行政區政府依照法律給持有香港特別行政區永久性居民身份證的中國公民簽發中華人民共和國香港特別行政區護照，給在香港特別行政區的其他合法居留者簽發中華人民共和國香港特別行政區的其他旅行證件。上述護照和證件，前往各國和各地區有效，並載明持有人有返回香港特別行政區的權利。

對世界各國或各地區的人入境、逗留和離境，香港特別行政區政府可實行出入境管制。

第一百五十五條　中央人民政府協助或授權香港特別行政區政府與各國或各地區締結互免簽證協議。

第一百五十六條　香港特別行政區可根據需要在外國設立官方或半官方的經濟和貿易機構，報中央人民政府備案。

第一百五十七條　外國在香港特別行政區設立領事機構或其他官方、半官方機構、須經中央人民政府批准。

已同中華人民共和國建立正式外交關係的國家在香港設立的領事機構和其他官方機構，可予保留。

尚未同中華人民共和國設立正式外交關係的國家在香港設立的領事機構和其他官方機構，可根據情況允許保留或改為半官方機構。

尚未為中華人民共和國承認的國家，只能在香港特別行政區設立民間機構。

第八章　本法的解釋和修改

第一百五十八條　本法的解釋權屬於全國人民代表大會常務委員會。

全國人民代表大會常務委員會授權香港特別行政區法院在審理案件時對本法關於香港特別行政區自治範圍內的條款自行解釋。

香港特別行政區法院在審理案件時對本法的其他條款也可解釋。但如香港特別行政區法院在審理案件時需要對本法關於中央人民政府管理的事務或中央和香港特別行政區關係的條款進行解釋，而該條款的解釋又影響到案件的判決，在對該案件作出不可上訴的終局判決前，應由香港特別行政區終審法院請全國人民代表大會常務委員會對有關條款作出解釋。如全國人民代表大會常務委員會作出解釋，香港特別行政區法院在引用該條款時，應以全國人民代表大會常務委員會的解釋為準。但在此以前作出的判決不受影響。

全國人民代表大會常務委員會在對本法進行解釋前，徵詢其所屬的香港特別行政區基本法委員會的意見。

第一百五十九條　本法的修改權屬於全國人民代表大會。

本法的修改提案權屬於全國人民代表大會常務委員會、國務院和香港特別行政區。香港特別行政區的修改議案，須經香港特別行政區的全國人民代表大會代表三分之二多數、香港特別行政區立法會全體議員三分之二多數和香港特別行政區行政長官同意後，交由香港特別行政區出席全國人民代表大會的代表團向全國人民代表大會提出。

本法的修改議案在列入全國人民代表大會的議程前，先由香港特別行政區基本法委員會研究並提出意見。

本法的任何修改，均不得同中華人民共和國對香港既定的基本方針政策相牴觸。

第九章　附則

第一百六十條　香港特別行政區成立時，香港原有法律除由全國人民代表大會常務委員會宣佈為同本法牴觸者外，採用為香港特別行政區法律，如以後發現有的法律與本法牴觸，可依照本法規定的程序修改或停止生效。

在香港原有法律下有效的文件、證件、契約和權利義務，在不牴觸本法的前提下繼續有效，受香港特別行政區的承認和保護。

附件一　香港特別行政區行政長官的產生辦法

一、行政長官由一個具有廣泛代表性的選舉委員會根據本法選出，由中央人民政府任命。

二、選舉委員會委員共 800 人，由下列各界人士組成：

工商、金融界　200 人

專業界　200 人

勞工、社會服務、宗教等界　200 人

立法會議員、區域性組織代表、香港地區全國人大代表、香港地區全

國政協委員的代表　　　　　　　200人

選舉委員會每屆任期五年。

三、各個界別的劃分，以及每個界別中何種組織可以產生選舉委員的名額，由香港特別行政區根據民主、開放的原則制定選舉法加以規定。

各界別法定團體根據選舉法規定的分配名額和選舉辦法，自行選出選舉委員會委員。

選舉委員以個人身份投票。

四、不少於一百名的選舉委員可聯合提名行政長官候選人。每名委員只可提出一名候選人。

五、選舉委員會根據提名的名單，經一人一票無記名投票選出行政長官候任人。具體選舉辦法由選舉法規定。

六、第一任行政長官按照《全國人民代表大會關於香港特別行政區第一屆政府和立法會產生辦法的決定》產生。

七、二〇〇七年以後各任行政長官的產生辦法如需修改，須經立法會全體議員三分之二多數通過，行政長官同意，並報全國人民代表大會常務委員會批准。

附件二　香港特別行政區立法會的產生辦法和表決程序

一、立法會的產生辦法

（一）香港特別行政區立法會議員每屆60人，第一屆立法會按照《全國人民代表大會關於香港特別行政區第一屆政府和立法會產生辦法的決定》產生。第二屆、第三屆立法會的組成如下：

第二屆

功能團體選舉的議員　　　　　30人

選舉委員會選舉的議員　　　　6人

分區直接選舉的議員　　　　　24人

第三屆

功能團體選舉的議員　　　　　30人

分區直接選舉的議員　　　　　30人

（二）除第一屆立法會外，上述選舉委員會即本法附件一規定的選舉委員會。上述分區直接選舉的選區劃分、投票辦法，各個功能界別和法定團體的劃分、議員名額的分配、選舉辦法及選舉委員會選舉議員的辦法，由香港特別行政區政府提出並經立法會通過的選舉法加以規定。

二、立法會對法案、議案的表決程序

除本法另有規定外，香港特別行政區立法會對法案和議案的表決採取下列程序：

政府提出的法案，如獲得出席會議的全體議員的過半數票，即為通過。

立法會議員個人提出的議案、法案和對政府法案的修正案均須分別經功能團體選舉產生的議員和分區直接選舉、選舉委員會選舉產生的議員兩部分出席會議議員各過半數通過。

三、 二〇〇七年以後立法會的產生辦法和表決程序

二〇〇七年以後，香港特別行政區立法會的產生辦法和法案、議案的表決程序，如需對本附件的規定進行修改，須經立法會全體議員三分之二多數通過，行政長官同意，並報全國人民代表大會常務委員會備案。

附件三　在香港特別行政區實施的全國性法律

下列全國性法律，自一九九七年七月一日起由香港特別行政區在當地公佈或立法實施。

一、《關於中華人民共和國國都、紀年、國歌、國旗的決議》

二、《關於中華人民共和國國慶日的決議》

三、《中央人民政府公佈中華人民共和國國徽的命令》

附：國徽圖案、說明、使用辦法

四、《中華人民共和國政府關於領海的聲明》

五、《中華人民共和國國籍法》

六、《中華人民共和國外交特權與豁免條例》

二、關於《中華人民共和國香港特別行政區基本法》的決定

（1990 年 4 月 4 日第七屆全國人民代表大會第三次會議通過）

第七屆全國人民代表大會第三次會議通過《中華人民共和國香港特別行政區基本法》，包括附件一：《香港特別行政區行政長官的產生辦法》，附件二：《香港特別行政區立法會的產生辦法和表決程序》，附件三：《在香港特別行政區實施的全國性法律》，以及香港特別行政區區旗和區徽圖案。《中華人民共和國憲法》第三十一條規定：「國家在必要時得設立特別行政區。在特別行政區內實行的制度按照具體情況由全國人民代表大會以法律規定。」香港特別行政區基本法是根據《中華人民共和國憲法》、按照香港的具體情況制定的，是符合憲法的。香港特別行政區設立後實行的制度、政策和法律，以香港特別行政區基本法為依據。

《中華人民共和國香港特別行政區基本法》自 1997 年 7 月 1 日起實施。

三、關於批准香港特別行政區基本法起草委員會關於設立全國人大常委會香港特別行政區基本法委員會的建議的決定

（1990 年 4 月 4 日第七屆全國人民代表大會第三次會議通過）

第七屆全國人民代表大會第三次會議決定：

一、批准香港特別行政區基本法起草委員會關於設立全國人民代表大會常務委員會香港特別行政區基本法委員會的建議。

二、在《中華人民共和國香港特別行政區基本法》實施時，設立全國人民代表大會常務委員會香港特別行政區基本法委員會。

附件：香港特別行政區基本法起草委員會關於設立全國人民代表大會常務委員會香港特別行政區基本法委員會的建議

一、名稱：全國人民代表大會常務委員會香港特別行政區基本法委員會。

二、隸屬關係：是全國人民代表大會常務委員會下設的工作委員會。

三、任務：就有關香港特別行政區基本法第十七條、第十八條、第一百五十八條、第一百五十九條實施中的問題進行研究，並向全國人民代表大會常務委員會提供意見。

四、組成：成員十二人，由全國人民代表大會常務委員會任命內地和香港人士各六人組成，其中包括法律界人士，任期五年。香港委員須由在外國無居留權的香港特別行政區永久性居民中的中國公民擔任，由香港特別行政區行政長官、立法會主席和終審法院首席法官聯合提名，報全國人民代表大會常務委員會任命。

四、中華人民共和國香港特別行政區駐軍法

（1996 年 12 月 30 日第八屆全國人民代表大會常務委員會第二十三次會議通過）

目錄

第一章　總則

第一條　為了保障中央人民政府派駐香港特別行政區負責防務的軍隊依法履行職責，維護國家的主權、統一、領土完整和香港的安全，根據憲法和香港特別行政區基本法，制定本法。

第二條　中央人民政府派駐香港特別行政區負責防務的軍隊，由中國人民解放軍陸軍、海軍、空軍部隊組成，稱中國人民解放軍駐香港部隊（以下稱香港駐軍）。

第三條　香港駐軍由中華人民共和國中央軍事委員會領導，其員額根據香港特別行政區防務的需要確定。

香港駐軍實行人員輪換制度。

第四條　香港駐軍費用由中央人民政府負擔。

第二章　香港駐軍的職責

第五條　香港駐軍履行下列防務職責：

（一）防備和抵抗侵略，保衛香港特別行政區的安全；

（二）擔負防衛勤務；

（三）管理軍事設施；

（四）承辦有關的涉外軍事事宜。

第六條　全國人民代表大會常務委員會決定宣佈戰爭狀態或者因香港特別行政區內發生香港特別行政區政府不能控制的危及國家統一或者安全的動亂而決定香港特別行政區進入緊急狀態時，香港駐軍根據中央人民政府決定在香港特別行政區實施的全國性法律的規定履行職責。

第七條　香港駐軍的飛行器、艦船等武器裝備和物資以及持有香港駐軍制發的證件或者證明文件的執行職務的人員和車輛，不受香港特別行政區執法人員檢查、搜查和扣押。

香港駐軍和香港駐軍人員並享有在香港特別行政區實施的法律規定的其他權利和豁免。

第八條　香港駐軍人員對妨礙其執行職務的行為，可以依照在香港特別行政區實施的法律的規定採取措施予以制止。

第三章　香港駐軍與香港特別行政區政府的關係

第九條　香港駐軍不干預香港特別行政區的地方事務。

第十條　香港特別行政區政府應當支持香港駐軍履行防務職責，保障香港駐軍和香港駐軍人員的合法權益。

香港特別行政區制定政策和擬定法案，涉及香港駐軍的，應當徵求香港駐軍的意見。

第十一條　香港駐軍進行訓練、演習等軍事活動，涉及香港特別行政區公共利益的，應當事先通報香港特別行政區政府。

第十二條　香港駐軍和香港特別行政區政府共同保護香港特別行政區內的軍事設施。

香港駐軍會同香港特別行政區政府劃定軍事禁區。軍事禁區的位置、範圍由香港特別行政區政府宣佈。

香港特別行政區政府應當協助香港駐軍維護軍事禁區的安全。

香港駐軍以外的人員、車輛、船舶和飛行器未經香港駐軍最高指揮官或者其授權的軍官批准，不得進入軍事禁區。軍事禁區的警衛人員有權依法制止擅自進入軍事禁區和破壞、危害軍事設施的行為。

香港駐軍對軍事禁區內的自然資源、文物古蹟以及非軍事權益，應當依照香港特別行政區的法律予以保護。

第十三條　香港駐軍的軍事用地，經中央人民政府批准不再用於防務目的的，無償交由香港特別行政區政府處理。

香港特別行政區政府如需將香港駐軍的部分軍事用地用於公共用途，必須經中央人民政府批准；經批准的，香港特別行政區政府應當在中央人民政府同意的地點，為香港駐軍重新提供軍事用地和軍事設施，並負擔所有費用。

第十四條　香港特別行政區政府根據香港特別行政區基本法的規定，在必要時可以向中央人民政府請求香港駐軍協助維持社會治安和救助災害。

香港特別行政區政府的請求經中央人民政府批准後，香港駐軍根據中央軍事委員會的命令派出部隊執行協助維持社會治安和救助災害的任務，任務完成後即返回駐地。

香港駐軍協助維持社會治安和救助災害時，在香港特別行政區政府的安排下，由香港駐軍最高指揮官或者其授權的軍官實施指揮。

香港駐軍人員在協助維持社會治安和救助災害時，行使香港特別行政區法律規定的權力。

第十五條　香港駐軍和香港特別行政區政府應當建立必要的聯繫，協商處理與駐軍有關的事宜。

第四章　香港駐軍人員的義務與紀律

第十六條　香港駐軍人員應當履行下列義務：

（一）忠於祖國，履行職責，維護祖國的安全、榮譽和利益，維護香港的安全；

（二）遵守全國性的法律和香港特別行政區的法律，遵守軍隊的紀律；

（三）尊重香港特別行政區政權機構，尊重香港特別行政區的社會制度和生活方式；

（四）愛護香港特別行政區的公共財產和香港居民及其他人的私有財產；

（五）遵守社會公德，講究文明禮貌。

第十七條　香港駐軍人員不得參加香港的政治組織、宗教組織和社會團體。

第十八條　香港駐軍和香港駐軍人員不得以任何形式從事營利性經營活動。香港駐軍人員並不得從事與軍人職責不相稱的其他任何活動。

第十九條　香港駐軍人員違反全國性的法律和香港特別行政區的法律的，依法追究法律責任。

香港駐軍人員違反軍隊紀律的，給予紀律處分。

第五章　香港駐軍人員的司法管轄

第二十條　香港駐軍人員犯罪的案件由軍事司法機關管轄；但是，香港駐軍人員非執行職務的行為，侵犯香港居民、香港駐軍以外的其他人的人身權、財產權以及其他違反香港特別行政區法律構成犯罪的案件，由香港特別行政區法院以及有關的執法機關管轄。

軍事司法機關和香港特別行政區法院以及有關的執法機關對各自管轄的香港駐軍人員犯罪的案件，如果認為由對方管轄更為適宜，經雙方協商一致後，可以移交對方管轄。

軍事司法機關管轄的香港駐軍人員犯罪的案件中，涉及的被告人中的香港居民、香港駐軍人員以外的其他人，由香港特別行政區法院審判。

第二十一條　香港特別行政區執法人員依法拘捕的涉嫌犯罪的人員，查明是香港駐軍人員的，應當移交香港駐軍羈押。被羈押的人員所涉及的案件，依照本法第二十條的規定確定管轄。

第二十二條　香港駐軍人員被香港特別行政區法院判處剝奪或者限制人身自由的刑罰的，依照香港特別行政區的法律規定送交執行；但是，香港特別行政區有關執法機關與軍事司法機關對執行的地點另行協商確定的除外。

第二十三條　香港駐軍人員違反香港特別行政區的法律，侵害香港居民、香港駐軍以外的其他人的民事權利的，當事人可以通過協商、調解解決；不願通過協商、調解解決或者協商、調解不成的，被侵權人可以向法院提起訴訟。香港駐軍人員非執行職務的行為引起的民事侵權案件，由香港特別行政區法院管轄；執行職務的行為引起的民事侵權案件，由中華人民共和國最高人民法院管轄，侵權行為的損害賠償適用香港特別行政區法律。

第二十四條 香港駐軍的機關或者單位在香港特別行政區與香港居民、香港駐軍以外的其他人發生合同糾紛時，當事人可以通過協商、調解解決。當事人不願通過協商、調解解決或者協商、調解不成的，可以依據合同中的仲裁條款或者事後達成的書面仲裁協議，向仲裁機構申請仲裁。當事人沒有在合同中訂立仲裁條款，事後又沒有達成書面仲裁協議的，可以向香港特別行政區法院提起訴訟；但是，當事人對提起訴訟的法院另有約定的除外。

第二十五條 在香港特別行政區法院的訴訟活動中，香港駐軍對香港駐軍人員身份、執行職務的行為等事實發出的證明文件為有效證據。但是，相反證據成立的除外。

第二十六條 香港駐軍的國防等國家行為不受香港特別行政區法院管轄。

第二十七條 香港特別行政區法院作出的判決、裁定涉及香港駐軍的機關或者單位的財產執行的，香港駐軍的機關或者單位必須履行；但是，香港特別行政區法院不得對香港駐軍的武器裝備、物資和其他財產實施強制執行。

第二十八條 軍事司法機關可以與香港特別行政區法院和有關執法機關通過協商進行司法方面的聯繫和相互提供協助。

第六章　附則

第二十九條 本法的解釋權屬於全國人民代表大會常務委員會。

第三十條 本法自 1997 年 7 月 1 日起施行。

五、關於根據《中華人民共和國香港特別行政區基本法》第一百六十條處理香港原有法律的決定

（1997 年 2 月 23 日第八屆全國人民代表大會常務委員會第二十四次會議通過）

《中華人民共和國香港特別行政區基本法》（以下簡稱《基本法》）第一百六十條規定：「香港特別行政區成立時，香港原有法律除由全國人民代表大會常務委員會宣佈為同本法牴觸者外，採用為香港特別行政區法律，如以後發現有的法律與本法牴觸，可依照本法規定的程序修改或停止生效。」第八條規定：「香港原有法律，即普通法、衡平法、條例、附屬立法和習慣法，除同本法相牴觸或經香港特別行政區的立法機關作出修改者外，予以保留。」第八屆全國人民代表大會常務委員會第二十四次會議根據上述規定，審議了香港特別行政區籌備委員會關於處理香港原有法律問題的建議，決定如下：

一、香港原有法律，包括普通法、衡平法、條例、附屬立法和習慣法，除同《基本法》牴觸者外，採用為香港特別行政區法律。

二、列於本決定附件一的香港原有的條例及附屬立法牴觸《基本法》，不採用為香港特別行政區法律。

三、列於本決定附件二的香港原有的條例及附屬立法的部分條款牴觸《基本法》，牴觸的部分條款不採用為香港特別行政區法律。

四、採用為香港特別行政區法律的香港原有法律，自 1997 年 7 月 1 日起，在適用時，應作出必要的變更、適應、限制或例外，以符合中華人民共和國對香港恢復行使主權後香港的地位和《基本法》的有關規定，如《新界土地（豁免）條例》在適用時應符合上述原則。

除符合上述原則外，原有的條例或附屬立法中：

（一）規定與香港特別行政區有關的外交事務的法律，如與在香港特別行政區實施的全國性法律不一致，應以全國性法律為準，並符合中央人民政府享有的國際權利和承擔的國際義務。

（二）任何給予英國或英聯邦其他國家或地區特權待遇的規定，不予保留，但有關香港與英國或英聯邦其他國家或地區之間互惠性規定，不在此限。

（三）有關英國駐香港軍隊的權利、豁免及義務的規定，凡不牴觸《基本法》和《中華人民共和國香港特別行政區駐軍法》的規定者，予以保留，適用於中華人民共和國中央人民政府派駐香港特別行政區的軍隊。

（四）有關英文的法律效力高於中文的規定，應解釋為中文和英文都是正式語文。

（五）在條款中引用的英國法律的規定，如不損害中華人民共和國的主權和不牴觸《基本法》的規定，在香港特別行政區對其作出修改前，作為過渡安排，可繼續參照適用。

五、在符合第四條規定的條件下，採用為香港特別行政區法律的香港原有法律，除非文意另有所指，對其中的名稱或詞句的解釋或適用，須遵循本決定附件三所規定的替換原則。

六、採用為香港特別行政區法律的香港原有法律，如以後發現與《基本法》相牴觸者，可依照《基本法》規定的程序修改或停止生效。

附件一

香港原有法律中下列條例及附屬立法牴觸《基本法》，不採用為香港特別行政區法律：

1．《受托人（香港政府證券）條例》（香港法例第 77 章）；

2．《英國法律應用條例》（香港法例第 88 章）；

3．《英國以外婚姻條例》（香港法例第 180 章）；

4．《華人引渡條例》（香港法例第 235 章）；

5．《香港徽幟（保護）條例》（香港法例第 315 章）；

6．《國防部大臣（產業承繼）條例》（香港法例第 193 章）；

7．《皇家香港軍團條例》（香港法例第 199 章）；

8．《強制服役條例》（香港法例第 246 章）；

9．《陸軍及皇家空軍法律服務處條例》（香港法例第 286 章）；

10．《英國國籍（雜項規定）條例》（香港法例第 186 章）；

11．《1981 年英國國籍法（相應修訂）條例》（香港法例第 373 章）；

12．《選舉規定條例》（香港法例第 367 章）；

13．《立法局（選舉規定）條例》（香港法例第 381 章）；

14．《選區分界及選舉事務委員會條例》（香港法例第 432 章）。

附件二

香港原有法律中下列條例及附屬立法的部分條款牴觸《基本法》，不採用為香港特別行政區法律：

1．《人民入境條例》（香港法例第 115 章）第 2 條中有關「香港永久性居民」的定義和附表一「香港永久性居民」的規定；

2．任何為執行在香港適用的英國國籍法所作出的規定；

3．《市政局條例》（香港法例第 101 章）中有關選舉的規定；

4．《區域市政局條例》（香港法例第 385 章）中有關選舉的規定；

5．《區議會條例》（香港法例第 366 章）中有關選舉的規定；

6．《舞弊及非法行為條例》（香港法例第 288 章）中的附屬立法 A《市政局、區域市政局以及議會選舉費用令》、附屬立法 C《立法局決議》；

7．《香港人權法案條例》（香港法例第 383 章）第 2 條第（3）款有關該條例的解釋及應用目的的規定，第 3 條有關「對先前法例的影響」和第 4 條有關「日後的法例的釋義」的規定；

8．《個人資料（私隱）條例》（香港法例第 486 章）第 3 條第（2）款有關該條例具有凌駕地位的規定；

9．1992 年 7 月 17 日以來對《社團條例》（香港法例第 151 章）的重大修改；

10．1995 年 7 月 27 日以來對《公安條例》（香港法例第 245 章）的重大修改。

附件三

採用為香港特別行政區法律的香港原有法律中的名稱或詞句在解釋或適用時一般須遵循以下替換原則：

1．任何提及「女王陛下」、「王室」、「英國政府」及「國務大臣」等相類似名稱或詞句的條款，如該條款內容是關於香港土地所有權或涉及《基本法》所規定的中央管理的事務和中央與香港特別行政區的關係，則該等名稱或詞句應相應地解釋為中央或中國的其他主管機關，其他情況下應解釋為香港特別行政區政府。

2．任何提及「女王會同樞密院」或「樞密院」的條款，如該條款內容是關於上訴權事項，則該等名稱或詞句應解釋為香港特別行政區終審法院，其他情況下，依第1項規定處理。

3．任何冠以「皇家」的政府機構或半官方機構的名稱應刪去「皇家」字樣，並解釋為香港特別行政區相應的機構。

4．任何「本殖民地」的名稱應解釋為香港特別行政區；任何有關香港領域的表述應依照國務院頒布的香港特別行政區行政區域圖作出相應解釋後適用。

5．任何「最高法院」及「高等法院」等名稱或詞句應相應地解釋為高等法院及高等法院原訟法庭。

6．任何「總督」、「總督會同行政局」、「布政司」、「律政司」、「首席按察司」、「政務司」、「憲制事務司」、「海關總監」及「按察司」等名稱或詞句應相應地解釋為香港特別行政區行政長官、行政長官會同行政會議、政務司長、律政司長、終審法院首席法官或高等法院首席法官、民政事務局局長、政制事務局局長、海關關長及高等法院法官。

7．在香港原有法律中文文本中，任何有關立法局、司法機關或行政機關及其人員的名稱或詞句應相應地依照《基本法》的有關規定進行解釋和適用。

8．任何提及「中華人民共和國」和「中國」等相類似名稱或詞句的條款，應解釋為包括台灣、香港和澳門在內的中華人民共和國；任何單獨或同時提及大陸、台灣、香港和澳門的名稱或詞句的條款，應相應地將其解釋為中華人民共和國的一個組成部分。

9．任何提及「外國」等相類似名稱或詞句的條款，應解釋為中華人民共和國以外的任何國家或地區，或者根據該項法律或條款的內容解釋為「香港特別行政區以外的任何地方」；任何提及「外籍人士」等相類似名稱或詞句的條款，應解釋為中華人民共和國公民以外的任何人士。

10．任何提及「本條例的條文不影響亦不得視為影響女王陛下、其儲君或其繼位人的權利」的規定，應解釋為「本條例的條文不影響亦不得視為影響中央或香港特別行政區政府根據《基本法》和其他法律的規定所享有的權利」。

六、中華人民共和國香港特別行政區選舉第九屆全國人民代表大會代表的辦法

（1997 年 3 月 14 日第八屆全國人民代表大會第五次會議通過）

第一條　根據中華人民共和國憲法、中華人民共和國香港特別行政區基本法以及中華人民共和國全國人民代表大會和地方各級人民代表大會選舉法第十五條第三款的規定，結合香港特別行政區的實際情況，制定本辦法。

第二條　香港特別行政區選舉第九屆全國人民代表大會代表由全國人民代表大會常務委員會主持。

第三條　香港特別行政區應選第九屆全國人民代表大會代表的名額為三十六名。

第四條　香港特別行政區選舉的全國人民代表大會代表必須是香港特別行政區居民中的中國公民。

第五條　香港特別行政區成立第九屆全國人民代表大會代表選舉會議。選舉會議由《全國人民代表大會關於香港特別行政區第一屆政府和立法會產生辦法的決定》中規定的第一屆政府推選委員會委員中的中國公民，以及不是推選委員會委員的香港特別行政區居民中的中國人民政治協商會議第八屆全國委員會委員和香港特別行政區臨時立法會議員中的中國公民組成。但本人提出不願參加的除外。

選舉會議成員名單由全國人民代表大會常務委員會公佈。

第六條　選舉會議第一次會議由全國人民代表大會常務委員會召集，推選十一名選舉會議成員組成主席團，主席團從其成員中推選常務主席一人。

主席團主持選舉會議。

選舉會議根據主席團的提議，依照本辦法制定具體選舉辦法。

第七條　選舉會議成員十人以上聯名，可以提出代表候選人。每一名成員參加聯名提出的代表候選人不得超過應選名額。

第八條　選舉會議選舉第九屆全國人民代表大會代表的候選人應多於應選人數五分之一至二分之一，進行差額選舉。

提名的候選人名額如果沒有超過應選名額二分之一的差額比例，直接進行投票選舉。提名的候選人名額如果超過應選名額二分之一差額比例，由選舉會議全體成員進行投票，根據候選人得票多少的順序，按照不超過二分之一的差額比例，確定正式候選人名單，進行投票選舉。

第九條　選舉會議選舉第九屆全國人民代表大會代表採用無記名投票的方式。

選舉會議進行選舉時，所投的票數多於投票人數的無效，等於或者少於投票人數的有效。

每一選票所選的人數，多於應選人數的作廢，等於或者少於應選人數的有效。

第十條　代表候選人以得票多的當選。如遇票數相等不能確定當選人時，應當就票數相等的候選人再次投票，以得票多的當選。

第十一條　選舉結果由主席團予以宣佈，並報全國人民代表大會常務委員會代表資格審查委員會。

全國人民代表大會常務委員會根據代表資格審查委員會提出的報告，確認代表資格，公佈代表名單。

七、關於《中華人民共和國香港特別行政區基本法》第二十二條第四款和第二十四條第二款第（三）項的解釋

（1999年6月26日第九屆全國人民代表大會常務委員會第十次會議通過）

第九屆全國人民代表大會常務委員會第十次會議審議了國務院《關於提請解釋〈中華人民共和國香港特別行政區基本法〉第二十二條第四款和第二十四條第二款第（三）項的議案》。國務院的議案是應香港特別行政區行政長官根據《中華人民共和國香港特別行政區基本法》第四十三條和第四十八條第（二）項的有關規定提交的報告提出的。鑒於議案中提出的問題涉及香港特別行政區終審法院1999年1月

29日的判決對《中華人民共和國香港特別行政區基本法》有關條款的解釋，該有關條款涉及中央管理的事務和中央與香港特別行政區的關係，終審法院在判決前沒有依照《中華人民共和國香港特別行政區基本法》第一百五十八條第三款的規定請全國人民代表大會常務委員會作出解釋，而終審法院的解釋又不符合立法原意，經徵詢全國人民代表大會常務委員會香港特別行政區基本法委員會的意見，全國人民代表大會常務委員會決定，根據《中華人民共和國憲法》第六十七條第（四）項和《中華人民共和國香港特別行政區基本法》第一百五十八條第一款的規定，對《中華人民共和國香港特別行政區基本法》第二十二條第四款和第二十四條第二款第（三）項的規定，作如下解釋：

一、《中華人民共和國香港特別行政區基本法》第二十二條第四款關於「中國其他地區的人進入香港特別行政區須辦理批准手續」的規定，是指各省、自治區、直轄市的人，包括香港永久性居民在內地所生的中國籍子女，不論以何種事由要求進入香港特別行政區，均須依照國家有關法律、行政法規的規定，向其所在地區的有關機關申請辦理批准手續，並須持有有關機關制發的有效證件方能進入香港特別行政區。各省、自治區、直轄市的人，包括香港永久性居民在內地所生的中國籍子女，進入香港特別行政區，如未按國家有關法律、行政法規的規定辦理相應的批准手續，是不合法的。

二、《中華人民共和國香港特別行政區基本法》第二十四條第二款前三項規定：「香港特別行政區永久性居民為：（一）在香港特別行政區成立以前或以後在香港出生的中國公民；（二）在香港特別行政區成立以前或以後在香港通常居住連續七年以上的中國公民；（三）第（一）、（二）兩項所列居民在香港以外所生的中國籍子女」。其中第（三）項關於「第（一）、（二）兩項所列居民在香港以外所生的中國籍子女」的規定，是指無論本人是在香港特別行政區成立以前或以後出生，在其出生時，其父母雙方或一方須是符合《中華人民共和國香港特別行政區基本法》第二十四條第二款第（一）項或第（二）項規定條件的人。本解釋所闡明的立法原意以及《中華人民共和國香港特別行政區基本法》第二十四條第二款其他各項的立法原意，已體現在 1996 年 8 月 10 日全國人民代表大會香港特別行政區籌備委員會第四次全體會議通過的《關於實施〈中華人民共和國香港特別行政區基本法〉第二十四條第二款的意見》中。

本解釋公佈之後，香港特別行政區法院在引用《中華人民共和國香港特別行政區基本法》有關條款時，應以本解釋為準。本解釋不影響香港特別行政區終審法院 1999 年 1 月 29 日對有關案件判決的有關訴訟當事人所獲得的香港特別行政區居留權。此外，其他任何人是否符合《中華人民共和國香港特別行政區基本法》第二十四條第二款第（三）項規定的條件，均須以本解釋為準。

中央與特別行政區關係

一種法治結構的解析

責任編輯　寧礎鋒
書籍設計　陳曦成

書名　中央與特別行政區關係：一種法治結構的解析
著者　王振民
出版　三聯書店（香港）有限公司
香港北角英皇道 499 號北角工業大廈 20 樓
Joint Publishing (H.K.) Co., Ltd.
20/F., North Point Industrial Building,
499 King's Road, North Point, Hong Kong
發行　香港聯合書刊物流有限公司
香港新界大埔汀麗路 36 號 3 字樓
印刷　中華商務彩色印刷有限公司
香港新界大埔汀麗路 36 號 14 字樓
版次　2014 年 2 月香港第一版第一次印刷
規格　16 開（170mm×245mm）472 面
國際書號　ISBN 978-962-04-3406-8

Published in Hong Kong

本著作物由清華大學出版社授權出版、發行中文繁體字版。